全国出版专业技术人员职业资格考试辅导教材

出版专业实务

国家新闻出版署出版专业资格考试办公室 编

初级

2020年版

長江出版傳媒 | 崇文書局 中国书籍出版社 China Book Press

图书在版编目（CIP）数据

出版专业实务：初级：2020年版／国家新闻出版署出版专业资格考试办公室编. —武汉：崇文书局；北京：中国书籍出版社，2020.7（2025.2重印）
全国出版专业技术人员职业资格考试辅导教材
ISBN 978-7-5403-6035-1

I.①出…　II.①国…　III.①出版工作—资格考试—自学参考资料　IV.①G23

中国版本图书馆 CIP 数据核字(2020)第121399号

CHŪBǍN ZHUĀNYÈ SHÍWÙ　CHŪJÍ
出版专业实务·初级
（2020 年版）
国家新闻出版署出版专业资格考试办公室　编
特约编审　乔　永　邹华清
责任编辑　许举信
封面设计　杨　艳　李杨桦

崇文书局、中国书籍出版社　出版
崇文书局　发行
（武汉市雄楚大街268号　邮政编码 430070）
武汉中科兴业印务有限公司印刷
ISBN 978-7-5403-6035-1

2020年7月第1版　　开本 880×1230　1/32
2025年2月武汉第7次印刷　　印张 17
字数 400 000

定价：55.00 元

2020年版
全国出版专业技术人员职业资格考试
辅导教材审定委员会

2020年版
全国出版专业技术人员职业资格考试
辅导教材编辑委员会

2020年版
全国出版专业技术人员职业资格考试辅导教材
编写与修订工作人员

（以姓氏笔画为序）

马　迁	王　平	王　珺	王　静	王为衡
王卉莲	王晓光	王德胜	文　娟	方　卿
石　雄	代晓明	白立华	包卫国	冯玉明
吕海春	朱　宇	乔　永	刘　颖	刘　睿
刘锦宏	闫　翔	汤吟菲	许　炜	严　立
李　弘	李文娟	李文毅	杨　钢	杨　颖
杨全美	杨伯勋	邱　恋	邹　卫	邹华清
沈元勤	张　峻	张志强	张晓东	张增顺
陆嘉琦	范　源	欧　剑	周蔚华	郑立新
屈明颖	赵　冰	胡　涛	段艳文	敖　然
夏剑钦	徐丽芳	徐嘉营	郭　绪	郭康松
黄先蓉	龚　莉	蒋建民	傅祚华	靳　琼
隋淑光	路育松	缪宏才	潘正安	潘振平
魏　蕊	魏玉山			

全国出版专业技术人员职业资格考试辅导教材
各版次编写与修订工作人员

（以姓氏笔画为序）

万　智	马宪平	王　岳	王　炬	王　强
王　勤	王有朋	王华良	王晓光	方　卿
方　鹏	邓普君	叶　路	田胜立	田海明
代晓明	乐嘉民	包卫国	吕海春	朱明钰
乔　永	任　彦	任余白	刘　杲	刘　睿
刘成芳	刘光裕	刘奇惕	刘拥军	刘国辉
刘琳琳	刘晶晶	刘锦宏	齐相潼	许　洁
许乃青	阮光页	孙　洁	孙文科	孙宏达
苏　磊	李　弘	李　岩	李　斐	李文娟
李伟国	李红强	李钊平	李国章	李衍华
李桂生	杨　颖	杨　薇	杨伯勋	肖东发
吴永贵	吴忠华	吴培华	吴智仁	何承伟
邹华清	汪家明	沈兆荣	沈原一	宋　存
宋　岚	张　立	张　峻	张　儒	张友彬
张志云	张国强	张建浩	张洪波	张增顺
陆福庆	陆嘉琦	陈　昕	陈　楠	陈　鑫
陈少华	陈达凯	陈纪宁	陈丽菲	陈鸣华
陈奎宁	陈瑞藻	范　源	林久贵	郁椿德
欧　剑	欧阳仲华	罗维扬	金文男	金仲萍

周　皓	周　霞	周长岭	周亚萍	周建平
周春健	郑立新	郝明鉴	胡大卫	柳　燕
洪　嫚	洪祖年	贺　强	贺剑锋	敖　然
聂震宁	桂晓风	夏一鸣	夏丽英	夏剑钦
徐令德	徐庆凯	徐志伟	徐丽芳	高　昂
高　思	郭　强	郭康松	唐克敏	涂新林
谈　维	陶雪华	黄　娇	黄先蓉	黄如花
黄钧浩	盛新华	巢　峰	彭卫国	韩永梅
傅祚华	雷群明	鄢德平	虞信棠	路育松
阙道隆	蔡鸿程	熊国祯	潘正安	潘振平
潘瑛矗	魏玉山	魏昌富		

修订再版前言

建立出版专业技术人员职业资格制度，对出版专业技术人员实行资格考试，是加强出版行业人才队伍建设和深化人事制度改革的重要举措，也是坚持正确出版导向、不断提高舆论引导水平、促进出版业健康繁荣发展的重要保障。出版专业资格考试自2002年正式实施，迄今已成功举办了18年，对出版行业选拔、培养、评价人才起到了基础性作用，成为全面提升出版人才队伍素质能力的重要途径。

出版专业资格考试辅导教材及学习用书，是参加出版专业资格考试的考生重要的备考指导用书，同时也可以作为出版从业人员在职学习、高校有关专业教学和科研人员学术研究的参考用书。这套教材于2002年首次出版，共4本，分别是《出版专业基础知识·初级》《出版专业理论和实务·初级》《出版专业基础知识·中级》和《出版专业理论和实务·中级》。根据考试工作需要，遵循教材建设规律，分别在2003年、2004年、2007年、2011年、2015年对这4本教材进行了五次修订，书名也从2007年版开始更改为《出版专业基础·初级》《出版专业实务·初级》《出版专业基础·中级》和《出版专业实务·中级》。鉴于融合出版时代对出版从业人员素质能力的新要求，2015年版辅导教材中增加了《数字出版基础》一书，供初级、中级共同使用。

此次修订，是出版专业资格考试辅导教材的第六次修订。修订工作深入贯彻落实党的十九大和十九届二中、三中、四中全会精神，以习近平新时代中国特色社会主义思想为指导，坚持稳中求进、与时代同步的原则，力求既保持教材主体的基本稳定，又及时传达党和国家对出版工作的新定位、新要求，及时吸纳出版实践的新经验、新成果，及时反映出版行业改革发展的新变化、新趋势。整个修订过程注重实践性、理论性和学术性的有机统一，严谨细致，精益求精。修订内容经全国出版专业技术人员职业资格考试辅导教材审定委员会审定。

出版专业资格考试辅导教材的编写和修订，既是出版行业的一项重要工作，也是思想文化教育领域的一项基础性工作，长期以来，得到了出版界、教育界和文化界的高度关注和热情帮助。参加本套辅导教材编写和历次修订工作的，主要是我国出版界和高等学校长期从事编辑出版实际工作、理论研究和专业教育方面的专家，也有部分其他相关专业的专家。对2020年版辅导教材的修订工作，中央宣传部相关局室、中国新闻出版研究院、中国出版集团公司、时代出版传媒股份有限公司、上海世纪出版集团、长江出版传媒股份有限公司、中国工信出版传媒集团、人民出版社、人民教育出版社、高等教育出版社、化学工业出版社、中国书籍出版社、上海出版印刷高等专科学校、武汉大学、南京大学、湖北大学、中国编辑学会、全国科学技术名词审定委员会、中国历史文化研究院等单位给予了大力支持；参与此次修订的专家学者，秉持强烈的政治责任意识，发扬奉献精神和工匠精神，投入了大量心血和精力。在本次教材修订期间，新冠肺炎疫情暴发，各位专家在严格疫情防控的同时坚持工作，积极应对，克服了很多困难，付出了艰辛努力，切实保证了工作进度和质量。在此向有关单位和个人表示衷心的感谢！

社会在发展，技术在进步，出版工作实践也在不断深化，出版理论尚处于变化和建构过程之中，所以出版专业资格考试辅导教材的修改和完善没有止境。2020 年版辅导教材仍难免会存在缺点和不足，我们欢迎广大读者和有关专家一如既往，继续提出宝贵意见和建议，以便今后更好地加以修订，使教材不断改进、完善。

国家新闻出版署

出版专业资格考试办公室

2020 年 6 月

2011年版

序

出版工作是一项综合性的工作，承载着引导社会、教育人民、推动发展的重要职责，对于人才有着更高的要求。近期，新闻出版总署发布了《新闻出版业“十二五”时期发展规划》，人才规划作为子规划之一同时予以发布，充分说明新闻出版总署党组对于新闻出版人才工作的高度重视。

北宋胡瑗曾言，“致天下之治者在人才”。我历来强调人才对于新闻出版工作的重要作用，除在工作中关心、支持行业人才工作外，还直接参与到行业人才的培养工作中；同时，也深感人才难得，人才发展的体制机制尚需进一步理顺。面对世界范围内出版产业调整发展的新态势，面对西方发达国家对战略性新业态的高度重视和在出版高端领域展开的激烈人才竞争，如何进一步推动人才发展体制机制创新，统筹推进新闻出版人才队伍建设，全面提升行业素质，是摆在我们面前一项重大而紧迫的任务。

实施出版专业职业资格考试是出版人才发展体制机制改革创新的重要举措。加强和改进考试工作，对于出版人才队伍建设具有重要的作用。考试工作要及时反映出版业改革发展的新进展、新成果，这要求阶段性对考试辅导教材进行修订。日前，全国出版专业职业资格考试办公室完成了对2007年版考试辅导教材的修订工作，我高兴地看到4册修订稿在保持教材稳定性的基础上，做了大量修订，突出地反映了出版业改革发展对于人才的新要求，并在理论上有新突破。欣然为之序。

一

国家建立出版专业技术人员职业资格制度，对出版专业技术人员实行资格考试，是加强出版行业人才队伍建设和深化人事制度改革的重要举措。2001年8月，人事部和新闻出版总署印发《出版专业技术人员职业资格考试暂行规定》和《出版专业技术人员职业资格考试实施办法》，迈出了出版专业技术人员管理制度改革的关键一步。2002年6月，新闻出版总署印发《出版专业技术人员职业资格管理暂行规定》，推动全国出版专业技术人员参加职业资格考试，明确出版专业技术人员必须具有国家统一认证的职业资格证书，要求出版单位强化从业资格管理，实现了出版专业技术人员管理方式的重大变革。2011年3月，国务院颁布修订后的《出版管理条例》，对出版专业职业资格制度作出了明确规定。

出版专业职业资格考试于2002年9月首次举行，至今已经10年了。10年来，出版专业职业资格考试工作取得了优异的成绩，为出版行业人才队伍建设作出了突出贡献。

第一，出版专业职业资格考试为出版行业提供了科学、公正、客观的人才评价和选拔机制。出版专业实行职业资格考试制度后，不再进行该专业相应级别专业技术职务任职资格的评审工作。10 年来，出版专业职业资格考试已经成为出版行业每年一度的重要的人才选拔与人才评价活动。参加考试获得从业资格已经成为出版单位用人和岗位聘用的门槛和基本标准，考试工作成为行业选拔、任用人才的重要杠杆。

第二，出版专业技术人员的整体素质得到显著提高。2002 年至今，全国有 10 万余人参加考试，3.7 万余名出版专业技术人员通过考试取得出版专业初级或中级职业资格。出版专业技术人员通过参加考试，比较系统地强化了从事出版工作所必须具备的思想政治素质和职业操守，比较系统地掌握了从事出版工作的知识和技能。出版专业职业资格考试已经成为出版行业规模最大、内容最丰富、考核最严格的综合性职业活动，有效地提高了出版行业人才队伍的素质和能力。

第三，出版专业职业资格考试，为推动出版人才流动和出版单位人事制度改革，为出版专业技术人员职业资格登记和责任编辑注册工作的开展，推动出版专业职业资格制度的全面实施，创造了坚实的基础条件。2008 年 2 月，新闻出版总署印发《出版专业技术人员职业资格管理规定》，在出版专业职业资格考试的基础上，开展了出版专业技术人员职业资格登记和责任编辑注册工作，标志着出版专业职业资格管理工作走上了新的阶段。

第四，出版专业职业资格考试有力地促进了出版学科建设。自 2001 年开始，从每一版考试大纲及辅导教材的编写、修订、出版，到每一年的考试命题、组卷、审卷、阅卷等，每一项工作，每一个环节，都凝集着丰富的学科内涵，成为出版行业中学科领域涵盖广，制度化、规范化开展的学科建设活动。

第五，就考试工作本身而言，10年来，出版专业职业资格考试工作取得了圆满成功，不仅得到了出版行业的认可，也得到了人力资源和社会保障部的充分肯定，成为全国职业资格考试的标杆，为出版业赢得了荣誉。

出版专业职业资格考试工作所取得的成绩，离不开有关部委特别是人力资源和社会保障部的大力支持和有力指导，离不开出版行业内外领导、专家和同志们的关心和支持，离不开各级新闻出版行政主管部门和出版单位对于出版专业职业资格制度建设的重视和有力实施，离不开出版专业技术人员的积极参与和勤奋努力。在此，我代表新闻出版总署向所有关心、支持、参与和推动出版专业职业资格考试工作的单位和个人表示衷心的感谢。

二

高质量的教材是做好考试工作的前提条件。出版专业职业资格考试能够连续9年无差错，成为全国职业资格考试的标杆，其重要原因之一就是有一套高质量的辅导教材，并遵循行业发展进程和教材建设规律，不断进行修订、升华。

出版专业职业资格考试辅导教材包括《出版专业基础》（分初级本和中级本）、《出版专业实务》（分初级本和中级本）。此外还有初级和中级合用的学习用书《有关出版的法律法规选编》。这套辅导教材，系统梳理了出版学科已有成果，并给予其科学发展，已经成为出版专业职业资格考试的必备学习教材和行业从业人员在职学习、有关人员开展学术研究、高等院校编辑出版专业教学的不可或缺的参考资料。

自2007年版教材出版以来，国家经济、文化和社会发展取得重大成就，中国特色社会主义建设实践不断创新，理论内涵不断丰富。新闻出版业作为我国文化建设的排头兵，改革发展取得重大成就，在中国特色社会主义四位一体总体布局中的地位不断提升，初步探索出一条中国特色新闻出版业科学发展之路，我国正在由新闻出版大国向新闻出版强国迈进。出版专业职业资格考试要反映国家和新闻出版业改革发展的新进展，反映出版学科理论建设的新成果。为此，全国出版专业职业资格考试办公室组织修订了全国出版专业职业资格考试的《考试大纲》。根据新的《考试大纲》，全国出版专业职业资格考试办公室组织全国各地出版界的有关专家及相关学科的专家，对2007年版辅导教材进行了修订。修订后的辅导教材仍为4册，即《出版专业基础·初级》《出版专业基础·中级》《出版专业实务·初级》和《出版专业实务·中级》。本次教材修订突出做了以下几个方面的工作。

第一，体现中国特色社会主义建设实践的新成就，体现中国特色社会主义理论发展的新成果，体现党和国家关于文化建设的新精神，体现党和国家对于新闻出版工作的新要求。主要根据党和国家有关文件，对教材中有关内容作了修改。

第二，体现出版行业的新发展。主要根据出版体制改革取得突破性进展的新情况，出版业新媒体、新业态快速发展，出版新技术不断创新和“走出去”力度不断加大的新形势，增加了关于出版业改革成果、数字出版、我国港澳台出版业概况、世界发达国家出版业概况、国际出版合作等内容。

第三，体现出版理论研究的新成果。随着出版实践的快速发展，新概念、新范畴的不断涌现，政策、管理、技术和标准等方面新举措的不断推出，更新着人们对于传统出版概念和范畴的认识，或者赋予传统概念和范畴新的内涵。本次修订吸纳了一些比较成熟的新概念、新提法，对于一些传统概念和范畴给予了更加科学的界定。

第四，更加贴近出版工作实际。主要是根据出版专业技术人员工作实际情况，对有关内容进行了增删。如在《出版专业基础·初级》教材中，增加了有关我国社会主义出版业的形成和发展过程及出版历史知识的内容；在《出版专业实务·初级》教材中，增加了有关非印刷型出版物编辑业务，有关期刊的审稿和编辑加工整理及图书再版基本常识等内容。在《出版专业基础·中级》教材中，增加了关于出版社的发行管理的内容。在《出版专业实务·中级》教材中增加了有关采用版税方式付酬时测算图书定价的方式，有关校对的量化管理和社外校对管理，有关数字印刷的特点和种类等内容。对一些与出版专业技术人员日常工作关系不大的内容，如关于印刷机械种类及其工作原理、关于各种录音和录像器材的特点、关于出版社经营管理中的决策步骤等，则做了大量精简甚或删除。

第五，进一步区分同一科目（“出版专业基础”或“出版专业实务”）的不同级别之间、同一级别不同科目之间的层次和结构。根据出版工作实践对初级、中级专业技术人员的不同要求，对两个级别教材中的知识模块进行了调整，除了极少量的共性知识内容外，其他知识模块都基本上不再重复，并在中级教材设置了对初级教材的参见指引。就同一级别而言，进一步区分了“应知”和“应会”，基本做到了两个科目之间内容不重复，提高了互补性。

这次修订，在保持考试辅导教材已有成果的基础上，又有了新的突破。这是出版专业职业资格考试工作和出版专业学科建设的又一个新成果。希望这一版教材能够为广大出版专业技术人员和相关人员掌握出版专业知识和技能、开展学术研究和教学，提供更加有益的帮助。

出版工作的政治性、科学性、专业性和实践性都很强，涉及多个学科和知识领域。因此，辅导教材的编写、修订，是一项综合性的、系统化的工作，要组织多个领域的专家参与，要经过多个层次和环节的流程，加之出版实践不断发展，出版学科建设尚不成熟，辅导教材的编写、修订工作更是头绪繁多。这方面工作之繁重，可想而知。

本次教材修订，于2009年年底启动，到2011年4月审定。先后完成了编写修订大纲，编写初稿，对书稿进行初审、复审和终审等工作。在一年多的时间内，专家们为教材的修订投入了大量的精力，付出了艰辛的劳动。有时候，专家们集中审改书稿的时间长达一个多月；一天中连续伏案审改书稿的时间经常超过12个小时。在此，我代表新闻出版总署对专家们表示由衷的慰问。

三

静坐案前，眼前的修订稿散发着淡淡的墨香。伴随着书稿那一页页纸张被轻轻地翻过去，令人思绪悠悠地忆起往昔岁月。回溯出版专业职业资格考试辅导教材编写、修订工作的轨迹，分明能看到长长的、一串串闪亮的足印。需特别指出的是，从2001年出版专业职业资格考试工作启动以来，以刘杲、桂晓风等同志为代表，形成了一支高素质的教材工作专家队伍。这支高素质的专家队伍知识丰富，作风严谨，认真负责，甘于奉献，是出版专业职业资格考试辅导教材编写、修订工作得以成功的根本保证。大到教材结构、篇章的确定，小到每一个字、词的敲定，都凝结着专家们的智慧和汗水。专家们在编写、审定出版专业职业资格考试辅导教材时，一丝不苟，严谨细致，字斟句酌，精益求精，倾注了大量心血，作出了突出贡献。在他们的言传身教下，教材建设工作带出了一支高素质的队伍，形成了高度负责的工作作风、严谨求真的科学态度、精益求精的专业追求、呕心沥血的职业品德和不计名利的奉献精神。这些精神风范，是在今后的教材建设工作中应该始终保持和发扬的优良传统和作风。

今年是国家“十二五”规划开局之年，国家“十二五”规划对文化建设提出了新的更高的要求，明确提出推动文化产业成为国民经济支柱性产业。《新闻出版业“十二五”时期发展规划》明确了新闻出版业改革发展的新目标新任务，确定了新闻出版业“十二五”时期发展的主题主线，凸显了党和国家对新闻出版业地位、作用的新要求，反映了人民群众对新闻出版业的新期待。新闻出版业必须以改革为动力，以发展为目标，以创新为重点，深刻理解科学发展这一主题，认真把握转变发展方式这一主线，抓住机遇，用好机遇，攻坚克难，实现又好又快发展。

人才资源是新闻出版业第一资源，是新闻出版业的核心竞争力。为完成“十二五”规划的目标，出版行业人才队伍的素质和能力都要有一个新的提高。出版专业职业资格考试工作肩负着重要而艰巨的历史责任，要戒骄戒躁，在已有的基础上开创新局面、实现新突破、争取新成绩，为新闻出版业科学发展作出新的更大的贡献。

柳斌杰

2011年5月19日

2007年版

前言

全国出版专业职业资格考试辅导教材和学习用书初版于2002年，2003年出版第二版，2004年出版第三版。关于编写、出版这套辅导教材和学习用书的背景、组织情况、指导思想，以及编写、修订、审定和出版的经过，刘杲同志已经在“2004年版前言”中作了说明。有关叙述十分完整、清晰、精练，准确地归纳和记载了从2001年到2004年三年多艰辛而卓有成效的工作。所以，这次2007年版出版，仍收入刘杲同志的这篇前言，以反映历史的全貌，供读者了解和参考。

需要对前三版的编写出版工作加以补充说明的是：从2001年8月人事部和新闻出版总署部署在全国实行统一的出版专业技术人员职业资格考试制度，到2002年第一版辅导教材的编写和出版，时间特别紧迫。出版专业技术人员职业资格考试（简称“出版专业职业资格考试”）在当时是一项全新的工作，而出版工作又是一项综合性工作，政治性、科学性、专业性和实践性都很强，其工作对象涵盖了人类的整个知识体系，涉及的知识和能力的范围非常宽。在不到一年的时间中，要完成辅导教材从构建体系、确定体例到撰写、统稿、审定再到出版、发行的全过程，其难度可想而知。以后2003年和2004年两次修订，情况也是这样。因此，参加编写、修订、审定的专家和承担出版任务的三家出版单位，承受了特别大的压力。参加编写、审定的专家，大多在本单位出版或教学工作中身负重任，部分老专家虽已不再担任领导职务，学术研究、审读、辅导青年同志的任务也很繁重。我当时正在新闻出版总署机关负责有关工作，亲眼目睹了在刘杲同志主持下专家们为编写、审定辅导教材书稿“呕心沥血，夜以继日”（“2004年版前言”中语）工作的感人情景，亲身感受到上海、湖北两地新闻出版局和专家们所在单位对全行业人才培养工作的支持，受教育良深。这套辅导教材中，多处强调了出版工作的整体性，而这套辅导教材本身，正是整个出版行业协作的产物。有关单位和专家在这项工作中表现出来的全局观念、质量意识、科学精神和严谨作风，值得认真总结，在同类工作中加以坚持和发扬。

全国出版专业初级和中级职业资格的考试已经连续进行了五年。全国出版专业职业资格考试辅导教材也在广大考生的使用和考试中经受了检验。各方面对它们的总体反映是好的，认为基本上能适应实行出版专业职业资格考试制度的需要。高等学校编辑、出版等相关专业的师生也对它们表示欢迎。此外，行业内外还有不少同志，把这套书作为了解出版专业知识乃至语法、修辞、逻辑、信息检索、著作权等方面知识的常备参考书，他们的总体评价也是积极的。

2004年版辅导教材使用的三年中，国家形势和出版工作的理论与实践都有重要的新发展。为此，全国出版专业职业资格考试办公室修订了《全国出版专业职业资格考试考试大纲》（以下简称《考试大纲》）。根据新的《考试大纲》，全国出版专业职业资格考试办公室和中国编辑学会共同组织全国各地出版界专家对2004年版辅导教材再次进行了修订。修订后的辅导教材仍分初级和中级两个级别，仍为四册，书名则分别改为《出版专业基础·初级》《出版专业实务·初级》和《出版专业基础·中级》《出版专业实务·中级》。其中，《出版专业基础》初级本和中级本讲述出版的基础理论知识和从事出版工作所必备的相关学科的基础知识，主要体现从事出版工作的“应知”要求，对应《考试大纲》的“出版专业基础知识”科目；《出版专业实务》初级本和中级本讲述有关理论在实际工作中的应用，强调规范性的操作，主要体现从事出版工作的“应会”要求，对应《考试大纲》的“出版专业理论与实务”科目。

由于2007年版《考试大纲》对初级、中级两个级别的考试要求作了调整，扩大了两者的区分度（对初级技术人员的考试要求，着重于“入门”；对中级技术人员的要求，以已经具备初级职业资格条件为前提，是在初级基础上的进一步延伸、综合和提高，以能够独立从事关键性的岗位工作、能够独立承担责任编辑或责任校对、责任技术编辑的工作职责为标准），2007年版辅导教材在2004年版的基础上作了较大修订，在调整总体框架结构的同时，还采用初级与中级“互分有无”“互分详略”和“少量重复”的方式对知识模块作了增删调整，以进一步体现两个级别之间的程度差异。

至于改正差错、更新材料，则是修订工作的题中应有之义。2004年版教材中尚未发现重大错失，但是存在一些讲述不到位或与出版工作实践稍有出入的情况，这次修订时都尽量予以完善。更新材料的范围较大一些，主要是反映国家的新规定、出版业发展的新情况及其对专业技术人员的新要求，而初级教材还着重增加讲述出版专业基本知识的内容。

初级和中级合用的学习用书《有关出版的法律法规选编》这次也出了新版，根据国家对有关法规的调整情况对收录的文件作了少量增删。

2007 年版全国出版专业职业资格考试辅导教材和学习用书已经由新闻出版总署全国出版专业职业资格考试辅导教材审定委员会审定。

本版辅导教材和学习用书出版的时候，出版专业职业资格考试工作正面临着新的形势，有若干值得重视的新情况。

一是出版工作的重要性进一步凸显。这是因为，以“十一五”规划的顺利开局为标志，我们伟大的祖国已经站在新的历史起点上，新的国际国内形势把社会主义先进文化的建设推到了全局性、战略性的地位。从国内看，正在全面建设小康社会，加快构建社会主义和谐社会，人民群众精神文化生活需求大幅度上升，经济的发展、社会的稳定更多地依靠文化，必须创造民族文化的新辉煌；从国际看，文化力在综合国力竞争中的分量越来越重，文化安全日益成为国家安全的重要因素，必须大幅度增强我国文化的国际竞争力。两方面的要求结合起来，就是要在中华民族伟大复兴的进程中，实现中华文化的伟大复兴。在这种背景下，出版工作作为记载、传播、积累和交流文化成果的重要手段，面临着前所未有的发展机遇，也面临着前所未有的重任。

二是确保和提高出版物质量的问题引起出版界乃至全社会的进一步重视。越来越多的出版单位和出版工作者认识到，由于出版物的作用对象是人的精神世界，而且这种作用具有程度深、时间长和范围宽的特点，出版物的质量具有比物质产品的质量更加重要的意义，所以，确保和提高质量是出版工作永恒的主题。不管是新技术革命还是文化体制改革、出版单位转制，都没有也不可能改变这一主题。由于出版物的质量主要在编辑环节决定，必须从编辑工作入手，采取切实措施，包括严格执行编辑规范，坚决扭转当前一部分出版物中出现的品位低下、差错充斥、语言失范、逻辑混乱等质量下滑的现象，把优质产品奉献给人民。

三是对提高出版专业技术人员特别是编辑人员的素质进一步形成共识。出版物的质量，归根到底是由出版工作者的素质决定的。而编辑人员作为出版物内容的策划者、选择者、加工者和推荐者，是出版物质量的主要把关人，对民族文化的发展、民族精神的培育、国民素质的提高、国家软实力的提升有着重要影响。因此，在为实现中华文化伟大复兴而奋斗的进程中，一定要更加重视出版队伍的建设，大力提高出版工作者的思想道德素质和科学文化素质，尤其要抓好编辑人才的培养。为此，要加快出版行业干部人事制度改革的步伐，抓紧建立科学的编辑出版人才的评价机制和使用机制。毫无疑问，全面推行出版专业职业资格制度，加快职业资格制度建设，坚持和改进职业资格考试，在政府宏观指导下，开展以岗位要求为基础、社会化的出版专业技术人才评价工作，是其中一项重要而紧迫的工作。

我们正是怀着这样的认识，组织和开展了这次修订工作。我们衷心地希望专家们的努力能够转化为提高辅导教材和学习用书质量的实际成果。我们更由衷地祝愿，所有有志于在新世纪新阶段从事出版工作的青年朋友，能够更加强烈而深刻地意识到出版职业的崇高和对工作人员素质的要求，全面地、出色地掌握从事这项工作所必需的知识和技能，为发展祖国的文化力建功立业，并在这一过程中成长成为更高层次的人才。

桂晓风

2007年5月

2004年版
前言

为了科学、客观、公正地评价和选拔出版专业技术人才，以加强出版专业技术队伍的建设，人事部和新闻出版总署决定，实行全国统一的出版专业技术人员职业资格考试制度。2001年8月，人事部和新闻出版总署下发了《出版专业技术人员职业资格考试暂行规定》和《出版专业技术人员职业资格考试实施办法》。

根据人事部和新闻出版总署的规定，在图书、期刊、音像、电子出版物等出版单位中从事编辑、出版、校对等专业技术工作的人员，都应参加出版专业技术人员职业资格（以下简称“出版专业职业资格”）考试。实行全国统一的出版专业职业资格考试制度，由国家统一组织、统一时间、统一大纲、统一试题、统一标准、统一证书。出版专业职业资格分为：初级资格、中级资格和高级资格。目前只进行初级资格和中级资格的考试。取得初级资格的，可以按照有关规定，聘任助理编辑（助理技术编辑或二级校对）职务。取得中级资格的，可以按照有关规定，聘任编辑（技术编辑或一级校对）职务。出版专业初级资格和中级资格考试，均设“出版专业基础知识”和“出版专业理论与实务”两个科目。出版专业实行职业资格考试制度后，不再进行该专业相应级别专业技术职务任职资格的评审工作。

出版专业职业资格考试辅导教材和学习用书，包括《出版专业基础知识》（分初级本和中级本）、《出版专业理论与实务》（分初级本和中级本）和《有关出版的法律法规选编》（初级和中级合用，试题不同）。这些辅导教材的第一版为2002年版。第二版为2003年版，其中，《出版专业基础知识》（初级本和中级本）为重新编写，《出版专业理论与实务》（初级本和中级本）和《有关出版的法律法规选编》均为2002年版的修订。现在的第三版即2004年版，均为2003年版的修订。这次修订，框架没有大的变动，着重在质量的进一步提高。主要包括：调整个别段落，统一全书主要的出版专业名词解释，纠正已经发现的知识性差错和其他差错，增收了若干新的法规，引用文件采用最新版本，更新重要的资料，等等。

全国出版专业职业资格考试的工作在新闻出版总署的直接领导下进行。总署成立了由副署长桂晓风担任主任的全国出版专业职业资格考试辅导教材审定委员会。总署委托上海市新闻出版局、湖北省新闻出版局和中国编辑学会承担具体工作。上海市新闻出版局和湖北省新闻出版局各自依托上海市编辑学会和湖北省编辑学会，分别成立了辅导教材编审委员会。我们非常感谢上海市新闻出版局和湖北省新闻出版局，在人力和财力上对这项重要工作的大力支持。

连续三年参加辅导教材的编写、修订和审定的，有长期从事编辑、出版、校对的实际工作和理论研究的专家，有在高等学校编辑出版学专业从事教学与科研工作的专家，也有在国家出版行政管理部门和出版单位长期从事管理工作的专家。编写、修订和审定工作，依据人事部和新闻出版总署批准的《全国出版专业职业资格考试考试大纲》以及有关规定进行。每年编写、修订和审定的任务都很繁重，时间因受限制而非常紧迫。因此，参加这项工作的专家们，每年都要付出大量的辛勤劳动，呕心沥血，夜以继日。对他们为发展出版事业作出的重要奉献，我们表示由衷的感谢。

现在辅导教材2004年版已经送到读者手上。应当肯定这套辅导教材的实用价值。它将为参加出版专业职业资格考试的考生提供帮助。同时，对于广大的在编辑出版岗位上的工作人员，编辑出版部门的管理人员，编辑出版学专业的学生、教学和科研人员，以及其他与出版专业有关或者愿意了解出版专业的人员，都会有用。

按照专业考试辅导教材编写和使用的经验，一般说来，三年之后编写工作告一段落。我们这套辅导教材的编写也已三年了，应当告一段落。今后，除个别更改之外，第三版即2004年版将继续使用几年。尽管我们做了很大的努力，毕竟经验有限，加以每年时间仓促，目前这套辅导教材难免还有不足之处。编写工作虽然告一段落，考试工作还要长期进行。因此，仍然欢迎读者提出批评，以便我们继续努力改进。

刘杲

2004年5月

目　录

第 一 章

信息检索

重点提示： 信息与信息检索的概念，信息检索的类型，信息的甄选。字典、词典、百科全书等工具书的特点和功用，部首法、汉语拼音字母法、笔画笔形法、四角号码法、四部分类法、中国图书馆分类法等排检方法的特点。网络信息检索工具、常用的文献信息数据库、数字图书馆和电子图书数据库、计算机检索技术和网络信息检索技巧。图书报刊资料的检索；字、词、句的检索；综合性资料的检索，人物与机构资料的检索，历史、地理资料的检索，科技资料的检索。

第一节　信息检索概述

一、信息与信息检索

（一）信息的概念

在我们的工作生活中，信息无处不在，无时不有，无人不用。但信息的概念，在各个学科中的定义却不尽相同。通常认为，信息指音讯、消息，泛指人类社会传播的一切内容。

对于出版专业技术人员来说，无论是选题策划、审稿、编辑、校对，还是营销发行，处处都要用到信息。与编辑出版工作有关的信息主要有两类：一类是进入编辑流程的稿件中所包含的信息；另一类是各种与出版物内容有关的信息，包括国内外形势，法律法规、党和国家的政策方针，市场信息，作译者信息，相关知识领域的动态信息，以及与编辑、宣传、促销等出版全程策划有关的信息等。

本章所讲的信息主要涉及前一类信息。对这类信息的检索、核实，目的在于保证稿件中所传递的信息正确无误。而后一类信息的采集和处理，在第二章讲述。

（二）信息检索的概念

信息检索的概念，有广义和狭义之分。广义上，指将信息通过一定的方式组织和存储起来，并根据用户的需求找出所需信息的过程和技术。这包含了存储和检索两个环节。存储过程是利用检索语言对信息进行标引，形成特征标识并输入检索工具，为检索提供有规律的检索途径。检索可以说是存储的逆过程，即利用检索语言对检索提问进行标引，再按检索途径，对提问标引与信息的特征标识进行匹配，并从检索工具中输出。简言之，就是用户根据自身的信息需求，搜寻存储在检索工具中的信息，进行比较、选择、匹配的过程。狭义的信息检索仅指检索这一环节，本章所述也是狭义的信息检索。

（三）信息检索的类型

信息检索可以根据检索对象的不同和操作方式的不同来进行划分。

1. 根据检索对象的不同来划分

根据检索对象的不同，信息检索可分为事实型信息检索、数据型信息检索和文献型信息检索。在实际工作中，出版专业技术人员都会遇到。

事实型信息检索是以特定的事实或知识为检索对象，如某一事物（事件）的性质、定义、原理以及发生的时间、地点、过程等。可利用的工具有百科全书、词典、年鉴、手册及相应的数据库和网络资源。

数据型信息检索是以数据为检索对象，包括有关的图表、参数、公式、分子式等，可利用的工具有字典、词典、百科全书、年鉴、手册、人名录、地名录、机构指南及其对应的数据库和网络资源。

文献型信息检索是以文献资料为检索对象，查检的结果可以是文献线索，也可以是文献全文，因此又分为书目检索和全文检索。书目检索主要是通过标题项、作者项、文摘项等标引信息获取标题、作者、摘要等相关资源线索。全文检索则是从检索系统中获取全文信息。随着信息技术的发展，全文检索的运用日益广泛。

2. 根据操作方式的不同来划分

根据操作方式的不同，信息检索可分为手工检索和计算机检索。手工检索是指以利用书本式和卡片式检索工具为基础的检索系统进行的信息检索。如出版专业技术人员在工作中利用纸质工具书进行检索，就属于手工检索。

计算机检索是利用计算机系统进行的信息检索。计算机检索的核心是数据库。和手工检索相比，计算机检索具有速度快、效率高、查全率高、不受时间和空间限制、检索结果输出方式多样化等优势，逐渐成为主流的检索方法。计算机检索一般分为联机检索、光盘检索和网络信息检索。

联机检索是指利用规范化的专业数据库进行信息检索，分辨率高，有较高的查全率和查准率，但联机检索需要专门的设备，需要专业人员操作并取得授权，费用较高。光盘检索是指利用计算机检索储存于光盘（CD-ROM）的数据库信息，安全性高，成本较低，但信息范围有限，更新不及时。网络信息检索一般指通过网络接口软件，用户可以在任一终端查询已上网的所有信息资源，也称互联网检索。网络信息检索具有超文本的多链接性，操作方便。随着计算机信息网络的发展，Dialog 等著名的国际联机检索系统和《中国学术期刊》等原先的光盘版数据库，都纷纷推出了基于网络的信息检索系统。因此，网络信息检索在出版单位的工作中使用更为普及。

二、信息的甄选

当今社会信息的爆炸式增长，在带来信息的同时也带来了较为突出的社会信息环境问题，如信息泛滥、信息失衡、信息污染乃至信息犯罪，导致人们在面对庞大无序的信息时往往变得无所适从。

从互联网获取的信息常常是分散、零乱甚至是错误的，所以需要经过甄别和选择，才能有效利用。信息甄别的目的是得到真实、准确从而可以采信的信息。出版专业技术人员在工作中，应根据自己的信息需求，学会对所要选择的资源及对检索到的信息，进行挑选、甄别、核查、确认，去伪存真、取精用宏。检索得到的信息，有的可以直接采用，例如在编辑出版过程中，对某些文献的核查，根据稿件中作者标明的出处检索到的原文信息可以直接比对使用；有些则属于原始信息，例如在对某些事实、数据的核查时，会发现有的存在不同说法，究竟采信哪种说法，需要通过比较、识别，才能得出结论。通过参考他人观点，结合事实观察和推理归纳，也可作为判断信息是否真实可用的一种途径。

在信息的甄选过程中，可以把握下列原则：

第一，相关性原则。要注意所收集的信息，在学科专业、主题概念、区域和时间范围上与检索目标的相关性、契合度是否更高。

第二，权威性原则。一般来说，来自权威部门或权威人士发布的信息更值得采信，比如政府部门对法规和政策所作的解释，行业协会对本行业情况所作的统计分析，著名出版社出版的品牌工具书，知名专家、学者等撰写的学术文章和发表的言论，等等。当然，使用这些信息时，仍需与其他相关信息进行比对和查核。

第三，新颖性原则。信息的内容要有新意。可根据信息是否有新理论、新观点来判断，也可从发表时间来判断内容是否新颖。在从事学术专著或知识性读物的编辑工作时，出版专业技术人员尤其要注意核查内容是否陈旧。

第二节　常用的工具书检索

工具书是“系统组织某方面资料，用于解难释疑，指引线索的出版物”（CY/T 50—2008《出版术语》），为人们提供特定的事实、知识、数据等方面的信息，以及一些信息的线索。因此，对于出版专业技术人员来说，熟练利用工具书是基本的业务要求。

工具书的种类繁多，按不同的标准可划分为不同的类型。根据其编制特点和功能用途，工具书可分为：字典、词典，百科全书，类书、政书，书目、索引、文摘，年鉴、手册、名录，表谱，图录等。在日常工作中，出版专业技术人员最常用的工具书类型是字典、词典、百科全书。

一、字典、词典

字典、词典属于辞书类工具书，两者有很深的渊源。在古代汉语里，汉语词大多是单音节词，对字作解释，一般也就是对词作解释，所以，在中国古代，字典、词典被统称为“字书”。随着汉语词的双音化发展，越来越多的词有两个或更多的音节，解释汉语词的工具书中出现越来越多的双音节词和多音节词，于是就有了字典与词典的区别。

字典是汇集单字，按某种方法编排，注明读音、意义和用法的工具书。词典是汇集词语，按某种次序编排，逐条加以释义或提供有关信息的工具书。但是，在普通语文词典中，仍然收有大量单字并对之作解释，而多音节词通常按首字类聚，排列在相应的单字条目之下。可以说，即使是现代的词典，也仍然保持着字典的特点，两者的关系依然非常密切。

（一）字典、词典的特点

字典、词典主要有如下几个方面的特点。

1. 以条目为基本单元

无论是字典还是词典，都是以条目（相应地称为“字条”和“词条”）作为基本单元，在一个条目中集中提供关于某个字或某个词语的有关信息，而一部字典或词典主要由大量条目依一定顺序编排组成。

2. 检索的专指性强

字典、词典中的条目以汉字或词语作为标题（相应地称为“字头”和“词目”），它们既是所解释的对象，又是检索的标志。条目的内容只限于对字头或词目的解释。

3. 解释简明、规范

字典、词典中的条目通常都比较精练，释文开门见山、简练明白。质量优秀的字典和词典中，对字头和词目的解释都能做到精确、规范。

（二）字典、词典的组织结构

字典、词典一般由正文、辅助说明、目录、索引和相关附录等部分组成。

1. 正文

正文是字典、词典的主体，由一定数量的条目依一定顺序编排而成。条目一般分成两部分：一是字头或词目，它们位于条目的开头，便于读者查找；二是释文，即对字头或词目的解释。

字典、词典的正文在编排上都体现出便于检索的特点。

2. 辅助说明和目录、索引

辅助说明包括序言、前言、凡例等，位于正文之前，介绍编纂目的、读者对象、取材范围、编排方法和体例说明等。目录一般在正文之前。索引一般在正文之前或之后，且一种书可有多种索引。

3. 相关附录

正文后面常附有相关参考资料，以补充正文或辅助查考。

（三）字典的类型

字典的类型比较简单，一般分为普通字典和特种字典两大类。

1. 普通字典

普通字典按照读者对象的需求，收录一定范围的汉字。收字范围的确定，一般以汉字的使用频率为依据。释文对字头的读音、作为单词的意义和作为构词成分的意义分别予以解释。为了便于读者理解，还常常提供例证。

小型、中型的普通字典，如《新华字典》《古汉语常用字字典》，一般适合社会大众使用；大型的字典，如《汉语大字典》，收字多、释文详尽、例证丰富，比较适合专业研究人员使用。

2. 特种字典

特种字典收录的字头，是在某一方面具有一定特点的汉字，如异体字、俗字、形似字等。释文内容也与普通字典不同，一般着重对汉字的某一方面特征作出解释，如《同源字典》《汉语俗字字典》等。特种字典通常适合专业研究人员使用。

（四）词典的类型

词典从不同的角度可以划分出不同的类型。

从出版专业技术人员的工作实践来看，最需要熟悉的是按照词目性质和释文内容划分的词典类型。

1. 语文词典

语文词典一般可以分为普通语文词典和特种语文词典两类。

（1）普通语文词典

普通语文词典兼收汉字和多音节的复词、固定词组、成语、典故等，即词典中字条和词条并存，并且词条通常按首字紧随在相应的字条之后，其中的词语是日常生活、工作、学习中会遇到的普通词语（包括一部分已经进入日常生活中的专业性词语）。释文标明词目的读音，解释其意义和举例说明用法，如《现代汉语词典》等。

（2）特种语文词典

特种语文词典选收普通词语中某一类或某几类词语，并按照特定的用途进行解释。譬如，同义词词典专门收录词语中的同义词，并对它们的语义和用法作说明；外来词词典专门收录从其他语言中借入的词语，说明它们的来源、意义和用法等；方言词典收录方言词语，说明它们的读音、意义和用法等。特种语文词典种类很多，常见的成语词典、谚语词典、俗语词典、歇后语词典、典故词典、缩略语词典、词源词典等都属于特种语文词典。

特种语文词典所收的特定类型词语数量比普通语文词典多得多，释文也更为详尽。有些在普通语文词典中查找不到的词语，往往可以在特种语文词典中查到。

2. 专科词典

专科词典专收某一或若干学科、行业的专业词汇、名词术语等，对词语所代表的概念、事物、人物、机构、事件等进行解释。如《简明社会科学词典》《经济大辞典》《现代科学技术词典》《简明物理学词典》《简明中医辞典》《中国人名大辞典》《中华人民共和国地名词典》。

所收词目涉及各种学科、领域的专科词典，或者词目涉及某一学科、领域中各个方面的专科词典，有时也冠以“百科”之名。如《中国百科大辞典》《中华百科辞典》《哲学百科词典》《军事百科词典》。

3. 综合性词典

综合性词典实际上是普通语文词典与专科词典的结合体。它既收普通词语，也收各学科的名词术语；既有普通词语的释义，又能提供各学科的专门知识。如《辞海》。

（五）常用字典、词典介绍

目前最常用、最通行的小型字典为《新华字典》，常用的大型字典为《汉语大字典》，最常用的中型词典为《现代汉语词典》，常用的大型词典有《辞海》《辞源》《汉语大词典》。

1. 《新华字典》

原由新华辞书社编，1953 年由人民教育出版社初版。1956 年新华辞书社并入中国科学院语言研究所（1977 年起改称“中国社会科学院语言研究所”）后，经该所词典编辑室修订并由商务印书馆在 1957 年出版。此后多次修订再版，2020 年出版第 12 版。《新华字典》（第 12 版）收录单字约 13 000

个，明确区分繁体字、异体字，收带注释的词语 3 300 多个。正文按汉语拼音字母顺序排列。字形和字音根据国家语文规范和有关标准确定。释义简明准确，对字的本义、引申义、比喻义、转义都分别举例解说。正文前有汉语拼音音节索引、新旧字形对照表、部首检字表等，正文后有汉语拼音方案、常用标点符号用法简表、我国历代纪元简表、我国少数民族简表、计量单位简表和元素周期表等 10 种附录。它是我国目前最通行的一部小型普通字典，也是世界上发行量最大的辞书。

《新华字典》（第 12 版）同时推出了 App 版，在原版呈现纸质图书内容的基础上，实现了文字、图片、音频、视频等的有机结合，并提供多种增值服务。从检索功能上，也较纸质工具书更为强大，除传统的拼音、部首检索外，还可提供手写输入、语音输入、摄像头组词查询等多种数字化的检索方式，并实现全文任意字词的“即点即查”。

2. 《汉语大字典》

《汉语大字典》编辑委员会编，湖北辞书出版社、四川辞书出版社 1986—1990 年出版初版，第 2 版于 2010 年由崇文书局和四川辞书出版社共同出版。《汉语大字典》（第 2 版）共 9 卷，收录单字 60 370 个，囊括了《康熙字典》的全部字头，是当今世界上规模最大、形音义最完备的大型汉语字典。正文按 200 部首顺序排列。正文后有笔画检字表和音序检字表，还有新旧字形对照表、汉语拼音方案和中国历史纪年表等 9 种附录。该书古今兼收，源流并重，集古今汉语研究之大成。在字形方面，字头统一采用新字形，在字头下收列了能够反映字形源流演变的有代表性的甲骨文、金文、小篆和隶书形体，并简要进行字形解说；在字音方面，采用现代音、中古音和上古音三段标注，对所收列的单字尽可能地标注现代读音，并收录了中古的反切，标明了上古的韵部；在字义方面，不仅注重收列常用字的常用义，而且注意考释常用字的生僻义及生僻字的义项。

3. 《现代汉语词典》

中国社会科学院语言研究所词典编辑室编，商务印书馆1978年初版，2016年已出版第7版。《现代汉语词典》是一部以收录普通话语汇为主的中型词典。除一般语汇外，也选收了一些常见的方言词语，现在仍在使用的文言词语，以及某些习见的百科词语。《现代汉语词典》（第7版）共收各类单字13 000多个，条目约70 000条。正文按汉语拼音字母顺序排列，每个条目都用汉语拼音字母注音。在字形、词形、注音、释义等方面都注重规范化，收词重在普通话语汇，释义也以现代义为准，不详列古义。对口语、方言、文言词语和外来语一一注明。同时，注意吸收汉语研究的新成果，对词语的语音变化、意义及语法功能，都有细致的分析，释义科学，部分词条有例证。正文前有音节表、新旧字形对照表、部首检字表等，正文后有我国历代纪元表、计量单位表等6种附录。

2019年，推出了《现代汉语词典》第7版App版。在原版呈现纸质图书内容的基础上，还增加了多种增值服务，并提供多种数字化的检索方式。

4. 《辞海》

《辞海》1936年由中华书局初版于上海，1958年开始修订。1979年由上海辞书出版社出版修订本后，每十年重新修订一次。1999 年第 5 版之前的版本都按部首编排。2000 年出版了 1999 年版的音序本。2019 年，上海辞书出版社出版了《辞海》（第 7 版）。《辞海》是一部兼有字典、语文词典和百科词典功能的大型综合性词典，除普通语词外，还收录 100 多个学科或专业领域的主要专业词语。第 7 版收单字字头 18 100 余个，附繁体字和异体字 4 400 余个，多字词目 110 700 余条，全书共收 128 900 余条。包括古今汉语普通词语和百科类的知识性词语，说明、解释它们的基本意义。正文后有部首索引、笔画索引、四角号码索引和词目外文索引，还有中国历史纪年表、中华人民共和国行政区划简表和国际音标表等多种附录。《辞海》第 7 版在数字化方面也取得很大进展，推出了 PC 版、App 版和微信版，扫描书后二维码注册，可获得线上服务。

2003 年 8 月起陆续出版的《大辞海》，在《辞海》（第 5 版）基础上编纂，以增收《辞海》尚未涉及的新领域和各学科的新词新义为重点，适当补充缺漏。《大辞海》38 卷 42 册已出齐，总条目 280 000 余条。

5. 《辞源》

《辞源》的编纂开始于清光绪三十四年（1908 年），以旧有的字书、韵书、类书为基础，吸收了西方现代辞书的特点，是我国第一部现代意义上的辞书。商务印书馆于 1915 年初版后，在 1949 年前曾有多种版本问世，今通称“老《辞源》”。1958 年开始再次修订，1979—1983 年商务印书馆出齐“修订本”4 册。1991 年出版了缩印合订本，通称“新《辞源》”。2015 年，出版《辞源》第 3 版。第 3 版借助大型语料库，探求字、词的形源、音源、义源、典源和证源，择定字形，完善注音，修订释义，补充书证，力求音义契合、义例契合。同时突出增补古代百科知识，以期揭示中华传统文化的历史渊源。全书收字头 14 210 个，复词 92 646 个。字头依照部首法编排，沿用老《辞源》214 个部首的系统；复词按首字随列于相应单字条之后，按字数和笔画数编排。对字头采用汉语拼音字母、注音字母和《广韵》的反切注音。有部首、四角号码、汉语拼音及难检字笔画笔形等检索途径。可用以解决阅读古籍时有关词语掌故、典制、文物等方面知识性问题。《辞源》第 3 版还推出了网络版和 U 盘版。

6. 《汉语大词典》

《汉语大词典》编辑委员会、《汉语大词典》编纂处编，上海辞书出版社 1986 年出版第 1 卷，汉语大词典出版社 1988—1994 年出齐其余各卷，全书共 13 卷。1997 年出版缩印本，共 3 卷。2008 年重印本共 22 册。《汉语大词典》收录词语 375 000 余条，约 5 000 万字，插图 2 253 幅。该书古今兼收，源流并重，集古今汉语语词之大成。正文字头按照 200 部首顺序排列；复词按首字随列于相应单字条之后，按笔画数编排。收录古今汉语的一般语词及已进入一般语词范围内的常见百科词汇。释文注重历史性、全面性，具有义项齐全、释义准确、例证丰富和资料翔实的特点。每卷正文前有本卷部首表、本卷部首检字表和难检字表等。正文后有单字笔画索引和单字汉语拼音索引，还有中国历代度制演变测算简表、中国历代量制演变测算简表、中国历代衡制演变测算简表、公制计量单位进位和换算表，以及历代帝王纪年干支纪年公元纪年对照表等 7 种附录。

二、百科全书

百科全书是概要介绍人类一切门类知识或某一门类全部知识的工具书，供查检所需知识和事实资料之用，也具有扩大读者知识视野、帮助系统求知的作用。“百科全书”一词来源于古希腊文，古希腊学者亚里士多德曾编写过全面讲述当时学问的讲义，被西方知识界奉为“百科全书之父”。法国的《百科全书，或科学、艺术和工艺详解词典》，由狄德罗和达朗贝尔编写，狄德罗也因此被称为现代百科全书之父。百科全书进入中国是 19 世纪的事。汉语的“百科全书”一词是 20 世纪初才出现的。中国现代百科全书事业开创于 1978 年，其标志是中国大百科全书出版社成立和《中国大百科全书》开始编纂。

（一）百科全书的特点

百科全书主要有如下几个特点。

1．概述性

百科全书是百科知识的总汇，它用准确、精练的语言，系统、全面地叙述和说明人类各个知识领域或某个知识领域的基本事实、基本概念和基本理论，提供各种事物的基本知识、历史和现状。

2．完备性

百科全书被称为“工具书之王”，几乎囊括了各方面的知识。它广泛汇集各个知识领域或某一知识领域的名词术语，包括人名、地名、物名、书刊名、事件、机构和学说理论等，并附有图表、参考书目等，兼具各类工具书的寻检、查阅功能。它的编纂体例和检索系统也最为完备：以大中小条目、概观性文章及丰富的插图，满足读者的查考、浏览和阅读需求；以目录、索引和参见系统，加强检索功能；以再版制、连续修订制和补卷制，保证知识材料的新颖性。

3. 权威性

百科全书是供长期查检和引据的权威工具书，带有“知识标准”的性质，是一个国家和一个时代科学文化发展水平的重要标志。它的权威性体现在编者、撰稿人和出版者三方面。

（二）百科全书的编排方式

百科全书以条目为基本单元。条目一般由条头、释文（有时附必要的图表）和参考文献构成。现代综合性大型百科全书，有几万至十几万个条目。条目之间靠参见系统相互联系，交叉而不重复。百科全书条目依主题的宽窄，释文既有长至十几万字的，也有仅百余字的。

条目的编排一般有三种方式：按条头字顺编排，分类编排，分类与字顺相结合的方式（即大卷分类）编排。其中第一种方式是现代百科全书编排条目的主流。

现代百科全书为了方便寻检和扩大用途，还编有与正文紧密相关的内容：前言、凡例和目录，插图，索引，知识性、资料性附录（如大事记、地图集等）。其中最主要的是索引。大型百科全书的索引往往单独编为一卷或数卷。

（三）百科全书的类型

现代百科全书已形成完整的系列，以适应不同文化层次、不同专业乃至不同年龄段读者的需要。就内容看，可分为以下三大类。

1. 综合性百科全书

它概述人类一切门类知识，供读者查检基本知识和基本资料，可分为学术性百科全书、普及性百科全书和通俗性百科全书等。学术性百科全书一般为多卷本，如《中国大百科全书》《不列颠百科全书》；普及性百科全书如《中华常识百科全书》；通俗性百科全书如《中国少年儿童百科全书》。

2. 专业性百科全书

它以某一学科或某一门类知识为收录范围，如《社会科学百科全书》《中国文学百科全书》《世界历史百科全书》《科学技术百科全书》《中国烹饪百科全书》《化工百科全书》《岭南文化百科全书》等。

3. 地域性百科全书

它以与某一地域相关的知识为收录范围，全面介绍该地域内的社会、政治、经济、科技、文化、教育及历史状况，如《北京百科全书》《黑龙江百科全书》《潮汕百科全书》《西藏百科全书》《广西大百科全书》《广州百科全书》等。

（四）常用百科全书介绍

常用的百科全书主要有以下几种。

1. 《中国大百科全书》

中国大百科全书总编辑委员会编，中国大百科全书出版社出版。《中国大百科全书》内容包括哲学、社会科学、文学艺术、文化教育、自然科学、工程技术及军事科学等各个学科和领域古往今来的基本知识。全书不仅涵盖全人类科学文化成果，同时注重对悠久的中国各民族历史文化遗产和科学技术成就的传承，尤其是充分反映了我国在建设中国特色社会主义事业过程中取得的重要成果，形成了具有鲜明中国特色的百科知识宝库。

第 1 版在 1980—1994 年出版，按学科分卷，共 74 卷（含

1卷《总索引》），是我国第一部现代大型综合性百科全书。第2版于2009年出版，总卷数为32卷，共收条目约60 000个，约6 000万字，插图约30 000幅，地图约1 000幅。第2版在编排上采用当今世界各国编纂百科全书的通行做法，全书的条目按条目标题的汉语拼音字母顺序排列，使读者更加便于寻检查阅。从这一意义上说，它是中国第一部按国际惯例编排的大型现代综合性百科全书。文后附有条目标题汉字笔画索引、条目外文标题索引、内容分析索引和外国人名译名对照表等。

当前，中国大百科全书出版社在积极利用数字化编纂平台开展第3版网络版、纸质版的编纂出版工作。《中国大百科全书》第3版将是数字化时代的新型百科全书，是基于信息化技术和互联网进行知识生产、分发和传播的国家大型公共知识服务平台。

2.《不列颠百科全书》

《不列颠百科全书》在海外又称《大英百科全书》，素以学术性强、权威性高著称。第1版3卷，1768—1771年于苏格兰爱丁堡出版。20世纪初美国人购得该书著作权后，由总部设在美国芝加哥的不列颠百科全书公司出版。该书第15版于1974年出版，共30卷，1985年增至32卷，分为4部分：《百科类目》1卷，是全书分类目录；《百科简编》12卷，有短条目80 000余条，是一部可以单独使用的简明百科全书；《百科详编》17卷，有长条目670余条，系统介绍各学科知识、重要人物、历史、地理等；《索引》2卷。1994年网络版推出后，于2012年3月停止印刷纸质版。

《网络版不列颠百科全书》（*Encyclopedia Britannica*

Online）于 1994 年正式上网，包括《不列颠百科全书》和《不列颠百科年鉴》（*Britannica Yearbook*）印刷本的全部内容，以及《韦氏新大学词典》（*Webster's New Collegiate Dictionary*），还收录最新的修改和大量印刷本中没有的条目，可检索条目达到 98 000 条。还精心挑选了多个网站链接，并提供 150 种全文期刊的内容，拓展知识获取渠道。

《不列颠百科全书》国际中文版（修订版）由中国大百科全书出版社和美国不列颠百科全书公司于 2007 年合作推出，重要资料和数据截至 2007 年 2 月。全书共 20 卷，1—18 卷为条目正文，19—20 卷为索引；共收条目 84 300 余条，附有图片 15 300 余幅，地图 250 余幅；总字数约 4 400 万字。全书正文按英文条目字母顺序排列，设有条目中文标题、内容索引（按汉语拼音音序排列）和条目中文标题笔画索引。

三、工具书的排检方法

这里说的工具书排检方法，主要是针对纸质工具书的。工具书的排检方法包括工具书的编排方法和检索方法两方面，前者着眼于工具书的编纂，后者着眼于工具书的使用。一般来说，工具书有多少种编排方法就有多少种检索方法。就一部具体的工具书而言，只采用一种编排方法，但检索方法可以有多种。

工具书的编排方法、检索方法、主要内容、编写目的，以及所用的符号、代码、简称等，一般都在序、凡例、前言、说明里有交代，使用时，要注意这些内容，以提高检索效率。

（一）排检方法概述

工具书的排检方法大体上可分为五类——字顺法、分类法、主题法、时序法和地序法。

1. 字顺法

字顺法是根据字符的形体特征或读音排检字（词）的方法，包括形序法和音序法。它的使用范围十分广泛。

（1）形序法

形序法是根据字符的形体结构，把形体上有某些共同点的字符加以归类的排检方法。这一方法适应人们以形查字、词的一般要求。形序法分为部首法、笔画法和字母法。

部首法是根据汉字的形体结构，将其中某个偏旁取为部首，并把具有相同部首的汉字归集在一起的排检方法。在同一部首内，汉字按笔画多少排列。

笔画法又称“笔数法”，是以笔画数目多少为序排检汉字的一种方法。笔画数少的在前，笔画数多的在后。笔画数相同的字，主要有两种排序方式。一种是“笔画笔形法”，即按笔形顺序确定先后。它是目前较为常见的排检方法。另一种是“笔画部首法”，即按部首表的次序分先后。如“中、丑、丹、不、予、云”这几个笔画数相同的字，依《康熙字典》部首的顺序排列为“不、丑、中、丹、予、云”。这种排检方法现在已经很少使用。

字母法适用于拼音文字，目前在我国主要见于涉及外语或少数民族语言的工具书。

字母法分成两种。一种是“单词法”，即把一个完整单词视为最基本的排序单元，以空格作为限定符号；如果参与排序的词语由不止一个单词组成，所有第一个单词相同的词语都汇聚在一起，然后再按第二个单词的字母组成排序。这是国家标准《文字条目通用排序规则》（GB/T 13418—1992）确认的拼音文字排序规则之一。另一种是“字母串法”，即把整个词语的字母组合作为最基本的排序单元，其中的空格均忽略不计；由两个或更多单词组成的词语往往不会按第一个单词汇聚在一起。

（2）音序法

音序法是按照字（词）音排检汉字的方法。主要有汉语拼音字母法、韵部法和声部法。其中汉语拼音字母法最为常见。

（3）号码法

号码法也称笔形代码法。它的基本特点是：将汉字分解成若干笔形，并为每种笔形配上一个固定的数字（代码），把对某字所取各笔形的代码连结为一个号码，该号码即代表该字，再按号码的大小依次编排汉字。主要有四角号码法、中国字度撷法、起笔笔形号码法等，其中四角号码法较为常见。

2. 分类法

分类法是把文献或知识单元按学科体系或内容性质分门别类加以组织的排检方法，常用于书目、索引、类书、政书、年鉴等的编排。大体上可分为两类，一类是学科体系分类法，另一类是事物性质分类法。

（1）学科体系分类法

学科体系分类法是把文献或知识单元按照学科属性和知识体系予以分类的一种排检方法。常见的学科体系分类法即图书分类法，其中最常用的是中国图书馆分类法与我国古代传承下来的四部分类法。

（2）事物性质分类法

事物性质分类法是把知识内容按照事物属性进行分类后排检的一种方法。我国古代的类书、政书与现代的部分手册、年鉴、专科词典、百科全书等常采用这一方法。如清代的大型类书《古今图书集成》，分为历象、方舆、明伦、博物、理学、经济 6 汇编，下分 32 典，再下分 6 109 部，同一部中汇集的大体上就是同一性质的资料；《大辞海·文化　新闻出版卷》分为文化、新闻、出版、图书版本、档案、辞书 6 大类，其中的出版大类又分成总论、书刊结构形态、出版物编校工作、出版物复制、出版物发行、出版史、著作权常识 7 小类。

需要指出的是，由于工具书编纂者的思想观点或所处时代不同，分类标准会有差异，同一资料可能会处在不同类目下。这就要求我们在使用此类工具书时，多查阅相关类目，避免资料遗漏。

3. 主题法

主题法是将文献或知识单元按照一定主题排检的方法。这里的主题指的是文献（或工具书所收录的资料）所研究、讨论、阐述的具体对象和问题，一般用经过规范化的主题词（名词术语）来表示。规范的方法有同义词的优选、近义词的合并、多义词的注释、反义词的联系等。编排的具体过程是：首先对条目内容进行主题分析，找出该条目内容所包含的主题；然后用能描述文献主题的语词（主题词）作为该条目的标志；最后按条目标志的字顺将条目组织排列，从而形成一个完整的系统。

根据选词的原则、词的规范措施、编制方法的不同，主题法又可分为关键词法、标题法、叙词法和单元词法等。常用的是关键词法和叙词法。关键词没有经过规范，也无需编词表，标引的速度快，但会因习惯不同而造成标引的关键词不统一，影响检索效率。叙词法又称“主题词法”，叙词经过规范化处理，部分吸收分类法的优点，采用灵活的概念组配，在词与词之间建立参照系统。

主题法是把属于不同学科但涉及同一主题的资料集中在一起，故较之分类法更易于查找到所需资料。使用主题法编排的工具书以索引居多，如《马克思恩格斯全集主题索引》收集了1 872个大题，10 876个小标题，形成了一个多层次的主题结构系统。

4. 时序法

时序法是按时间顺序排检各种知识材料的方法。年表、历表、年谱等工具书常使用这种方法，如《中国历史纪年表》《中国历史大事年表》《中外历史年表》《鲁迅年谱》。此外，也有部分书目、索引采用此法，如《中国历代年谱总录》《红楼梦研究论文资料索引（1874—1982）》。

5. 地序法

地序法是以地理位置或行政区划等为序排检地理资料的方法。地图集、方志目录、地方文献书目、地名手册、地理沿革表、行政区划简册和名胜词典等多采用此法，如《中华人民共和国地图集》《世界地图集》《中华人民共和国行政区划简册》《历代地理沿革表》《中国名胜词典》。

（二）常用排检方法

现代工具书常用的排检方法有汉语拼音字母法、笔画笔形法、部首法、四角号码法、中国图书馆分类法，以及事物性质分类法，而有的古籍整理工具书也采用四部分类法。

事物性质分类法按学科、专业领域的不同和编纂者意图的不同，通常有各式各样的分类，没有统一标准。所以，这里主要介绍其他六种有统一标准的排检方法。

1. 汉语拼音字母法

汉语拼音字母法是根据汉字的拼音字母组成序列依照汉语拼音字母表的顺序编排单字（或词）的一种排检方法。这种汉字排序方法借鉴了英文、法文、俄文等拼音文字的字母法排序中的“单词法”原理。

汉字的排列先以其汉语拼音音节为序，如阿（a）、爱（ai）、昂（ang）、把（ba）、版（ban）、粗（cu）、过（guo）、用（yong）、组（zu）；音节相同的，按声调依阴平、阳平、上声、去声、轻声的次序排列，如八、拔、把、爸、吧。如果音节和音调都相同，按汉字的总笔画数从少到多排列；如果笔画数也相同，按汉字起笔至末笔各笔笔形，依“横（一）、竖（丨）、撇（丿）、点（丶）、折（→）”顺序排列；若各笔笔形仍相同，则按在汉字编码字符集中的编码值从小到大排列。

复音词的编排，是先将首字作为排序依据；首字相同的，按第二字排序；第二字也相同的，按第三字排序，依次类推，如 banben 版本，banbenxue 版本学，banci 版次，banhua版画，banhuajia版画家，banke 版刻，bankou 版口，banmian 版面，banquan 版权，banshui 版税。

汉语拼音字母法于 1958 年开始推行，后被广泛应用于工具书的编排，是国家标准《文字条目通用排序规则》（GB/T 13418—1992）确认的汉字排序规则之一，也是国家标准《索引编制规则（总则）》（GB/T 22466—2008）推荐的三种汉字排序规则之一。《新华字典》《现代汉语词典》《中国大百科全书》等，均采用汉语拼音字母法编排正文条目。

2. 笔画笔形法

“笔画笔形法”使用频率较高，是国家标准《文字条目通用排序规则》确认的汉字排序规则之一，也是国家标准《索引编制规则（总则）》推荐的三种汉字排序规则之一。如《中国历史大辞典》就是以此来组织条目的。

汉字用笔画笔形法编排时，先按笔画数从少到多排列；若笔画数相同，按起笔至末笔各笔笔形依“横（一）、竖（丨）、撇（丿）、点（丶）、折（乛）”的顺序排列；如果笔形仍相同，则按在汉字编码字符集中的编码值从小到大排列。

复音词编排的原则与汉语拼音字母法相同，即依次把首字、第二字、第三字……作为排序依据。

3. 部首法

部首法的应用在我国有悠久的历史。东汉许慎编《说文解字》，将 9 353 个汉字（小篆）按字形和字义归纳为 540 部，首创部首编排法。其后的字典编纂继承了这一方法，并不断发展完善。明代梅膺祚作《字汇》，依宋代印刷书籍的字体，将沿袭使用一千多年的 540 个部首简化为 214 个，按笔画少者在前、多者在后的方法排列；具有相同部首的字，也按笔画多少分先后。这一改革弥补了《说文解字》部首繁多、不便查检的不足。

原来的部首法对部首的选取以六书为原则，以义取部，从义归部，取部、归部较为复杂，现代读者不易使用。20 世纪 50 年代以后，我国新出版的字典、词典，对沿用已久的 214 部进行了调整，在部首归属上，打破了“从义归部”的老传统，由以往注重字义改为依字形定部，部首的数量也有调整。如《汉语大字典》《汉语大词典》等在 214 部的基础上删并为

200部，2009年版之前的《辞海》则采用250部。后来通行的字典、词典一般依据《汉字部首表》（GF 0011—2009）采用201部。

使用部首法查阅工具书时，应首先分析字形结构，弄清部属、确定部首，然后按部首以外的笔画数查字。由于新、旧部首法确定部首的原则不同，以及部首法本身具有某些缺陷（如有的部首位置不固定），给利用部首法检索带来不便。所以，使用部首法时，一是要了解新、旧部首法确定部首原则的区别；二是在遇到难查字时，注意查“部首目录”或“难检字表”。如利用《现代汉语词典》查“凸”“凹”时，如果不知道它们的部首皆为“丨”，通过查此书“难检字笔画索引”，就能在“五画”内查到这两个字。

部首法是国家标准《文字条目通用排序规则》确认的汉字排序规则之一，现在大多用于大型字典、语文词典的正文编排，综合性词典与中小型字典、语文词典的辅助索引编排。

4. 四角号码法

四角号码法是国家标准《文字条目通用排序规则》确认的汉字排序规则之一，也是国家标准《索引编制规则（总则）》推荐的三种汉字排序规则之一。

四角号码法将汉字笔形分为十种，分别赋予号码0－9。通用的笔形口诀为“横一垂二三点捺，叉四插五方块六；七角八八九是小，点下有横变零头”。

排序的基本方式，是先对每个汉字按左上、右上、左下、右下四个角的笔形特征依次取一位数字，形成一个四位数作为汉字的代码（如端为0212、烙为9786），然后将汉字依据其代码从小到大排列。

如果出现汉字不同，而按四角所取的号码却相同的情况，则有两种区别方法：一种是再取靠近右下角（第四角）上方的一个笔形作“附号”，并按附号大小区别先后。另一种方法是对相应各字比较横笔笔画数，从少到多排列。横笔数相同的，可比较总笔画数。总笔画数也相同的，比较起笔至末笔各笔笔形，依“横、竖、撇、点、折”顺序排列。若起笔至末笔各笔笔形仍相同，则按该字在汉字编码字符集中的编码值从小到大排列。

四角号码法对复音词的排序，也是依次把首字、第二字、第三字……作为排序依据。

四角号码法多用于编排汉语古籍索引，一般需要附设汉语拼音检字表和/或笔画笔形检字表。《辞海》《辞源》等都附有四角号码索引。

5. 中国图书馆分类法

中国图书馆分类法原称“中国图书馆图书分类法”，自1999年起改现名，并简称“中图法”。它是中华人民共和国成立后编制的一种具有代表性的大型综合性图书分类法，主要供大型图书馆给图书分类使用。

中图法设有5个基本部类、22大类，它的部类、大类及其标记符号详见表1-1。

中图法广泛用于编制图书馆分类目录和各种书目、索引、年鉴等。《全国总书目》《全国报刊索引》等的分类体系，基本上以它为标准。我国图书在版编目（CIP）数据中也标明中图法的分类号。

在查检按中图法分类编排的工具书时，要熟悉其分类体系及类目含义。中图法有较详细的类目索引及使用说明（手册），可供参考查对。

表 1-1 中图法的分类体系

部类名称	大类标记符号	大类名称
马克思主义、列宁主义、毛泽东思想、邓小平理论	A	马克思主义、列宁主义、毛泽东思想、邓小平理论
哲学	B	哲学、宗教
社会科学	C	社会科学总论
	D	政治、法律
	E	军事
	F	经济
	G	文化、科学、教育、体育
	H	语言、文字
	I	文学
	J	艺术
	K	历史、地理
自然科学	N	自然科学总论
	O	数理科学和化学
	P	天文学、地球科学
	Q	生物科学
	R	医药、卫生
	S	农业科学
	T	工业技术
	U	交通运输
	V	航空、航天
	X	环境科学、安全科学
综合性图书	Z	综合性图书

6. 四部分类法

四部分类法简称“四分法”，起源于魏晋，定型于唐代。该法是把图书分为经、史、子、集四部。至清代，四分法日益完善，《四库全书总目》成为四分法的典范。后来也有在四部基础上再增加“丛书”部的。

四部分类法的体系为：

经部十类：易类、书类、诗类、礼类、春秋类、孝经类、五经总义类、四书类、乐类和小学类。

史部十五类：正史类、编年类、纪事本末类、别史类、杂史类、诏令奏议类、传记类、史钞类、载记类、时令类、地理类、职官类、政书类、目录类和史评类。

子部十四类：儒家类、兵家类、法家类、农家类、医家类、天文算法类、术数类、艺术类、谱录类、杂家类、类书类、小说家类、释家类和道家类。

集部五类：楚辞类、别集类、总集类、诗文评类和词曲类。

四分法是我国古代图书分类的主要方法，基本适应我国古代典籍的分类编排。中华人民共和国成立后，四分法经过适当改进，用于整理古籍，如《全国古籍善本书目》将古籍分为经、史、子、集、丛书五部。

第三节　数字化信息检索

随着计算机技术的发展，信息技术的广泛应用，信息内容的载体形式不断发生变化，信息总量急剧增加，人们越来越依赖于借助计算机技术来进行信息检索。本节着重介绍借助网络信息检索工具、文献信息数据库、数字图书馆等进行的数字化信息检索。

一、网络信息检索工具

互联网上的信息资源十分丰富，其数据库内容几乎涉及所有领域，但网络信息并不固定，变化快，在使用中须注意甄别、留痕，以便回溯。搜索引擎是最流行的网络信息检索工具。

搜索引擎是一种应用的软件系统，它以一定的策略搜集和发现信息，在对信息进行处理和组织后，为用户提供信息查询服务。从使用者的角度看，这种软件系统提供一个网页界面，让它通过浏览器提交一个词语或者短语，然后很快返回一个可能和用户输入内容相关的信息列表。这个列表中的每一条目代表一个网页，每一个网页包含的元素有：标题、网址、关键词和摘要。有的搜索引擎提供的信息更为丰富，如时间、文件类型、文件大小和网页快照等。

搜索引擎多种多样，按照不同的标准可以划分出不同的类别。一般根据搜索引擎采集与加工信息的机制，将其分为目录式搜索引擎和关键词搜索引擎两大类。目录式搜索引擎是将互联网上的资源进行分类，提供用户浏览数据的方式，雅虎等属于这种类型。关键词搜索引擎是用户将特定的数据输入后，在数据库中寻找符合需要的相关信息，谷歌、百度等属于这种类型。许多搜索引擎同时提供以上两种检索功能。

搜索引擎发展迅速，数量众多，主要的综合性搜索引擎有百度、谷歌、维基、必应、雅虎、搜狗、搜搜等。

以下介绍几个使用频率较高的搜索引擎。

（一）百度

百度是目前全球最大的中文搜索引擎，现为我国网民最常用的搜索引擎。其产品与服务项目有：网页搜索、新闻搜索、百度贴吧、百度地图、桌面搜索、百度知道、MP3搜索、图片搜索、百度国学、硬盘搜索、百度百科、百度空间和词典等。

百度支持布尔逻辑检索、字段限制检索、短语检索、在检索结果中精练检索、相关搜索、拼音提示和繁简中文查询等。还提供丰富的专项搜索，包括图书搜索、百度国学、专利搜索和法律搜索等学术资源搜索，专门针对特定对象开发的少儿搜索和老年搜索，以及 MP3 搜索、视频搜索和图片搜索等多类型资源搜索。

（二）谷歌

谷歌（Google）为全球使用最广泛的搜索引擎。其产品与服务有：网页搜索、博客搜索、图片搜索、学术搜索、新闻搜索、谷歌地图、音乐搜索、生活信息搜索、网页翻译、桌面搜索和邮箱，并提供输入法、浏览器、照片管理软件和工具条等工具。

谷歌支持布尔逻辑检索、字段限制检索、短语检索、文件类型限定检索、容错检索、拼音自动转换、模糊拼音搜索和简繁中文转换功能等。

（三）雅虎

雅虎（Yahoo！）主要提供一个由专家筛选加工而成的主题分类索引体系。目前，雅虎提供 13 种语言的版本，为全球用户提供网页、图片、音频、视频、新闻、类目搜索、本地搜索等多种服务。

雅虎支持布尔逻辑检索、字段限制检索、短语检索、二次检索和相关搜索等，特色功能有类目检索、雅虎捷径、全能检索、开放资源检索和雅虎统计等。其中，分类目录分为 14 个大类，每个大类下又分小类，最深可达 6 级，支持逐级浏览和检索。

（四）搜狗

搜狗主要以网页搜索为核心，还可搜索新闻、网页、图片、地图和音乐等资料。

搜狗支持布尔逻辑“与”（默认值，或用空格）、“非”的检索和短语检索。不区分英文字母大小写。可以把搜索范围限定在某一个或某几个指定站点，多个站点之间用“|”隔开。检索结果可选择“按相关性排序”和“按时间排序”。

二、文献信息数据库

熟练使用数据库进行文献信息检索，对出版专业技术人员来说，也是必备的技能。

从数据库收集文献的情况可以分为文摘索引数据库和全文

数据库。文摘索引数据库的前身是文摘索引刊物，以网络为平台建立数据库，可以帮助用户查找专题文献资料，跟踪学科发展前沿。全文数据库可以直接提供原始文献，方便用户使用。

随着数字技术的发展，不少专业的文献数据库已逐步向知识服务平台转型，为用户提供更深层次的服务。

这里介绍一些在出版工作中经常会用到的数据库和平台资源。

1. 中国共产党思想理论资源数据库

中国共产党思想理论资源数据库，由人民出版社开发建成。完整系统收入了党的思想理论主要著作文献，内容覆盖我国出版的所有马列经典著作；覆盖党和国家主要领导人所有著作；覆盖公开发表的所有中央文件文献；覆盖国家所有法律法规；覆盖党的思想理论领域所有知识点。还有代表性地收入了大量研究性著作、党史和国际共运史著作、重要人物资料，以及革命战争年代出版的部分重要图书等。通过自主研发，实现文献检索方式从传统的篇目、章节检索到知识点检索的飞跃，使文献内容可以完全以知识点的形式展现，以“大海捞针”的方式获取。

2. 国家哲学社会科学文献中心

国家哲学社会科学文献中心，是由中国社会科学院牵头建设的国家级公益工程，立足全国哲学社会科学领域，开展哲学社会科学文献信息资源建设和服务，免费向社会提供学术资源。在平台上，可以查阅中外文期刊、文献和古籍，提供在线阅读、全文下载等服务；还可以链接到国内外哲学社会科学领域重要的政府机构、高等院校、学术机构以及数据库，如国家哲学社会科学学术期刊数据库、中国社会科学院科研成果数据库、哲学社会科学 OA 资源数据库等数据库资源等。

国家哲学社会科学学术期刊数据库，简称“国家期刊库（NSSD）”，由中国社会科学院承建。提供多种期刊导航（如学科分类导航、核心期刊导航、地区导航等）和信息检索方式，检索结果可进行聚类统计分析、多种排序、多种分面显示、导出等，为用户提供多种实用功能。

该平台还链接到了“学习强国”学习平台，可通过“学习强国”的平台检索相关文献信息。

3. CNKI 中国知网

知网，即国家知识基础设施（National Knowledge Infrastructure，NKI），CNKI 中国知网，即中国知识基础设施工程，由清华大学、清华同方发起。目前已建成的“中国知识资源总库”提供 CNKI 源数据库、外文类、工业类、农业类、医药卫生类、经济类和教育类多种数据库。其中，综合性数据库有中国期刊全文数据库、中国博士学位论文数据库、中国优秀硕士学位论文全文数据库、中国重要报纸全文数据库和中国重要会议论文全文数据库等。每个数据库都提供初级检索、高级检索和专业检索三种检索功能，高级检索功能最常用。

4. 万方数据知识服务平台

万方数据知识服务平台，由北京万方数据股份有限公司建设。集成了学术期刊、学位论文、会议、外文文献、科技报告、中外标准、专利、方志、法规、视频、图书等十余种资源类型，覆盖自然科学、工程技术、医药卫生、农业科学、哲学政法、社会科学、科教文艺等全学科领域。提供简单检索、高级检索、专业检索、跨库检索等多种检索功能。

万方在发展数据库的同时，也在积极打造知识服务平台。

5. 维普资讯

维普资讯，由重庆维普资讯有限公司（前身为中国科技情报研究所重庆分所数据库研究中心）开发建设，是我国重要的中文科技期刊论文搜索平台，以提供信息资源为主，也提供信息内容管理及服务。主要包括：中文科技期刊数据库、中国科技经济新闻数据库、外文科技期刊数据库、中国科学指标数据库、智立方文献资源发现平台、中文科技期刊评价报告、中国基础教育信息服务平台、图书馆学科服务平台、文献共享服务平台、维普期刊资源整合服务平台等系列产品，提供基本检索、高级检索等检索功能。

6. 中文社会科学引文索引数据库

中文社会科学引文索引数据库，由南京大学中国社会科学研究评价中心开发研制，用来检索中文人文社会科学领域的论文收录和被引用的索引数据库。可从来源文献、被引文献两个方面向研究人员提供相关领域的前沿信息和各学科学术研究发展的脉搏，对于期刊管理者来说，也可提供多种定量数据，为期刊评价、栏目设置、组稿选题等提供定量依据等服务。

7. 中国基本古籍库

中国基本古籍库，由北京爱如生数字化技术研究中心开发制作。精选先秦至民国历代重要典籍，包括名著、各学科基本文献和拾遗补缺的特殊著作，各据通行善本，采用数字化技术制成数码全文，另附 1～2 个原版影像。为了更好地服务学术，北京爱如生数字化技术研究中心又研发了爱如生典海数字平台。平台集中管理爱如生多个数字产品，拥有大数据管理系统，可以实现爱如生所有大型数据库的统一管理和集中使用，实现跨库检索、同屏多窗口阅读等功能。

8. 中华经典古籍库

中华经典古籍库，由中华书局开发。所收图书涵盖了经、史、子、集各部，全部选取经过整理的点校本进行数字化编辑工作，修改了原书中的一些错误，数据保留了专名、注释、校勘等全部整理成果，不仅提供了精确的文本数据，还有原书扫描图像供对照。支持书目检索和全文检索，还收录了丰富的人名异称，供用户勾选后并列检索。所有检索都支持繁简字、异体字关联。为了满足不同用户群体的需求，中华经典古籍库陆续推出了镜像版、网络版（在线版）、微信版、微信专业版等。

三、数字图书馆和电子图书数据库

作为信息资源建设与服务中心的图书馆，随着信息技术的飞跃发展，其信息资源结构也在发生变化，越来越注重数字化资源的开发与利用。依托互联网进行信息收集、组织加工、存储和传递的数字图书馆概念也应运而生，成为传统图书馆的发展方向。

数字图书馆可以提供的服务主要有：（1）书刊检索。联机公共检索目录（Online Public Access Catalogue，简称OPAC）是数字图书馆的主要服务之一。其不仅完全取代了传统卡片目录的功能，还能显示图书和资源的准确状态信息，支持题名、作者、主题、分类号、关键词等多种检索途径，还可以与远程网络连接，检索世界各地的公共图书馆、大学图书馆和专业图书馆等的信息资源。（2）全文获取。（3）原文扫描与远程传递。（4）图像检索与远程传递。（5）远程咨询。读者只要在自己的终端前，就可以与图书馆工作人员进行联系，工作人员可以提供多形式的服务。

目前国内的公共图书馆和高校图书馆都在积极建设数字图书馆，有的还在开展图书馆的馆际合作，如大学数字图书馆国际合作计划、全国图书馆参考咨询联盟等。

除了公共图书馆的数字图书馆之外，一些机构也利用各种资源建设电子图书数据库，供用户查检。电子图书数据库是保存以数字化格式存储的电子书并通过计算机的网络传递所藏信息，同时对网上信息进行虚拟连接并提供服务的实体性或虚拟性的信息机构。常用的中文电子书数据库有：超星数字图书馆、读秀、书生之家、方正 Apabi 数字图书馆等。

此外，不少原本的文献信息数据库，如中国知网等也都在不断拓展业务，向知识服务平台发展，因此也提供相应的数字化图书信息。

四、计算机检索技术与网络信息检索技巧

网络上的数字化信息资源数量庞大、增长迅速、动态性强，要想在很短的时间内得到满意的检索效果，需要了解计算机检索的技术，并掌握一定的检索技巧。

（一）计算机检索技术

数字化信息检索利用的技术是计算机检索技术，因此掌握计算机检索技术，快速准确地构建计算机能识别的检索表达式至关重要。基本的计算机检索技术有如下几种。

1. 布尔逻辑检索

布尔逻辑检索是一种比较成熟、较为流行的检索技术，现

代的信息检索多采用这种技术。

布尔逻辑检索的基础是逻辑运算，逻辑运算中最常用的是布尔逻辑运算符（Boolean Logic Operator），主要的运算符有以下几种（见表 1-2）。

表 1-2　布尔逻辑运算符

名称	符号	表达式	功能
逻辑“与”	and 或 *	A and B（或 A*B）	同时含有这两个检索词的文献才能被命中
逻辑“或”	or 或 +	A or B（或 A+B）	只要含有其中一个检索词或同时含有这两个检索词的文献都可以被命中
逻辑“非”	not、and not、but not、—	A not B（或 A — B）	被检索文献在含有检索词 A 而不含有检索词 B 时能被命中

例如，要检索“儿童教育”的文献，检索逻辑可表示为：儿童 and 教育。

要检索“数字出版”和“电子出版”方面的文献，检索逻辑可表示为：数字出版 or 电子出版。

要检索有关“能源”方面的英文文献，但涉及“核能”方面的文章不要，逻辑表达式可表示为：energy not nuclear（或 energy - nuclear）。需要注意的是，not 可以缩小检索范围，但须谨慎从事，只有当确信要从检索结果中排除一个术语或短语时才用。

布尔逻辑运算的次序为：逻辑“非”—逻辑“与”—逻辑“或”，若有括号，则括号优先，这同算术中的四则运算相似。

2. 短语检索

短语用双引号（“”）括起表示，可检索出与引号内形式完全相同的短语。例如，要检索期刊《出版发行研究》，输入置于引号内的“出版发行研究”，就只会检索到这六个字紧挨在一起的记录；如果不加双引号，有的搜索引擎会把出版、发行、研究这三个词作布尔逻辑“与”的运算，它们之间可能相隔很远，顺序也可能改变。

3. 截词检索

截词检索是在检索标志中保留相同的部分，用相应的截词符代替可变化部分。检索中，计算机会将所有含有相同部分标志的记录全部检索出来。截词检索主要用于英文检索。对于词干相同而词尾不同的词（如 publish，publisher， publishers，publishing）和一些不同拼法的词（如 defence，defense），如果检索时将这类词全部输进去，会增加检索时间和费用，采用截词法可解决这一问题。

截词符多用“？”或“*”表示，如：输入 publish*，会检索出 publish，publisher，publishers 和 publishing 等所有以 publish 这七个字母开头的单词，不管它后面还有多少个字母。

4. 限制检索

限制检索是通过限制检索范围，如采取字段检索、使用限制符、采用限制检索指令等办法，达到优化检索结果的方法。

此外，如相关反馈、加权检索、模糊检索、多数据库检索等检索技术不断涌现，越来越多地应用于网络信息检索中。

（二）网络信息检索技巧

1. 选择合适的检索词

选择合适的检索词是用户需要掌握的最基本、也是最有效的搜索技巧。检索词要与拟查的主题相关，表述宜准确、简练，避免使用太泛的词。如果所用检索词检索到的结果太少，可选用其同义词或近义词以提高查全率。相反，如果检索结果太多，可用布尔逻辑“与”连接多个关键词作一些限制。如果不能准确地确定检索词应是什么或搜索的主题范围很广，可以先利用目录式搜索引擎，而不必先用关键词搜索引擎。

2. 利用布尔逻辑运算符

绝大多数搜索引擎都支持布尔逻辑运算，以便用户进行不同的组配从而获取最佳搜索结果。要善于利用逻辑“非”尽量排除不相关的检索结果。

3. 使用短语检索进行精确匹配

绝大多数搜索引擎具有短语检索功能，尤其适合于搜索人名、地名、机构名、书名、刊名等专有名词和专业术语。

4. 利用高级检索功能

利用高级检索功能，既可使检索结果更准确，又便于表达检索要求，使许多功能的实现更容易。如要查找某一主题的 pdf 文件，只需要在搜索引擎提供的“文件类型”下拉选单（菜单）中进行点选，而不需要输入 filetype：pdf。谷歌、百度和雅虎等重要搜索引擎的“高级检索”界面都提供了布尔逻辑运算符的选择，但是，不同的搜索引擎采用的表述方式略有区别。如谷歌、百度使用的是“包含以下全部的关键词”（逻辑“与”）、“包含以下的完整关键词”（短语）、“包含以下任意一个关键词”（逻辑“或”）和“不包括以下关键词”（逻辑“非”）；雅虎使用的是“在结果中包含”（逻辑“与”）、“在结果中完整包含”（短语）和“在结果中不包含”（逻辑“非”）。

搜索引擎提供的高级检索功能还有助于用户进行多种限定，包括限定要搜索网页的时间、网页所在地区、网页使用的语言、网页的格式、关键词在网页中所处的位置（限制在网页标题中可使检索结果的相关度更高）、将检索限定在某一个站点等。尤其值得一提的是文件格式限定。很多有价值的资料，在互联网上并非以普通的 html 网页形式存在，如许多期刊论文、研究报告、公司的年报和产品手册等多以 pdf 格式出现。文件格式限定的搜索语法为“查询词”+ 空格 +filetype：格式。如要查找“市场营销”的 pdf 文件，可输入：“市场营销”filetype：pdf。

第四节　出版工作常用信息的检索方法

这里根据出版工作的实际需要，对常用信息的检索方法有选择地作简要介绍。

一、图书报刊资料的检索

要查找某一事物的历史情况或某一学科研究的发展动态等，需要熟练地掌握图书报刊资料的检索方法。

（一）图书资料的检索

图书资料的检索主要包括古代著述，近、现代图书和新中国图书的检索。

1. 古代著述的检索

对古代著述的检索，通常可以采用以下几种方法。

（1）利用“正史”艺文志、经籍志

东汉初，班固根据《七略》编辑了《汉书·艺文志》，开创了“正史”艺文志的先例。“正史”艺文志、经籍志基本上根据当时政府藏书的官修目录编成，多数为记一朝藏书之盛（反映历朝之著述），有的则记一朝之著述。前者如《隋书·经籍志》，后者如《明史·艺文志》。各种艺文志及其补编，基本上反映了古代的重要著述，是查考古代图书文献的比较系统的书目。利用一些索引，如《艺文志二十种综合引得》可以提高查找效率。

（2）利用政书艺文略、经籍考

政书是中国古代专门记载典章制度的工具书。它广泛收集政治、经济、文化制度方面的材料，分门别类地作系统编排，并详述各种制度的沿革。政书一般可分为两大类：一类为记述历代典章制度的通史式政书，名称中一般有“通”字，如《通典》《通志》《文献通考》等；一类为记述某一朝代典章制度的断代式政书，称为“会典”或“会要”，如《唐会要》《元典章》等。

政书的艺文略、经籍考，基本上是历代“正史”艺文志、经籍志的汇编，大体上反映了古代的重要著述。主要有《通志》《续通志》和《清朝通志》的艺文略、金石略、图谱略，《文献通考》《续文献通考》《清朝文献通考》《清朝续文献通考》的经籍考，可借助《十通索引》检索。

（3）利用官私书目

书目是图书或报刊目录的简称。它著录和揭示一批相关的书报刊文献，按一定次序编排而成，是一种登记、报道和宣传书报刊文献的检索工具。早在西汉末年，我国就已经出现了《别录》《七略》这样体例完整的书目著作。书目在古代有许多不同的名称，如“志”“书录”“读书志”“书目”“总目提要”“经籍志”和“艺文志”。官修书目比较全面地反映了政府藏书；私撰书目则反映了私人藏书或专题文献资料，其中往往收录有戏曲小说作品，可补官修书目之不足。常用的有《四库全书总目》《四库未收书目提要》《郡斋读书志》《直斋书录解题》《贩书偶记》《贩书偶记续编》《中国善本书提要》《中国地方志联合目录》《中国丛书综录》等。

我国历史上最大的一部官修目录是《四库全书总目》，

原名《四库全书总目提要》，由清代纪昀等奉敕编纂，中华书局 1965 年影印出版，1981 年重印。《四库全书》是一部官修的大型丛书，在纂修过程中，对校订的每一种图书都撰有内容提要，并按四部分类法编排，这就是《四库全书总目提要》。1965 年中华书局影印出版时，改名为《四库全书总目》，共 200 卷，10 254 种，包括《四库全书》收录的古籍 3 461 种，存目 6 793 种，基本上包括了清代乾隆以前我国的重要著作；体例也比较完善，按经、史、子、集四部编排，部下再分 44 类，有的类下还有小类，计 66 个子目。部和类前有总序和小序，子目后面附有按语，扼要说明各部、类图书的源流和立类根据。中华书局出版时，在书末附按四角号码编排的书名及著者姓名索引。另有《四库撤毁书提要》《四库未收书提要》《四库全书总目校记》等附录。1997 年中华书局出版四库全书研究所整理的《钦定四库全书总目》（整理本）。整理工作以标点、校勘、辨证为三大内容。整理本改用简体字横排。书后附有书名笔画索引和著者姓名笔画索引。

（4）利用搜索引擎

对古代著述的检索，也可利用搜索引擎，如百度国学，还可用其他的搜索引擎，输入需检索的图书书名，并用双引号括起。

（5）利用古籍数据库和图书资源库

对古代著述的检索，还可利用中国基本古籍库、中国经典古籍库等专业的古籍数据库，也可以利用数字图书馆和电子图书资源库等进行查检。

2. 近、现代图书的检索

所谓近代图书，这里主要指新学和西学图书。通常利用

《西学书目表》《中国近代现代丛书目录》等查找。

查现代图书，主要利用《民国时期总书目》《（生活）全国总书目》和《抗战时期出版图书书目》等。

3. 最新图书的检索

主要利用《全国总书目》《全国新书目》《中国国家书目》和《中国出版年鉴》等查找，还可以登录网上书店及出版社网站、数字图书馆等查找。其中，使用较多的有《全国总书目》和《全国新书目》。

《全国总书目》先后由新华书店总店、中国版本图书馆编，新华书店总店、中华书局出版，是一部全国性的统计登记性书目。它根据各出版单位送交的图书样本，比较全面地登记了中华人民共和国成立以来出版的图书。1949—1954 年合订为一本，1966—1969 年停编，此后每年编辑出版一本，比较全面、系统地著录了当年全国各出版社出版的图书，具有图书年鉴的性质。它包括分类目录、专门目录和附录三部分，收录各出版单位出版的各种文字初版和再版图书，对每部书都著录书名、作者、出版时间、地点、出版者、定价等项，并采用学科分类法编排。自 1982 年起，一般增加内容提要项。1959 年以前和 1978 年以后的《全国总书目》还附有书名索引。《全国总书目》每年出版一套数据检索光盘。光盘界面格式设有按“中国图书馆分类法”编制的分类索引和全国各出版社索引，光盘中每条书目数据包含书名、著者、出版者、关键词、主题词、分类号、ISBN 号和内容提要等内容，用户可进行全方位的组合检索和单项检索。2001—2003 年的卷次随印刷本配送光盘版，2004 年以后推出了网络版。

《全国新书目》由中国版本图书馆《全国新书目》编辑

部编辑、出版，月刊，是中国现行国家书目。该书目根据图书呈交本编制。1949 年出版总署征集图书样本，1950 年编制了《每周新书目》，1953 年改名为《每月新书目》。1955 年 5 月起改由文化部版本图书馆编印，定名《全国新书目》。1966 年 7 月编辑工作中断，1973 年复刊后每月出版一期。收录全国各出版社和机关、团体、学校公开出版或重印的图书及画片、乐谱、地图等。款目著录书名、编著者、译者、出版者、出版年月、开本、页数、字数、定价和印刷册数，1976 年以后增加内容提要。1957 年前款目按自设类目编排，1957—1966 年改按“中小型图书馆图书分类法（草案）”编排，1973 年后按“中国图书馆分类法”编排。

（二）报刊资料的检索

报刊是反映国内外各方面最新情况和科研成果的出版物，具有信息量大、内容新颖、时效性强等特点。查找报刊资料是掌握时事动态及新知识、新学科发展动态的重要途径。但报刊资料数量相当庞大，要从大量的报刊中迅速地找到所需的资料，了解和掌握检索途径和检索方法是十分必要的。报刊资料的检索，可以利用报刊资料索引、报刊目录、题录、文摘等工具。

1. 查找 1949 年以前的报刊资料

查找 1949 年以前的报刊资料，可以利用下列工具。

（1）《中国近代期刊篇目汇录》

上海图书馆编，上海人民出版社出版。全书收录 1857—1918 年出版的期刊 495 种，着重收录哲学、社会科学方面的主要刊物，汇录其全部篇目。

（2）《（1833—1949）全国中文期刊联合目录》（增订本）

全国图书联合目录编辑组编，书目文献出版社 1981 年版。本书收录全国 50 所图书馆在 1957 年底以前所藏新中国成立前国内外出版的中文期刊近 2 万种，反映了这些期刊在国内 50 所图书馆的具体收藏情况。

2. 查找 1949 年以后的报刊资料

查找 1949 年以后的报刊资料，可以利用下列工具。

（1）《全国主要报刊资料索引》

1956 年创刊，原由上海市报刊图书馆编，1959 年后由上海图书馆编。收录时限为 1956 年至 1966 年 9 月。

（2）《全国报刊索引》

《全国报刊索引》由上海图书馆编辑、出版，是一种大型综合性报刊篇目索引，为月刊。其前身是 1966 年 9 月停刊的《全国主要报刊资料索引》，1973 年 10 月复刊时改为今名。自 1980 年起，又分哲学社科版、科技版两册出版。该索引主要报道全国中央和省、自治区、直辖市一级报刊上的资料篇目，兼收部分地方性和内部报刊资料篇目。每期收录报纸约 100 种，期刊约 2 000 种，揭示报刊资料约 2 万条。资料分类曾采用“中国人民大学图书馆图书分类法”编排，现哲学社科版按自编的《全国报刊资料表》分类，基本大类与“中国图书馆分类法”有关部分一致。科技版按“中国图书馆分类法”分类编排，类目略有增删。哲学社科版于 1991 年起采用电子排版，新增题中人名分析索引和作者索引，检索十分方便。该索引既集中提供国内外社会、政治、经济信息，又及时报道学术研究动态及最新科研成果，具有很高的使用价值。

（3）《复印报刊资料索引》

中国人民大学书报资料中心编印，1958年创刊。该刊按学科或专题分类，资料主要来源于国内公开出版和内部发行的报刊3 000多种。所设的专业、专题齐全，具有系统性和完整性，并且可直接从中查得某些专题的文献，大量节约检索文献的时间。该刊是一种重要的社科信息源，在整个社科资料源体系中占有重要地位。

（4）《中国社会科学文献题录》

中国社会科学院信息中心文献题录编辑部编，双月刊。它是社会科学论文、资料的综合性检索刊物。

3. 检索报刊网站、门户网站、报刊数据库

公开发行的报刊大多有专门的网站或固定网页，大致提供三种类型的站内检索模式：回溯型检索是以“往期回顾”“过刊查询”等形式，按日期对往期报刊进行回溯性检索；主题型检索可对报刊内容以关键词进行特性检索，以作者、标题等进行特定篇章检索；综合型检索则是在同一检索页面提供按时间、作者、标题、关键词、版面和栏目等检索入口，同时兼有日期回溯和关键词检索两种功能。

新闻门户网站主要用于查找报载资料。国内较大的综合新闻门户网站都有一定规模的媒体联盟，依托众多媒体实现新闻共享，利用其自建数据库和专门的搜索引擎，可以检索联盟内各媒体的实时新闻和相关资料，如今日头条、新浪、搜狐、网易、雅虎等。

常用的商业中文报刊数据库有：中国资讯行的“中文媒体库”“中国经济新闻库”，维普资讯公司的“中文科技期刊数据库 ”“中文科技期刊引文数据库”“中国科技经济新闻数

据库”，中国知网的“中国期刊全文数据库”和“中国重要报纸全文数据库”，上海图书馆的 “全国报刊索引数据库”，中国人民大学的“人大复印报刊资料全文数据库”等。

二、字、词、句的检索

在出版工作中，常常需要查找某个字的形、音、义及其准确用法，或者查找一个成语、一句诗文的出处等，这就需要熟练地掌握检索方法。

（一）常用字、词的查找

利用收字 1 万左右的字典、词典，即可解决常用字、词的查考问题。一般可利用《新华字典》《汉语常用字典》《现代汉语词典》《辞海》《辞源》等。

（二）冷僻字、词的查找

冷僻字、词的查找，一般需利用收字较多的字典、词典。通常可利用《汉语大字典》《汉语大词典》《辞海》《辞源》《康熙字典》《中华大字典》等。

（三）汉字古义及古文字形体的查找

查汉字古义及古形体，一般可利用与古文字、古字形有关的字典、词典。通常可利用《汉语大字典》《说文解字》《康熙字典》《古文字类编》《汉语古文字字形表》《甲金篆隶大字典》《四体大字典（正草隶篆）》《中国书法大字典》《甲骨文字典》《金文常用字典》等。

（四）汉字古音韵的查找

查汉字的古音韵，一般可利用韵书及标有韵部的字典、词典。通常可利用《汉语大字典》《辞源》《中华大字典》《中文大辞典》《广韵》《集韵》《佩文诗韵》《古今字音对照手册》等。

此外，网络上可用的查找字、词的词典有：北京市书同文数字化技术有限公司开发、上海数字世纪网络有限公司拥有著作权的《中华文化通志》《汉语大词典》《中华古汉语字典》的网络版。

（五）专门词汇和诗词文句的查找

查方言可利用《现代汉语方言大词典》《汉语方言词汇》和《通俗编》等；查俗语可利用《中国俗语大辞典》《俗语五千条》《古今俗语集成》《中国谚语资料》《中国谚语》《歇后语大全》《中国歇后语总汇》《汉语谚语歇后语俗语分类大词典》等；查文学作品中的方言、俗语等，可利用《诗词曲语辞汇释》《金元戏曲方言考》《元剧俗语方言例释》《宋金元戏曲词语汇释》等；查联绵词，可利用《辞通》《联绵字典》《联绵词大词典》等；查同义词、反义词，可利用《同源字典》《实用同义词典》《汉语反义词词典》《反义词词典》等。

查成语、典故，可利用一般辞书。除利用通用词典，如《辞源》《汉语大词典》《辞海》之外，常可利用专门的成语、典故词典，如《中国成语大辞典》《中华成语全典》《汉语成语大词典》《常用典故词典》《世界成语典故辞典》《中外典故大词典》等。此外，也可利用类书，并且类书还能查检诗词文句等。如《艺文类聚》《太平御览》《渊鉴类函》等类书，都把群书中可供参考的文献资料辑录出来，分类排比，这就为查找成语、典故、诗词文句等提供了方便。最有用的是清代两部类书《佩文韵府》和《骈字类编》，它们在内容上相辅相成。

查找成语、典故和诗词文句还可以利用专门收录成语、典故的网站或用搜索引擎查找，如网络上的“成语大全”可查成语解释，按笔画检索；“成语词典”可根据成语的词目、发音、释义、出处和示例进行搜索。

检索规范的科技名词，可以用全国科学技术名词审定委员会审定公布的学科名词，如《天文学名词》《地理学名词》《生态学名词》《语言学名词》《世界历史名词》《教育学名词》等。此外，全国科学技术名词审定委员会网站“术语在线”也提供规范科技名词检索服务。通过“语种”和“术语”的“精确查询”和“模糊查询”，可以查询30万条规范名词条目。

三、百科资料的检索

百科资料的检索主要包括如下几个方面。

（一）综合性资料的检索

检索综合性资料时应注意要检索的内容是古代的还是现代的。

1. 古代百科资料的检索

中国古代百科资料的检索主要是利用中国传统的类书。类书是摘录、汇辑多种文献中的原文，按内容性质分门别类地编排，以供寻检和征引的工具书。类书汇编很多方面的原始文献资料，内容包含天文、地理、人事、典制、生物、医药、衣食、住行、工艺、珍宝、宗教、方术、鬼神和灾异等，具有知识总汇的性质。对所辑录的原始资料一般不加改动，只是将它们按类或按韵编排，以方便查阅。我国现存最大的类书是清朝康熙年间所编《古今图书集成》。常见的类书主要有《艺文类聚》《太平御览》《册府元龟》和《古今图书集成》等。查阅这些类书时，可参考后人所编的相应索引，如《太平御览索引》《册府元龟索引》和《古今图书集成索引》等。

2. 现代百科知识的检索

现代百科知识的检索主要利用百科全书、百科词典和各类年鉴。

（1）利用百科全书

百科全书系统、全面地总结和阐述各学科的最新成果，并且大都附有参考文献，有较完善的检索系统和参见体系。常见的中文百科全书有《中国大百科全书》、《不列颠百科全书》（国际中文版）等。常用的英文百科全书有《不列颠百科全书》《美国百科全书》《钱伯斯百科全书》等。《中国大百科全书》还专门建有《中国大百科全书数据库》。

如要专门查阅某一类百科知识，可利用某一领域专业百科全书，如《市场经济百科全书》《财政金融法律百科全书》《现代管理百科全书》《科学技术百科全书》《计算机科学技术百科全书》等。

（2）利用百科词典

百科词典包括综合性百科词典和专科性百科词典。

综合性百科词典有《简明科林斯百科辞典》《中国百科大辞典》等。

专科性百科词典有《哲学大辞典》《经济大辞典》《中国历史大词典》《高技术百科辞典》等。

（3）利用综合性词典

综合性词典除了收录普通词语外，还有大量包括现代各个学科基本知识的百科条目。《辞海》是最常用的综合性词典。

（4）利用年鉴

年鉴是汇集一年内重要的时事政治、发展动向、各种数据和统计等方面的资料，按年度连续出版的工具书，是查考百科资料的重要途径。

年鉴主要有如下功用。

第一，向人们提供一年内全面、真实、系统的事实资料。

第二，具有比较系统的连续参考价值。通过年鉴，可以查找近些年来国内国际时事、各部门各行业的进展、各学科各专业的研究动态，可查找政府颁布的重要法规文献和逐年可比的统计数据资料，还可以查找机构简介、企业名录、著名人物生平和一些实用性的指南资料等。

年鉴按其资料性质可分为综合性年鉴、专业性年鉴、地域性年鉴等。

这里介绍几种在工作中常用的年鉴。

《中国年鉴》，中国年鉴编辑部编，新华出版社和香港新中国新闻有限公司等 1981 年起联合出版。这是一部以及时反映我国的时事形势、经济建设、社会发展为主要内容的大型综合性年鉴，用中、英文同时出版。主要由中国概况、特载、彩图专辑、大事纪要、分类条目、附录等部分组成。它从 1980 年起逐年收集和记录中国各方面的新进展、新成就和新情况。每年刊有近 1 000 幅照片，并有大量图表。

《中国出版年鉴》，1980 年创刊，由中国出版工作者协会编，商务印书馆出版。自 1987 年起，由中国出版工作者协会和中国出版科学研究所合编，中国书籍出版社出版。现由中国出版年鉴杂志社出版。这是反映中国图书和报刊编辑、出版、发行工作基本情况的大型资料工具书。每年出版一册。一般包括纪事、出版业概况、图书评介、图书出版综述、新报刊简目、出版名录与附录等内容。卷首有目录，有的卷末附有内容分析索引。它内容丰富，评介性强，具有一定的学术价值，不仅可用来查考出版资料，而且可作为读书指南。

（5）利用网络的信息资源

查找现代百科知识，还可以充分利用网络信息资源，如中国百科全书网、英文综合性百科全书网、中国年鉴信息网、中国经济信息网等网上信息资源。百度百科、维基百科也常被人们利用。

此外，也可以利用相关的数据库，如查询年鉴可利用中国年鉴网络出版总库、中国年鉴资源全文数据库，等等。

（二）人物与机构资料的检索

人物与机构资料的检索有各种途径。

1. 人物资料的检索

人物资料，主要包括人物的姓名、字号、生卒年、活动、业绩、著述及传记资料、历史评价等。在查找人物资料时，可以利用专门性的工具书，如人物传记、名人录、人物年谱和人名词典等。其他综合性或专科性的检索工具，如百科全书、综合性词典、年鉴、书目、手册、类书、政书和题录等，也收录了相当多的人物资料，可供参考。

（1）利用人物传记资料索引

传记资料索引是查找人物资料的重要工具。它以人名为检索对象，揭示人物传记资料的出处，有比较详细的原始传记资料。

“二十五史”中的本纪、列传都系统地记叙了大量历史人物的传记资料，但其数量庞大，必须借助后人所编的各种传记索引。这些索引主要有群史人名索引，如《二十五史人名索引》《二十四史纪传人名索引》等；专史人名索引，如《史记人名索引》《明史人名索引》等。

中国古代的历史人物，其姓名称谓有字、号、笔名、别名、室名、庙号和谥号等，检索起来比较复杂，因此要注意利用与此相关的各种索引，如《古今人物别名索引》《室名别号索引》等。

利用政书、类书及其索引，也能检索到一些人物资料。政书如《通志》中有本纪、世家、列传、年谱，类书一般在"人""事"部集中了某类人物传记。用以查找这些传记资料的索引主要有《十通索引》《唐会要人名索引》等。

另外，还可利用传记资料综合索引。这类索引广泛搜罗正史、别史、杂史、姓氏书、题名碑录、传记、书目提要、诗文总集和地方志等书籍中的传记资料，如《唐五代人物传记资料综合索引》《四十七种宋代传记综合引得》《辽金元传记三十种综合引得》《八十九种明代传记综合引得》《三十三种清代传记综合引得》等。

（2）利用人名词典和名录

工具书中专门有一种人名词典、人名录，收录某一学科或多个学科的人物资料。此外，一般性的综合性词典，也常常收录一些人物资料。所以查找人物的生平简况，人名词典和人名录也是一种很好的工具，如《中国人名大辞典》《中国历史人物辞典》《古今同姓名大词典》《中国现代名人词典》《中国当代名人录》等。

人物资料的检索还包括外国人物的检索。外国人物的检索主要是查找汉译名和生平事迹，通常可利用《世界姓名译名手册》《英语姓名译名手册》《外国人名辞典》《世界人物大辞典》《外国历史名人辞典》《外国历史名人传》《国际名人传记辞典》《工程名人录》等。

（3）利用人物年谱、族谱、表谱

年谱详细记述历史人物的生平情况，族谱、表谱对历史人物的生平面貌也多有记载。可供利用的工具书主要有《中国历代年谱总录》《近三百年人物年谱知见录》《历代人物年里碑传综表》等。

（4）利用地方志、传记集

某一历史人物在某地出生或生活，地方志一般都会有记载。地方志中的“人物门”“职官门”“杂记门”记载大量的人物资料。另外有关人物的传记集也保存了相当数量的人物资料。地方志、传记集的查找，通常可利用《宋元方志传记索引》。

（5）利用百科全书、年鉴

百科全书中可以检索到一些著名人物的简历、成就和代表作等资料。年鉴，尤其是人物年鉴，详细地提供了人物的有关资料。常用的百科全书和年鉴主要有《中国大百科全书》《中国教育百科全书》《中国人物年鉴》《中国出版年鉴》《中国教育年鉴》等。

（6）利用传记数据库或信息网

互联网上拥有不计其数的传记数据库、传记虚拟图书馆、专题网站和个人网页，其中许多资源在传记人物收录范围、内容的新颖性和完整性、使用的便利性等方面，都超过了印刷版的传记工具书。传记网可用于查找世界各国名人。

Gale集团50多年来出版的众多人物传记参考书是人物

传记领域中最权威的参考书。Gale 传记信息资源中心（Gale Biography Resource in Context）包含自人类历史开始至今的 100 多万个人物的传记信息，内容涉及所有领域，主要用于获取世界范围内各行业、各领域人物的传记信息。

要检索中国历史人物的传记资料，可借助“中国历史人物传记资源数据库”“中国历代人物传记资料数据库”等专业数据库。中国国家图书馆开发的“地方志人物传记索引数据库”，可检索 1949 年以后中国新编地方志中所见人物的姓名、性别、民族、生活年代、生卒年、字、号、别名、籍贯、身份类别及本条资料出处等方面的信息。

2. 机构资料的检索

有关机构的资料可利用名录、手册、百科全书、年鉴和机构网站来检索。

（1）利用名录

名录是汇集机构名、人名、地名等专名的基本情况和资料的一种便捷性工具书。其中的机构名录有时又称“便览”“概览”或“简介”等，是简介各种机构情况的清册与一览表，包括地址、人员、职能和业务范围等内容，是人们查考机构资料的主要工具。常用的有《中国企事业名录大全》《中国政府机构名录》等。

（2）利用手册

机构手册较详细地介绍机构情况，如《联合国手册》《各国国家机构手册》等。

（3）利用百科全书、年鉴

百科全书常常收录机构资料，各类年鉴往往也收录相关机构资料，如《中国大百科全书》《中国出版年鉴》等。

（4）利用机构网站

国内外许多重要的政府机构、大学、研究机构和公司等都建立了网站，提供该机构的信息。

（三）历史、地理资料的检索

历史、地理资料的检索要依靠多种途径。

1. 历史资料的检索

这里的历史资料主要是指历史事件资料。检索历史事件资料有多种检索方法。

（1）利用年表、大事记

年表、大事记按年代顺序编制，一般记载历史事件的发生和演变过程，或是将某一学科或专题的事件按年加以列举，专供查考历史年代、历史大事等资料。常见的年表和大事记有《中外历史年表》《中国历史大事年表》《外国历史大事年表》《中国近现代史大事记（1840—1980）》《中华人民共和国大事记》《自然科学大事年表》等。

（2）利用年鉴、手册

年鉴、手册记载有历史大事，尤其是现代和当代的大事，是查找最新事件的便捷工具。

前面已经简要介绍了年鉴的功用，这里对手册的使用进行简单说明。手册是汇集某一或若干学科或专业领域的基本知识、参考资料和数据，供随时查检的便捷性工具书。手册通常可以分为两大类，一类是综合性手册，内容涉及许多知识领域，主要为读者提供学习、生活的基本知识和资料；一类是专业性手册，多半由某一学科或某一业务范围的资料汇集而成，读者可以迅速查找到所需的具体资料。

通常可利用的年鉴和手册有《中国年鉴》《中国经济年

鉴》《中国统计年鉴》《中国新闻年鉴》《中国出版年鉴》《国际统计年鉴》《国际形势年鉴》《中国近代史知识手册》《世界史编年手册》《世界知识手册》《国际资料手册》等。

（3）利用史料汇编

史料汇编系统地汇集了散见于各种文献的历史资料，查找历史专题资料最直接的途径是利用史料汇编，如《中西交通史料汇编》《中华民国史资料丛稿》等。

（4）利用类书、政书

类书和政书汇集有大量历史资料，而且按类编排，为查找历史专题资料提供了很大的方便。通常可利用《古今图书集成》《太平御览》《册府元龟》《十通》等。如要查中国古代有哪些帝王善于纳谏，可利用《册府元龟》卷一——“帝王部”中的“纳谏”部分。

（5）利用史书、方志

查找历史事件的系统资料和原始资料，最有利用价值的是各种史书和方志，因为史书和方志记载了大量系统的原始历史资料，这些资料可信度较高。如“二十五史”《资治通鉴》《宋史纪事本末》《元一统志》《清一统志》，以及各种“通志”“省志”“府志”“县志”等。

此外，还可利用综合性词典或专科词典。如利用《辞海》可以查找中外古今大事，利用《中国近代史辞典》可以查找近代大事，利用《中华民国外交史辞典》可查1905—1949年外交史上的大事。

（6）利用史料网站

查找历史资料还可以利用史料网站，如环球网历史频道、历史千年、历史上的今天等。

2. 地理资料的检索

地理资料主要指地名、地理位置、地理沿革及相应地区的文化生活、风俗等资料。查找地理资料主要有以下几种途径。

（1）利用词典、手册

要查找地名、地理位置、地理沿革等信息，可利用的是地名词典或手册。常用的有《中国古今地名大辞典》《中国地名大辞典》《中国历史地名大辞典》《中华人民共和国地名辞典》《中华人民共和国行政区划简册》《中外历史地名大辞典》《世界地名辞典》《世界地名录》等。

（2）利用表谱、图录

表谱是按事物类别或系统编制的反映时间和历史概念的表册工具书。图录是主要通过图形或图像提供知识或事实材料的工具书。表谱和图录具有直观的特点，在查找地名、地理位置及其沿革、变迁等情况时，可利用专门性的地理表谱和图录。这方面的表谱和图录主要有《历代地理沿革表》《清代地理沿革表》《中国历史地图集》《（泰晤士）世界历史地图集》《中国史稿地图集》《中国地理沿革图》《中国地图集》《中国现代史地图集》《世界地图集》等。

（3）利用类书、政书、百科全书

类书、政书、百科全书都是大部头的资料汇编，收录了相当多的地理资料，尤其是类书，大多按天、地、人、事、物排列，其中“地”部类提供了丰富的地理资料。要查找地名、地理位置及地理沿革，特别是要查找某一地域的文化生活、风俗习惯等资料时，类书、政书、百科全书与以上介绍的两类信息源相比，提供了更具体的信息，如《古今图书集成》《通典》《北京百科全书》《广西大百科全书》等。

（4）利用史书、方志

“二十五史”和《二十五史补编》中的“地理志”有关于历史地理位置、地理沿革情况的专门记述，还有专门性的地理志汇编，如《元和郡县志》《太平寰宇记》《读史方舆纪要》《明一统志》《清一统志》等。地方志是对一个地方行政单位进行全面记述的著作，如果想要详细了解某一地方的地理沿革、区域范围及有关的地理资料，最好用地方志。地方志资料比较丰富，可借助《中国地方志联合目录》《中国地方志综录》等查检。不少地方的地方志办公室网站也提供相关信息。

（5）利用地图搜索引擎或电子地图

查找地理资料还可以利用地图搜索引擎或电子地图，如天地图、谷歌地图、百度地图、搜狗地图、图行天下、中国电子地图等。

（四）科技资料的检索

中文、外文科技资料的检索要注意用好检索工具书。

1. 中文科技资料的检索

中文科技资料的检索，可以利用科技类题录、文摘类检索刊物、科技资料馆藏目录和科技文献数据库等。主要有以下几种检索工具。

（1）《全国报刊索引》（自然科学与技术版）

上海图书馆编。主要有三大部分：分类目录、正文（题录）和索引。正文自 1992 年第一期起按“中图法”标引和编排；正文（题录）的著录项目有顺序号、文献题名、著者姓名、期刊刊名、期刊年卷及所在页码；每期附录有“著者索引”和“题中人名索引”。如想获取原文，则需根据题录中给出的文献线索（刊名、卷、期、年、月、页码），到馆藏目录或联合目录中查找收藏单位，再到收藏单位借阅或复制。

（2）《中文科技资料目录》

中国科学技术信息研究所主持，全国各省市、国家各部委信息研究所等二十余个单位联合编制，1978 年创刊。该目录按“中图法”分类编排，正文部分采用题录、简介、文摘相结合的形式。每条文摘的著录项目有中文篇名、著者（译者）、出版单位、出版时间、页码等，左上角为分类号，右上角为顺序号，右下角为索引号。

（3）其他检索工具

中国科学技术信息研究所编的《中文科技资料馆藏目录》、中国科学技术信息研究所重庆分所编的《国内科技资料目录》等也是综合性科技资料检索工具。

除利用综合性科技检索工具外，还可利用专科性科技检索工具查找某一类的科技资料，如《中国机械工程文摘》（月刊）、《中国电子科技文摘》（双月刊）、《动力机械文摘》（双月刊）、《中外汽车科技文献目录》（原名《中外汽车期刊题录》）、《电力科技文摘》（双月刊）、《计算机应用文摘》（月刊）、《环境科学文摘》（双月刊）和《中国化学化工文摘》（月刊）等。

2. 外文科技资料的检索

外文科技资料的检索，可利用题录或文摘型检索刊物。国内出版的文摘型检索刊物中，就收录了大量的国外科技资料，如《国外科技资料目录》《国外科技资料馆藏目录》等。

当然，检索国外科技资料，最好是直接利用外文检索工具。这里介绍几种比较重要的检索工具书。

美国《工程索引》（*The Engineering Index*，简称 EI）创

刊于 1884 年，由美国工程信息公司编辑出版。EI 是工程技术领域大型、综合性检索刊物，是世界上著名的文献检索工具之一，收录世界上 50 多个国家 20 种文字的工程技术出版物，约 4 500 种，其中 50% 为英语文献。它的主要特点是收录文献范围广，所收文献类型多，报道时差小，检索十分方便。为了满足不同用户的检索需求，EI 设有 6 种出版形式：《工程索引月刊》《工程索引年刊》《工程索引缩微胶卷》《工程索引机检磁带》《工程索引》只读光盘及网络版。

英国《科学文摘》（*Science Abstracts*，简称 SA）创刊于 1898 年，由英国电气工程师学会主编。SA 是查找有关物理学、电气工程与电子学、计算机与控制方面的综合性检索工具。收录 50 多个国家 4 200 多种科技期刊和 1 000 多种会议文件、科技图书、科技报告、学位论文。它的优点是涉及学科领域广泛，文献报道量大，索引体系完善，检索方便。除书本形式的检索工具外，还有缩微胶片、磁带、磁盘、光盘及网络版等。共有三个分辑：《物理文摘》《电气与电子学文摘》《计算机与控制文摘》。

此外，还可利用专科性科技检索工具检索某一学科领域的科技文献，如《化学文摘》（*Chemical Abstracts*，简称 CA）、《生物学文摘》（*Biological Abstracts*，简称 BA）等。

随着网络的发展，许多中外文科技资料均可通过网上检索获得，包括利用各种商业数据库和免费数据库、学科信息门户、各种导航等。中文商业数据库如《中国学术期刊全文数据库》《中文科技期刊全文数据库》《全国报刊索引数据库》《数字化期刊数据库》《人大复印报刊资料数据库》等；外文商业数据库如 Elsevier 数据库、ProQuest 数据库等。免费数据库如中国科学院科学数据库，其内容涵盖化学、天文、生物、能源、机械、材料、自然资源、生态环境、大气、湖泊、湿地、冰川、动物和遥感等多种学科，由中国科学院各学科领域几十个研究所的科研人员参加建设，通过网络向国内外用户提供服务；国家科技图书文献中心制作的“科技信息资源指南”，旨在深入揭示和全面报道网上可获取的科技信息资源，介绍的信息资源涉及科学技术的各个领域，着重介绍各学科网上资源的种类、数量、更新情况和使用方法等。通过了解这些信息资源的简况，可以确定相关资源的获取途径，进而获得所需文献信息。

思考与练习

1. 什么是信息？什么是信息检索？
2. 信息检索可分为哪几种类型？
3. 如何进行信息的甄选？
4. 工具书可分为哪几种类型？
5. 简述字典、词典的定义、特点和组织结构。
6. 现代的字典、词典可分为哪几类？试举例说明。
7. 简述百科全书的主要特点和编排方式。
8. 百科全书可分为哪几类？试举例说明各自不同的特点。
9. 工具书有哪些常用的排检方法？结合常见的工具书举例说明。
10. 简要分析《现代汉语词典》的编排特点和主要检索

方法。

11. 什么是搜索引擎？常用的中英文搜索引擎网站有哪些？各有哪些检索功能？
12. 常用的文献信息检索数据库有哪些？
13. 计算机检索的技术有哪些？
14. 试述网络信息检索的技巧。
15. 试述图书报刊资料的检索途径。
16. 试述字、词、句的检索途径。
17. 试述综合性资料的检索途径。
18. 试述人物和机构资料的检索途径。
19. 试述历史、地理资料的检索途径。
20. 中外科技资料的检索途径有哪些？

第二章

编辑工作

重点提示：信息采集的作用，编辑需要采集的信息内容，信息采集的方法和信息处理。选题策划的作用及其要求和基本工作内容，期刊选题策划的独特性，组稿的方式和步骤。出版单位的稿件来源；审稿的作用；我国的审稿制度；对审稿工作的要求和对审稿者的要求，期刊审稿的特殊要求，审稿的特别要求；审稿的方法；审稿意见及审稿后与作者的联系。编辑加工整理的作用；编辑加工整理的原则、步骤和方法；图书正文的编辑加工整理，辅文的编辑加工整理，稿件技术加工整理的主要内容；期刊编辑加工整理的特殊要求。发稿的基本要求；发稿时对稿件进行整理的具体内容；发稿的步骤与手续；发稿后的校样处理工作和样品检查，编辑为书刊营销宣传应做的工作。图书重印与再版的意义和操作。音像制品、电子出版物的编辑工作概述。

第一节　信息采集

信息采集是指为出版物的出版在信息资源方面做准备的工作，包括对信息的收集和处理。它是选题策划的直接基础和重要依据。

本节所讲的要采集的信息主要是指编辑需要获得的与出版有关的信息，包括国内外形势，法律法规、党和国家的政策方针，市场信息，作者（包括著者、编者和译者等，下同）及相关作品信息，相关知识领域的动态信息，以及与编辑、宣传、营销等出版全程策划有关的信息。

一、信息采集的作用

信息采集在编辑出版工作中的作用，大致上体现在五个方面。

（一）有助于坚持正确政治方向

出版工作是党的宣传思想工作的重要组成部分，是促进文化繁荣兴盛、建设社会主义文化强国的重要力量。必须解决好为谁做出版、做什么样的出版、怎样做出版的问题。

党和政府关于文化出版工作的法律、法规、政策、文件、指示、精神，是开展出版工作必须掌握的最重要的信息。

只有掌握以上信息，确定选题、遴选作者、择用素材（如文章、图像、音乐……）、审稿改稿，才能有正确的导向标杆。

（二）有助于把握出版物市场趋势

对一般的出版物生产项目来说，信息采集的重要内容之一是进行市场调查，即通过搜集、记录、整理、分析出版物从生产到消费全过程的供需情况，系统掌握显在市场和潜在市场的情报和数据，为市场预测和经营决策提供依据。

来自出版物市场的信息，既包含消费者群体的使用需求或热点情况，也包含出版物市场的总体走势。对于选题策划来说，这两者都是必不可少的重要参考依据，能够帮助编辑为选题策划寻找到最佳切入点。

（三）有助于出版物的科学设计

成功的编辑出版工作能为社会提供新的优秀精神文化成果。编辑人员采集有关学科的发展动态、作者资料等信息，才能够在确定产品的消费者定位和市场定位以后，科学地设计出适合消费者需求的作品内容框架，物色最合适的作者，选择适应需求的出版物形式，从而让编辑的意图变成优良的产品。

在构思出版物的整体设计方案时，对内容的深层涵义、消费者的心理要求、复制的技术条件、原材料的供应情况、生产成本的预算等信息的采集，是设计出形式与内容完美结合从而为消费者所喜爱的出版物的重要条件。这种科学设计是使出版物在市场竞争中站稳脚跟并获得更大份额的重要保证。

（四）有助于对稿件的判断和编辑加工

编辑的审稿、编辑加工过程是在一定的编辑思想指导下，优化内容、体现编辑创意的过程。编辑只有以与内容相关的信息为参照，才能对稿件作出全面的、正确的价值判断，并由此作出取舍、调整、增补、删节等处理；同时，只有以出版工作规范、有关学科规范等信息为依据，才能对稿件进行必要的编辑加工。

（五）有助于制订营销方案

成功的营销都是对市场的适应和满足。任何出版物营销方案的制订，都需要建立在对消费者信息和市场信息的充分了解、科学分析和准确把握的基础之上。离开了对市场的了解和把握，营销只会陷入盲目状态。

二、需要采集的信息内容

从编辑工作的要求出发，需要采集的信息可以分为一般信息和专业信息。

（一）一般信息

一般信息包括社会发展信息和科学文化信息。

1. 社会发展信息

社会发展信息是指影响或制约社会发展的信息，包括党和国家关于经济发展和社会发展的方针政策与发展规划，有关出版的法律法规和政策，经济形势变化，人口状况，国民教育状况，国民购买力和基本生活指数等各类信息，以及国际形势。

编辑工作的深层意义是对人类精神文化成果的记录、组织、优化和传播。在出版物编辑过程中，只有比较全面地采集并掌握一定时期社会的政治、经济、科技、文化的动态与发展趋向等方面的信息并以此为参照，编辑工作才能立足于一定的高度，具有宏观的视野，把握社会发展的脉搏，及时反映社会发展的最新成果，从而实现深层次的文化追求。

2. 科学文化信息

科学文化信息是指与出版物内容直接相关的科学技术、文化思潮与学科门类发展变化的信息。编辑人员要了解国家科学文化教育事业的发展规划信息，掌握科学文化的最新动态和发展趋势，特别是采集国内外与出版物内容直接或间接相关的学科门类的发展变化情况。

掌握学科信息的深浅和宽窄程度，直接关系到出版物内容的质量高下。在采集某学科信息的过程中，既要了解该学科在国内的发展状况，也要获得国外的有关信息；既要把握该学科的总体发展状况，也要掌握该学科研究的前沿动态和前沿课题；同时，还要采集与该学科有关的其他学科的信息。对一门学科的了解越深越细，在编辑工作中就越能取得发言权和主动权。

（二）专业信息

专业信息包括出版业市场信息、作者信息和消费者信息。

1. 出版业市场信息

出版业市场信息包括出版动态信息和竞争对手信息。

（1）出版动态信息

出版动态信息主要指各种学科、各种类型出版物的出版信息，如出版物目录、出版物评论、出版动态报道、出版物市场需求和价格信息、出版统计资料等。这是构成出版生态环境的重要因素。

（2）竞争对手信息

竞争对手信息是指与本出版单位存在市场竞争关系（或潜在市场竞争关系）的其他出版单位的相关信息，包括竞争对手的出版规模、品种构成、出版特色、经济实力、出版策略、竞争战略等。对此予以特别关注的原因，在于它们对于编辑确定自己的选题方向，判断出版价值，制定出版策略和决定出版物的出版方式、数量、定价等，具有举足轻重的参考作用。

2. 作者信息

这是指作者基本情况的资料，既包括对有关学科作者群的分布状况和结构状况的了解与分析，也包括对作者群体中各人不同专长、不同学识水平的了解与分析，如具体作者的个人生平、专业特长、研究方向、文字修养，从事研究工作的经历、成果、代表作品、当前的研究课题、撰著新计划等。从有利于组稿和沟通的角度考虑，作者信息还可包括作者的人际关系、性格、爱好等。

3. 消费者信息

这是指出版物在消费者中引起的反应和消费者对未来出版物的需求等方面的信息。此类信息中既有消费者针对单一出版物品种的评价，也有消费者对某类出版物的综合反映；既有一个时期内出版物的发行销售情况和公众对它们总体的评价，也有公众对新出版物的希望和要求；同时，也包括消费者对出版单位的认知度与认可度。

这类信息，从消费者角度来看，反映了他们对于出版物的当前和长远需求和对于出版单位的综合评价，而从出版单位和编辑的角度来看，是选题策划的市场预测依据之一。

三、信息采集的方法和信息处理

信息采集的方法主要有以下几种。

（一）出版物交易场所调研

这是获取消费者信息、出版业市场信息最主要的渠道。出版物交易场所包括出版物零售店，全国和地方的书市，图书订货会，国际性书展。

要特别重视大城市的大型图书商厦，那里图书门类齐全、品种丰富，且读者众多，是了解出版物市场的重要场所。

全国和地方的书市、图书订货会等会展，不仅具有订货、销售功能，而且具有展示出版单位实力、交流出版物信息等诸多功能。

国际书业每年都举办国际性书展，其中规模较大的如德国法兰克福书展、美国书展、英国伦敦书展、北京国际图书博览会等。

在出版物交易场所采集信息的方法，主要是调研出版物品种、向营业员咨询、向消费者作口头或问卷调查等。参与和观摩国际书展，尤其有助于获得国际出版业信息，捕捉进入国际出版物市场的机会。

（二）文献检索

图书馆、档案馆和一些专为出版业服务的信息中心，都能存储和提供有关出版的信息。这些机构存储的信息数量多、系统性强，是编辑获取信息的重要来源。

目前，这些机构普遍采用电子化的信息存储和检索手段，为编辑以文献检索方式采集信息提供了便利。此外，政府机关、研究单位、出版单位的资料室、大学图书馆和专为出版界提供出版信息的机构，也是获取信息的重要场所。

（三）关注大众传媒

在信息化社会，大众传播媒体是公众获得各种信息的主要渠道，也是编辑采集信息的重要途径。

1. 利用传统媒体

编辑采集信息使用较多的传统媒体有报纸、期刊、广播、电视，从中可获得的信息有党和国家的方针、政策，国内外大事，科学文化的发展状况，经济、社会新闻和出版业动态等。

2. 利用信息网络

计算机和互联网的出现，为编辑的信息采集提供了更为便捷的渠道。

互联网上与编辑进行信息采集直接相关的信息源，主要有以下几类。

（1）出版单位网站

出版单位网站一般设有最新出版动态、新出版物评介、产品目录、订购服务等栏目。有的还设有书摘、论坛、期刊、工具书在线等栏目，提供在线出版、出版物销售、按需印刷、著作权贸易、二手书市等服务。

（2）网上书店

在网上书店可浏览、检索到最新书目，参与并检索图书评论或讨论，或链接到其他相关网站。

（3）出版信息服务网站

国内外出版信息服务商开设的这类网站，可用于进行出版方面的专题搜索。

（4）网上报刊

网上报刊一般设有作者访谈、新出版物预告和评论、出版物销售、图书设计与印制等内容，有的还每周公布畅销书排行榜，发表各种有关统计资料。

（5）网上图书馆

网上图书馆一般可分为两大类：一类是传统图书馆提供的将馆藏文献数字化后的网络服务；另一类主要是广泛搜集互联网上的文献信息，按学科或主题进行组织，并提供多途径检索的分布式资源系统。

（四）人际交往

编辑通过与作者的互访、通信和其他各种方式的联络，通过同各类与出版业务相关人士的交流，通过参加各种学术会议和有关的社会活动，都可直接获得第一手信息资料。通过人际交往采集信息的方式，有特殊的功能和效果，是任何其他手段所无法代替的。

除了编辑个人努力加强人际交往外，出版单位也可通过组织编辑沙龙、作者沙龙、读者座谈会等联谊活动，为编辑充分运用人际交往方式采集信息创造条件。

（五）专业市场调查

信息采集也可以借助专业的市场调查机构。国内外都有一些专门从事媒体市场调查的公司。编辑可以通过查看调查公司公布的调查分析报告获知某方面的相关信息，还可以就某一项目请调查公司进行专项调查。专业市场调查尤其要深入消费群体，以获取第一手材料。

以上信息采集的方法，有实地调研、有文献检索，有亲力亲为、有借力他人。进入信息社会大数据时代，出版单位还可以成立专职机构，量身定制专门的出版物市场信息采集、处理应用软件，精准地实时获取并处理相关信息；编辑个人也可以开发简易的信息采集、处理程序，建立相关的信息数据库。

原始的信息是一种客观存在，经过各种处理后，才能发现其价值，因此，信息处理是信息采集的重要环节。

信息的采集和处理往往是交织在一起的，所以在信息采集的过程中，实际上已经开始了对信息的处理。信息处理一般包括筛选、加工、存储、使用几个主要步骤。

为了让信息能为编辑工作所用，需要使信息融合、互动，升华为思想、思路、灵感和创意。为此，要注意编辑经验的积累和多种信息的交融，以利于思维多元化、多角度的延伸，将信息化成求新求变的观念，化成丰富的想象力，从而为选题策划和其他编辑工作打下基础。

因此，信息采集环节最后一个步骤的延伸，便是选题策划的开端。

第二节　选题策划与组稿

对选题策划的理解有广义与狭义之分。在一个完整的编辑流程中，第一个环节是采集信息，为选题的具体设计做准备工作；第二个环节是以具体选题的构思、设计为中心进行工作，其结果是形成一个完整的选题总体设计方案；第三个环节是按照选题设计组织作者创作作品，同时往往还按照作者的建议对选题进行优化，使之更加切实可行。这三个环节都与出版物选题的策划相关。因此，广义上的“选题策划”，是指出版物生产的一个相对独立的阶段，包括信息采集、选题设计成型和组稿三个环节。但是，在出版工作实践中，出于对选题设计重要性的强调和实际操作的便利，“选题策划”也常仅指称上述的第二个环节，由此形成狭义的“选题策划”。

本书中的“选题策划”用其狭义。

一、选题策划的作用

在出版领域，选题是指经多方面分析、考量而选中主题后拟实施的出版项目。选题一般以未来出版物的题目作为名称，故在出版工作实践中，有时还用以指代出版物本身。选题策划则是编辑人员依据一定的方针和主客观条件，开发出版资源，设计选题的创造性活动。可以说，选题策划是编辑工作与出版工作之“本”。

《图书质量保障体系》明确提出："策划是出版工作的重要环节，出版社的全体编辑人员应认真履行编辑职责，积极参与选题的策划工作。"这是因为选题策划具有四个方面的重要作用。

（一）把握出版工作方向，落实出版工作方针

把握出版工作方向和落实出版工作方针，应当体现在一个个具体的选题中。选题策划是对出版物的基础性设计，从根本上决定着出版物成品的内容质量。如果选题的策划偏离了出版工作方向，出版物成品就不可能正确落实出版工作方针。因此，策划选题的过程，也就是编辑理解和把握出版工作方向，落实出版工作方针的过程。

优秀的选题策划，可以说明编辑对社会、消费者的需求已有比较清楚的了解，同时也为如何满足这种需求进行了深入的思考，从而提出可以付诸实施的方案。每一项优质的、成功的选题策划，都表明编辑在把握出版工作方向、落实出版工作方针方面迈出了坚实的一步。

（二）保障出版生产秩序

出版是一个严密的系统工程，既包括精神生产、物质生产和流通传播过程，也在不同的生产阶段涉及不同社会活动领域及编辑、复制、发行等各个岗位的不同分工。单个选题的策划和在众多选题策划基础上订立的选题计划，以及进而制订的发稿计划、出版物生产计划和营销计划，能够有效地明确出版单位的工作目标，建立和维护正常的出版生产秩序。

出版单位的人力安排、资金调动、生产周期拟定、复制生产者的选择、对出版物上市时机的把握和营销策略的实施等，都要根据编辑策划的选题来进行通盘考虑。这样才能做到全局

在胸，有条不紊。

（三）保证和提高出版物的质量

相对于最终成形的出版物，选题只是一个初步的设想。但正是这样一个看似简单的初步设想，却凝聚着编辑大量的心血和智慧。

选题是编辑对社会、消费者需求考虑的结果。有些选题更是编辑对社会某个领域深入研究的结晶，本身就具有比较高的科研价值。这类选题的提出，往往意味着出版工作可能产生某种突破。

在一般物质产品的生产过程中，人们十分重视产品设计工作，希望通过设计提高产品的品质。选题策划是对精神产品的设计，起着引导精神产品生产全过程的重要作用。一个策划得充满创意的选题，不仅可以让编辑充分明晰自己的工作思路，还能给作者以很多有益的启发，因为作者不但可以在编辑构思的基础上明确自己的创作目标，尽快进入创作过程，而且还可以对照选题要求，选择最适合于自己的研究或创作方法。这一切都会对最后的成果产生极大的影响。实践证明，选题策划的成功在很大程度上能为保证和提高出版物的质量打下良好基础。

（四）塑造出版单位的品牌形象，产生良好的社会效益和经济效益

出版单位的品牌形象是通过所生产的每一种具体出版物来展现的。因此，选题策划便成了塑造出版单位品牌形象的首要措施。

富有文化品位和文化含量的选题最终成为出版物后，首先会产生良好的社会作用，带来积极的社会效益，在全社会面前

展现出版单位的文化责任感，从而获得良好的声誉，树立其品牌形象。同时，相应的出版物由于受到社会的欢迎而被广泛接受，也会产生相应的经济效益，为出版单位带来利润，从而为出版单位的生存和发展奠定良好的基础。

二、选题策划的要求

出版物质量的提高，首先取决于选题的优化，而优化的第一步就是必须做好选题策划工作。为此，对于选题策划工作不但有比较具体的技术性要求，更有原则性的要求。

（一）对选题策划的原则要求

任何出版物的选题策划，都必须符合下列原则要求。

1. 贯彻出版方针

选题策划必须符合党和国家的出版方针，坚持中国特色社会主义文化发展道路，坚持“为人民服务、为社会主义服务”的方向，认真贯彻执行“百花齐放、百家争鸣”和“古为今用、洋为中用”的方针。致力于传播和积累有益于建设社会主义现代化强国、有益于实现中华民族伟大复兴的中国梦、有益于提高民族素质、有益于经济发展和社会进步的科学技术和文化知识，弘扬民族优秀传统文化，继承革命文化，发展社会主义先进文化，满足人民日益增长的美好精神文化生活需要，更好地承担起举旗帜、聚民心、育新人、兴文化、展形象的使命任务；要多方面、多层次地反映先进文化发展的要求，促进科学文化事业的繁荣，提高全民族文明素质；要在积极弘扬中华文化的同时，促进国际文化交流。

2. 严格遵守法律法规

选题策划必须遵守法律法规，不得含有国家依法禁止出版的内容，如宣扬邪教、迷信的内容；扰乱社会秩序，破坏社会稳定的内容；宣扬淫秽、赌博、暴力或者教唆犯罪的内容；侮辱或者诽谤他人，侵害他人合法权益的内容；危害社会公德或者民族优秀文化传统的内容。

策划选题时，还必须注意不能侵害公民、法人或者其他组织的合法权益。

3. 处理好社会效益和经济效益的关系

选题策划要始终坚持把社会效益放在首位，在坚持社会效益第一的前提下，实现社会效益与经济效益相统一。策划选题时，首先应该牢记化人育人的出版使命，考虑出版物的社会作用。自觉讲品位、讲格调、讲责任，抵制低俗、庸俗、媚俗，弘扬主旋律，传播正能量，杜绝精神毒品和文化垃圾。如果一种出版物可能造成恶劣的社会影响，不论它能够带来多大的经济收益，也应予以否定和取消。反之，对一部分消费者面窄，需求量小，但有较高学术价值与文化积累价值的出版物，应当尽最大可能予以出版。

找到社会效益和经济效益的最好契合点以实现效益的最大化，是选题策划的重要目标。因此，在保证社会效益第一的前提下争取最大的经济效益也是选题策划时必须考虑的。

4. 正确引导消费者

精神上的引导作用应该是出版物最基本的特质。一个好的选题，无论是基本立意还是主要内容，都应该传播先进文化，弘扬社会正气，引导消费者积极向上、奋发进取，从而给人以启发、教育，体现出明确的引导性：或是政治上的教诲，或是思想上的启发，或是道德上的熏陶，或是科学知识上的传授，或是几方面兼而有之。

5. 具有独创性

选题之所以能够成立，最主要的原因在于它的独创性。或是在内容方面，或是在形式方面具有独创性，才是选题可以站得住脚的基本理由。“人无我有”或者“人有我优”，都是独创性的体现。不结合本出版单位的业务范围特色，不考虑本出版单位的编辑力量，只是盲目地跟在他人后面，“人无我也无，人有我紧跟”，套用甚至仿冒畅销出版物名称，傍别人的品牌以蒙骗消费者，都是毫无独创性的行为，都是不可取的。

独创性是有大小之分的。对于一个选题来说，任何一点独创性都是值得肯定的。

（二）对选题策划的具体要求

选题策划除了必须达到上述原则性要求之外，还必须符合出版社的选题规划及总体发展要求，应该注意一些具体的要求。

1. 针对性

在策划每一种出版物的选题时，策划者应该有非常清晰的目标消费者定位，即必须十分明确设计的出版物是供哪些消费者使用的。“供各种消费者使用”的宽泛定位，实际上往往造成“各种消费者都不适合使用”的后果。

针对性强也就是实用性强，而实用性强的出版物才会有市场。这不仅是出版物市场细分的要求，也是出版物功能定位的要求。

2. 前瞻性

从选题策划到出版物面世，总是需要经过创作、审稿、编辑加工和制作生产过程的，其间必然花费或长或短的时间。在策划选题时要有一定的前瞻性，预测处于激烈竞争状况中的市场在相应出版物开始发行时可能发生的变化。

选题具有一定的前瞻性，才能使出版物面世以后的市场生命力保持得相对长久。

3. 可行性

选题的最终实现，是要以出版单位本身的主观条件（业务范围、人力、物力、财力等）和外部客观条件（作者、制作生产能力、市场、时间等）为基础的。策划时如果对必备的基础条件考虑不足，对选题的设计没有相应的主观或客观上的条件来保证，即使设计得很好，最后也可能成为“空中楼阁”，无法实施。只有最后可以付诸实施、顺利转化为出版物的选题，才是策划者要策划的选题。因此，对选题的策划，一定要密切结合主、客观条件进行周密的思考，一定要切实可行。

三、选题策划工作的基本内容

选题策划工作一般包括以下几方面内容。

（一）信息梳理

对各种信息进行梳理以便选择利用，是选题策划最基础的工作内容，其目的在于结合本出版单位的选题规划，通过综合分析已有信息，提炼出出版物市场需求的特点、热点和发展趋势，从而成功地构思、设计选题。信息梳理工作不是单向的、一次性的，而是循环往复的，往往要不断补充新信息。这贯穿于整个编辑工作全过程。

（二）选题设计

选题设计是指编辑人员在整合信息基础上构思、拟订出具体出版项目总体方案的工作。它是选题策划工作的核心。

设计选题，首先应明确出版物的目标市场定位，初步确定出版项目的价值，然后再设想未来出版物的内容结构框架、物质形态与该出版项目的运作实施等。

在设计选题时，编辑人员需要重点考虑的问题主要有：该选题的价值何在，是否符合先进文化的前进方向；未来的出版物对消费者的需求满足得如何，未来的市场空间和市场吸引力有多大；真正实施该选题的主、客观条件是否具备，与本单位选题规划的总体布局是否吻合，等等。

编辑人员对选题的设计，要建立在对信息的充分把握和透彻分析的基础上，对每个问题的设想都要有理有据，有说服力。

选题的设计结果，要撰写成书面选题报告提交论证。选题报告通常由选题设计人撰写。

（三）选题论证与立项

在出版单位内部，编辑人员设计的选题，必须经过集体论证，才可以成为出版单位的生产项目。

目前出版单位比较通行的做法是分级论证。

分级论证首先在编辑部门内进行。由编辑部门主任组织会议，编辑提交选题方案。参会者为本编辑室成员，也可以邀请其他相关部门人员参加。论证通过，编辑部门主任批准。之后送交总编室。

社级集体论证一般采用论证会的形式。通常由总编室收转材料、组织会议，社长或总编辑主持。与会人员一般是出版社选题审批小组和编辑部门、营销部门、财务部门的相关人员。集体论证时，选题设计人应该根据选题报告汇报有关选题的详尽资料，与会人员再从主旨、内容、形式、市场前景、可行性、主观和客观方面的条件与限制等诸多方面对该选题作全方位讨论后，决定该选题是否可以列入出版单位的生产计划，或者应该作哪些修改后方可列入计划。

论证通过，一般选题经社长、总编辑一级领导批准、签字便成为可以实施的正式项目，在总编室建档备案（最迟在发稿前一个月报省级新闻出版主管部门备案）的同时，由编辑部门开始实施。属于国家规定的重大选题范围的选题，必须向新闻出版主管部门办理重大选题备案手续，备案获得认可后选题才可以进入出版单位建档备案和实施程序。

（四）选题优化

选题策划中的相关信息梳理、选题设计和选题论证有一定的先后顺序，形成相对独立的各个步骤。选题优化则与它们有所不同，它不是一个相对独立的步骤，而是一项贯穿于选题运作全过程的工作。

除了在选题设计和选题论证时常常需要对选题进行优化外，在整个选题实施过程中，也经常可能由于情况发生变化，发现原来设计的选题与实际情况有所差异，需要对选题进行优化。选题优化包括修订和调整两方面的工作：修订过时或脱离实际的内容，修改原选题定位不够精准之处，增强选题的针对性，提高选题清晰度；根据出版物市场的变化调整选题角度和实施方案，加强可操作性。

四、期刊选题策划的独特性

各类出版物的选题策划，基本原则和基本要求是相同的。但是，由于各类出版物在着重承载的内容上和对相应内容的表现形式上各有特点，所以，各类出版物的选题策划在具体内容上又是有所区别的。

图书和期刊的选题策划有不少共同之处。上述选题策划的作用、要求和基本工作内容对图书和期刊基本上都是适用的。但是，期刊的选题策划还有一些与图书不同的地方。

（一）期刊选题策划的层次

图书选题策划的对象就是一种独立的图书品种，基本上没有层次之别，而期刊的选题策划可以分成几个层次。

1. 宏观层次的策划

期刊的宏观层次选题策划，是对一种期刊的总体策划，涉及期刊的性质、宗旨、编辑目的、编辑方针、内容定位、读者定位、风格定位、出版周期、形态结构等，决定着一种期刊的总体面貌和办刊宗旨。一般来讲，这种宏观层次的策划，并不是期刊编辑部的日常工作内容，而是在期刊创刊、改刊时才需要在主编主持下进行，并且往往还要经过新闻出版主管部门的审批。

2. 中观层次的策划

期刊编辑部经常需要进行的选题策划，是在中观层次进行的。一般包括栏目设计、专题策划和作品组配。中观层次的策划结果常常关系到该期刊的总体面貌和办刊宗旨，所以中观层次的策划应该按照刊物的宗旨和性质，在符合宏观策划要求，为更好地体现期刊既定的编辑方针和风格特色的前提下进行。

（1）栏目设计

所谓“栏目”，是在内容上或表现形式上体现一定特色，并有一个提示性、概括性名称的板块。一种期刊中设置的栏目通常有重点栏目与一般栏目之分。有些栏目每期出现，有些栏目在必要时出现或轮换出现。一个栏目中常可包含数篇作品，并且出现在各期期刊中的同一个栏目，虽然具体的作品不同，而栏目的名称及其在刊物中的位置是相对稳定的。

除了在创办期刊时必须设定主要栏目外，编辑在办刊过程中也要根据社会经济、政治、科技、文化等的发展和消费者需求的变化，适时对栏目进行调整，提出创设新栏目的建议，并对栏目的具体特色进行设计。

（2）专题策划

专题策划是为了产生较为深远的社会影响而围绕同一主题组织一组作品推出。这是期刊编辑的一项经常性工作，有助于增强期刊的内容深度和作品力度，吸引更多读者关注。

同一专题的一组作品，通常是在同一期刊物中集中推出，但也可在一定时间内陆续刊登。

（3）作品组配

作品组配，就是根据期刊结构的要求，为每一期刊物选择长短不一、内容各异的作品并将它们合理地组配成一个整体。

作品组配通常分栏目进行，由负责各栏目的编辑提出组配设想，经主编审核同意后实施。

作品组配除了要保证每期刊物中有一定数量的重点文章之外，也要兼顾一般文章，同时还要考虑期刊的整体定位和一贯风格，考虑作品的篇数和作品的字数。各期期刊中的作品数量不必完全相等，但也不宜相差悬殊，可以在一定的幅度内浮动。全部作品的总字数则是需要严格控制的，因为在一定时期（至少为一个年度）内各期期刊的总容量需要保持相对稳定，不能时多时少。

3. 微观层次的策划

微观层次的策划也是期刊编辑的日常工作内容之一。这主要是组织作者撰写某一主题的文章。

微观层次的策划常常是对栏目设计和专题策划的具体实施，所以需要根据栏目或者专题的设计要求，选择作者并说明对文章主题的要求，甚至可以对于文章的结构提出一些建议供作者参考。

（二）期刊选题策划的具体要求

期刊选题策划也有针对性、前瞻性和可行性的具体要求。与图书选题策划相比，针对性基本相同，而后两者有一些较小的差别。

期刊选题策划也要有前瞻性，但是对不同层次的策划有不同的要求。宏观层次策划的前瞻性往往要求有很大的时间“提前量”，甚至比一般图书的提前量要大得多。这是因为期刊是需要一年一年连续出版下去的，必须对前景有足够长时间的考虑。期刊中观层次和微观层次的策划，则前瞻的时间提前量可以短一些。对栏目的设计，主要应考虑是否能在一定的时间段内有足够的稿源。至于专题策划、作品组配、文章组织等，由于期刊比较强调时效性，出版周期也相对较短，时间提前量可以更短。

期刊编辑日常工作中的选题策划，其可行性要求主要体现在对作者撰稿能力、水平的考虑上。无论是设计栏目还是策划专题，都要充分考虑是否有相应的作者。至于出版单位本身的主观条件（业务范围、人力、物力、财力等）和制作生产能力、市场等外部客观条件，是在期刊创办之时的宏观策划中就应该进行过充分论证的，日常的期刊编辑工作中一般不需要再多作考虑，因为进行中观、微观策划必须以符合宏观策划要求为前提。

五、组稿

组稿是按照选题设计发现、选择、组织作者落实作品创作，并通过与作者的沟通对选题进行优化的活动。在选题经过论证获得通过并列入选题计划以后，编辑首先要做好的工作就是组稿，以获得合适的稿件。

（一）组稿的方式

组稿一般采取下列方式。

1. 个别约稿

个别约稿是编辑直接约请作者创作稿件的组稿方式。这种组稿方式是最常用的，也是最主要的。

编辑可以采用信函、电话、传真、电子邮件、QQ、微信等各种通信手段，与作者取得联系，提出约稿要求。最好是在征得作者同意后，选择适当的时机登门拜访作者或邀请作者来出版单位，当面就稿件创作问题进行洽谈。由于双方可以直接接触，因此可以谈得比较具体、深入。具体做法可视稿件的重要程度和编辑与作者的交往程度而定。

2. 群体集稿

群体集稿是指出版单位通过有效的组织工作，约请一批有创作实力的作者撰写稿件的组稿方式，如向有关部门、科研单位、学术团体等的作者群体组织稿件。有时是聘请有声望的学者担纲，由其协助出版单位物色和约请一批合适的作者共同完成稿件的创作。群体集稿有明确的作者。

3. 社会征稿

社会征稿是出版单位通过一定的媒体或其他传播手段，向社会公开征集稿件的组稿方式。

使用这种组稿方式，一般是因为组稿的对象人数众多，分布广泛，一时尚无法确定具体人选。

（二）组稿的步骤

组稿需要依据选题对作品内容和形式的设计，选择能承担作品创作任务的作者，直至获得基本符合出版标准的稿件。整个过程一般包括四个步骤。

1. 组稿的准备

为了使组稿取得预期的效果，编辑一定要作充分的准备：一是要深入研究选题，以便向作者充分展示市场的需求、选题的价值和设计的合理性。二是制订组稿方案，对于诸如向谁组稿、由谁组稿、交稿时间、出版时间、付酬标准等问题都要逐条写明，并经过一定的审批程序。

其中，“向谁组稿”即找作者（包括译者、原版作者），应特别重视。不仅要考察其与选题相关的学术水平、创作水平、文字表达能力等，还要了解其政治态度、思想水平等情况，以免给后续工作带来麻烦。

2. 联系作者

当对选题的要求和作者人选有了明确、细致的了解之后，编辑可开始联系合适的作者。联系方式有打电话，写信，发电子邮件、QQ、微信或请人引见等。如果编辑打算与作者见面而与作者并不熟识时，应该先与其预约，征求对方同意。

3. 商讨撰稿事宜

作者约定以后，编辑要向作者全面介绍选题策划的意图和内容；帮助作者了解稿件的结构、体例；确定作者所要撰写的内容及各部分的篇幅；如需配图，向作者提出有关图稿的要求；约定交稿时间，等等。

4. 确定约稿关系

与作者商讨好撰稿事宜之后，出版单位就可以用口头约定或与作者签订约稿合同的方式确定约稿关系，请作者正式开始创作。

（三）关注作者创作情况

在作者创作过程中，编辑要与作者保持联系，随时沟通情况。作者拟出创作纲目后，编辑要及时审读并与作者商量修改。有些项目，尤其是规模较大、多位作者合作的项目，需要作者试写部分内容，经研究、修改，形成“样稿”，用以规范作者的写作。

编辑不仅要注意作者的创作质量，而且要随时掌握作者的创作进度，督促作者按时交稿。

第三节　审　　稿

通常所说的“审稿”，是指作为编辑过程环节之一的，对稿件进行审读、评价，决定取舍，并对可接受但需要修改的稿件提出修改要求和建议的工作。这是狭义的“审稿”概念。广义的“审稿”是指对稿件进行审读、评价、选择并通过编辑加工整理使决定采用的稿件达到出版水平的编辑活动，在稿件处理的各个环节中都有体现，包括审读、审改和审定等工作内容。

按照出版工作实践的需要，如无特别说明，本书中的“审稿”用其狭义。

作为编辑工作主要环节之一的审稿，其基本任务是按照出版工作的方针和原则对稿件进行评价、选择和把关，以促进优秀作品出版，防止有害或低劣的作品流入社会。

一、稿件的来源

出版单位编辑人员进行审稿的对象，是作者创作的原稿。这些稿件大致有四种来源。

（一）自投

这是作者自行把稿件投寄给有关出版单位，既表示希望自己的作品公开发表，同时也表示愿将该作品的出版权授予该出版单位。这类稿件通常称“自投稿”或“自发来稿”。初学写作者一般都采用投稿方式，有些成名作家、学者，也常以投稿方式与出版单位联系。如叶圣陶便称自己是“投稿派”。

作者投稿是对出版单位的支持和信任。出版单位应重视自投稿，这是对作者劳动的尊重，也是为自己的工作创造条件。作者主动向出版单位投寄的稿件往往数量比较多，质量参差不齐。其中相当一部分稿件由于作者不了解出版单位的要求而达不到标准，不能被接受出版；当然也有质量很高或经过修改后质量会大大提高的稿件。出版单位必须认真对待。

出版实践告诉我们，不少优秀作品就是从自投稿中发现的。出版单位对于自投稿，无论接受与否，都应认真登记，及时审稿后作出结论并回复作者。

（二）推荐

这是指由有关机构、团体或个人出面，把作者的稿件转交给出版单位。

推荐有种种情况：或是对作者、对稿件负责，希望引起出版单位的重视，如学术团体推荐自己成员的研究成果；或是奖掖人才、提携后学，如鲁迅推荐青年作者的作品，高校教师推荐自己学生的论文；也有受人之托、情面难却而代为说项的。

推荐来的稿件，与作者的自发来稿一样，同为出版单位的重要稿源。但是，不论是自投稿还是推荐稿，编辑都应坚持统一的审稿原则和取稿标准。这是编辑应该遵守的工作纪律和职业道德。

（三）引进

这是指通过著作权贸易或者出版交流而获得稿件。

随着我国实行对外开放政策，中国出版界和国际出版界建立了广泛的联系，购买某种作品的翻译权和出版权的著作权贸易日益增多。

出版交流指有关双方交换使用出版权、翻译权等，是一种以相应权利作为交易条件的“贸易”，故实际上也可视为“著作权贸易”。

目前，以这两种方式进行的稿件引进，已经成为出版单位的一项日常工作。

虽然引进的稿件一般都已经正式出版，相关出版机构对其已经进行过审稿和编辑加工等，但是由于国情和政治制度不同，我国出版单位对于引进的稿件必须与对其他来源的稿件一样，仍然需要按照一定的标准进行审稿和编辑加工。

（四）组织

这是指编辑根据所策划并得到批准的选题，主动物色、联系作者而获得的稿件。它是选题得以实现的重要手段，也是出版物质量得以保证的有力措施。

自投稿或推荐稿虽然数量丰富，但是由于不少作者往往并不真正了解出版单位的特点，特别是并不了解当前的出版需要，因此稿件的采用率一般都比较低。相比之下，组织的稿件有着充分的准备和明确的目的，经过了解而选择的作者有着较高的学术水平和较强的创作能力，所以稿件多数都能达到出版要求，成功的把握较大。

通常情况下，在图书、音像制品、电子出版物出版单位，组织得来的稿件，是全部采用稿件的最主要部分；而在期刊出版单位，自投稿、推荐稿在全部采用稿件中占较高比例。

二、审稿的作用

审稿是决定出版物质量、决定稿件命运的关键环节，它的主要作用可以从三个方面来认识。

（一）决定稿件取舍，为文化传播把关

作品主旨是否符合国家法规和社会主义核心价值观，符合先进文化的前进方向，作品内容是否具有学术或艺术价值，作品表现形式是否符合出版规范、适合消费者的需要、适应市场的要求，是决定该种作品转化成出版物后是否能够生存及生存期长短的主要因素。因此，审稿中的判断就显得特别重要。

就组织的稿件而言，设计选题、选择作者、拟订提纲、讨论样稿等，还只属于编辑出版全过程中的产品设计阶段。在这个阶段，或是因为选题偏离方向、脱离市场，或是因为选择作者不当，有可能出现偏差乃至错误。如果这些问题未能通过作者与出版者双方的互通信息及时地弥补或修正，审稿时仍然可以最终得以解决。

从决定稿件取舍这一点来看，审稿工作为文化传播把关的作用是两方面的：一为发现好作品并保护它“出关”，一为鉴别坏作品并阻止它“过关”。对于那些好作品或是基本方向正确却存在某些不足的作品，审稿者应该大力扶持，热情帮助，在肯定的基础上指出存在的问题，帮助作者予以补正；对于那些坏作品，审稿者则应该坚决摒弃，决不能被其所标榜的“新”“异”或者“卖点”“畅销”之类的“特点”所迷惑而网开一面。未能慧眼识真金，使本可以在社会效益和经济效益两方面产生正面效应的好作品被埋没（同时也就可能埋没或暂时埋没了人才），或让不应该出版的坏作品顺利“过关”，都是审稿工作的重大失误。从以往的实践来看，后一种失误的后果更加严重。坏作品一旦过关出笼，其产生的恶劣影响，小则宣扬落后意识，败坏人心，大则影响安定，危及社会与国家安

全，后果不堪设想。因此，决定稿件“生杀予夺”的审稿者，一定要坚持正确政治方向，坚决按照“将社会效益放在首位，实现社会效益与经济效益相统一”的原则，以社会和消费者的根本利益为重，认真履行自己的职责，做好对稿件的评价与选择工作。

（二）提出修改意见，提高稿件质量

审稿过程中，除了对稿件进行分析评价，并据此对稿件的取舍作出选择之外，审稿者还要对准备采用的稿件提出修改意见，以进一步提高稿件质量。

不论作者在创作作品时是“一气呵成”还是“十年磨一剑”，在稿件完成以后，都必然面临一个再审视、再修改、再提高的问题。这种审视、修改、提高，在很多情况下都是由审稿者协助作者进行的。熟悉稿件所涉专业的审稿者，通常会怀着一种既欣赏又“挑剔”的心理去审稿。这种心理源于两个方面——作为专业工作者对于专业新成果的期盼和作为编辑工作者对于稿件完美质量的希冀。也正是这种心理，可以促使审稿者在持欢迎态度的基础上，对稿件的观点、理论、结构、材料、体裁、体例与语言文字状况等进行“挑剔”。从这个角度来说，审稿不仅仅要对稿件进行评价与挑选，也要对那些有一定基础但在内容和形式上还存在一些问题的稿件提出切实可行的修改建议。

审稿是一项十分重要的工作，因为任何稿件都不可能是十全十美的，即使是名家的稿件，也并不一定能保证符合出版要求。只有通过审稿者的“挑剔”及与作者的沟通，并经过作者的修改，原稿中的疏漏、偏差才可以最大限度地在加工整理之前得到改正，稿件的质量水平才有可能进一步提高。如果说，分析评价是“诊断”，提出修改建议就是“开处方”。“开处方”能改善病人的健康状况，提出修改建议则能改善稿件质量。

提出建议的过程，是审稿者以原稿为基础进行艰苦的创造性劳动的过程。这些建议的提出能使作者明确优化作品的目标和实现优化的途径。由此可以说，审稿工作虽然不能越俎代庖地进行具体修改，但可以为稿件质量的提升指明方向。可见，审稿工作对稿件质量的改善，作用十分明显。

（三）发现创作人才，扩大作者队伍

审稿工作通过对各类稿件的分析评价，在决定作品取舍、帮助作者提高稿件质量的同时，还能发现创作人才。

作品是由人创作的。因此，在一般情况下，对作品的取舍就是对作品创作者的取舍。以文学作品为例，一些很有才华的年轻作者，其处女作往往在整体上显得稚嫩，但某些部分却显示出一定的创作天赋；一些作者探索创作新领域的作品可能在审稿时遭拒，但其娴熟的创作技巧却恰恰可以作为一种宝贵的资源加以利用。

在不少特殊情况下，一些有胆识的编辑人员还能够从“舍”掉的作品中发现可“取”的人才。古今中外，慧眼识珠的编辑人员在审稿时发现的新人尔后成为名家的事例不胜枚举。法国作家儒勒·凡尔纳（Jules Verne，1828—1905）从1848年起从事歌剧创作，后经过多年酝酿和刻苦自学各种科学技术知识，在19世纪60年代初改写系列科幻小说。第一部《气球上的五星期》撰成后投给出版社，先后遭到15家出版社的拒绝，第16家出版社的一位编辑儒勒·埃策尔（Jules Hetzel，1814—1886）审稿时发现了作者的创新精神及作品的

价值，毅然决定接受出版。结果，该书出版后大获成功，凡尔纳也因此成为现代科学幻想小说的重要奠基人。

因此，审稿者既要善于从众多的稿件中挑选出优秀的作品，在发现优秀作品的同时发现优秀的人才，又要透过各类“舍掉”的稿件发现优秀的创作人才，并与这些作者保持经常联系，对他们着力进行扶持。这样才能使作者队伍不断壮大，并保持较高的总体水平。也只有如此，出版单位才会有不竭的优秀稿件源头。

三、审稿制度

我国出版单位长期以来一直实行的审稿制度是“三级审稿责任制度”，简称“三审制”，有时又称“三审责任制度”，即由初审、复审和终审三个审级组成的审稿制度。

三审制是我国出版单位依靠分级负责与集体智慧来保证出版物质量的一项基本工作制度，有关出版工作的规范性文件历来对这项制度有明确的规定。1997 年 6 月新闻出版署发布的《图书质量保障体系》第八条就规定，“坚持稿件三审责任制度”，“初审，应由具有编辑职称或具备一定条件的助理编辑人员担任”，“复审，应由具有正、副编审职称的编辑室主任一级的人员担任”，“终审，应由具有正、副编审职称的社长、总编辑（副社长、副总编辑）或由社长、总编辑指定的具有正、副编审职称的人员担任（非社长、总编辑终审的书稿意见，要经过社长、总编辑审核）”，“三个环节缺一不可。三审环节中，任何两个环节的审稿工作不能同时由一人担任”。

三审制利用程序上的交叉互补、递进制约来减少审稿工作的失误，在提高出版物质量、优化出版物产品结构、保证出版方向方面起着十分重要的作用。由于各级审稿者在审稿过程中看问题的角度和侧重点各异，不同审读者的意见可以互相补充，互相借鉴，集思广益，使审读意见更加全面深刻，对原稿的价值评判更加客观。

三审依照初审→复审→终审的次序循序递进；前一审级对后一审级负责并以本审级的意见为后一审级的审稿提供基础，后一审级对前一审级制约并以本审级的意见对前一审级的审稿结果作出评判与补充。只有三审通过以后，才能对稿件正式作出处理。

根据出版专业职业资格制度的规定，担任责任编辑的人员必须具备中级及以上的出版专业职业资格并经注册而持有责任编辑证书。助理编辑人员不能担任责任编辑，所以虽然可以在具备一定条件后承担初审工作，但是不能独立负责这个审级。助理编辑人员提出的审稿意见，必须由具备责任编辑资质的编辑人员负责复核并签字认可后，才能成为正式的初审审稿意见。

四、审稿要求

审稿要求包括对审稿工作的要求和对审稿者的要求。

（一）对审稿工作的要求

对审稿工作的要求，就是应该从内容和形式两个方面对稿件质量作出评价。

1. 对稿件内容质量的评价

对稿件内容质量进行把关并作出评价，是审稿工作最为基本的内容。审读各种稿件时，都应该从政治性、思想性、科学性、知识性和独创性方面对稿件的内容质量加以衡量和评估。这是审稿工作的根本性任务。此外，对有些类型和性质的稿件往往还需要从稳定性、艺术性等较特殊的方面进行评价。

（1）政治性

政治性是指稿件中所反映的政治立场、政治观点和政治倾向，包括涉及政党、国家、外交、民族、宗教等方面的现实政治问题。

政治、法律和其他一些哲学、社会科学类出版物的稿件，其政治内容是直接表达出来的，有明显的政治性；文学艺术类出版物的稿件常常通过对人物、情节的描写流露出某种政治倾向性；科学技术类出版物的稿件一般没有明显的政治内容，但某些文字（如前言、后记或概述性文字）中有时也会出现政治性问题。

对稿件政治性的最基本要求，是必须高举中国特色社会主义伟大旗帜，以马克思列宁主义、毛泽东思想、邓小平理论、“三个代表”重要思想、科学发展观、习近平新时代中国特色社会主义思想为指导，坚持中国特色社会主义文化发展道路，坚持“为人民服务、为社会主义服务”的方向。政治性还要求稿件内容不得违反国家法律法规，不得违反党和国家各项具体的方针政策，如外交方针政策、民族政策、宗教政策、统战政策，以及对香港、澳门、台湾地区的方针政策，等等。

因此，任何稿件都不得含有《出版管理条例》明确规定禁止出版物登载的内容。

出版工作者在审稿时必须根据上述各种规定，仔细审视稿件的政治性，并作出实事求是的评价，以保证未来出版物的政治性正确。

（2）思想性

思想性是指稿件中反映的思想内容和思想倾向，有时与政治性相联系。譬如，如果稿件宣扬邪教、迷信，宣扬淫秽、赌博、暴力或教唆犯罪，危害社会公德或民族优秀文化传统等，就不仅是思想性不合格，而且其政治性也大成问题。

各类出版物的稿件都反映了作者的思想观点、思想倾向，具有一定的思想性。

对我国出版物思想性的基本要求具体体现为：

宣传唯物论和辩证法，引导消费者树立中国特色社会主义共同理想，树立正确的世界观、人生观和价值观，反对唯心主义和形而上学。

推动培育和践行社会主义核心价值观，包括国家层面的价值目标——富强、民主、文明、和谐，社会层面的价值取向——自由、平等、公正、法治，公民个人层面的价值准则——爱国、敬业、诚信、友善。

弘扬以爱国主义为核心的团结统一、爱好和平、勤劳勇敢、自强不息的伟大民族精神，弘扬以改革创新为核心的时代精神；弘扬民族优秀传统文化，继承革命文化，发展社会主义先进文化；抵制庸俗、低俗、媚俗之风，反对民族虚无主义、民族沙文主义、狭隘的民族主义和全盘西化。

宣传爱国主义、集体主义和社会主义，传播先进的社会意识，宣传适应生产力发展和社会进步的先进思想。

面向未成年人的出版物，不得含有诱发未成年人模仿违反社会公德的行为和违法犯罪行为的内容，不得含有恐怖、残酷等妨害未成年人身心健康的内容。

（3）科学性

科学性是指稿件反映客观事物的真实性和准确性。

科学性的具体内容体现为：尊重历史，尊重事实，透过现象揭示事物的本质和规律。准确表述各门学科的基本概念、基本原理和规律。正确使用和解释科学术语。认真分析和选择材料，引证真实准确的材料（包括图表和数据）等。

科学普及类出版物主要传播人类已经验证的科学知识，其基本观点应与科学发展过程中已被确认的基本结论相一致，同时也可以客观介绍各派观点争鸣的情况。学术著作要在已知的基础上探求未知，提出新的认识成果。在研究过程中，经常发生不同观点、不同学派的争鸣，这是正常的。按照“百花齐放、百家争鸣”的方针，提倡不同观点和学派充分讨论，提倡体裁、题材、形式、手段充分发展，推动观念、内容、风格、流派切磋互鉴。凡是学术问题，只要作品言之成理、持之有故，就可予以出版，以推动科学的发展和进步。文艺类出版物允许艺术虚构，但应符合历史和生活的真实。

在科学日益进步的今天，要特别警惕伪科学的出现。

（4）知识性

知识性是指稿件所包含知识信息的容量与价值。

各类出版物最终都是在为读者提供知识服务。教育类出版物、科技类出版物和文化类出版物以传播知识、积累文化为目的，各种工具书是知识信息高度密集的出版物，知识性当然都为其第一特征。思想理论类出版物主要宣传思想理论观点，而这种宣传也必须以丰富的知识为基础，才具备充分的说服力。文学类出版物和艺术类出版物以审美教育为主要任务，而这种审美教育的实施是无法离开具体的历史知识和生活知识的。由此可见，知识性是衡量各类出版物质量的基本要求。

知识性的基本要求是合乎科学。稿件包含的内容应该是经过条理化、系统化的人类优秀文明成果和生产实践的经验与总结，稿件介绍知识的方法应该充分考虑到时代的要求和消费者的需要，必须正确、全面，不能歪曲或片面。

（5）独创性

独创性是指稿件在内容或形式上的创新特点，包括理论创新、技术创新、艺术创新等。

独创性是作品的基本特点之一，因而也是各种出版物的稿件都应该具备的。人云亦云、简单重复他人已有作品的内容，不但谈不上独创性，而且还可能存在侵犯他人著作权之嫌。

独创性表现为稿件在学术观点、资料发掘、题材开拓、艺术风格或表现形式等方面有超越前人之处，提供了前所未有的新东西。比如，理论作品在理论上有新观点，科学著作体现科学新进展，文艺作品给人新的启迪，对已有知识的表述采用更加方便消费者使用的新形式，等等。

弘扬独创性是编辑理应承担的文化责任。当然，稿件的独创性是有大小、多少之分的。不能强求任何稿件都具有填补学科空白、开创创作新路的重大独创性，也不能要求稿件中的所有内容都是作者独创的。稿件只要有创新，就值得肯定，不论这种创新的大小或多少。尤其在期刊的审稿中，哪怕稿件中只有一则材料或一段议论富有新意，编辑也要十分珍惜，妥善处理。值得注意的是，某些编辑囿于自己的认识，往往容易视创见为谬论，或对创见视若无睹。因此，编辑在审稿时，一定要有一种求“创”若渴的心态，虚怀若谷的胸襟，不要总摆出一副批评家的架势。

2. 对稿件形式质量的评价

稿件的内容再好，如果形式的质量不到位，会给读者阅读使用造成影响，起不到传播知识信息的作用。因此，对稿件的形式进行衡量并作出质量评价，也是审稿工作不可或缺的一个方面。

对稿件形式质量的评价，主要包括对稿件的结构框架、行文格式、表述形式等作出判断。

（1）结构框架

稿件的结构框架是指稿件中的内容层次安排形式。

结构框架的合理，主要表现为：各个部分的前后次序遵循一定的逻辑规律，体现出一定的系统结构；各个部分的内容不能互相矛盾；每个部分的阐述方式具有同一性，等等。

（2）行文格式

行文格式的统一，主要表现为各级标题采用互有区别的标志，而相同级别的标题均采用相同的标志；公式、图片、表格和各种注释的格式标志应该一致。

（3）表述形式

稿件的表述形式是指稿件中对语言文字及量和单位的应用状况。

任何稿件的表述形式都应该符合相关的规范。否则，读者就可能产生理解上的困难，甚至产生误解。

（二）对审稿者的要求

对于审稿者一般有以下要求。

1. 坚持稿件取舍标准

审稿者要按照出版要求和有关规定，通过对稿件的阅读和研究，从政治性、思想性、科学性、知识性和独创性等方面对稿件的内容质量，从结构框架、体例、表述形式等方面对稿件的形式质量，作出较全面评价。在此基础上，对是否接受出版作出选择。

2. 评价要客观、科学

对于一部稿件的取舍，是在对稿件进行审阅并作出客观、科学的评价和判断的基础上作出的。因此，评价与判断的客观、科学极为重要。以偏概全、带有过多的主观色彩，都是不客观的表现，都会影响结论的科学性；同样，评价与判断仅仅停留于表层，对于稿件的精髓或根本缺陷认识不清，缺乏科学性，显然也是不客观的。两者都无益于对稿件的正确处理。

（三）期刊审稿的特殊要求

上述审稿要求，对于图书、期刊等各类出版物的稿件都基本适用。同时，期刊的媒体特点又导致对其稿件的审读还有一些较特殊的个性要求。

1. 符合期刊宗旨和定位

同为审稿，期刊编辑与图书编辑的出发点是不同的。

图书编辑要从书稿出发，对书稿本身的价值作出判断；即使修改，也要考虑书稿的现有基础和作者的写作特点，不强人所难。期刊编辑则不同。为了维护期刊的形象，期刊编辑在审稿时，要坚持从期刊出发，按照期刊既定的编辑方针和取稿标准选择稿件，不能降格以求。对于不符合本刊物宗旨和性质的稿件，即使写得再好，也要忍痛割爱而不能网开一面，以免损害期刊的整体结构。

期刊的整体形象是大局，一篇稿件能否采用，必须以大局为判断依据，不能就稿件论稿件。

2. 把握栏目风格

期刊编辑在审稿时，还要准确把握各个不同栏目的风格。

期刊的各个栏目之间，存在着既各有关联又相对独立的关系。各个栏目各有特色，从而使整本期刊呈现多姿多彩的面貌；每个栏目内部则又有一定的同一性，各篇作品在内容主题上存在有机联系，在体裁风格上保持一致。

正因为如此，期刊编辑在审稿时，不仅要考虑某篇稿件本刊能否采用，而且还要进一步考虑本刊某个栏目能否采用。影响了栏目的协调性，其结果必然会影响整本期刊的协调性。

3. 注重时效性

期刊有文化积累功能，但期刊毕竟不同于图书，必须注重时效。是否符合时效性要求，是期刊编辑审稿的一条重要标准。

这种时效性，往往表现在对新事物的及时宣传，对新学说的及时介绍，对热点人物的及时报道，对突发事件的及时追踪。这样，刊物才具有时代感和现实感。

因此，期刊编辑要保持张力，眼观六路，耳听八方。只有自己能深刻地把握时代的脉搏，才能在审稿时准确地判断稿件有效还是失效。

4. 考虑稿件篇幅

作者在写稿时，有话则长，无话则短，可以不多考虑篇幅的大小。但是，一本刊物的篇幅，总是事先设定的，一般情况下不会随便变动；其中每个栏目所刊载文章的篇幅，也有一定的浮动范围，相互之间不宜相差悬殊。所以，编辑审稿时须胸有全局，善于控制篇幅，不宜让超过刊物一般篇幅规格太多的长文章“霸占”版面。在遇到内容很好但篇幅太长的文章时，编辑一定要精心处理：或者退给作者调整、删节；或者帮助作者拟定分割方案，拆成相对独立的几个部分，以后分期发表。

（四）审稿的特别要求

1. 对涉及重大选题内容的审核

内容涉及政治、军事、安全、民族、宗教、外交等敏感问题，要将有关内容，按《图书、期刊、音像制品、电子出版物重大选题备案办法》（参见《出版专业基础·初级》第二章第二节），备齐三审意见，向有关部门送审备案。得到批复后，方可进行后续出版工作。

2. 对地图问题的审核

涉及地图的书稿，应由具备地图审核资格的单位进行审图；涉及中国国界地图的书稿（不涉及其他应备案内容的），还应该出具国务院测绘地理信息行政主管部门的审核意见，并备齐三审意见，向国家新闻出版署送审备案。得到批复后，方可进行后续出版工作。

3. 对学术期刊稿件内容的审核

学术期刊要对稿件内容实行查重和同行评议，以防止其中出现剽窃、篡改等学术不端现象，影响刊物的声誉和质量。

五、审稿的方法

稿件必须经过全面审读，才能作出客观、科学的质量评价结论，而在审稿的过程中，编辑人员还应采用规范的操作方法。

（一）稿件审读方法

因为稿件与稿件之间，在类型、内容、篇幅、形式、质量诸方面都会有相当大的差异，加之审稿人因为专业、知识、资历、经验诸方面皆不相同，审读稿件的过程与方法是会有差别的。不过在一般情况下，通读全稿并对有问题处作出批注，是最基本的稿件审读方法。

不论是组织的稿件还是自投、推荐或者引进的稿件，初审者都必须通读整部稿件。这是了解稿件全部内容的唯一途径，是只看内容提要、篇章要义或重点抽读都无法替代的。只有通过通读，才能奠定审稿的基础。

一般情况下，稿件要通读两遍：第一遍是略读，第二遍是精读。

1. 略读

略读的目的是对稿件的内容和形式作一般性的了解，借以归纳出稿件的一般性特点与最重要的特征，对稿件的总体质量和水平有一个大致的印象，从而对于下一步如何审稿做到心中有数。

略读最好先阅读前言、后记与章节目录，了解稿件的基本内容和总体框架；然后再审读稿件的具体内容，以了解特色和整体质量。如果审稿编辑是第一次接触该稿件或对稿件涉及的学科专业不够熟悉，则需要对稿件涉及的理论、知识和文化背景作一些了解。如果是文学作品，事先也应该对文学创作、文学批评、文学鉴赏、文学形式等方面的知识有一个系统的、总体的了解。这样，审稿时才能为分析、评价及取舍稿件找到可靠的参照系统，使评价、取舍有据可依。

略读时对稿件中某些地方如有疑问，一般用铅笔简单标注。

2. 精读

经过略读，如认为稿件基本上可取或认为经过一定的修改加工以后能够达到出版的水平，就要进行精读。

精读的目的是更深入地了解、分析和研究稿件的内容和创作特色，为审稿中的判断提供扎实、可靠的依据，并对稿件可否采用作出结论。

精读时，审稿者应该从头至尾认真地阅读全稿，同时验证自己在略读时对于稿件的了解是否正确，并对在略读中产生的疑问作进一步的探究解决。如确认存在问题，要写明意见，以提请作者修改；如研究后觉得实际上没有问题，要把略读时的铅笔标记擦除；如精读时发现新的问题，就要把意见及时标注在稿面上。这种全稿阅读通常不是一次性的，而是多次、反复地进行的；对那些特别重要的内容或者存有疑问之处，更是要反复研读，直到得出结论为止。

（二）审稿操作方法

为了维持稿件的原貌和表示对作者的尊重，审稿者在审稿过程中不宜把意见直接用色笔批注在原稿上，以免稿面混乱、肮脏。一般宜先用铅笔在有疑问的文字下面画线或作出其他标记；然后，把意见或用铅笔写在稿面相应的空白处，或用色笔写在浮签上临时性地固定在稿面的相应空白部位。对纸质稿件的审稿操作方式如图 2-1 所示。

对于电子文件形式的稿件，审稿者应该先做好备份，然后再开始审读。审读过程中可以利用合适的软件工具进行处理。

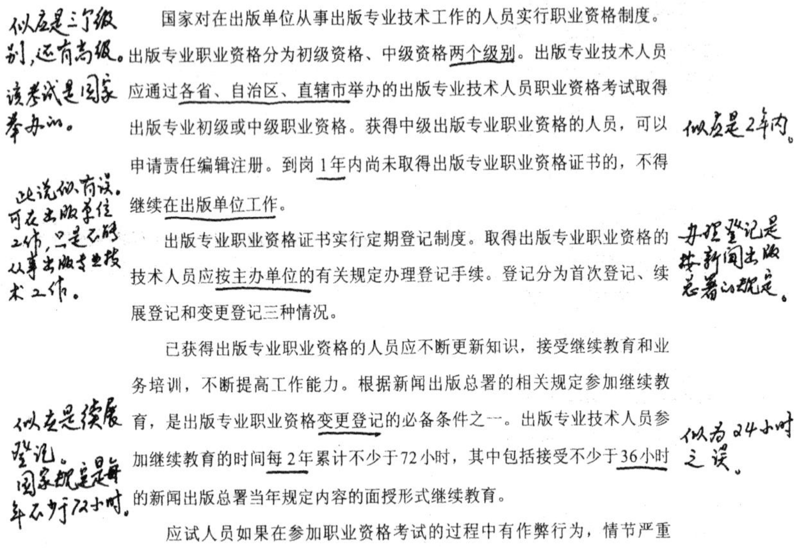
国家对在出版单位从事出版专业技术工作的人员实行职业资格制度。出版专业职业资格分为初级资格、中级资格两个级别。出版专业技术人员应通过各省、自治区、直辖市举办的出版专业技术人员职业资格考试取得出版专业初级或中级职业资格。获得中级出版专业职业资格的人员，可以申请责任编辑注册。到岗1年内尚未取得出版专业职业资格证书的，不得继续在出版单位工作。

出版专业职业资格证书实行定期登记制度。取得出版专业职业资格的技术人员应按主办单位的有关规定办理登记手续。登记分为首次登记、续展登记和变更登记三种情况。

已获得出版专业职业资格的人员应不断更新知识，接受继续教育和业务培训，不断提高工作能力。根据新闻出版总署的相关规定参加继续教育，是出版专业职业资格变更登记的必备条件之一。出版专业技术人员参加继续教育的时间每2年累计不少于72小时，其中包括接受不少于36小时的新闻出版总署当年规定内容的面授形式继续教育。

应试人员如果在参加职业资格考试的过程中有作弊行为，情节严重

图 2-1　纸质稿件审稿操作方式示意

（三）稿件质量评价方法

在对稿件进行略读和精读的过程中，通常使用比较、分析、综合等方法来对稿件的质量作出评价。

1. 比较

比较是审稿过程中经常使用的方法。就一般情况而言，审读者对于被审稿件所属的专业应有一定程度的熟悉，因此在审稿过程中对稿件所引用的材料、理论和所阐发的观点，都可以用审稿者已经掌握的有关政策、专业知识来进行比较，也可以根据已经出版的同类著作、辞书或资料汇编等工具书所提供的材料、理论、观点来进行比较。这样，可以具体了解稿件是否有创新与特色，是否在某些方面超过已出版的作品，甚至还可

以对诸如剽窃之类的侵权行为有所觉察。同时，通过对稿件各个部分的比较，还可以发现稿件中前后不一致甚至矛盾的地方。

比较的最大好处是可以去伪存真，同时还可以帮助审稿者对于稿件材料和观点的新旧，作者视野的宽窄和见解的优劣，稿件质量的高低和价值的大小等作出基本的判断。

2. 分析

在比较以后，审稿者已经在宏观上对稿件的基本情况有了总体的把握。下一步则是要从以下方面对全稿进行分析：主题是否明确，内容是否切题，思想表达是否清楚，材料是否可靠，说理是否充分，立论是否正确；主题思想的发展脉络和内容的主次关系安排得是否得当，部分与整体的联系处理得是否合乎逻辑，体例是否统一，表述是否通畅、有条理，文字是否通顺，等等。

3. 综合

经过比较、分析，审稿者应该而且也有可能在此基础上进行综合。所谓综合，包含三方面的内容：

第一，对稿件本身进行全方位衡量，即依据政治性、思想性、科学性、知识性、独创性等方面的基本要求，判断其内容是否达到可以出版的质量要求，同时对稿件在结构框架、体例、表述形式等方面的优缺点作总体性的概括。

第二，对稿件是否符合本出版单位的出版要求和出版风格、是否可以归入本单位现有的品种板块之中，有一个较为明确的判断。并对下一步的如何整合、完善有所考虑。

第三，稿件如果可以出版，对后续情况应有所考虑。譬如，按照稿件的内容应该有什么样的宣传、促销工作，该作品在当前市场条件下可能产生怎样的社会效益和经济效益，等等。

六、审稿意见

审稿意见是审稿者在完成审稿以后所撰写的文件。

审稿意见必须在对稿件作全面考察和充分研究后撰写，一定要遵循实事求是、客观、公正的原则。行文上既要全面周到，又要简明扼要；优劣短长说清即可，既无遗漏，又不烦琐；意见要明确，态度不含糊。

初审的审稿意见必须写得较详细，既有对稿件内容的描述，更要有对稿件特色的分析。初审审稿意见的必备项目和撰写方式，详见本书第七章第二节。这里主要讲一下审稿意见中最重要的部分——在对稿件进行价值评估和质量判断的基础上作出的审稿结论。

审稿结论一般有三种：

第一，对于达不到出版要求的稿件，审稿结论应为“退稿”。审稿者要明确说明退稿理由。

第二，对于接近出版要求但又存在一些不足，需要由作者进行修改的稿件，审稿结论应为“退修”（又称“退改”），即将稿件退给作者进行修改。审稿者必须说明稿件目前尚存在的问题及要求进行修改的理由，并提出中肯的、切实可行的修改建议，使作者能够清楚地了解出版单位的意图，并将这一意图和要求贯彻到修改工作中去。一般来讲，除了退稿以外，基本符合出版要求但是要作进一步修改的稿件是大量的，而不需要修改的稿件数量是极少的。因此，审稿者一定要在审稿意见中把自己的意见表达得完整而清晰。

第三，对于基本符合出版要求的稿件，审稿结论就是“接受出版”（对期刊的自投稿件多用“决定采用”的表述形式）。

七、审稿后与作者的联系

出版单位对一部书稿，经过三级审稿之后，审稿工作就算基本完成了。之后，编辑应该及时与作者联系，根据对其稿件的不同审稿结论，及时进行相应的沟通。

对决定退稿的稿件，编辑应该以出版单位的名义专门撰写退稿信书面通知作者。如果作者要求返还原稿，编辑应当尽快返还。

对决定退修的稿件，编辑应该以出版单位的名义专门撰写退修信给作者，告知出版单位对稿件的意见和相应的修改建议，同时把留有审稿过程中所作各种批注的原稿返还作者，以便作者根据退修信和原稿上的批注，逐一进行修改，解决存在的问题。

对经过三级审稿后决定接受出版的稿件，期刊出版单位与图书、音像制品、电子出版物出版单位在需做的作者工作上有所不同。前者只要及时以书面形式通知作者其稿件已经决定采用，而后三者除了及时书面通知作者稿件已决定接受出版外，还要按照著作权法的规定与作者签订出版合同。签订出版合同的目的是要明确约定双方的权利和义务，以便既可以保证稿件顺利出版，又能够使双方的合法权益依法得到保障。即使在组稿时已经签订约稿合同，在决定接受出版该稿件后，也仍然必须签订出版合同，因为这是两种性质、目的和双方约定的内容都有很大差别的合同。

撰写退稿信或退修信时，要做到既把出版单位的意见明确告诉作者，又在行文、措辞方面委婉得体，审稿意见中一些比较直白的表述方式不宜直接照搬到这些信件中。具体写作方法，详见本书第七章第三节。

第四节　编辑加工整理

对决定接受出版的稿件，必须进行编辑加工整理。

编辑加工整理通常简称“编辑加工”“加工整理”或“加工”，是对已决定接受出版的稿件再次从各方面进行审核并作修改润饰和规范化处理的活动。

从本质上来说，审稿和编辑加工整理都要对稿件进行审查，都要对稿件的质量把关。但两者的职责、目的、要求和标准是有差异的。审稿的职责是要对稿件作出评价，目的是决定稿件的取舍，所以要着重从宏观上把握稿件的整体质量。编辑加工整理的职责则是要提高已决定接受出版的稿件的质量，目的是使其在内容和形式两个方面都符合出版标准，所以重点是要从微观上具体检查原稿，对其加以匡正、修饰和润色，使其内容更完善，材料更准确，逻辑更严密，体例更严谨，语言文字更通达、规范。

编辑加工整理是审稿的继续，但两者不能互相取代，也不能合二为一、同时进行。编辑加工整理的对象必须是经过三级审稿决定接受出版的稿件。这是必须严格遵守的原则。

由于出版专业初级技术人员不能担任责任编辑，所以其加工整理的稿件要经过具有责任编辑资格的人员复核，然后再送交复审者和终审者审阅。

一、编辑加工整理的作用

对稿件进行编辑加工整理，具有下列重要作用。

（一）履行出版单位职责

坚持党的出版方针、坚持正确的政治导向，按照出版标准，对每一部稿件进行审核、加工，是出版单位应尽的职责。

作者必须对自己的作品负全部责任。作品一旦被接受出版而进入社会，作者就必须对社会负责。这就是一般所说的“文责自负”。但是，作者的“文责自负”并不能消减出版单位的责任。出版单位负有的“把关”职责，就是体现在有权拒绝出版不合格的作品。如果出版单位选择某一作品出版，那就必然会帮助提升该作品在社会上的流通能力，扩大它在社会公众中的传播范围，强化它的社会影响力。所以出版单位必须对该作品所产生的结果负责，不存在任何可以推诿的理由，否则“把关”职责就无从谈起。

以“文责自负”为借口，不进行编辑加工整理或者不认真进行编辑加工整理，让存在问题的作品流向社会，就是不履行国家要求出版单位应尽的责任，不仅会造成不良的社会影响，损害消费者的利益，而且还会损害作者和出版单位的利益。

（二）保证出版物质量

在出版单位经过审稿已经接受的稿件中，由于各种不同的原因，或多或少都会存在各式各样的局限、疏漏、差错、不规范现象。编辑加工整理就是消灭差错、弥补疏漏、规范文字、提高质量的工作。如果因为编辑加工整理环节上的失误、疏漏而让存在问题的稿件最终成为出版物，对社会、消费者、出版单位、作者和编辑都会带来不良的影响，有的错误甚至还会造成严重的后果。出版单位对稿件的把关职能，除了审稿外，主要就体现在编辑加工整理之中。此外，就书刊稿件来说，编辑加工整理工作做得好，对后续的整体设计、印前制作、校对等工作也会有很大的帮助。

由此可见，编辑加工整理对于贯彻出版工作方针，保证出版物质量的意义和作用是很大的，千万不能轻视。出版单位接受的稿件，无论是组织的还是自投的，无论是专家学者的还是一般作者的，都须经过编辑加工整理后才可以成为制作、生产出版物的原稿。在编辑面前，不应该也不允许有任何不进行编辑加工整理就可以发稿的稿件。

二、编辑加工整理的原则

对稿件进行编辑加工整理，必须遵循下列原则。

（一）尊重作者，忌强加于人

尊重作者，就是要尊重作者的著作权。对稿件进行编辑加工整理，是为了提高稿件的质量，不能有别的目的。因此，要在著作权法规定的允许范围内进行加工。我国《著作权法》第三十六条规定："图书出版者经作者许可，可以对作品修改、删节。"图书编辑对稿件修改后，应将结果送作者审核，征得作者同意；音像制品、电子出版物的编辑也应该遵守这项规定。报纸、期刊由于有较强的时效性要求，出版周期较短，所以《著作权法》第三十六条还规定："报社、期刊社可以对作品作文字性修改、删节。对内容的修改，应当经作者许可。"

编辑在加工整理过程中对于作者与原稿的尊重，首先体现为尊重原稿所体现的作者的学术观点。必须指出，这一点，以作品的思想、观点和表现形式等不违反国家法律法规，没有政治性或者思想性方面的错误为前提。当作者的某个观点存在偏颇，或编辑认为作者的观点不够准确时，可以与作者进行商榷，在相互交流的基础上沟通。绝不能自作主张，按自己的意见擅自更改作者的观点。编辑要在多提意见、多出主意的前提下做好加工整理工作，使原稿的主题更突出，框架结构更严密，观点更明确，内容更完善，论述更充分，材料更扎实。其次，要尊重作者的风格。对稿件的修改，要尽量按作者的风格去进行，避免按照自己的喜好或者自己的风格对稿件进行加工整理。但对于书稿中错误的思想观点，编辑必须明确向作者指出，要求作者修改。经编辑修改的稿件，须经作者认可。

（二）改必有据，忌无知妄改

面对众多内容各异的稿件，编辑在加工整理时要抱着学习的态度，谨慎从事。对稿件的修改必须有充分的依据和理由，必须有绝对的把握。凡是仅有疑问而没有把握的地方，一定要查阅工具书、向作者仔细核实或请教其他专业人员，得到确切结论后再修改。不懂装懂，凭想当然乱改，甚至将本来对的改成错的，都是加工整理稿件的大忌，不仅会引起作者的不满和反感，而且还会严重影响出版物的质量和出版单位的声誉。

（三）依据规范，忌滥施刀斧

为规范出版物并使出版物更具国际通用性，我国制定了一系列相关的国家标准或规范，对出版物中语言文字、标点符号、数字、汉语拼音、量和单位等的使用都作了明确的规定。编辑必须严格执行国家相关标准和规范，并按照《图书质量保障体系》《图书质量管理规定》的有关要求对原稿中不规范的地方一一予以改正。

如果原稿中的表述方式虽与编辑或者人们通常的使用习惯不同，却并不与规范性文件的明文规定相抵触，一般就不宜改动，要尽量做到多就少改。编辑的修改应该是只改非改不可的，可改可不改的一律不改。切忌按照一个模式、一种风格去“改造”稿件，把作者的稿件改得面目全非。

三、编辑加工整理的步骤与方法

我国出版界对于编辑加工整理工作的步骤和方法，已经形成一套比较成熟的实践性规范。按照这些规范进行编辑加工整理，就能够有效地保证加工整理的质量。

（一）编辑加工整理的步骤

编辑加工整理包括以下几个步骤。

1. 准备

在这个步骤中，主要检查稿件是否齐全，既检查正文（指由文字、图片、表格等构成的作品本身）部分的稿件，也要检查辅文（指正文的辅助文字，一般包括目录、序、跋、凡例、注释、附录、索引等）部分的稿件。如果发现有缺失，要及时作好记录，并与作者核对，确定何时补齐。

此外，如果准备利用作者提交的电子文件原稿发稿，需要核实该电子文件的格式是否能够与排版系统兼容。如果互不兼容，应该先将作者的电子原稿做好备份后转化成能与排版系统兼容的文件格式，并以转化后的文件作为编辑加工整理的对象，必要时对照初始文件。

2. 计划

在这个步骤中，要拟定一个比较完整的编辑加工整理方案。方案包括加工整理的内容、标准、重点、难点、方法、时间安排和进度等。

如果负责加工整理的编辑人员是第一次接触该稿件，必须查询书稿的有关材料，了解稿件在审稿阶段曾经作过哪些处理，三个审级的审稿意见各有什么样的内容，以及作者在出版单位审稿以后曾经有过哪些反馈信息，双方是否仍存在分歧，等等；然后结合审稿意见对原稿进行两次略读，借以了解稿件的全部内容和作者的文字风格，查阅、核对有关资料，确定稿件的关键问题和枝节问题，掌握全稿的长短得失。

加工方案根据不同的稿件可详可略。如果是丛书，还应该了解全套书的体例、规格等，以保证加工整理的书稿与其他书稿的处理标准完全一致。丛书、多卷书或规模较大的书稿应该有比较详细的编辑加工整理书面方案。

3. 实施

编辑加工整理的实施是在精读的基础上进行的。精读要非常仔细，逐字逐句地阅读原稿，发现问题一般应该立即加以解决；对因需要与作者沟通或向其他专业人员请教而一时难以解决的问题，必须做好明确标记以防遗忘，并在得到相关的确切结论后及时处理。必要时应该反复阅读多次。

编辑加工整理最好先将稿件的大框架定好，再推敲细微处。全稿加工整理完毕以后，还要从头至尾通读一遍，特别要注意修改的部分是否前后矛盾，是否曲解、损害了作者原意，文题是否相符，等等。对篇幅较长的原稿，最好每加工整理一章就重读一遍；对内容很多的章，最好加工整理几节就重读一遍。

4. 总结

基本完成全稿的编辑加工整理之后，要整理好加工的记录和撰写小结。编辑要将加工整理过程中发现的问题，解决的方法，悬而未决、需要复审或终审定夺的问题填入记录表。为了积累经验，编辑还要对加工整理情况进行综合归纳，写出小结。

（二）编辑加工整理的方法

编辑加工整理采用的方法，主要包括下列几种。

1. 认真审读，发现问题

在编辑加工整理时，无论是略读还是精读稿件，目的都是为了消除稿件中存在的各类问题。所以编辑首先要把重点放在发现问题上。

加工编辑如果不是审稿时的初审者，那么，对稿件先要快速浏览一遍，从宏观方面了解稿件的全貌和基本状况。然后进行第二遍比较仔细的略读，在审读过程中对认为有必要进行加工的地方作出记号，以便在精读、加工时予以注意。

2. 拟定方案，标准一致

在正式动手加工稿件之前，应该根据略读稿件以后的初步印象，对编辑加工整理的工作方案进一步修改和完善，尤其要对稿件中不够统一的体例和表述形式制定统一的标准，并在具体加工时前后一致地遵照既定标准执行。

编辑加工整理的大忌是拿了稿件就动手，这样做的结果往往是出现体例不一、前后矛盾等现象，有时还会导致大规模的返工。

3. 先定框架，后定细节

编辑加工整理要在对稿件的大轮廓确立之后，再对细节部位仔细雕琢。确立轮廓就是“定框架”，就是在审读的基础上再次审核稿件的内容结构、行文体例等。如不需要作大幅度的修改，就可以确定稿件的总体框架；如内容上有需要调整之处，应在征求作者意见后作好处理；体例方面的修改，则通常可由编辑根据原稿中已经采用的一些格式，按照“少数服从多数”的规则来决定统一采用哪种格式，从而形成基本体系并逐一予以修改。所谓“定细节”，就是对稿件各个局部，甚至一句话、一个词，进行润饰加工。

框架定好了，稿件总体上能站得住，细节的精雕细刻才有基础；若框架未定，而在细节上忙了半天，结果可能劳而无功。

对于字数多、规模大的图书，要求规格一致的丛书、套书，尤其要从大处着眼，小处入手。否则，局部细节加工得毫无瑕疵，但一套书的结构、体例五花八门甚至乱七八糟，那绝不是完美的产品。

4. 选用色笔，书写端正

如果是在手稿或纸质打印稿上进行加工，编辑应选用与原稿颜色不同的色笔，让修改的字迹区别于原稿而且醒目。助理编辑、责任编辑所用的色笔也应该有所区别；其他人（如复审者、终审者）如在稿件上修改，则须再选用与稿面上已有字迹颜色都有区别的色笔。总之，任何人在稿件上作修改，都应该用与他人不同的色笔，并且应该用这种色笔签署修改者的姓名，以明责任。

编辑作加工修改时，字迹要端正、规范，让人一眼看上去就能认得出。

修改原稿与改正校样应有所区别。改正校样应该使用规定的校对符号并在版心外作出标记，修改稿件则仍按书写时的习惯使用有关符号，并且不必在稿面空白处另外作标记。如删去的字句只要涂去即可，不需要用校对的“删除”符号；文字前后位置的调整，只要直接在稿中作出勾画即可；添加的字句如不很多，直接加到有关位置即可，不要写在稿面空白处再用线引到相应位置；如添加文字的数量较多，原来的字行间容纳不下，则可以写在该字行外邻近的空白处并圈起来，再用与字行平行的线条引到相应位置，引线切忌重叠在原有文字上或者与字行交叉。这样便于文字输入、排版、校对人员看清修改情况，既有利于加快输入、排版、校对的速度，又有利于保证输入、排版、校对的正确性；复审、终审者也既容易看清修改情况，又有作再次修改的空间可用。纸质稿件编辑加工整理的操作方式，如图 2-2 所示。

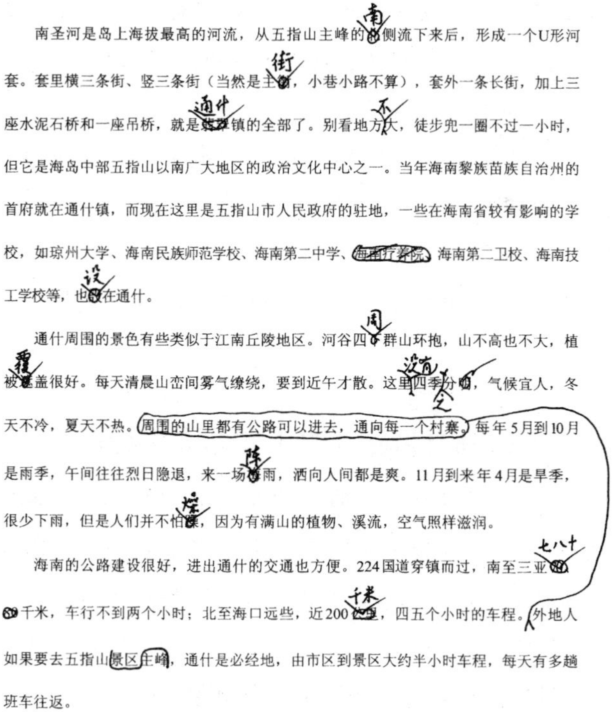

南圣河是岛上海拔最高的河流，从五指山主峰的[illegible]侧流下来后，形成一个U形河套。套里横三条街、竖三条街（当然是主[illegible]，小巷小路不算），套外一条长街，加上三座水泥石桥和一座吊桥，就是[illegible]镇的全部了。别看地方大，徒步兜一圈不过一小时，但它是海岛中部五指山以南广大地区的政治文化中心之一。当年海南黎族苗族自治州的首府就在通什镇，而现在这里是五指山市人民政府的驻地，一些在海南省较有影响的学校，如琼州大学、海南民族师范学校、海南第二中学、海南疗养院、海南第二卫校、海南技工学校等，也[illegible]在通什。

通什周围的景色有些类似于江南丘陵地区。河谷四[illegible]群山环抱，山不高也不大，植被[illegible]盖很好。每天清晨山峦间雾气缭绕，要到近午才散。这里四季分明，气候宜人，冬天不冷，夏天不热。周围的山里都有公路可以进去，通向每一个村寨。每年5月到10月是雨季，午间往往烈日隐退，来一场[illegible]雨，洒向人间都是爽。11月到来年4月是旱季，很少下雨，但是人们并不怕[illegible]，因为有满山的植物、溪流，空气照样滋润。

海南的公路建设很好，进出通什的交通也方便。224国道穿镇而过，南至三亚[illegible]千米，车行不到两个小时；北至海口远些，近200[illegible]，四五个小时的车程。外地人如果要去五指山景区主峰，通什是必经地，由市区到景区大约半小时车程，每天有多趟班车往返。

图 2-2　纸质稿件编辑加工整理操作方式示意

5. 电子原稿，须留痕迹

现在作者普遍地把计算机电子文件形式的原稿交给出版单位。电子原稿的好处是字迹清晰，页面干净，操作简便，修改方便。但也正是这种操作简便、修改方便的特点，容易留下作者与编辑对于修改权限的认定或者对于稿件责任的承担产生分歧的隐患。因此，编辑在对电子原稿进行加工整理时，应该注意：

第一，要将作者交来的初始稿件电子文件做好备份。

第二，充分利用一些文字处理软件的功能，以与原稿不同的颜色或者标志明确区分编辑的修改之处，同时又让删去的文字仍然能够显示、恢复原样等。这样就便于后续审阅者明了稿件中哪些地方进行过修改，审核这些修改是否妥当，并且可将前次修改中的不妥之处予以恢复。

第三，先将留有不同修改痕迹的电子文件备份保存副本，再利用计算机文字处理软件的功能清稿，然后才可以将该电子文件作为定稿。

第四，图片处理较为复杂，须利用软件工具处理后才能并入文档。

四、图书稿件编辑加工整理的内容

编辑要对图书正文、辅文的原稿从内容和形式两方面进行加工整理，其中包括技术加工整理。考虑到正文与辅文的技术加工整理内容相近，故本书将技术加工整理单列叙述，但是在实际操作中，技术加工整理是与正文、辅文的加工整理同时进行的，并非编辑加工整理中的一个单独步骤。

对图书稿件正文编辑加工整理（包括技术加工整理）的要

求，也基本上适用于期刊、音像制品和电子出版物的原稿加工整理，而对辅文的编辑加工整理内容，则因各类出版物的辅文有所不同而稍有差异。同时，期刊、音像制品和电子出版物的原稿加工整理还有自己的一些特点（详见下文）。

（一）正文编辑加工整理

稿件正文的编辑加工整理主要包括下列内容。

1. 消除政治性、思想性差错，完善原稿观点

加工整理首先要检查原稿有无政治性差错，在观点及其论证上是否存在偏差。

虽然在审稿过程中，已经对政治性、思想性等进行过审核，但是那时主要着眼于稿件的总体质量，没有逐字逐句进行过斟酌。然而，在正式出版的书刊中，必须保证没有丝毫政治性或思想性方面的错失，而即使是一个词语的使用或者一个句子的表述，都有可能存在政治上或思想上的问题。所以，在编辑加工整理过程中，必须十分注意政治性、思想性方面的问题；一旦发现，就要予以消除或修正。

一般而言，涉及党和国家的法律法规、方针政策、政治理论观点、民族关系、宗教信仰、统战工作、港澳台事务、对外关系、外国国名（包括简称）的内容与地图中有关国界线的画法，都是比较容易出政治性差错的地方；在分析社会思想状况、评述伦理道德、论证价值观念等方面，较容易出现思想性问题。编辑加工整理中对这些方面要特别注意。

在观点与论证上，则要重点注意观点有无前后矛盾的地方和不必要的重复，论证是否准确、合乎逻辑，论据是否充分并具有说服力。

2. 订正事实材料，纠正知识性差错

社会科学方面的稿件在论述时常会出现史实等知识性错误，文艺作品也会有不合情理的地方，自然科学方面的稿件常常在数字、计量单位、公式等方面出现或多或少的差错。编辑人员对诸如人物、地点、组织机构、历史事件、书刊报纸名称、时间、数字、计量单位、公式、图表、照片等属于事实材料的内容，一旦有疑问就应加以核实，避免知识性差错。

3. 核对引文

核对引文主要是检查引文的恰当性和准确性，即检查引文是否恰当和是否与原文相符，有无断章取义、歪曲原意或张冠李戴的情况。

加工整理时，编辑人员必须对下列引文差错进行增删修改。

第一，作者名、书（文）名、出版者名、出版时间和页码等来源项标注不全或错误。

第二，引用文字或标点符号存在错误，如漏字、多字等。

第三，对于存在多个版本的文献，引文依据的是非权威版本或所据版本不一致。

第四，在内容上或随意断文，或随意拼接原文，或将论证甲事物的文字引来论证乙事物，导致对原意的歪曲。

第五，引文过多，超出了论证所需要的范围。

编辑核对引文要根据原著，原著有不同版本的要依据权威版本。对引文的核对要认真仔细，除注意引文的文字与标点符号是否有引错外，还应作必要的上下文串读。重要的引文如马列主义经典著作的引文，除在原稿上核对一次外，还要在校样上再核对一次。此外，还要注意统一引文及其标注的格式。

4. 调整结构

稿件通常有篇、章、节、目、条、款、段等层次。在审稿过程中已经解决了稿件的整体框架问题，在篇、章、节层面上应该不再需要作较大的调整。编辑加工整理主要是对稿件中的目、条、款、段等层次进行必要调整。比如，删除不同条、款中内容重复的地方，调整段落顺序，重新划分段落等，从而使结构脉络贯通、层次分明、衔接自然、照应周密、详略得当。

5. 修正标题，统一层次标志

确定标题不仅是作者的事，也是编辑人员的事。编辑人员如果发现标题存在与正文内容不一致（如标题过窄，不足以涵盖内容）、与稿件性质不吻合（如通俗读物的标题过于严肃）、太长或者模棱两可的现象，就有必要对之进行修改润色。如果同一篇作品中标题的风格和格式多种多样，编辑人员应当加以统一。

标题层次标志是指表示稿件中层次顺序的标题形式，通常用各种形式的数字表示，也可用不同的字体、字号区分。无论采用哪类标题层次标志，同一部作品应该有统一的标志体系，各级标题的标志均应符合该体系的规则。加工整理时，编辑要注意统一整部作品的标题标志，同一层次的标题必须使用相同的标志形式。

6. 润饰文字

编辑对文字的修饰和润色，主要包括对原稿的用字、用词和造句等从文字规范、语法规则、修辞手法和形式逻辑规则方面进行纠错和优化。

对字、词所作的加工整理，主要是消灭错别字、规范汉字的用法和调整不当的用语。原稿中出现的错字、别字要加以更正；异体字、不规范的简化字、非推荐使用的异形词、非规范的专业名词，要按照相应的规范文件规定予以改正；生造的词语、修辞上不得体的词语要改写或删去，不规范的翻译形式要按一定的标准改正。另外，发现并改正漏字、多字等错误也是字、词加工整理的一个方面。

发现语句的语法及逻辑错误并予以改正，也是稿件编辑加工整理的重要内容。常见的语法错误有句子结构不完整、词语搭配不当、词序不合理、关系不明确等，常见的逻辑错误有自相矛盾、偷换概念、混淆概念范围、模棱两可、因果无据、主客倒置等。语法与逻辑有密切联系，有语法错误的句子常常也包含逻辑错误。但语法与逻辑又不完全是一回事，语法正确的句子也可能包含逻辑错误，对此编辑要特别留意。

编辑加工整理时还要除去原稿中的浮词赘语，修改不准确的模糊表述语句，使语言文字的运用更简洁、更精确、更富文采。

7. 修改使用不当的标点符号

标点符号使用不当，其危害丝毫不亚于文字使用不当，既可能使稿件层次不清，也可能造成歧义。因此，编辑必须高度重视标点符号的编辑加工。对使用不当的标点符号，要依据国家标准《标点符号用法》（GB/T 15834—2011）予以纠正（参见《出版专业基础·初级》第四章第三节）。

8. 修改表格

表格有作为正文组成部分的，也有作为附录的。正文中的表格，内容必须与正文的文字表述部分有直接关系。一个表格只能表达一个主题，性质不同的内容不能糅合在一个表格中，同类型的表格应尽量合并。表内文字要简洁，数字要准确，要保证表与文、表与图相符。

书稿中的表格较多时，表格应按章或按全书统一编序号。通常正文主体文字中的“见下表”字样最好改为“见表1-1”或“见表1．1”等，因为表格在排版时可能移动位置，无法紧跟在相关文字之后。表格的形式应合理、简单、统一。

9．检查图稿

图稿要求内容正确，与稿件主题紧密相关。“文主图辅”的一般图书中，凡是不能起到以图辅文作用的插图最好不用；“图主文辅”的图书中，则文字的表述应该紧扣图片内容。图片的序号形式、指引文字等，一般与表格类似。

图稿应请作者提供原图、底片或照片原件，尽量避免使用复制品；用计算机制作的图稿，要请作者提供相应的图片电子文件。

加工整理图稿时，要检查图面细部是否清晰，是否符合制作技术要求，图号、图题、图注是否正确，图中文字、数值、符号和图注是否与正文主体文字或表格中的相应表述一致，图片位置是否明确，等等。若作者直接交付电子图稿，通常要先行检查、审查其技术指标是否合格。合格后，方可进行后期加工制作。

为了方便制版，图稿一般都分章集中放在封袋里。应在每张图稿的下方（照片在背面）标明图号和图题，收有不止一人作品的文集等图书中的图片，还应标上文章作者姓名、稿名、图题。对自然方向不明显的图稿，应在适当位置标明“上”“下”。用计算机文字处理软件创作的电子文档原稿，其中所插图片常常精度达不到印刷要求，所以应该要求作者提供以相应图片格式保存的电子文件原件，并把它们专门存放在一个文件夹中备发稿时使用。各个图片文件的名称一般与图题一致。

（二）辅文编辑加工整理

辅文的编辑加工整理一般是在完成正文的编辑加工整理之后进行，只有校正注释是与正文的加工整理同步进行的。

辅文的编辑加工整理通常包括下列内容。

1. 校正注释

注释也称“注解”，即对正文中某些内容或文字作补充说明，但又不宜作为正文来叙述的文字。注释有交代资料来源、引文出处的，有解释名词术语和外文的，有补充正文内容和订正事实的，还有校勘性和评论性的。注释在文中的位置一般根据注释内容、注释长短和行文需要确定，常见的有夹注、脚注和文后注。

注释的加工整理主要是核查注释的格式和注文是否正确。对于脚注和文后注，要核查注文与注码是否对应，注码顺序是否正确，标示的相关内容与正文是否一致，等等。

需要注释的事项，一般应在稿件中第一次出现处加注，要避免注后不注前或重复注的错失。

2. 规范参考文献表

学术性或实用性较强的图书，一般设有参考文献表。

参考文献表一般分为两类：一类是与正文中所引用文字、观点等直接相关的参考文献的列表，指明所引用内容的出处；一类是正文中并没有直接引用其文字或观点，但作者在创作过程中参考、借鉴过其中材料和观点的参考文献的列表。前一类参考文献表多用于包括多人、多篇作品的文集类图书，通常位于文章末尾。后一类参考文献表通常可用于各种图书，位于全书正文之后，只列出全部文献，但不与正文直接挂钩（实际上也难以挂钩）。参考文献的著录方式分为“顺序编码制”和“著者－出版年制”。

同一种图书中应该统一采用某类参考文献列表及某种文献著录方式，不能混用。

关于参考文献表中各文献条目的编排、文献条目中的著录项目内容及其次序、各著录项目的前置标志符号等，国家标准《信息与文献　参考文献著录规则》（GB/T 7714—2015）有详细规定，编辑应该根据该国家标准对参考文献列表进行加工整理，使之符合规范。

3．核改索引

索引是将图书正文中的专项或多项内容加以摘录、标明出处（所在页码或页码加版面区域）、按一定次序编排的检索工具。一般工具书、字数较多的学术著作和资料书都应由作者、编辑或其他有经验的人编制索引。编制索引时，可参考《索引编制规则（总则）》（GB/T 22466—2008）。

编辑人员要注意检查索引的编制与原稿的内容和性质是否相符，索引的编排方式是否合理、有无差错，按体例应该编入索引款目的内容是否有遗漏，索引标目与正文相关文字是否一致，等等。

索引款目中的出处项应该在三校结束后根据付印样准确填写或提取。

4．核对附录

附录是附在正文后面，与正文内容没有直接关系或虽与正文内容有关但不适宜放入正文的各种补充性材料，包括相关文章、文件、图表等。

编辑加工整理时要注意检查附录内容是否为补充正文内容所必需，是否与正文相应内容存在矛盾，是否简明扼要、准确无误，等等。

5. 封面文字加工

编辑要认真填写封面装帧设计单，准确说明面封、书脊、底封和勒口、护封上出现的所有文字，如书名（包括丛书名、多卷书的总书名）及其汉语拼音拼写或外语译名，卷（册）次、作（译）者姓名、定价等（详见本书第三章第三节）。

如果要在图书封面上印要目、作者简介、宣传语或其他文字，编辑应撰写相应文字，并说明要登载在书刊的具体位置，如面封、腰封、勒口等，以便于设计人员设计。

6. 检查书名页文字

书名页文字包括主书名页的扉页文字、版本记录页文字及附书名页文字。编辑应根据有关规范（参见本书第三章第三节），对这些文字进行审核，改正错失。

7. 检查目录

需要检查目录中所收录的正文标题级别是否统一，是否存在高低不均的现象，所收录标题的文字表述形式是否与正文中的相应标题完全一致。

目录的检查应该在全部正文的编辑加工整理完成之后进行。如果发稿前复审者或终审者对正文标题作过修改，必须对目录再次进行检查。

8. 加工整理其他辅文

对于诸如内容提要、作者简介、出版前言、序言、凡例、后记、译名对照表等其他各种辅文，应该按照正文编辑加工整理的规范进行加工整理。

（三）技术加工整理

稿件中需要进行技术加工整理的内容散见于正文和辅文中，所以在对正文或辅文作编辑加工整理的同时，也要进行相应的技术加工整理。

技术加工整理的内容一般包括下列各项。

1. 规范、统一用语

加工整理时必须做到将术语、专业名词、人名、机构名称和地名等的表述形式按照相应规范予以统一。

（1）术语与专业名词

一般说来，术语、专业名词应根据国家标准及全国科学技术名词审定委员会审定并公布的科学术语、专业名词规范来予以统一。国家标准或规范中尚未涉及的术语、专业名词，可依照各有关专业领域的行业标准的规定（如机器零部件名称应采用机械行业标准中规定的术语）。各种标准或规范中都尚未涉及的专业名词，应参照权威的词典等工具书选择合适的用语，或者选用行业中通用的较科学的用语，或者采用约定俗成的表述形式。一些新出现的概念，如果还没有约定俗成的、较稳定的汉语语言形式，可以自拟或采用比较合理的暂行用语，但必须全稿统一，并在稿件中第一次出现该词语时，简要说明其含义；如该概念来自国外，还应附注相应的外文词语。对于一般读者较难理解的专业用语，也最好在其初次出现时加注释简要说明含义。专业术语的使用必须准确无误，特别是一些类似的术语，一定要区分清楚，避免用错。

（2）人名

用拉丁字母书写的中国人名，应按汉语拼音的规范拼写。

本人已固定使用某种外文形式姓名的中国科学家、华裔外籍科学家和知名人士，应使用其本人认可的外文姓名形式。

外国人名一般应按有关译名手册将其姓译成中文，也可把姓和名都译成中文（其间应加间隔号），如“斯宾塞（Edmund Spenser）”或“埃德蒙·斯宾塞（Edmund Spenser）”。对有习用中译名或自己起有汉语名字的一些知名人士，必须使用其习惯名称，而不是按照译名手册上固定的译音表音译，如“汤若望（Johann Adam Schall von Bell）”、“白求恩（Henry Norman Bethune）”。译名手册中查不到的外国人名，则可按音节音译。

对社会知名度很高的外国人士，可以只用中译名，而对一般外国人，应在稿件中第一次出现其姓名时，于中译名后加圆括号附注外文，其中的名字部分可以列出全称，也可以只列出首字母并加缩写点，如“斯拉法（Piero Sraffa）”或“斯拉法（P. Sraffa）”。同一稿件中若出现同姓的人，应在姓的中译名前标明各自名字的首字母并加脚点，如“J. W. 德雷珀（J. W. Draper）”和“H. 德雷珀（H. Draper）”。以姓氏命名的定律、定理、原理，其中的姓氏部分也要译成中文。

（3）机构名称

机构名称应采用标准的全称，不能有错字、多字或漏字现象。公认的通用简称也可采用，但在第一次出现时最好在括号内附注全称，同时要保持整部稿件统一。生僻和易混淆的简称应避免使用。

（4）地名

我国县级以上地名以最新出版的《中华人民共和国行政区划简册》为准，其他地名以有关地图出版社出版的最新版的全国地图集或分省地图集、《中国地名录》的地名为准。稿件中第一次出现的县、市等名称，最好冠以所属省、自治区、直辖市名，以免混淆。翻译自外文书的我国地名，要统一使用我国的行政区划名称。

外国地名可按商务印书馆出版的《外国地名译名手册》、中国大百科全书出版社出版的《世界地名录》、中国地图出版社出版的《外国地名译名手册》或其他译名手册翻译。手册中均没有收录但有习惯译名的地名，采用习惯译名；没有习惯译名的，可音译，但应在括号中附注原文。日本地名应尽可能使用我国的简化汉字。不常见的外国地名最好标明国家名。

2. 规范、统一数字用法

加工整理稿件时，编辑人员要根据国家标准《出版物上数字用法》（GB/T 15835—2011）中的规定统一数字用法（参见《出版专业基础·初级》第四章第四节）。

3. 规范、统一计量单位

稿件中的计量单位应按 1984 年 2 月 27 日国务院公布的《中华人民共和国法定计量单位》，国家标准《国际单位制及其应用》（GB 3100—1993）、《有关量、单位和符号的一般原则》（GB 3101—1993）与 13 个关于各专业领域中量和单位使用的国家标准（编号自 GB 3102.1 至 GB 3102.13，都于 1993 年公布）的规定，进行规范、统一（参见《出版专业基础·初级》第四章第四节）。

4. 添加批注

加工整理过程中，编辑遇到下列情况时要注意添加批注：

第一，正文中有不同字体出现，对须排不同字体的部分要加批注，并要标明起讫。

第二，外文字母用印刷体书写，字号、字体、大小写要标明，不加标注的通常排正体和白体，字号与其他的正文主体文字相同。

第三，带附加符号的外文字母和其他特殊外文字母，应在稿面空白处附上放大的标准写法，注明文种；外形相似的字母在容易混淆时也要注明文种；希腊字母通常要作交代。

第四，形体相似、易混淆且不易根据文意推断的字，不但要描写清楚，必要时还应特别注明其特点，如“己”“已”“巳”三个字，有时就要注明是开口、半开口还是封口。

第五，日文汉字不能排成中国汉字时要加批注。

第六，对容易混淆的标点符号（如冒号与比例号，分号与冒号，后单引号与逗号，间隔号与外文句号，单书名号与数学中的大于号、小于号），容易与汉字数字“一”“二”“三”混淆的线条，手写时长短不易区别的三分线、一字线、二字线等，也要进行标注，以免出错。

五、期刊编辑加工整理的特殊要求

对图书编辑加工整理的上述要求，对于各种出版物——尤其是同为印刷型出版物的期刊——都是适用的。除此之外，期刊由于其特有的媒体特点，对于编辑加工整理工作还有一些较特殊的要求。

（一）统一格式

期刊的作者众多，各人写稿习惯不一，呈现在期刊编辑面前的稿件，也就往往有各种各样的格式。然而，一本期刊是一个整体，所载作品的格式不能是五花八门的，必须相对统一。这就需要编辑按照相应栏目的特点，对各篇稿件的格式进行调整。

1. 统一注释格式

注释的形式有多种，如夹注、脚注、文后注等。它们不但出现的位置不同，而且后两者可使用的注释标记也不同。编辑进行稿件加工整理时，须根据本刊对于注释形式的统一规定，将各篇稿件中的各种注释改得全刊一致。

2. 统一参考文献表格式

学术期刊有须列出参考文献的要求。如前所述，参考文献表的著录方法和格式不止一种，因而加工整理时也须按照本刊选定的种类，对各篇稿件作统一处理。

3. 统一相关项目格式

作者的姓名署在其作品的开头或末尾、在标题之前或之后，均无不可；作者的工作单位或者通信地址是否要列出、以什么形式列、列在哪个位置，也都没有一定之规；这些项目采用什么样的字体、字号等，也可根据方便阅读和版面美观的原则自由选择。但是，在同一本期刊中，尤其是在同一个栏目中，却不能随意处置，编辑必须予以统一。不同的栏目可以有所变化，但不宜跳跃幅度过大。

（二）写好导引文字

期刊是连续出版物，读者群相对固定。固定的读者常常不仅关心刊物本身，而且还关注期刊出版单位的活动情况。编辑为了做好读者工作，也有必要多与读者沟通，介绍一些与所刊作品相关的情况。因此，编前语、编后记成为期刊编辑的常用文体。相对固定的读者群中，不同读者个体的阅读兴趣取向是有所差异的。为了吸引读者阅读某些作品或对作品作必要的交代，编辑有时还要撰写编者按或题前导引语。

1. 编前语和编后记

编前语也称“卷首语”，是以编辑部（或主编）的名义对本期刊物在内容或形式方面的某些相关事项向读者作出说明的文字。编后记是以编辑部的名义对本期刊物编辑过程中某些事项作介绍或说明的文字。

编前语和编后记的撰写，关键是要有感而发，有话可说，而不是虚应故事，作例行公事式的汇报，让人看了索然寡味。文字要坦诚、朴实，把该交代的事情交代清楚，不故弄玄虚，不做表面文章。

2. 编者按

编者按是以编辑部的名义就一期文稿、一组文稿或某篇文稿向读者作某些交代的文字，以有助于读者更准确、更深刻地理解文章内容。

期刊的编者按宜开门见山、一语中的，文字要短小精悍，并要注意以平等的态度对待读者，不要故作惊人之笔。

3. 题前导引语

题前导引语是一般放在文章标题前面，简要提示该文章特点的文字。

设置题前导引语的目的，是为了吸引读者关注正文内容。因此，题前导引语的写作要讲艺术、讲技巧，才能够达到预想的导引效果。

题前导引语可以设置悬念，可以引而不发，可以画龙点睛，可以激发联想，而且要讲究文采，经得起读者反复咀嚼。

（三）审改版本记录块、封面文字

图书必须设置正面和反面分别为扉页、版本记录页的主书名页，但是期刊的结构部件中没有相应的“刊名页”，所以也就没有扉页和版本记录页。期刊的相关版本数据以设在目次页或底封的“版本记录块”形式表示，并且著录内容与图书不同。此外，对期刊封面著录项目的要求也与图书不同。

期刊编辑进行加工整理时，应根据有关规范要求（参见本书第三章第三节）仔细检查版本记录块和封面的有关文字，改正错失。

第五节　审定发稿

本节所述内容，主要针对图书和期刊编辑工作，对音像制品和电子出版物的审定发稿，原则上也基本适用，但在具体做法上有所不同。

审定发稿包括两个方面的内容：先是将完成编辑加工的稿件按一定要求作整理并填写各种必备的格式文件提交审定；然后根据审定意见，或直接发往有关部门安排复制，或对稿件作相应处理并再提交审定后发往有关部门安排复制。

一、发稿的要求

稿件必须达到“齐、清、定”这一最基本的要求，才可以发稿。

所谓“齐”，是指稿件的各个组成部分齐全，没有缺漏。具体包括：正文齐全，篇、章、节以至段落等完整无缺。如有需单独制作而作为附件的图表，应该齐全并已填好说明文字，标明序号和位置，不得遗缺。应该具备的辅文齐全。应有齐全的编辑流程记录，以备查考。

所谓“清”，是指稿面要清楚。具体包括：字迹清楚，不潦草。勾画清楚，没有模糊及线条交叉的地方，改动过多或线条过多之处要抄清。稿面上用铅笔书写的文字，若已认定作为正式修改，要用色笔描清；不需保留的文字、图表等要涂红。稿件各个组成部分次序分明，表格、图片的编排位置一一注明。

所谓“定”，是指所发的稿件必须是定稿。具体包括：凡是发排的稿件，体例（包括注释的方法和格式）和章节的安排已确定，数字和标点符号的使用、翻译的人名和地名等已经统一。如果有图片，“定”意味着图片的数量、内容、图注已经确定，图号不缺也不重复，图题与图的内容相符，图中字符体例统一、名词统一、计量单位统一、代码统一。

“齐、清、定”的稿件有利于保证出版物的质量，便于物质生产单位组织正常的生产，避免延长出版周期。稿件“齐、清、定”，是检验编辑工作质量的一个重要标准。编辑人员必须养成严谨的工作作风，严格按照“齐、清、定”的要求发稿。

除此之外，还应该核查一下，需要送审备案的重大选题是否已有审核同意的批复文件、批复文件的有效期（2 年）有无过期、批复文件中的意见是否已经全部妥善处理，否则不能发稿。

二、稿件整理

稿件整理主要包括复查稿件、清稿誊抄、检点稿件、编排次序等内容。

（一）复查稿件

编辑要对稿件再次作全面检查，确认没有错改、漏改和其他技术性的差错，发现和解决稿件上可能遗留的问题。

复查稿件有两种方法：一种是普查，即联系上下文检查对稿件的加工是否正确，是否必要，有无漏改等。另一种是专项检查，即一段时间集中检查一个项目，如集中检查引文，看有没有尚未核对的，注码和引文末尾的句号位置对不对，引文出处的格式是否统一；如检查正文中各级标题的层次是否统一，目录所收录的标题与正文是否一致，等等。

（二）清稿誊抄

清稿誊抄是使稿面清楚、干净的步骤。

用纸质稿发排的，要将删除的文字用红墨水涂掉，因为红墨水涂后字迹还隐约可见，便于今后必要时查核。曾删除但后来又恢复的文字，不仅不能涂上红墨水，还应该一一标上校对符号中的“保留符号”表示恢复原样。各种勾画线条必须到位，互不交叉。

经过加工的稿件如果涂改过多、过乱，或者某些字迹过于潦草，应该重新誊抄或计算机录入，并对稿件认真核对检查，以免发生新的错误。

利用作者所交原稿电子文件发排的，应按加工整理的不同方式对电子文件作相应清稿处理。将电子文件打印出来后再在打印稿上进行加工的，要将打印稿上的改动一一反映到电子文件中；在计算机上直接对电子文件进行编辑加工的，应将留有编辑加工整理过程中各种痕迹的文件做好备份另外保存，然后利用计算机文字处理软件的功能对稿件上的所有修改之处予以确认，以保证所发出的稿件上只留有最终定稿的内容。如果不打算利用作者的原稿电子文件发稿，则只要对打印稿进行与手写稿同样的处理。

（三）检点稿件

检点稿件主要包括：整理全部稿件，逐页检查正文和辅文是否齐全，是否依次衔接，防止出现倒页、重页、跳页和缺页；检查正文、辅文的排列顺序是否正确；各类图表是否齐全，有无疏漏、模糊或残缺，图表序列及插排位置是否标示清楚。

对于加工过程中删去的整页原稿和不用的图片等，要用纸袋妥善装好，并在纸袋表面注明其中内容，另行保存，以备查或退还作者。

如果利用作者交的电子稿发稿，整理稿件时还要注意：

第一，拟发出的电子稿应确实是最后定稿的版本，特别要注意防止将加工过程中形成的与定稿大同小异、文件名也相近或相同的中间版本错作定稿发排。

第二，将已经确认的最后定稿版本的电子文件复制到可移动的存储器上后，必须把存储器上的文件打开检查一次，以防存储器有损伤而导致文件不能正常读出或者缺漏部分内容。此外，在书刊印制完成之前，要在计算机的硬盘上和另外的移动存储器中一直保留该稿件的电子文件备份，防止在印前制作过程中由于种种原因而导致发稿文件损坏，无法恢复。在书刊完成印制正式发行后，应该将该原稿电子文件随同排版文件一起作为业务档案保存。

第三，要附有一份打印稿。这样做的好处是：万一因计算机某些应用软件不兼容而出现局部乱码或者符号走样失真等意外情况，排版单位和校对部门可依据打印稿来判断正误并作出适当处理，保证书刊成品的质量。

（四）编排次序

按照顺序排列全部原稿，用号码机进行编码，并注明全稿页码总数。

对电子文件形式的稿件，应该将各个部分依次序排列后集中到一个文件中，或者给各个部分的电子文件重新命名，以文件名称显著地表明其在全稿中的次序。单独保存的图片文件，应该使用能清楚表示其先后次序的名称，最好是直接使用其图号和图题作为文件名称。

三、稿件送审和发稿

经过整理达到“齐、清、定”的稿件，必须报请审核之后才可以正式发往有关部门安排后续生产。

（一）稿件送审手续

助理编辑人员完成编辑加工整理后，应先将原稿交责任编辑审核认可。责任编辑经过审核，如果认为稿件已经达到出版要求，就可以逐级送请具备复审、终审资格的人员审定；如果认为还存在一些问题，就需要指导助理编辑作进一步的修改后再送复审、终审。

复审和终审都签名同意发稿的稿件，才可以发到总编室（或其他相应部门），由其安排进入物质生产流程。

（二）稿件送审应附的文件

图书稿件送审时，除了稿件本身外，还应该附上各种相关文件，请复审、终审人员审批。这些文件中大部分是格式文件，它们的种类、名称、具体项目和格式在各个出版单位可能有所不同，但主要内容还是大致相同的。随同稿件一起送审的各种文件，责任编辑必须签署姓名和日期；如果有助理编辑共同参加编辑工作的，助理编辑也应该一起签署。

期刊的稿件送审手续比较简单，编辑只要将整理完毕的稿件附上审稿意见和编辑加工整理记录交给主编即可。

1. 审读加工记录单

审读加工记录单的内容，主要是在审稿意见的基础上总结编辑加工整理的情况。其中需要重点说明：审稿时提出的问题是如何解决的；在加工过程中是否又发现了审稿时没有发现的新问题；如有发现，又作了怎样的加工处理；根据稿件的具体情况，编辑加工整理时还着重做了哪些方面的工作，等等。

2. 发稿单

这是编辑部门交给出版部门、发行部门的有关稿件基本情况及对整体设计、排印、发行等工作提出要求的通知单。它的项目主要包括书名、作者姓名、稿件类别、原稿字数、稿件内容和数量（原稿正文页数及出版说明、目录、前言、附录、索引、后记等辅文的页数）与各个部分的印订次序，读者对象，发行范围，出书日期，对整体设计、校对工作、看校样等的要求，其中翻译作品的书名和原著者姓名均须附原文。

发稿单是总编室据以编制各种报表和出版部门、发行部门作出相应安排的依据，填写的各项内容必须准确。

3. 图书装帧设计单

这是反映编辑对于图书外部装帧设计意见的文件。它的内容一般包括书名（如有副书名要印在封面上，须特别说明）、丛书名、作者名、字数、开本、装订样式、正文用纸种类、估计页码数、内容提要、设计具体要求等。

这是装帧设计人员据以进行设计的唯一凭证，一定要认真填写，不能填错。

对于必须在规定日期前出版的图书，该通知单可以在全部书稿尚未发稿时就提前发到技术编辑部门。在这种情况下，编辑应该留好装帧设计单的复件，并在实际发稿时进行核对，如果数据与原先的估计不同，应该及时与美术编辑配合对装帧设计方案作相应改动。

4．图书在版编目（CIP）数据申报单

这是用于向中国版本图书馆 CIP 数据中心申请核发图书在版编目数据的文件。须填报“著录数据项目”和“检索数据项目”。前者包括书名项、著作责任者项、版本项、出版项、丛书项、附注项、标准书号项，后者包括图书识别特征的检索点和内容主题的检索点。每项下又各含几个小项。该申报单由 CIP 数据中心统一规定具体样式，有关的各个项目要一一填明无误。

5．征订单

这是供发行部门了解图书内容以便做好征订工作用的文件。该单的主要内容是新书预告，其项目包括书名、丛书名、作者姓名、书号、开本、字数、内容介绍、主要读者对象、估计定价和估计出版时间等项目。征订单中的内容介绍应抓住要点，突出特色，重在翔实，切忌空洞花哨。

（三）发稿

如果复审、终审都同意发稿，并且对随附于稿件送审的各种相关文件的内容也予以批准，那么，编辑就可以正式发稿。

正式发稿前，编辑还必须对稿件和各种相关文件再检查一次，确认没有遗漏且复审、终审都已经签名批准。然后，把稿件与相关文件相应集中，排列齐整，一起移交给负责安排后续生产工作的部门——总编室（或出版单位根据自己具体情况设置的其他相应部门）。

至此，出版物的物质生产阶段才可以开始。

第六节　发稿后的编辑工作

本节所述内容，主要针对图书和期刊编辑工作，这些要求对音像制品和电子出版物的编辑工作也基本适用，但具体做法可能有所不同（详见本章第八节）。

稿件发出后，编辑工作并没有结束，在书刊印制、发行的过程中，编辑还要做好一系列工作。

一、校样处理

稿件排出校样后，编辑人员需要处理校样。

编辑处理校样的工作主要包括审读校样、处理作者在校样上的修改和解决校对在校样上提出的疑问及检查付印清样。

编辑人员审读校样，一般采取通读方式。除了检查和解决稿件排版后出现的新问题外，还要处理编辑加工整理阶段可能遗留或疏忽的问题。长期以来的出版工作实践证明，有些在原稿编辑加工过程中不易察觉的一些问题，往往在校样上会明显凸现。因此，审读校样是编辑人员的重要工作职责，与校对工作在性质、目的、把握的重点上有所不同，对校样的审读与对校样的校对相互不能取代。编辑要与校对人员密切配合，分工合作，共同把关，才能保证书刊的质量。审读校样的工作，一般由责任编辑承担，也可以由具备一定条件的助理编辑在责任编辑指导下进行。

处理作者修改和校对质疑及检查付印清样的工作，由责任编辑负责。

期刊编辑在进行作品组配时，一般是根据拟发稿件的估计字数安排版面的，因此难免发生误差，导致校样的页面或多于或少于期刊较固定的计划页面数。因此，期刊编辑必须对校样的页面余缺情况进行处理，这实际上是原稿加工整理工作的必要延续。

二、样品检查

书刊成批装订前的样书（样刊）检查是必不可少的。根据《图书质量保障体系》的规定，出版社必须“坚持图书成批装订前的样书检查制度。印装厂在每种书封面和内文印刷完毕、未成批装订前，必须先装订 10 本样书，送出版社查验”。这个规定也适用于期刊。

编辑要从总体上对样书（样刊）的质量进行审核。如发现问题，应立即向领导汇报，由出版部门通知印装厂封存待装订的印成品并进行处理；如没有问题，责任编辑、编辑室主任、出版单位领导应该分别在样书（样刊）上签字表示认可后，再由出版部门返还印装厂，表示可以开始成批装订。

样书检查应根据《图书质量管理规定》的有关标准，逐一认真核查以下项目：

第一，面封、书脊、底封、前后勒口、扉页、版权页、出版说明、前言、后记等部分出现的书名、作者名、出版单位名是否一致，有无差错。

第二，中国标准书号、书名汉语拼音、版权说明、图书在版编目数据和版本记录应记载的各个项目是否存在错误、遗漏。

第三，目录和书眉是否正确，与正文的内容是否一致。

第四，付印样上的改动是否照样改正，有无出现新的错误。

第五，全书页码是否连贯，有无错装、漏装，有无缺字，图片位置是否正确，图片内容与说明文字是否相符等。一旦发现问题，要采取一定的补救措施，如加印勘误表、重印有关书页等。

样刊检查的总体要求与图书基本相同，仅仅由于期刊本身结构组成的缘故而涉及的部件种类较少。

编辑对于印制单位送来的样书（样刊），必须认真检查。因为过了这一关后，书刊就会大批装订，很快进入商业流通领域而分散到各个地方，如果存在差错将难以挽回。

三、营销宣传

出版物营销宣传是按照出版物流通的客观规律要求，用各种方式向消费者传递出版物信息，以促进出版物销售的活动。营销宣传工作做得好，有利于吸引消费者并从而扩大销售量，取得较好的社会效益和尽可能好的经济效益。作为对出版物最为了解的编辑人员，对营销宣传工作负有重要的责任与义务。编辑一般要做好以下几项工作。

1. 提供出版物简介和出版简讯等

除了发稿时填写在征订单上的新书预告外，编辑还可以简明扼要地撰写出版物简介和出版简讯等，介绍出版物的主要内容、特点、消费者对象和适用范围，以供报纸、期刊、广播、电视、互联网和本单位的宣传发布。

2. 组织、撰写出版物评论

由于编辑在选题策划、组稿、审稿和编辑加工整理过程中对出版物的宗旨、内容、质量、特点和消费者需求均有相当深入的了解，可以据此组织或撰写较有质量的出版物评论。与出版物简介、出版简讯相比，出版物评论在介绍上更详细，在形式上更多样，可以有更广泛深入的分析与评论，为消费者提供更多的信息和指导。

3. 指导设计和发布出版物广告

醒目、扼要的出版物广告，对于消费者有相当强烈的吸引力。编辑要指导广告设计者设计出能够突出主题且有鲜明形象的出版物广告，并配以简明阐述主旨的宣传语，进行推广。

4. 提供和审核相关材料

编辑要向有关部门提供与出版物相关的资料，为他们开展工作提供方便，同时也可保证宣传中对出版物的介绍不失真。

对于各种宣传活动中所使用的涉及出版物内容和形式的材料，如果是由他人组织撰写的，编辑要进行必要的审核，防止与事实不符。

5. 参与策划营销活动

由于编辑在出版物编辑出版过程中，与作者有密切交往，对消费者需求也有深入了解，因此在营销宣传活动中，还应该充分利用作者等专家资源，与相关部门共同策划营销活动，如新书发布会、作者签售活动等。

四、收集反馈信息

出版物发行以后，编辑人员要注意收集消费者评价出版活动的信息。这种信息包括对具体出版物的评价和对出版单位形象的评价。

对具体出版物的评价主要集中在出版物的内容、文字、编辑质量、编辑水平和社会效益等方面，也有对出版物的装帧设计形式及其所用材料、工艺、定价等表示意见的。表现的形式有消费者来信、消费者来访、出版物评论等。

对出版单位形象的评价，主要包括出版主管部门、学术团体和出版界权威人士等对出版单位在出版方向、出版物品种与数量、出版周期、社会效益、发行等方面状况所作的分析和评价。消费者购买活动中的选择趋向，也从一个侧面反映出他们对出版单位的评价。

这两类评价是彼此影响，互有关联的。认真收集信息，加以分析，作出正确的应对，在宏观上有利于出版单位对出版物生产的结构、时间作调整，改进各项工作；在微观上有利于出版物如图书在重印、再版时改正缺点错误，进一步提高质量，并且有利于策划出新的相关选题。

第七节　图书重印与再版

图书出版后，如果其数量没能满足市场的需求，出版单位往往通过图书的重印来增加图书的供应量。过一段时间后，如果市场仍有较大需求，而图书的内容又有必要根据客观情况的发展、变化，与时俱进地进行较多修改，就可以考虑图书的再版。

重印和再版都是对同一本书的再次印制，但两者是有区别的。

一、重印

重印是图书第一次印刷后，没有改动或改动甚少的再次（或多次）印制。由于对已排版面不作改动或仅作少量改动，重印的出书速度快、生产成本低。

（一）重印的意义

图书的重印是出版单位很重要的一项工作，其意义可以从下列几个方面来认识。

1. 及时满足社会的需要

具有良好社会效益的图书常常是长销书，社会对它们的需要通常是比较均衡的。重印正好适应这一特点。当先前印制的图书快销售完时，重印的图书即可补充，满足社会的需要。

2. 符合最佳经济效益原则

图书分批重印，出版单位在资金、人力和仓储空间等方面可分批投入，避免流动资金、仓储资源被某一种图书占用过多，从而有利于出版单位的经营管理运作顺利。此外，图书若一次印制很多，可能因不能及时销出而搁置时间过长，难免发黄变旧而不能引发消费者的购买欲，本来的长销书、畅销书反而会滞销。分批重印则能够保证上市的图书一直以良好的“品相”出现在消费者面前，有利于不断扩大销售，从而既保证社会效益的长久发挥，同时也给出版单位带来源源不断的经济效益。

3. 可以不断提高图书质量

一般地说，经过严格把关而出版的图书，其质量是有保证的，但是，也难免还会有个别的错讹没能发现和改正。对这些漏网的错误，重印时可以及时改正，从而不断提高图书的质量。

（二）重印的操作

出版单位根据市场状况决定重印某种图书后，编辑要对拟重印的图书进行审核。这种审核除了通读全书外，还要合理吸收作者和消费者的意见。根据审核的结果，编辑应该明确说明原书是否存在必须修改的地方。如有修改，要一一说明并提供改正的样本，经过复审者、终审者核准后，由出版部门安排进行相应修改。如果编辑的审读意见与作者的修改意见不一致，编辑应该说明取舍的情况和理由，提交复审者和终审者决定是否进行修改和如何修改。

由于重印时对已排版面不宜作大量改动，所以原书中必须改动的仅仅是错误之处。不够完善、不够美满的地方，一般不宜改动。如果发现原书中必须改动的地方很多（超过全书页面的三分之一），那么，即使市场上对该图书仍然有相当大的需求量，也不宜重印，但是可以考虑修订后再版。

图书重印时，开本、书号、版式均不变，但封面、扉页可以重新设计；中国标准书号条码一般也不变，但若定价有调整，则必须在原来的条码后加上附加码（整个条码需重新申请制作）。

重印书应在版本记录中标明印次（即印刷的次数），每重印一次记录一次，逐次累计。如初版图书第一次重印，标“第1版第2次印刷”，第二次重印标“第1版第3次印刷”，依此类推。重印书的印数也是从初版第一次印刷起逐次累计，如某书初版第一次印5 000册，版本记录中应标“印数1—5 000”，第一次重印印了8 000册，应标“印数5 001—13 000”，第二次重印印了6 000册，则标“印数13 001—19 000”，依此类推。

二、再版

再版是对原书作较大修改后重新排版印制。

需要说明的是，再版仅指同一个出版单位的出版行为。如果某种图书原由甲出版社出版，后来改为由乙出版社出版，它就不是再版书，而是乙出版社的初版书。

（一）再版的意义

图书再版对出版单位和社会都具有重要意义。

1. 再版是文化积累的重要方式

图书可把社会的文化精华固定记录在一定的物质载体上，使之代代相传。通过再版，图书能够补充记录随着社会发展而新产生的文化精华，使之积淀存储，从而为社会文化的发展提供新的基础性积累。

2. 再版是图书更新的重要途径

随着时间的推移，社会的经济、政治、科技、文化等都有发展，先前出版的图书中便难免有一些内容或者数据变得过时老化，图书的质量也随之降低。因此，图书也要像工农业的一般物质产品一样，及时更新换代。再版就能使图书与时俱进地反映社会各方面的新情况、新发展，改善图书质量，以适应社会的新需求。

3. 再版可提升图书的使用价值

图书经过精益求精的修订，可以吸纳最新的科学研究和艺术创造成果，更新、充实、深化内容，增加知识信息的“含金量”，从而提升图书的使用价值。

4. 再版能使出版资源得到深度开发

对一个出版单位来说，有价值的图书是创造新的效益、扩大社会影响的重要资源。再版是对这项资源的深度开发，可以使老书焕发青春、长销不衰，产生更大的社会效益和经济效益。

5. 再版能打造图书的品牌

能够长销不衰的图书，往往已经形成一种品牌。品牌书生命力极强，几十年甚至几百年延续不绝，而这正是通过图书的不断再版来实现的。只有一次又一次再版，图书才能代代相传，品牌的实力也就一而再、再而三地增强。因此，凡能修订再版的图书，出版者都应予以充分重视，创造条件保证顺利再版，从而打造出新的品牌。

（二）再版的操作

再版虽以原书为基础但要进行较大的修改，有时甚至是脱胎换骨的改造，所以操作时完全按照生产新品种的程序进行。

再版图书的封面装帧、开本、版式等都可以重新设计，但书名不变，而为了方便消费者辨识，可附标“修订本”“增订本”等字样，或者标“第 2 版”“第 3 版”等。

再版的图书，不可再用原书号，必须改用新的书号。

版本记录中的版次（即出版次数）项对第一次再版标“第 2 版”，第二次再版标“第 3 版”，依此类推。

再版的图书照原样再印或略作小的改动再印，称为再版书的重印。再版书重印的印次和印数，都是从初版的第一次印刷起累计。如某书初版重印过三次（即加上第一次印刷共印了四次），共印了 30 000 册，第二版的第一次印刷印了 6 000 册，就应标“第 2 版第 5 次印刷”“印数 30 001—36 000”，其第一次重印印了 7 000 册，则标“第 2 版第 6 次印刷”“印数 36 001—43 000”，依此类推。

第八节 音像制品和电子出版物的编辑工作概述

图书、期刊、报纸虽然也有以磁、光、电介质为载体的，但大多是以纸张为载体并以印刷方式复制的，所以一般将它们称为“印刷型出版物”（或“纸介质出版物”“纸质出版物”）。在出版工作中，大家还会遇到一些非印刷型出版物。非印刷型出版物是指只以磁、光、电介质为记录载体的出版物，包括音像制品和电子出版物。它们的编辑工作与图书、期刊的编辑工作在总体原则基本相同的同时，在具体工作内容、操作方法等方面也存在一些差别。

一、音像制品的编辑工作

音像制品是指录有内容的录音带、激光唱盘（CD）、高密度激光唱盘（DVD-A）、录像带、激光视盘（VCD）和高密度激光视盘（DVD-V）等。

音像制品的精神属性和物质属性决定了它和图书的生产流程有着许多的共同点，但由于音像制品本身的许多内在特质，音像制品的编辑工作又有区别于纸介质出版物编辑工作的一些特点。

（一）音像制品编辑工作的基本流程

音像制品的编辑工作流程包括这样几个环节：信息采集→

选题策划→组织脚本作者→审核脚本→组织导演、演员→节目录制→节目编辑合成→审查评改节目母版→发稿→复制→审查样品→宣传→收集反馈信息。

与图书、期刊的编辑工作相比，音像制品编辑工作中从“组织脚本作者”到“审查评改节目母版”的几个环节，是其特有的，而在其他环节上，具体工作内容稍有不同。

（二）音像制品编辑工作的基本特点

音像制品的内容表现形式是“音”和“像”，与图书、期刊主要用“文”与“图”来表现，区别很大。因此，音像制品的编辑工作也就具有一些与书刊编辑工作不同的特点。

第一，注重声像优化。所谓“声像优化”，是指在音像制品的制作工作中要使解说、配乐和画面编排的结合达到最佳状态，以形成相互补充、相得益彰的音像效果。这是音像制品编辑工作区别于纸介质出版物编辑工作的最重要特点。因此，要求音像制品编辑应具备一定的影视制作理论和实践经验。

第二，选题策划涉及较多方面。音像制品编辑工作中的选题策划，主要是对音像节目的策划。同时还要充分考虑电、光、磁介质载体的特殊之处和加工制作技术的特点，进行综合设计。

第三，组稿工作涉及面较广。音像制品编辑为落实一个选题所需组织的作者往往不止一名，而需要选择各种专门人才：脚本作者不仅要有较高的文学艺术修养和较宽的知识面，还要具备一定的声音和图像方面的知识，熟悉音像制品的编辑制作流程，了解音像制品生产过程中一些工艺的技术性要求；导演和表演人员具备适合脚本特点的优势，能够充分理解、把握作品的内涵，以恰到好处的艺术才能准确展现作品主旨。

在组稿和作者创作过程中，音像制品编辑不仅要关注作者创作的内容是否适合用某种特定方式进行制作，还要关注作者创作中的技术问题。编辑需要时刻注意控制作品的容量，提请脚本作者按选题设计的要求和时间长度来撰写。

第四，用多种方式多次审查评改节目。对音像节目进行审查评改是音像制品编辑工作的重要内容。在音像节目的审查评改中，首先要对文字脚本进行审查评改，然后要对基本完成制作的母版文件（母带或母盘）进行审查评改，最后还需要对音像制品成品中的音像节目进行测试性审查。对文字脚本的审查，主要采用阅读方式。对于母版文件（母带或母盘）及样品的审查，审查录音节目主要靠听，审查录像节目需要又看又听，眼耳并用。

第五，参与拍摄、录制、制作过程。音像节目的拍摄、录制主要由导演、录音师、摄像师、监听等负责，但音像制品编辑也必须参与其中，并全力做好相关现场服务、资料整理和节目内容把关工作。音像制品编辑还要参与节目制作后期的音像素材编辑制作、合成工作，进行试听、试看、校对等，以便及早发现问题，及时采取补救措施。

音像制品的审定发稿，基本要求与书刊相同，只是用于发稿的是内容和表现形式都已经定型的母版文件（母带或母盘），可直接供复制单位据以制作供批量复制。此外，发稿时需填报的各种具体文件也有所不同。

对复制单位生产出的音像制品成品，音像制品编辑也要抽取样品在相应的视听设备上进行测试性审查，以检查音像节目的实际使用效果，防止复制过程中由于种种原因而可能给音像节目带来的瑕疵出现在音像制品成品中。

二、电子出版物的编辑工作

电子出版物是指以数字代码方式，将有知识性、思想性内容的信息编辑加工后存储在固定物理形态的磁、光、电等介质上，通过电子阅读、显示、播放设备读取使用的大众传播媒体，包括只读光盘（CD-ROM、DVD-ROM 等）、一次写入光盘（CD-R、DVD-R 等）、可擦写光盘（CD-RW、DVD-RW 等）、集成电路卡、手持电子书阅读器等。

（一）电子出版物编辑工作基本流程

电子出版物包括非连续型电子出版物与连续型电子出版物，其编辑工作流程基本上是相同的。

电子出版物的编辑工作流程包括这样几个环节：信息采集→选题策划→编写脚本→准备素材→设计界面→编辑集成→检测质量→审核发稿→样品检查→宣传→收集反馈信息。

与图书、期刊的编辑工作相比，电子出版物编辑工作中从“编写脚本”到“检测质量”的几个环节，是其特有的，而在其他环节上，具体工作内容稍有不同。

（二）电子出版物编辑工作的基本特点

电子出版物对内容的表现，可以使用文字、图形、图像、视频、音频和动画等多种媒体形式，相对于图书、期刊主要用“文”与“图”来表现，区别很大。因此，电子出版物的编辑工作有不少与书刊编辑工作不同的特点。

第一，选题策划需考虑较多因素。策划电子出版物的选题时，既要构拟出版物的基本框架结构，合理地调动可以利用的多种资源，用各种媒体方式有效地表现出版物的内容，又要考虑到制作者的软、硬件设备条件与人力资源和财力资源，并兼顾计算机硬件升级的趋势和大多数用户的计算机运行环境，还要考虑如何运用技术手段保护电子出版物的著作权。此外，载体形式对选题也有影响。应考虑载体的额定容量对选题内容信息量的限制，根据内容的容量，选择适用的载体。

第二，充分重视脚本设计。脚本是对电子出版物框架结构设计的具体化，要能表达项目的主题和内容，并规划表现内容的方式。所以，编辑人员对脚本要充分重视，除了注意模块和层次的结构设计外，还应仔细考虑多媒体表现、交互性、超链接、功能设计、数据统计等方面。

第三，先行准备各种素材。电子出版物中需要使用的文字、图形、图像、视频、音频和动画等素材，要按照脚本要求先行收集，并根据三审制的要求仔细审核。审查合格的素材，需要按照脚本的要求进行相应的技术加工处理。

在利用已有纸介质图书或期刊制作电子出版物时，文字素材的准备有三种途径，一是利用计算机排版文件，二是光电扫描，三是重新输入；图片素材的准备有两种途径，一是利用印刷版的电子分色图片文件，二是重新扫描。

第四，充分重视界面设计。界面对于电子出版物是十分重要的。通过界面上背景图像、文字、选单（习称“菜单”）和图标等组成的元素，消费者才能查询信息、实现多媒体的播放。界面设计在总体上要把握风格与选题内容一致、元素成套化、模块层次系列化和体现界面友好性几个原则。在编辑集成后，界面的表面形式可以有少量修改，但是难以再作结构上的调整，所以界面设计要经过多方面的审核和修正后才予以确定。

第五，关注编辑集成。素材加工和界面设计完成以后，由技术编辑负责进行编辑集成（也称合成）。这项工作主要是创建模块和各模块中的层次结构，然后将素材放入相应的结构中，再根据框架结构和设计要求，创建播放、检索、标注、超链接、打印等功能。在这过程中，编辑要与技术编辑经常沟通，商量、解决结构设计、素材加工和界面设计方面可能存在的问题。

第六，从多个方面进行质量检测。编辑对完成了编辑集成的电子出版物半成品，除了检查文字、图片、声音、动画、影视是否正确外，还要根据电子出版物的特点进行其他方面的检测：一是检测交互性，如产品对鼠标动作、用户操作的反应是否符合预定的设计目标；二是检测各种功能，如超链接、文字检索、书签安放、标注、阅读过程跟踪、打印等功能可否实现，容错功能是否完善等；三是检测数据库，如数据的调用和存储是否准确、顺利；四是测试运行环境，要根据当前用户常用计算机的硬件、软件配置，配备多台计算机进行。

完成质量检测后，还要进行一次彻底的计算机病毒查杀，防止将病毒带给用户。此外，在批量复制前，还要进行用户测试。

电子出版物的审定发稿，基本要求与书刊相同，只是用于发稿的是内容和表现形式都已经进行全面检测而确定并存储的完整资料（可采用刻盘、服务器存储或云存储），可直接供复制单位据以制作供批量复制的母版。此外，发稿时需填报的各种具体文件有所不同。

对复制单位生产出的电子出版物成品，编辑也要抽取样品进行测试性审查，以检查电子出版物的实际使用效果，防止复制过程中由于种种原因而可能造成的瑕疵出现在成品中。

思考与练习

1. 信息采集具有哪些作用？编辑需要采集哪些方面的信息？
2. 信息采集的方法有哪几种？
3. 什么是选题？什么是选题策划？
4. 选题策划的作用是什么？有哪些要求？包括哪些基本内容？
5. 期刊选题策划有别于图书选题策划的特殊之处是什么？
6. 组稿有哪几种方式？包括哪些基本步骤？
7. 出版单位的稿件有哪几种来源？
8. 审稿的主要作用是什么？
9. 我国实行的三级审稿责任制度，有哪些基本要求？
10. 对稿件的内容质量有哪些基本要求？对稿件的形式质量应该从哪些方面进行评价？审稿中有什么特别要求？
11. 对审稿人员审稿工作的具体要求有哪些？
12. 期刊的审稿有哪些特殊要求？
13. 审稿的最基本方法有哪些？审读稿件如何进行？
14. 对稿件质量评价采用什么方法？
15. 审稿结论有哪几种？相应的审稿意见应如何体现？
16. 编辑加工整理有哪些作用？应该遵循哪些原则？
17. 编辑加工整理包括哪些步骤？采用什么方法？

18．图书正文的编辑加工整理包括哪几方面内容？各有什么要求？

19．图书辅文的编辑加工整理包括哪几方面内容？各有什么要求？

20．图书稿件的技术加工整理包括哪几方面内容？各有什么要求？

21．期刊的编辑加工整理有哪些特殊要求？

22．稿件应该达到什么样的基本要求才可以发稿？

23．发稿时需要对稿件从哪些方面进行整理？它们各有哪些要求？应该怎样实施？

24．审定发稿包括哪些基本步骤？

25．图书稿件发稿时需要随附哪些文件？

26．编辑人员处理校样应该做好哪些工作？

27．样书（刊）的检查项目有哪些？

28．编辑为出版物营销宣传应做哪些工作？

29．什么是图书重印？

30．什么是图书再版？

31．音像制品的编辑工作主要包括哪些内容？有什么特点？

32．电子出版物的编辑工作主要包括哪些内容？有什么特点？

第 三 章

书刊整体设计

重点提示：书刊整体设计的概念、内容、总体要求和基本原则。书刊外表的主要部位，书刊的基本组成成分，书刊开本、书刊用纸和装订样式。图书的必备结构部件和可选择结构部件，期刊的必备结构部件和可选择结构部件。书刊版式设计的基本要求，书刊的版面结构和版面类型。书刊版心大小与位置，构成版心的成分。书刊正文主体文字、标题、页码、书眉的排式设计，版式批注的方法。

第一节　书刊整体设计概述

书刊的整体设计主要对构成作品的文字、符号、图形、图像、表格等要素进行编排设计，使作品内容具备清晰并富有层次的表现形式，同时选择合适的纸张、装帧材料和印制工艺，使书刊能够具备美观、实用的外部形态。整体设计的效果，最终要通过一定的印制工艺来实现。

一、书刊整体设计的概念

书刊整体设计是指根据书刊的特点，从功能、艺术、工艺的角度，选择载体、呈现内容的创造性劳动。

书刊整体设计首先是一种功能性设计，通过设计手段实现文本内容和结构层次的可视性和易读性。

书刊整体设计又是一种艺术性设计，因为它主要运用艺术造型手法把构成书刊的各种要素组合成既与书刊的内容、性质相匹配，又能体现出版单位风格和特色的设计方案。

书刊整体设计还是一种工艺性设计，因为其中所要求采用的物质材料、制作加工方法和运用的图文表现形式等，都既要适合读者的实用需求，又要适应现有的书刊印制技术。

书刊整体设计的主要目的，是使书刊具有合适的物质表现形式，从而呈现最佳视觉效果，方便读者阅读理解书刊内容。优秀的整体设计，不但能保证准确展现书刊内容，而且能增加书刊吸引读者的艺术魅力并保护书刊长期流传。

二、书刊整体设计的内容

书刊整体设计，包括外部装帧设计和内文版式设计。

外部装帧设计包含书刊的形态设计、美术设计和表面整饰设计。其中，形态设计包括书刊开本的选择与书刊结构、装订样式的确定；美术设计以准确反映作品内涵为前提，包括对封面、护封、环衬、衬页、扉页、插页等书刊结构部件从审美角度进行艺术形式设计；表面整饰设计包括纸张、装帧材料的选用和相应表面整饰工艺方案的选择。

内文版式设计包括版心尺寸规格的确定、文字规格的选择及其排式设计、图片和表格在版面上的编排等。

三、书刊整体设计的总体要求

书刊整体设计在总体上必须符合整体性、艺术性、实用性和经济性这四项要求。这些要求主要靠美术编辑和技术编辑人员富有创造性的劳动才能充分体现出来。

（一）整体性

书刊整体设计必须与书刊出版过程中的其他环节紧密配合、协调一致，更要在工艺选择、技术要求和艺术构思等方面体现出这种配合与协调。如在对材料、工艺、技术等作选择时，必须体现配套、互补、协调的原则；在艺术构思时，必须体现书刊形式与内容的统一、审美价值和使用价值的统一、设计创意艺术化与书刊主题内涵抽象化的统一，等等。

（二）艺术性

书刊整体设计应具有独特的审美价值，不仅要充分体现艺术特点和独特创意，而且要具有一定的艺术风格。这种风格，既要体现书刊的性质、内容特点和与目标读者相对应，也要体现一定的时代特色和民族特色。

（三）实用性

书刊整体设计必须充分考虑目标读者使用的便利性，通过艺术设计提升实用功能，方便读者阅读，有利于读者理解书刊内容。

（四）经济性

书刊整体设计不仅要考虑书刊阅读和鉴赏的实际效果，而且要兼顾成本投入的产出效益：一是考虑成本投入与可产生的设计效果的关系；二是考虑设计方案导致的成本支出对书刊定价与读者的承受能力、购买心理的影响。

四、书刊整体设计的基本原则

为了达到上述总体要求，书刊整体设计需要坚持以下基本原则。

（一）形式与内容统一

整体设计应该与书刊的内容相结合，使美观、实用、经济的形式设计与高质量的内容相映生辉。书刊整体设计不能置书刊的内容于不顾，单纯地为设计而设计。

整体设计也不能简单地图解内容，而要依据内容以艺术形式和设计语言表达书刊的性质、特点和精神内核。书刊的内容丰富多彩，设计者只有抓住本质才能深刻反映其内容，起到“画龙点睛”的作用。

（二）共性与个性协调

共性是指各项具体设计必须服从和服务于整体的设计方

案，面封、底封、书脊、护封、腰封、函套、环衬、衬页、书名页等版式的设计风格要保持一致。

个性是指要在整体的设计思想指导下，从实际出发体现各项具体设计自身的特色。整体设计不等于整齐划一。各项具体设计的多样化，可以丰富整体的美。

强调共性与个性相结合，才能使整体设计真正达到和谐、协调。

（三）艺术性与实用性结合

书刊整体设计的艺术性和实用性总是紧密相连的，既要充分体现艺术特点和独特创意，也要尽量使书刊从内文到外部装帧都方便读者的实际使用。艺术性与实用性有机结合，整体设计才能相得益彰。

（四）继承与创新结合

我国是一个具有悠久文化传统的国家，古代的书籍设计艺术达到很高水平，积累了丰富的经验，留下了宝贵的遗产，需要我们继承和发扬光大。国外的书刊整体设计中，也有许多值得借鉴的地方。现代技术为设计者提供了充分展现智慧和想象力的条件。因此，整体设计必须在继承发扬民族文化传统的基础上努力创新，保持旺盛的生命力。

第二节　书刊的形态

图书是出现得最早的出版物，而期刊作为一类独立的传播媒体，也已经有三百多年的历史。它们至今仍然在出版物市场上居于重要地位。与其他类型的出版物相比，这两类出版物在形态、结构和承载精神文化内容的方式方面，具有比较明显而稳定的特点，并且两者之间的共性远远多于差别。因此，本章的介绍一般是将图书与期刊综合在一起，而对于两者相异的地方，将专门说明。

所谓“书刊的形态”，是指图书和期刊表现出的外部形状，主要包括开本和装订样式等。对于出版专业初级技术人员来说，熟知图书和期刊的形态，既可以帮助大家在日常的业务交流中相互准确沟通，又可以为出版工作实践中的积极创新和发展打下基础。

我国出版界描述书刊形态时的一些比较固定的专门用语，如“书芯”“书口”“书顶”“书根”“书页”等，虽然从字面上看只提及“书”，实际上也涵盖期刊。

一、书刊外表的主要部位

除了散装的图片外，平常我们所看到的图书或期刊大多是装订成册的，呈立方体形状，具有一定的高度、宽度和厚度。由这三个维度分别两两结合所构成的六个面，就形成了书刊外表的主要部位。出版业中指称这些部位的行业专门用语有“面封”“底封”“书脊”“书口”“书顶”“书根”（见图 3-1）。

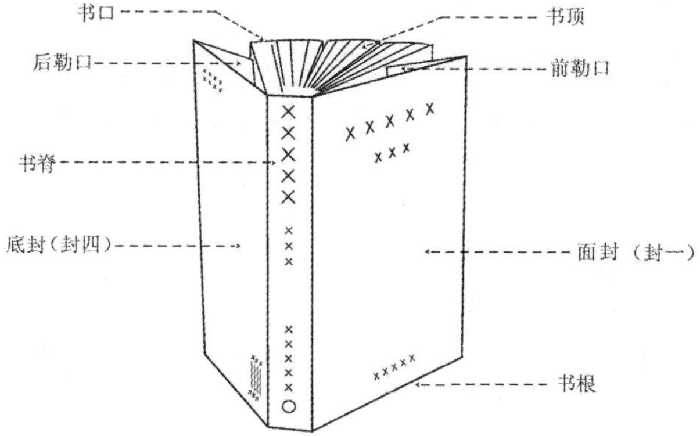

图 3-1　书刊外表各主要部位

面封又称“前封面”或“封一”，位于书刊的最前面。

底封又称“底封面”或“封四”，位于书刊的最后面，与面封相对应。

书脊位于书刊的书页订合处，连接面封与底封。

书口又称“外切口”。它是书刊内文书页的一侧边缘。书口与书脊相对应，这里的各页书页完全裁切开来，书刊可以在书口处自由打开。

书顶又称“上切口”或“书首”。它位于书刊的最上端，其主体部分也是书刊内文书页的一侧边缘。

书根又称“下切口”，位于书刊的最下端，与书顶相对应。

二、左翻本与右翻本

由于内文的文字排列方向不同，书刊有左翻本和右翻本两种形态。

左翻本的书脊在左，书口在右，阅读时向左翻开；右翻本则相反，书脊在右，书口在左，阅读时向右翻开（见图 3-2）。

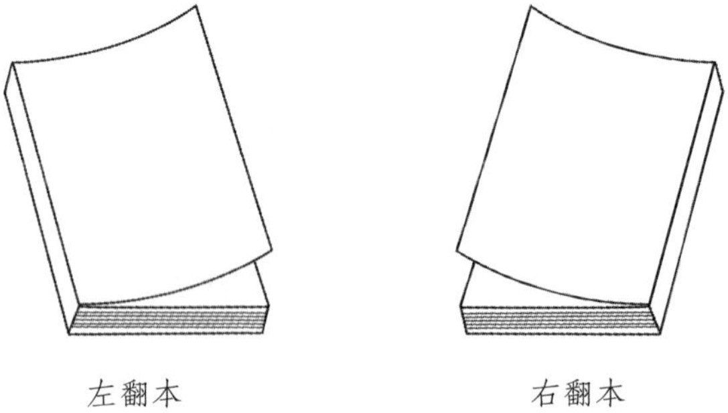

图 3-2　左翻本和右翻本

左翻本适用于字行顺序依次从上至下、文字从左向右阅读的横排书刊（如大部分汉文书刊和英文、俄文等书刊），或者字行顺序从左向右、文字从上至下阅读的竖排书刊（如蒙古文、满文、锡伯文等书刊）。左翻本翻开后，位于右侧的都是书页的单码面（即单数页码面），位于左侧的都是双码面（即双数页码面）。

右翻本适用于字行顺序从右向左、文字从上至下阅读的竖排书刊（如部分汉文书刊、日文书刊），或者字行顺序从上至下、文字从右向左阅读的横排书刊（如阿拉伯文、维吾尔文、哈萨克文、柯尔克孜文等书刊）。右翻本翻开后，位于左侧的都是书页的单码面，位于右侧的都是双码面。

为方便读者理解，本书均立足于左翻本的横排版面来介绍书刊版式设计的内容。如果涉及右翻本或竖排版面，则将专门说明。

三、书刊的基本组成成分

从宏观上看，书刊主要由书芯和外部装帧物组成。书芯是书刊的主体，承载着精神文化内容。外部装帧物主要起保护书芯、标示书刊基本属性和美化书刊外观等作用。

（一）书芯

书芯是书刊的内在部分，包含内文全部书页。

1. 书页

书页是有一定幅面尺寸、通常印有图文的单张纸页。一定数量的书页汇集在一起并固定后，就形成一册图书或者期刊的书芯。

按照组合方式，书页可以分成两类——集合型书页与单页型书页。

（1）集合型书页

一张一定尺寸规格的纸张经正反两面印刷，并按顺序折叠成的一叠书页称为“书帖”。以书帖形式存在于书刊中的书页，可以称为“集合型书页”。一帖集合型书页的质地必然一模一样。

若干书帖组合并固定后，就可构成书芯。但是按具体整体设计方案的不同，有时书芯中除若干书帖外还包括一些单页型书页。

（2）单页型书页

单页型书页的特点是以单独一张纸的形式存在于书刊中，其质地与前后书页都不相同。如正文前的衬页、黑白印刷的正文中穿插的彩色书页或黑白插页。虽然书刊中有时会使用不止一张的单页型书页，但是这若干张书页只是有可能并列在一起，并不构成集合型书页。

从在书刊中所起的作用来看，书芯中的某些单页型书页（如单独印制的书名页或其他插页等），往往形成相对独立的结构部件。对这些结构部件，本章第三节将作较详细的介绍。

2. 面、页和页码

在出版行业中，“面”是指 1 张纸的 1 个表面，所以 1 张书页就有 2 面。

社会上一般使用的“页”这个词具有多义性。有时指 1 张书页，有时指 1 面书页。这与我国书籍发展演变的过程有关。古代的书籍一般用较薄的纸张单面印刷，1 页纸只印刷 1 面，再对折成一定大小后装订，给书页编的顺序号也因此而称为“页码”——为“页”编的序数“码”。后来书籍发展到用较厚的纸张双面印刷，但“页码”这个名称却一直沿用下来了，即给每面书页编的序码仍然称为“页码”。于是，人们就习惯地将编有 1 个页码的 1 面书页也称为 1 页。如说某书有 160 页，是表示该书有 160 个页码，也就是有 160 面，但实际上只有 80 张书页。

“页”的多义性导致它所表示的意义不够明确，所以在现代出版业的行业用语中，“页”专门用于指称书页的张数，“3 页”就是“3 张”；而对一张纸的正反两面，都专门用“面”指称。

为避免歧义，在专业性的出版业务交流中应该尽量使用“面”来表示书页的数量。譬如，设计书刊封面时，设计者需要根据书芯的用纸定量和书页数量来计算确定书脊的宽度。这时，宜用多少面来表示书页数量，这样不易算错。

（二）外部装帧物

书刊的外部装帧物主要是封面，这是所有书刊都必不可少的。除此之外，有些图书还有护封、腰封、函套等外部装帧物。这些外部装帧物基本上都属于相对独立的书刊结构部件。对这些结构部件，本章第三节将作较详细的介绍。

四、书刊开本

设计或者描述书刊外部形态时，经常会涉及一个十分重要的概念——“开本”。

（一）开本的含义

“开本”是出版业中专门用以表示书刊幅面大小的专业用语，指用全张印刷纸开切的若干等份。开本的大小以“开数”来区分。

“全张印刷纸”常简称“全张纸”，是指造纸企业按一定长度和宽度生产的印刷用平板纸成品（卷筒纸因仅宽度有一定尺寸而不包括在内）。

“开切”，是指将纸张用刀具均匀地分切开，其中每一份纸页（边角残料除外）的尺寸大小是相等的。

“开数”就是全张纸开切的份数。

需要说明的是，对于非装订成册的单页型纸质出版物，经常也用“开张”来表示它们的幅面大小，以适应它们不成其为“本”的特点。

（二）全张纸尺寸规格与开数

从对“开本”的解释中，不难看出其中涉及两个因素——全张纸的尺寸规格和开数。开本的尺寸大小，正是由这两个因素决定的。

1. 全张纸尺寸规格

全张纸的尺寸规格以其长、宽尺寸表示。目前我国生产的全张纸，仍较多采用传统尺寸规格，其中最常见的尺寸规格是 787 毫米 ×1 092 毫米、890 毫米 ×1 240 毫米和 1000 毫米 ×1 400 毫米，也可见到 787 毫米 ×960 毫米等多种尺寸规格。

国家标准《图书和杂志开本及其幅面尺寸》（GB/T 788—1999），收录两个系列的全张纸尺寸规格。A 系列包括两种尺寸规格，一种为 890 毫米 ×1 240 毫米，另一种是 900 毫米 × 1 280 毫米，后者主要适用于与前者作封面配套。B 系列只有 1 000 毫米 ×1 400 毫米一种尺寸规格。

2. 开数

开数常用于区分不同的开本。如一张全张纸开切成相同的 16 张纸页，纸页的开数就是 16 开，相应的书刊幅面便是 16 开本；一张全张纸开切成相同的 32 张纸页，纸页的开数就是 32 开，相应的书刊幅面便是 32 开本。由此可见，开数的绝对值越大，开本的幅面就越小。

一张全张纸可采用不同的方法开切成不同份数的纸页，于是便相应地有各种开数的开本。

（三）同开数开本的幅面大小差异

开数相同的开本，它们的幅面大小也不一定都相同，其原因就在于全张纸的尺寸规格是不一致的。以最常见的 32 开本为例，若用 787 毫米 ×960 毫米规格的纸张开切，书刊的成品尺寸为 113 毫米 ×184 毫米，一般称作长 32 开；若用 787 毫米 ×1 092 毫米规格的纸张开切，书刊的成品尺寸为 130 毫米 ×184 毫米，一般称作正 32 开或 32 开；若用 850 毫米 ×1 168 毫米规格的纸张开切，书刊的成品尺寸为 140 毫米 ×203 毫米，一般称作大 32 开；若用 890 毫米 ×1 240 毫米规格的纸张开切，则书刊的成品尺寸为 148 毫米 ×210 毫米，即国家标准中的 A5。

（四）裁切余量

仔细分析上面所举关于同开数开本幅面大小存在差异的例子，可以发现其中似乎存在书刊成品尺寸“变小”的问题：787 毫米 ×1 092 毫米规格的纸张均匀切分成 32 份，每份的尺寸应该是长为 787 毫米 ÷4 ＝ 196.75 毫米、宽为 1 092 毫米 ÷8 ＝ 136.5 毫米（通常不按另外一种方式开切成 273 毫米 ×98.375 毫米的狭长形），而上例中的书刊成品尺寸却分别是 184 毫米和 130 毫米，显然变小了。其他几种尺寸规格全张纸的开切也存在类似现象。

实际上，这种“变小”是因为全张纸印刷前要裁去毛边，印刷时要留出足以让印刷机能抓住纸张的纸边（习称“叼口”）；而印刷完毕的纸张装订成册后，还要切去上切口、下切口和外切口三条纸边。这些为适合印刷、装订工艺的技术要求而不得不舍弃的纸边，就是“裁切余量”。

对于各种开本的书刊成品尺寸，出版行业一般有较统一的尺寸规格。如国家标准《图书和杂志开本及其幅面尺寸》除了按国家标准规定全张纸的尺寸规格外，同时也标明了书刊成品的尺寸（见表 3-1）。这些成品尺寸是已经扣除了纸张裁切余量的。但是，在出版工作实践中，专业技术人员还时常需要自行根据所选用书刊封面纸的品种和尺寸规格，测算用纸量。这时，就必须充分考虑到应该留出一定的纸张裁切余量。

表 3-1　国家标准开本及其幅面尺寸　　（毫米）

系列	未裁切单张纸尺寸	已裁切成开本	
		代号	成品尺寸（允差 ±1 毫米）
A	890×1 240M	A4	210×297
	890M×1 240	A5	148×210
	890×1 240M	A6	105×144
	900×1 280M	A4	210×297
	900M×1 280	A5	148×210
	900×1 280M	A6	105×144
B	1 000M×1 400	B5	169×239
	1 000×1 400M	B6	119×165
	1 000M×1 400	B7	82×115

注：① 表中的 A、B 表示开本尺寸系列的代号。

② A 和 B 代号后面的数字，表示将全张纸对折长边裁切的次数。如，A4 表示将全张纸对折长边 4 次裁切为 16 开；A5 表示将全张纸对折长边 5 次裁切为 32 开。

③ 表中未裁切单张纸尺寸后面的 M，表示纸张的丝绺方向与该尺寸边平行。

（五）表示开本的方式

我国出版业对于如何表示开本有一些约定俗成的方式。

1. 简略表达方式

对开本大小的简略表达方式，是只讲开数而不涉及其他，如 8 开、16 开、32 开、64 开等。有时为了较确切起见，在开数前再加上“长”“大”“特大”等词，如长 32 开、大 32 开等。简略表达式多用于一般性交流。

2. 详尽表达方式

由于同开数开本的幅面大小可能存在差异，在需要精确地表达开本大小时，应该采用开本的详尽表达方式。它与简略表达方式的区别，主要是先讲清全张纸的尺寸规格，再以分数表示开数。如图书版本记录中对开本的标示，一般就要采用类似“开本 787 毫米 ×1092 毫米 1/16”的方式。

3. 国家标准开本的表达方式

前两种表达方式一般适用于传统开本，而对于国家标准开本的表达，由于每种开本代号所代表的开数和书刊成品尺寸是确定不变的，所以就可以简单地以代号来表示相应的开本，如“A4”“B5”等。

（六）开本的种类

对于形式众多的开本，一般可以从三种角度进行分类。

1. 按开切法分类

开本的种类与纸张开切方法密切相关。按纸张开切方法的不同，开本可以分成常规开本和特殊开本两大类。

（1）常规开本

常规开本是采用“几何级开切法”开切而成的，即将全张纸规整地反复按“二等分”原则开切（见图 3-3）。常规开本的显著特点是开数变化呈几何级数，分别是 2 的 n 次方。譬如，将全张纸“二等分”开切 1 次，能开出 2 开（$2^1=2$）开本，一般习称“对开本”；开切 2 次，能开出 4 开（$2^2=4$）开本；开切 3 次，就开出 8 开（$2^3=8$）开本；依次类推，就有 16 开、32 开、64 开、128 开等多种开本。

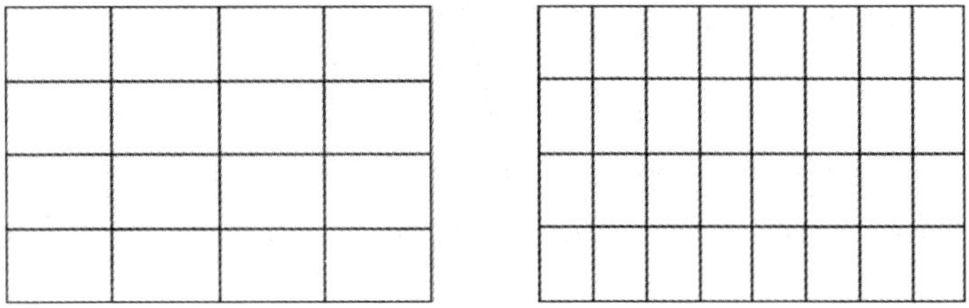

图 3-3　常规开本

国家标准是以全张纸对折长边裁切的次数来命名开本的。全张纸为 0，一次对折裁切为 1，2 次对折裁切为 2，3 次对折裁切为 3，依次类推。如上文提到的 A4，就是表示将 A 系列的全张纸对折长边 4 次裁切，结果分成 16 份，也就是 16 开；B5 表示将 B 系列的全张纸对折长边 5 次裁切，结果分成 32 份， 也就是 32 开。国家标准开本均属于常规开本。

常规开本的优点是开数规整，成品书刊的尺寸有一定规则，因为只要全张纸的尺寸规格相同，同一开数的开本就不仅幅面面积相同，而且其长度和宽度的尺寸也都相同。同时，常规开本的有效纸张利用率为 100%，而且便于用机器折页，所以书刊采用常规开本最经济，并能缩短印制周期。

（2）特殊开本

特殊开本是指常规开本以外的其他各种开本。按开切方法的不同，特殊开本又可分成两小类——直线开切开本和纵横混合开切开本。

①直线开切开本。这类开本是将全张纸横向和纵向分别按特定的等分数量直线开切（见图 3-4）而成的。它们的开数分别是横向等分数量和纵向等分数量的乘积。

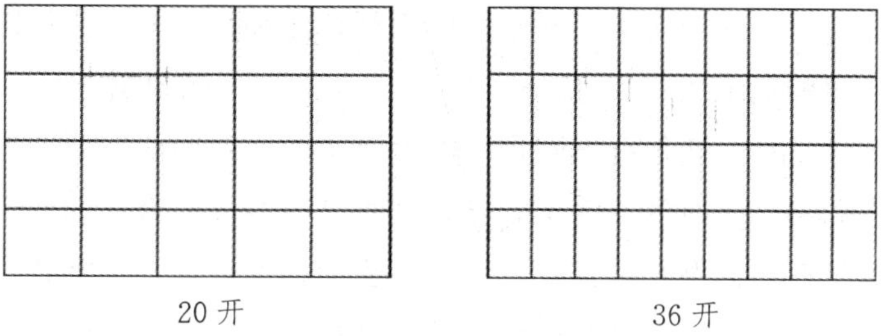

图 3-4　直线开切法

直线开切开本的一个特点，是开数范围较广。从理论上说，全张纸在横向和纵向上可以分别任意等分，但是在出版工作实践中由于需要考虑书刊外观应符合一定的审美规律和印刷机械的适应性等因素，选用的等分数量还是有一定范围的，所以较常见的直线开切开本有 12 开、18 开、20 开、24 开、36 开等。此外，即使开数为 2 的 n 次方的开本，如果不是按“二等分”规则开切的，开出的开本也属于直线开切开本。

直线开切开本的另一个特点，是在全张纸尺寸规格相同时，相同开数的开本虽然幅面面积相同，但是长、宽比例却可以不同。这是因为横向和纵向的等分数量可以按照设计要求分别作不同选择。譬如，同样是 24 开，横向和纵向的等分比例可以分别是 8 ∶ 3、6 ∶ 4、3 ∶ 8、4 ∶ 6，以及 12 ∶ 2、2 ∶ 12（呈狭长形而一般用于图片）。因此，采用直线开切开本的书刊，成品的外观尺寸比例变化较多。

直线开切开本的有效纸张利用率也为 100%，但是某些开数的开本会有单页，给印刷装订带来不便。

②纵横混合开切开本。这类开本又称“畸形开本”，是将

全张纸的大部分直线开切、另一小部分单独开切（见图 3-5）而成的。这种开切法可开出几何级开切法和直线开切法难以直接开出的所有开数。但是，从图 3-5 中也可明显看出，采用这类开本时，纸张有不同程度的浪费（图中的黑块部分即为浪费的纸张）。而且，由于同一张全张纸上各部分纸页的丝绺纵横方向不同，书芯中存在各书页不够匀称的现象，印刷装订都不够方便，印刷装订的周期也随之延长，生产质量难以保障。

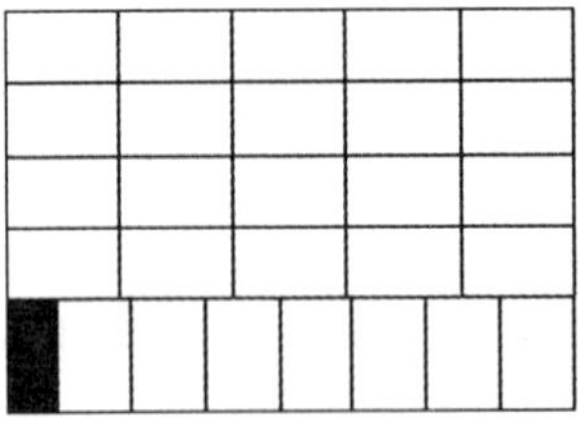
27 开

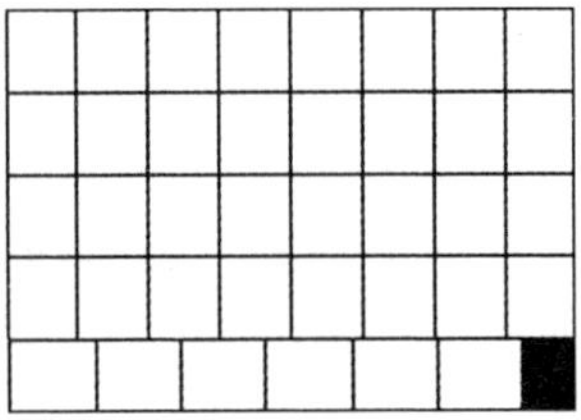
38 开

图 3-5　纵横混合开切法

2. 按开数分类

诸多形式的开本可以按开数范围分成大、中、小三类。

（1）大型开本

大于 16 开的开本称为大型开本。其中，8～12 开的开本通常适用于有大量图片的书刊，如画册、画报等；2～4 开的开本多适用于报纸、挂图。此外，某些地图还有用 1 张全张纸甚至 2 张全张纸拼合印制的，这一般也可视为大型开本。

（2）中型开本

中型开本的开数范围一般是 16～32 开。这是书刊开本的主流，绝大部分书刊，包括一些普及性的图片，都采用中型开本。

（3）小型开本

小于32开的开本称为小型开本。其中比较常用的是36～64开的开本，某些比较特殊的图书，有时也会采用更小的开本，如128开等。

3. 按边长比例分类

开本可以按其高与宽的比例不同分成竖开本和横开本。

（1）竖开本

高大于宽（即成品的书脊、书口长度大于书顶、书根长度）的开本，称为“竖开本”。一般书刊多采用竖开本形式。

（2）横开本

高小于宽（即成品的书脊、书口长度小于书顶、书根长度）的开本，称为“横开本”。横开本多用于幼儿读物和某些图册。

五、书刊用纸

书刊用纸的选择主要涉及书芯用纸、封面用纸等。一般而言，选择书刊用纸时不但要考虑书刊的性质、结构部件，还要考虑纸张价格等成本因素。

（一）纸张的种类

1. 胶版印刷纸

胶版印刷纸简称“胶版纸”，其纸面洁白平滑，组织细致均匀，具有较好的表面强度，耐水性好，专供胶印机印刷书刊。胶版纸分为双面胶版纸（双胶纸）和单面胶版纸（单胶纸）。双面胶版纸主要用于普通书刊的正文、一般画册的正文，以及中档商标、宣传资料的印刷，是目前印刷业中应用最多的纸种之一。单面胶版纸主要用于印刷商标、图片等单面印刷品。

2. 胶印书刊纸

胶印书刊纸不仅拉伸强度高，而且表面强度好，主要供高速胶版轮转印刷机印刷普通图书、期刊的正文。

3. 字典纸

字典纸的纸质较薄，洁白细致，强韧耐折，不透明性好，主要用于印刷字典、词典、百科全书等辞书，科技资料、袖珍手册等篇幅较大或使用频率较高的图书。

4. 轻质印刷纸

轻质印刷纸又称“轻质纸”或“轻型纸”，是一种松厚型的胶版纸，具有不透明度高、对油墨的吸收性能好等印刷特性，但由于纤维较粗，平滑度低，所以手感比较粗糙。印成书刊后手感轻，耐用性强。这种纸白度适中，长时间阅读不容易造成视觉疲劳。目前广泛用于普通图书、期刊等的正文印刷。

5. 纯质纸

纯质纸以优质木材纤维精制而成，对油墨的吸收性均匀、平滑度好，质地紧密不透明，其平滑而无光泽的表面使印刷更具立体感。用其印刷的书刊，纸质轻柔，色彩温和，目前越来越多地应用于书刊的正文印制。

6. 新闻纸

新闻纸俗称“白报纸”，其特点是松软多孔，印刷适应性强，不透明，有一定的机械强度，尤其是吸收性很好，能使油墨在很短时间内就渗透、固着（印刷品折叠时就不会粘脏）。但是，这种纸的白度较低，表面较粗糙（印刷图片时应使用较粗网目），日光晒后容易变黄发脆，难以长期保存。新闻纸多用于在高速轮转机上印刷报纸、期刊。

7. 彩色胶版印刷纸

彩色胶版印刷纸习称“彩胶纸”，其特点是不透明度高、色泽柔和、色彩还原好，适合于四色胶印。彩色胶版印刷纸可用于印刷各种书刊的彩色正文和封面。

8. 涂布美术印刷纸

涂布美术印刷纸通常称“铜版纸”。它的纸面洁白匀整、平滑度高、光泽度好，彩色图像的再现效果好，主要用于印刷各种彩色画报、画册，普通书刊的封面、插图，美术图片、挂图，以及海报、宣传画等。铜版纸有单面铜版纸、双面铜版纸、无光泽铜版纸、布纹铜版纸之分。

9. 轻量涂布纸

轻量涂布纸简称“轻涂纸”，是一种涂布量较低、定量不一定低的涂布纸。它的色彩还原较好，因此彩色图像再现的效果好。较高定量的轻涂纸用于印刷各种彩色图书和画片，较低定量的轻涂纸则用于印刷彩色期刊。

10. 铸涂纸

铸涂纸又称“高光泽铜版纸”或“玻璃卡纸”，是一种表面特别光亮、呈镜面反射状态的优质涂布纸。它具有均匀的空隙结构，对油墨有良好的吸收与固化作用，能使印刷品的网点、色调、层次和光泽有良好的再现性，从而使图像清晰、色彩鲜艳、色调丰富、立体感强。铸涂纸适用于精细网线版的印刷产品，如各种书刊的封面、高级艺术画册正文、美术图片、商业挂图等。

（二）纸张的定量

定量俗称“克重”，指1米^{2}纸张的质量（习称“重量”），一般以每平方米多少克表示，是区分不同纸张种类的计量单位。如胶版纸有 60 克胶版纸、70 克胶版纸等，铜版纸有 128 克铜版纸、157 克铜版纸、250 克铜版纸等。不同定量的纸张，其厚度、手感不同。

定量的单位是“克/米^2”。常用纸张的定量有 25 克/米^2 至 250 克/米^2 多种。定量超过 250 克/米^2 的纸一般称为“纸板”。

六、书刊装订样式

装订样式，是指用不同装帧工艺材料和装订工艺制作的书刊所呈现的外观形态。它主要涉及书刊封面的形态、材料及其与书芯的联结方式。现在较常采用的装订样式一般有平装、精装、骑马订装、线装和散页装几类。

（一）平装

平装也称“简装”，其特点是用较牢固、厚实的软质纸制作的封面把书芯包住，并使封面的书脊与书芯的书背粘牢，构成一个整体。平装书刊装订时，先把若干书帖订联成书芯，再包粘软质封面，然后裁切成册。平装可分为普通平装（见图 3-6）和勒口平装（见图 3-1）两种，普遍适用于图书和期刊。

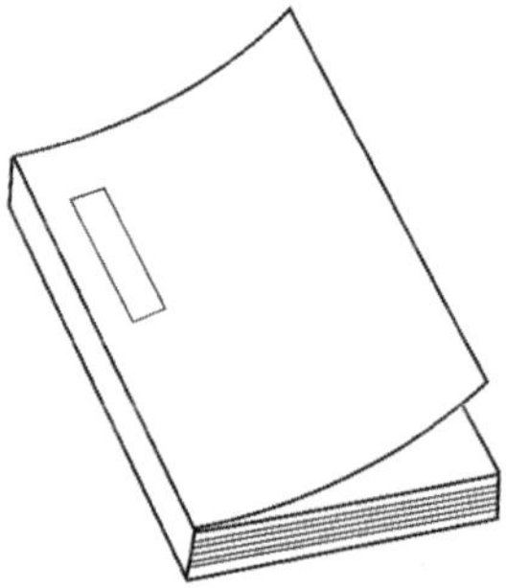

图 3-6　普通平装

1. 普通平装

普通平装的书刊，其封面的面封、底封部分与书芯的纸页大小完全相同并且各边平齐，因为这是将封面包在书芯外并胶粘固定后再一起切齐的。采用这种装订样式的书刊成品，书脊部分形状方正，如达到一定宽度，应当印制相关文字。普通平装多用于书页相对较少，开本属于中、小型的书刊；采用的订书方式有铁丝订、锁线订、胶粘订和锁线胶粘订（详见本书第五章第四节）。

2. 勒口平装

勒口平装与普通平装的差别，是封面带有勒口。“勒口”是指面封和底封在书口处延长并向里折转的部分（前者称“前勒口”，后者称“后勒口”），其宽度一般不少于30毫米。勒口平装可以使面封和底封显得平整、挺括，不会卷边，并且书口的牢度较高。但是，由于面封、底封须折出勒口部分，难以与书芯同时一刀切齐，所以面封、底封靠近书口的那条边与书芯的纸页只能大致平齐。

勒口平装样式还常常吸收精装样式封面比较硬的特点，给面封和底封各衬垫一张较厚实的卡纸，使封面更加挺括。对于这种改进型勒口平装样式，又习称“软精装”或“半精装”。

勒口平装以往多用于图书，现在期刊也逐渐采用这种装订样式，并且有所发展，即将勒口的宽度增大，使之与刊物的宽度几乎相等。这种宽度增大的勒口通常也称为“拉页”，可以用于登载比开本尺寸大将近一倍的广告。

（二）精装

精装的主要特点是封面的质地较硬、表面装帧讲究、耐用、不易磨损，并且略大于书芯，因而保护书芯的作用明显超过平装样式所采用的软质纸封面。硬质封面也称为“书壳”或“封壳”，在书顶、书口、书根位置有超出书芯约 3 毫米的飘口。精装样式多用于图书，有时也可用于期刊的合订本。装订时，书芯和封面须先分别加工。书芯的加工，是把相应的书帖订联、裁切、造型。封面的加工，一般是以硬质纸板为内部基材，外面配上合适的软质纸或其他面料，也有直接使用软质聚氯乙烯（PVC）塑料制作的。封面制作加工好后，再与事先已经订合好的书芯套合并固定联结。这种装订样式的封面用料和加工，以及与书芯部分联结的工艺，都比平装考究、精致得多，所以称为“精装”（见图 3–7）。精装的订书方式，可以采用锁线订、胶粘订和锁线胶粘订。

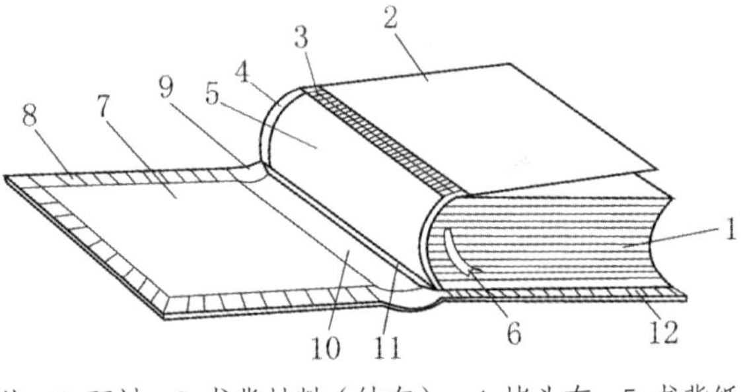

1. 书芯　2. 环衬　3. 书背材料（纱布）　4. 堵头布　5. 书背纸　6. 丝带　7. 硬纸板　8. 包边　9. 中径（书脊）　10. 中径纸　11. 中缝（书壳纸板和中径纸之间距离）　12. 飘口

图 3–7　精装（半成品）示意图

精装样式可以从不同的角度作进一步分类。

1. 按书壳用料划分的精装种类

按照书壳各个部分所用材料的不同，精装可以分为全纸面精装、纸面布脊精装和全面料精装三种。

（1）全纸面精装

全纸面精装的书壳，全部都用硬质纸板和软质纸（涂布纸或定量较高的非涂布纸）制作。这种精装样式保护书芯的作用较强，制作成本相对较低。

（2）纸面布脊精装

纸面布脊精装的书壳，面封和底封都使用硬质纸板和软质纸（涂布纸或定量较高的非涂布纸）制作，而书脊部分使用织物（如棉、麻、丝、化纤织物等）制作。这种精装样式保护书芯的作用也较强，且书脊不易磨损，可有较大的弯曲弧度，但制作成本比全纸面精装稍高一些。

（3）全面料精装

全面料精装的书壳，全部都用硬质纸板作基材，以织物、人造革或皮革等作为面料，或者整个书壳都用聚氯乙烯软塑料制作。这种精装样式保护书芯的作用与纸面布脊精装相当，但其考究、精致的程度胜过前两种精装样式，制作成本较高。

2. 按书脊形状划分的精装种类

按照书刊成品的书脊形状，精装可以分成圆脊精装和平脊精装两种（见图 3–8）。

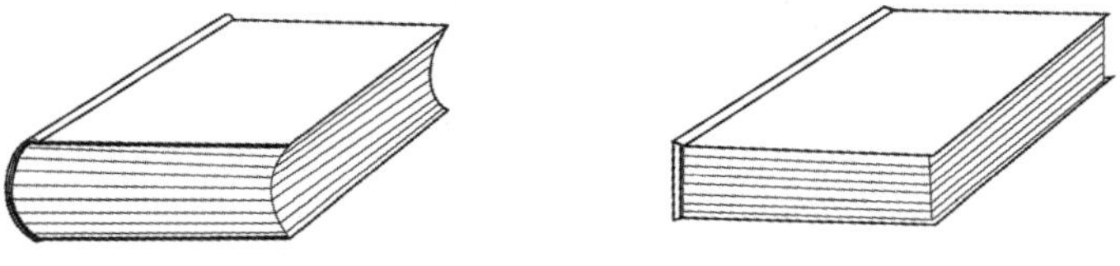

图 3–8 圆脊精装和平脊精装

（1）圆脊精装

圆脊精装的书脊呈圆弧状凸起，而书口则呈圆弧形凹进。要使原本平坦的书脊呈凸起状，书芯装订过程中须增加一道研圆（也称“扒脊”）工艺处理。圆脊精装适用范围比较广，尤其适用于较厚的图书。但书脊厚度超过 70 毫米的精装书，不便于机器装订，使用过程中容易破损，应尽量避免。

（2）平脊精装

平脊精装的书脊和书口均保持书芯订合时的平坦状态。平脊精装多用于不很厚的图书，不宜用于厚度超过 50 毫米的图书。

（三）骑马订装

骑马订装的特点是用较牢固、厚实的软质纸制作封面，面封、底封部分与书芯大小完全相同并且平齐。书脊则既窄又呈圆弧形，且明显露出订书所用的铁丝（见图 3-9），所以不能印刷文字。装订时，书刊内文部分并不事先订合成书芯，而是配上封面后再整本书刊一起订合并切齐。骑马订装的装订周期短、成本较低，但是书刊的装订牢度较差，而且装订使用的铁丝难以穿透较厚的纸页。所以，骑马订装只适用于书页数较少的书刊。

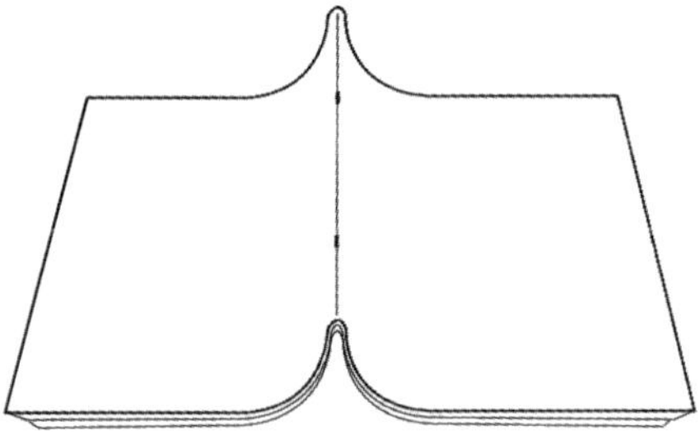

图 3-9　骑马订装

（四）线装

线装的特点是书芯与合适的软质纸封面用线订联成册，订线露在外面。这是中国传统的书籍装订样式。装订时，把都依中缝对折的若干书页和面封、底封叠合后，在右侧适当宽度处用线穿订起来（见图 3-10）。线装现在使用较少，主要见于我国古籍类图书，有时也为其他图书的外部装帧设计所借鉴，但是一般不用于期刊。

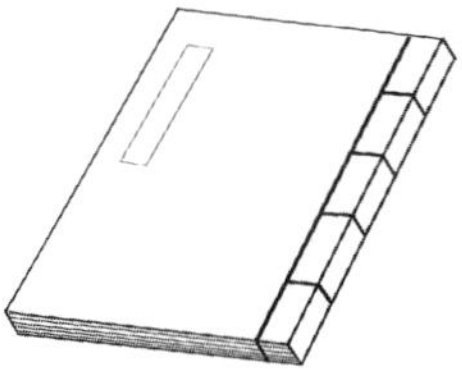

图 3-10　线装

（五）散页装

散页装的特点是书页并不订合成册，而是以一张张单页的状态装在专用的外包装袋或外包装盒内（见图 3-11），形成一种卡片式或挂图式的图书，能较好地发挥供人欣赏或直观示意的功能。散页装多用于教育类、艺术类图书，而不适用于期刊。

图 3-11　散页装

上述几类装订样式中，现在图书使用得最为普遍的是平装和精装，期刊以骑马订装和平装为主。因此，本书有关书刊形态和结构的介绍，把平装、精装、骑马订装这三类装订样式作为“基本样式”。如果涉及其他装订样式，则将专门予以说明。

第三节　书刊的结构部件及其设计要素

书刊的结构部件是指图书或期刊中各个在物质形态和作用上，或仅在作用上具有相对独立性的组成部分。图书与期刊在这些方面既有较多相同之处，又有一些差别，因此，以下对各种结构部件及其设计要素的介绍有分有合。

一、图书的结构部件

根据在图书整体构成中所起的作用，图书的结构部件可以分成必备的和可选择的两大类，它们在设计方面也各有特点。

这里介绍最基本的图书结构部件。当然，图书的结构部件并不限于所介绍的这些。随着出版业的发展，图书的结构组成也会与时俱进，出现种种新的结构部件。

（一）必备结构部件

图书的必备结构部件，是指任何图书都不可或缺的结构组成部分，包括封面、主书名页和正文书页。

1. 封面

“封面”有广义与狭义之分。

广义的“封面”也称“书皮”“封皮”，而精装书的封面也称“书壳”。封面由面封（也称“封一”“前封面”）、底封（也称“封四”“底封面”）、封里（也称“封二”，即面封的背面）、底封里（也称“封三”，即底封的背面）和书脊构成，能从三面对书芯起到一定的保护作用。

狭义的“封面”仅指其中的面封部分。为避免概念混淆，本书提及的“封面”，一般都用其广义。

封面通常印有装帧性图文，并应明确标示图书的种种属性。

（1）面封

面封应该印上书名（有副书名的应该同时印上，丛书则还要印上丛书名）、作者（包括译者，下同）名、著作方式和出版者名，多卷书要印上卷次。根据国家标准《中文书刊名称汉语拼音拼写法》（GB 3259—92）的规定，若书名是用汉字表达的，一般还要列出其汉语拼音；凡是面封未列书名汉语拼音的，应在扉页、版本记录页或底封列出。如果是双语类图书，可在面封列出两种语言的书名（如英汉词典可以印汉语书名和英语书名）。翻译作品应标明中文书名、原作者名（译成中文）和译者名。原作者名前应注明国籍。国籍一般用简称，且置于方括号内，如“［美］”“［英］”“［俄］”“［日］”等。

（2）底封

底封的右下角应该印上中国标准书号及其条码和定价。当书脊宽度小于 5 毫米而不能印文字时，可在底封上部紧挨书脊边缘不大于 15 毫米处印刷边缘名称。边缘名称的内容主要是图书的主书名，如果空间允许，也可加上作者名。

此外，底封上也可印上内容提要、出版物宣传语等文字。

（3）书脊

书脊的内容和编排格式由国家标准《图书和其他出版物的书脊规则》（GB/T 11668—1989）规定。宽度不小于 5 毫米的书脊，均应印上相应内容。一般图书应该印上主书名和出版者名（或其图案标志）；若空间允许，还应加上作者名等适宜内容。多卷书的书脊，应印该书的总名称、分卷号和出版者名。丛书等系列书的书脊，应印本册名称和出版者名；若空间允许，也可加上总书名和册号。

（4）封里和底封里

图书的封里、底封里一般保持空白，也可根据整体设计的需要，设置一些图文。

平装图书封面如带勒口，其在成品中的空间位置与封里、底封里大致相当，同样既可以保持空白，也可以设置图文，如放置作者肖像、作者简介、内容提要、故事梗概、丛书目录、图书宣传文字等。

2. 主书名页

书名页是图书正文之前载有完整书名信息的书页，包括主书名页和附书名页，主书名页是任何图书都必须具备的，附书名页则是可选用的。

主书名页，通常位于面封之后，作为书芯的第一页；但如果图书的整体设计方案中设置有衬页、附书名页或某些内容较重要的插页等可选择部件，则主书名页置于它们之后。主书名页一般随同正文一起用相同的纸张印刷，从而成为集合型书页中的一页，也可采用比封面纸薄而比正文书页厚的纸张单独印制，形成单页型书页。

主书名页的内容和编排格式由国家标准《图书书名页》（GB/T 12450—2001）规定，包括扉页和版本记录页两个部分。

（1）扉页

扉页又称“内封”，位于主书名页的正面，即单码面，但不设页码。扉页应提供有关图书的书名、作者名和出版者信息。书名包括正书名、并列书名和其他书名信息。作者名要用全称，翻译书应包括原作者的译名和译者名；多作者的图书，在扉页列载主要作者，全部作者可在主书名页后加页列载。出版者要采用全称，并标出其所在地（如“中国大百科全书出版社·北京”）；若出版者的名称已表明其所在地，则可不标地名（如“南京大学出版社”）。

从书、多卷书、翻译书、多语种书等特有的一些书名、作者名、出版者信息，一般列载于附书名页（详见下文）；若扉页有足够的空间，则也可列载于扉页而不设附书名页。

（2）版本记录页

版本记录页习称“版权页”，位于主书名页的背面，即双码面，也不设页码。版本记录页应列载图书的版权说明、图书在版编目数据和版本记录。

① 版权说明。它应置于版本记录页的上部位置。版权说明对本图书著作权的归属作出明示。一般以版权符号 © 开头，后列著作权人名称和首次出版年份，也可再标注本版的出版年份，还可加注诸如“版权所有，侵权必究”等字样。

② 图书在版编目数据。它应置于版本记录页的中部偏上位置。图书在版编目数据又称“CIP 数据”（其中的 CIP 是英文 Cataloguing in Publication 的缩写），是指根据国家标准《图书在版编目数据》（GB/T 12451—2001），在图书出版过程中编制并印制在图书上的书目数据。分为标题、著录数据、检索数据、其他注记四个段落。

通常中国版本图书馆 CIP 数据中心在核发图书在版编目数据时，对其数据项目和具体格式会根据规定设定。

③ 版本记录。它应置于版本记录页的下部位置。版本记录应该提供图书在版编目数据中未包含的出版责任人记录、出版发行者说明、载体形态记录、印刷发行记录等项目。

出版责任人记录包括责任编辑、装帧设计、责任校对和其他有关责任人。

出版发行者说明包括出版者、排版印刷者、装订者和发行者，其名称均应用全称；出版者名下应注明详细地址及邮政编码，也可加注电话号码、电子邮箱地址或互联网网址。

载体形态记录包括开本及其幅面尺寸、印张数、字数、附件的类型与数量（如“附光盘 1 张”）。

印刷发行记录包括定价，第 1 版、本版的出版时间和版次，本次印刷的时间、印次和印数。如：某图书 2001 年 5 月出版，至 2019 年 5 月出版了第 4 版，共印刷了 6 次，累计印数 25000 册，计划于 2020 年 6 月再印刷 6000 册，该书版次、印次和印数应标明：

2001 年 5 月第 1 版　　2019 年 5 月第 4 版

2020 年 6 月第 7 次印刷　　印数 25001—31000

除了国家标准规定的这些必备项目外，出版工作实践中为方便读者了解有关信息，常把书名、并列书名、作者名也列入版本记录。不少出版单位还在版本记录页上标明因印刷装订存在质量问题而退换图书的联系方式，以保护读者的利益。

3. 正文书页

图书所含有的精神文化内容的物质载体，主要是正文书页。除散页装的图书外，正文书页一般是集合型书页。

需要说明的是，在出版工作实践中，“正文”一词是多义的。譬如，就一册图书的整体来说，“正文”既可以泛指与外部装帧物相对的整个部分（即书芯）所载内容；又可以指书芯中采用相同纸张印刷的图文内容，包括作品本身和出版前言、序言、目录、附录、参考文献、后记等辅文在内；也可以仅指作品本身。就一部作品本身来说，“正文”既可以只指与标题、引文、署名、注释等相对的主要内容表述部分（即“正文主体文字”），也可以指与图片、表格等相对的文字表述部分。

从印制方面来说，我们在工作中经常取用上述“正文”采用相同纸张印刷的书页为正文书页的含义。无论是否存在辅文，作品本身都应该在正文书页中另页起排。所谓“另页起”（或“另页”），是表示某一部分图文要从新的一张书页开始排，即从下一个书页的单码面起排。如果前面书页的图文排到单码面上已经结束了，则须把双码面留作空白，即作“背白”处理。

作品中一级标题（如篇、章）及其对应的内容，一般是另面起排或另页起排。所谓“另面起”（或“另面”），是表示某一部分图文要从新的一个页面开始排，而这个新的一面可以是单码面，也可以是双码面。

（二）可选择结构部件

图书的可选择结构部件，是指一些虽在图书的构成中具有重要作用，却并非每本书都必须具备的部件。进行图书整体设计时，设计者可以根据具体图书的性质、类型、特色等从中选择配备。

1. 目录页

目录页是列载图书目录的书页。

绝大部分图书都应设置目录页，只有某些内容很简单的小册子、内容以图为主的少儿图文书、内容由不分章节（或章节虽分但只有序号而无标题）的单部小说构成的图书，可不设目录页。

目录页应另页起或另面起排，一般位于主书名页之后、作品正文之前。如果图书设有出版前言、序言或某些插页，则目录页位于这些书页之后、作品正文之前。

目录页的页面数量一般不多，通常都随同作品一起用相同种类的纸张印制，是正文书页的一部分，属于集合型书页。不过，目录页有时也可以根据整体设计的要求而采用其他纸张另外印制，以单页型书页的形式出现，类似插页。这时，目录页的用纸种类宜与其之前的书页相同，否则会给印刷和装订带来很大的不便，致使图书印制成本增大。

目录页主要为方便读者了解全书的大致内容和结构并进行检索，应该条理分明、眉目清楚。为此，应将正文内容的全部标题或者主要标题按顺序编排成条目（也称“款目”）；每个条目包括正文的某个标题及其所在页码，图书内容如由多篇作品组成，条目中还包括各个作品的作者名。

2. 衬页

衬页是衬垫在封面内的过渡性单页型书页，一般置于封里之后，有时也有置于底封里之前的。

在封面纸与正文纸厚度相差较大的情况下，翻开封面时易将里面的书页带起，加上衬页可以保护其他书页，同时还有美化装帧的效果。

衬页一般用比封面纸稍薄、比正文书页稍厚的纸张；既可用白纸，也可用彩色纸。在设计时，衬页页面通常是空白的，但也有在其一面或两面印上装饰性图案的。

3. 环衬

环衬是衬垫在封面内的过渡性单页型双连书页。与面封相连接的为前环衬，与封底相连接的为后环衬。每个环衬共有4面，由2张与正文书页一样大小的书页连在一起组成，中间连接处有折缝；打开后呈2页相“连环”的状态，像张开双翅的蝴蝶，所以也称“蝴蝶页”。

对于各种精装图书而言，环衬是必备的结构部件，并且必须前、后环衬同时使用，因为硬质的书壳必须利用环衬来与书芯牢固地联结在一起。具体地讲，前环衬的第1面（即前一页的正面）必须整个粘贴在书壳的封里上，第4面（即后一页的反面）紧挨着折缝的边缘部分与其他内文书页相粘；后环衬的第4面（即后一页的反面）必须整个粘贴在书壳的底封里上，第1面（即前一页的正面）紧挨着折缝的边缘部分与其他内文书页相粘。由于两页书页相连，环衬可以显著地增强封面与书芯的联结牢度，同时也具有一定的美化装帧作用。

精装书的环衬由于要起帮助书芯与硬质封面联结的作用，所以应该用厚实、牢度高、韧性大的纸张制作。既可用白纸，也可用彩色纸；其页面可以空白，也可以印上装饰性文字、图案，或者印刷常用的资料。

对于平装图书而言，环衬是可供选择的结构部件，一般宜选用比封面纸稍薄、比正文纸稍厚的纸张制作。平装书可以只用前环衬而不用后环衬，并且前环衬的后一页也可兼作主书名页（或附书名页）。由前环衬后一页兼作的主书名页，也称

“环扉”。

4. 附书名页

附书名页是列载多卷书、丛书、翻译书、多语种书有关信息的书页。用纸一般与主书名页相同，其内容种类和编排格式也由国家标准《图书书名页》规定。

附书名页位于主书名页之前，通常在与扉页相对的双码面印刷相应文字；必要时也可以使用附书名页的单码面或增加附书名页的数量。附书名页上应该列载的项目主要是：多卷书的总书名、总卷数，主编或主要作者名；丛书名、丛书主编名；翻译书的原作书名、作者名、出版者名的原文，出版地、出版年、原版次，原版权说明，原作的 ISBN；多语种书的第二种语种及其他语种的书名、作者名、出版者名。

5. 插页

插页是印有与图书内容相关的图形、图像或题词、口号、献词等文字的书页。它们一般采用比正文书页稍厚的纸张印制，既可用集合型书页形式，也可用单页型书页形式，相应地分别称为“集合型插页”和“分散型插页”。前者适用于数量较多、可以连续编排的插页（如印有图形、图像的插页）；后者适用于或数量很少、或根据图书的性质需要将其分散插在内容相关的正文书页之间的插页。

插页在图书中的位置比较灵活。一般来讲，印有口号的“口号页”和印有献词的“呈献页”多是单页型书页，一般设在主书名页之前，也可紧接在其后；印有题词的“题词页”无论是集合型书页还是单页型书页，都应该紧接在主书名页之后；印有各种图形、图像的插页，则无论是集合型书页还是单页型书页，都可以视设计需要而置于图书的前部（紧接在主书名页之后）、中部或末尾。但是，插页如果设置在图书中部，会给装订带来不便，导致成本上升。尤其是当插页不能正好安排在相邻的两个书帖之间时，装订的难度更大。

位于图书前部的插页，其页码一般都采用暗码（详见下文）形式，且不计入正文页码序列。位于图书中间或末尾的插页，如是集合型插页，页码采用明码（详见下文）形式，也不计入正文页码序列；如是单页型的，页码形式可灵活处理。

6．辑封与篇章页

辑封与篇章页都是插在正文书页当中的部件，它们在形态上是相同的，区别仅在于所载内容稍有不同：辑封印有分辑（部、卷、编）图书中各辑（部、卷、编）的序次（如第二卷、下编等）和 / 或名称；篇章页印有图书各篇、章的序次和 / 或标题。

辑封和篇章页通常单独占一页，相应文字要印在单码面上，双码面空白（连书眉都不印，而页码采用暗码），其后面的正文部分另页起排。有时为节约纸张，虽辑封和篇章页另页起排，其后面的正文部分却可另面起排，即从辑封和篇章页的双码面起排。

辑封和篇章页一般都用与正文书页相同的纸张，并与其一起印刷。有时也采用与正文书页质地或颜色不同的纸张印制，类似夹在图书中部的插页。这时也需要对辑封或篇章页是否正好处于两个书帖之间的情况多加关注，以避免图书印制成本上升。

7．护封

护封也称“包封”，是一张非固定地包在硬质（或厚纸）

封面外的包纸（见图 3-12），能对封面起到保护作用，故称“护封”。它须用牢度较高的纸张制作，并带前、后勒口。

护封类似于原有封面外部的又一张封面，所以它的高度应与书的高度相等，宽度则与勒口平装封面的要求相同。护封上必须印有各种标示图书属性的文字（与前述对封面的要求相同），也可再设置装饰性图案、宣传性文字。

设有护封的图书，其封面的图文可以比较简单，但是应该仍然保留标示图书属性的文字。

护封较多用于精装书。

图 3-12　护封

8. 腰封

腰封也称“书腰纸”，有环状和带状两种，是套在或包勒在图书封面中部或底部的一条纸环或纸带（见图 3-13），属于外部装帧物。腰封一般用牢度较高的纸张制作。它的高度一般相当于图书高度的三分之一，也可更大些；环状腰封的环长必须能套住图书的面封、书脊、底封和书口，带状腰封的长度则必须达到不但能包裹面封、书脊和底封，而且还两边各带一个勒口。腰封上可印与该图书相关的宣传图文。

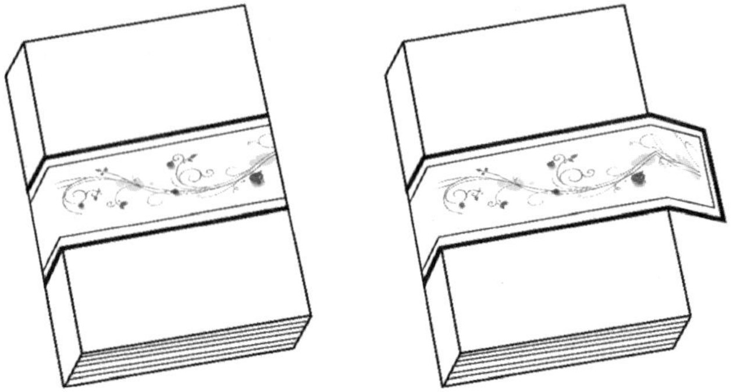

图 3-13　腰封

9. 书函

书函是图书的外包装物。它类似一个盒子，用厚纸板做里层，外裱织物，供安放、保护图书之用。书函有四合套和六合套两种（见图 3-14）。四合套由对应于面封的盖、对应于底封的底和两块分别对应于书脊和书口的侧板构成。六合套则还有两块分别对应于书顶和书根的侧板。盖的边缘带有两枚硬质插签，可插入侧板的两个锁口。书函是我国传统图书护装物，现在多用于多卷本的图书，可以将各卷集中放置在一起，形成一个整体。

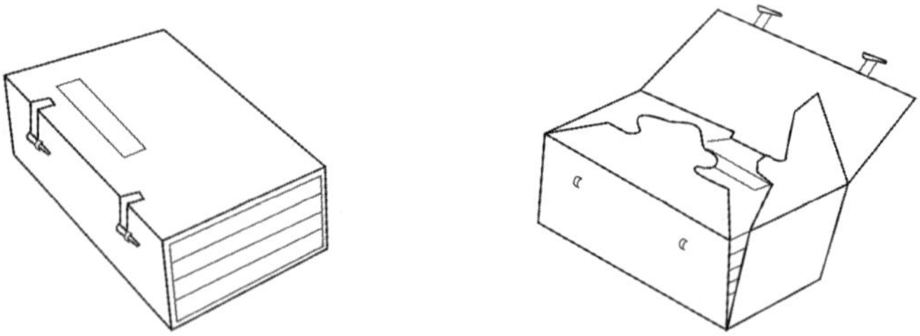

四合套　　六合套

图 3-14　书函

10. 书套

书套也是图书的外包装物。它是一侧开口的硬质纸盒，尺寸规格略大于需要放置的图书（见图 3-15）。放置图书时，将图书从书套的开口处推入，并使书脊向外，以方便看清书名。为了便于售卖和查找，书套上通常印有书名、作者名、出版社名和定价等图书信息。

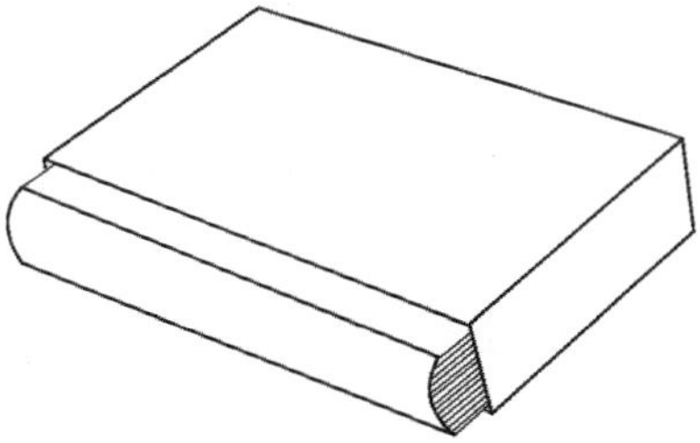

图 3-15　书套

二、期刊的结构部件

期刊的结构部件有两个特点：一是种类相对较少，尤其是可选择部件比图书少得多；二是某些部件与图书相同。

（一）必备结构部件

期刊的必备结构部件有封面、目次页和正文书页。由于期刊正文书页的情况与图书的正文书页基本相同，这里仅介绍期刊的封面和目次页。

1. 封面

期刊封面的组成成分与图书封面一样，但是在内容标示方面稍有差别。

（1）面封

国家标准《期刊编排格式》（GB/T 3179—2009）规定期刊面封必须载明刊名，包括可能有的副刊名和并列刊名。刊名应在用字或编排方式上易于识别，就是说，刊名用字在面封上应该是最大的，并且字体、颜色和编排位置也应该是最明显的，要目、其他著录项目、图案、广告等不得对刊名构成干扰。中文期刊的刊名汉语拼音也可标注在面封上（否则要在底封或位于目次页的版本记录块中标明）；如有外文刊名，也可一起列出，但必须是汉语刊名的直译。外文期刊或我国少数民族语言的期刊，面封上应同时刊印汉语刊名。

期刊面封还必须在明显位置登载本期刊物的出版年份、卷号、期号（或出版年份、期号）等顺序编号，不得以总期号代替年份、卷号、期号（或出版年份、期号）。

期刊的中国标准连续出版物号应印在每期刊物的显著的、固定的位置上。根据国家标准《中国标准连续出版物号　第2部分：ISSN》（GB/T 9999.2—2018）规定，中国标准连续出版物号（ISSN），应印刷在出版物的面封右上角、题名页、刊头、版权页（块）或目次页和底封下方，尽可能印在面封的右上角。国内统一连续出版物号应固定印在期刊版权页（块）、面封、底封下方等任意位置。中国标准连续出版物号（ISSN）如与国内统一连续出版物号（CN 号）一起印刷时，应将 ISSN 和 CN 号分成上下两行，其间以一横线隔开。如：

$$\frac{\text{ISSN }\times\times\times\times-\times\times\times\times}{\text{CN }\times\times-\times\times\times\times/\text{YYY}}$$

根据国家标准《期刊编排格式》（GB/T 3179—2009）规

定，ISSN 条码的印刷优选位置是面封的左下角，也可印在底封的右下角。

期刊面封上应该登载主办单位名称。如果刊名本身已可表明主办单位，不需重复列载。

出版者与期刊的关系在一定时期内是相对稳定的，所以期刊面封上一般不必登载出版者名称。但在必要时，出版者名称也可登载在面封上。

增刊及合订本的面封上应注明“增刊”或“合订本”字样。

除了上述内容，面封上还可以印上当期要目（即内文主要文章的标题或标题中的关键文字）或目次表。有时还可以印上一些宣传文字。

面封上各个标志项目中的数字，都应按规定采用阿拉伯数字形式。

（2）底封

期刊的 ISSN 条码如果没有印在面封上，就应该印于底封右下角。一般竖排，也可以逆时针旋转 90 度卧排，这时条码的下部应靠近书脊。

为了便于读者辨识，底封右下角要列载期刊的定价。

底封还是期刊可以登载版本记录块的位置之一（另一个位置是目次页）。

底封各个标志项目中的数字，应按规定采用阿拉伯数字。

（3）书脊

期刊的单册和合订本的书脊厚度不小于 5 毫米时，应在书脊上排印刊名，出版年份、期号（或卷号和期号）等顺序编号。若书脊厚度小于 5 毫米或由于其他原因不能排印上述信息时，可将其排印在底封上距订口不大于 15 毫米的范围内，即与图书一样设置边缘名称。

书脊上的阿拉伯数字应顺时针旋转 90 度卧排。若不易辨识，可改用汉字数字。

（4）封里和底封里

期刊的封里和底封里一般都印有图文，尤其以刊载广告为多。此外，也有将封里和底封里兼作目次页的。

2. 目次页

期刊的目次页，包括目次页版头和目次表。

目次页版头多位于目次表上方，应标明刊名（包括副刊名），出版年份和期号（或卷号、期号），出版时间（一般标年和月，半月刊、旬刊、周刊还应标明“日”）。

目次表的表题为“目次”，宜用较大的字印，在其下方编排目次表内容。

根据国家标准《期刊目次表》（GB/T 13417—2009）规定，目次表应列出本期的下列内容：刊登的全部作品（包括各种文章、图片、附表等）的完整题名，如有副题名应一并列出；作者姓名；各篇作品的起始页码或起止页码；作品分栏目编排的，还应标明栏目名称。封面及插页上重要的图片、插图、附表，也应在目次表中列出。若刊登广告，可单列广告目次，并在广告目次上方标示“广告”，且一般只列广告发布者名称和广告内容的起始页码。

作品的标题、作者名和所在页码，构成目次表的“条目”。条目可以按页码顺序编排，也可以按其内容的重要性分为主要条目组和次要条目组分类编排，还可以按栏目分列。

目次表可以同时使用多种语言文字。

目次页一般应置于封里后的第 1 页，如需转页，应转至第 2 页。目次页也可以置于面封、封里、底封里或底封。目次页设于面封时，如有必要转页，应转到封里或底封；目次页起始于底封时，如有必要转页，应转到底封里。目次页的位置在一种期刊中应各期相同，如要变更时，应从新的一卷（年）的第 1 期开始。

期刊的版本记录块通常列载于目次页，有时也可在底封列载。

（二）可选择结构部件

与图书相比，期刊的可选择结构部件要少得多。前述图书的可选择结构部件中，期刊可以选用的通常只有插页和腰封。

期刊的腰封与图书的腰封在形态、作用上基本相同。

期刊中的插页与图书中的插页在形态上也基本相同，仅作用稍有区别，即期刊的插页大多用作刊载广告。期刊中的插页无论是集合型书页还是单页型书页，一般都置于期刊的前部（紧接在封里之后）、中部（骑马订的中心页）或末尾（底封里之前），这样便于装订。

第四节　书刊版式设计概述

版式就是图文在页面中的编排形式，由图文的空间位置、尺寸和形体所体现。版式设计是整体设计的重要组成部分，主要对图文在页面中的编排形式提出要求和规定，并作为印前制作的依据。

版式设计要根据书刊的性质、内容、读者对象和可利用的工艺技术手段等作出合适的选择和处理，使书刊的内文版式安排合理、脉络分明，既方便读者阅读，又与书刊的外部装帧和谐一致，给人以美感。

一、书刊版式设计的基本要求

版式设计的根本目的是完善版面的阅读功能。因此，清晰性、易读性、和谐性是版式设计的基本要求。

（一）清晰性

版式设计是许多因素的复杂结合。版面上设计元素的运用、结构框架的设定、个人风格的发挥等一切手段，都是为了鲜明地表现内容、突出主体，使主体层次清晰、一目了然，没有丝毫视觉污染与干扰。

（二）易读性

作为主体的文字或图表，在版面上均有各自的位置。但是，无论是前与后、主与次、分与合的安排，还是大与小、轻与重、黑与白的分布，它们的运用都是为了版面的易读性，为了读者能有“选择”、有“区别”、有“秩序”地阅读。

（三）和谐性

版面中的各种设计元素要彼此呼应、和谐一致。应该正确运用版式设计的艺术规律，使版面达到形式与内容、局部与整体的完美结合。生动、有序、和谐的版面，能给人一种阅读上的愉悦。

二、书刊的版面

书刊版面是对书刊成品页面上图文与空白部分的总称。与书刊版面相关的因素有版面结构和版面类型等。

（一）版面结构

一个完整的书刊版面是由各种成分有机结合构成的。从宏观上看，版面分成版心和周空两大部分；从微观上分析，则每个部分又都由一些更小的成分组成（见图 3-16）。

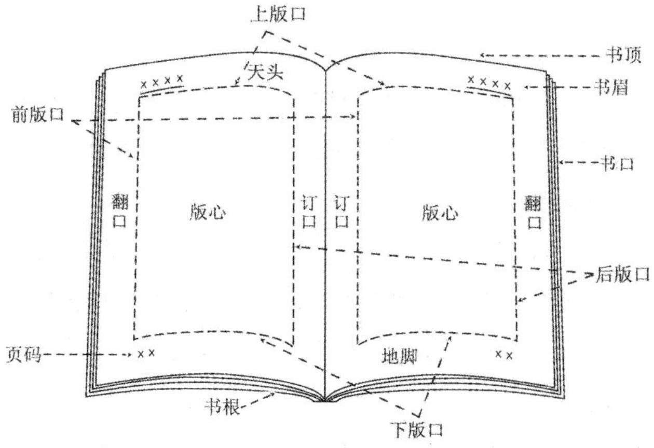

图 3-16　书刊的版面

1. 版心及其版口

版心是一般书刊成品版面中的图文印刷区域，或者说，版心一般就是指版面上容纳主体图文的部位。需要说明的是：版心之外的区域并非绝对空白，也常印有一些文字（如书眉、页码等），但这些都不属于主体图文。如果有特殊需要而采用“超版心”或“出血”的图文编排样式，图文也会占据版心以外的空间，但这不是普遍现象。

任何版心都有一定的高度和宽度，其具体尺寸取决于版面的幅面大小和周空所占空间的大小。因此，尺寸相同的版面，其版心的大小也可以通过对周空的不同设计而有变化。

版心的组成要素包括文字、符号、图表、线条、底纹和间空。本章第五节将对它们作较详细的介绍。

版口是指版心四周的边沿。版心中第一行字的字身上边沿为上版口，最后一行字的字身下边沿为下版口，版心最左第一个字的字身左边沿为前版口，最后一个字的字身右边沿为后版口（见图 3-16）。

2. 周空

周空是指版面边沿的四块狭长矩形空白，分别习称“天头”“地脚”“订口”和“翻口”（见图 3-16）。

（1）天头

天头又称“上白边”，是处于版心上方的白边。因它所处位置在版心之上，好像居于天顶，又好像人的头部，所以称作“天头”。天头如果印有书眉，一般高 25 毫米；如果保持空白，则可以小一些。但这并非固定不变，进行版式设计时，可以根据书刊的性质和类型作适当调整。在天头位置设计书眉时，遇到各章起始页常不排书眉，加大版面上部空白，从而使版面显得庄重。

（2）地脚

地脚又称“下白边”，是处于版心下方的白边。因它所处位置在版心之下，好像居于地面，又好像人的腿脚，所以称作“地脚”。书刊的地脚部位也可以印上一些文字。由于这些文字好像搬到版心下方的书眉，就称为“下书眉”。下书眉的内容和排式特点均与书眉基本相同，相异之处除了空间位置之外，主要是下书眉在图书中各章开始的第一面上也可以排印。

地脚的高一般略小于天头，呈１：１.４的比例，这样的版面布局比较匀称。但是，地脚的高也可调整，排下书眉时，地脚甚至可以大于天头。

（3）订口

订口又称“内白边”，是位于版心内侧的白边。因它紧挨着书页订合处，所以称作“订口”。订口的宽度一般为18～25毫米，不宜过小，否则会使版心内侧的文字不易全部清楚展现，尤其当书页较多、图书较厚时，订口更是宜大不宜小。

和合面是由两个页面拼合成一个完整版面的，订口就要设计得比同一本书刊中的其他普通版面窄一些。

采用骑马订装的书刊，如果中心页是和合面，就要将靠近订口的版心部分设计成“出血”式，即没有明显的白边。

（4）翻口

翻口又称“外白边”，是位于版心外侧的白边。因沿着它可翻动书页，所以称作“翻口”。一般情况下，采用骑马订装和锁线订装的书刊，翻口的宽度与订口宽度一致；采用胶粘订装的书刊，翻口的宽度比订口宽度略小1～2毫米；采用铁丝订装的书刊，翻口的宽度要比订口宽度小 3～7 毫米的订缝尺寸。这样，版心位置显得比较匀称。有些书刊由于需要给读者书写批注留出比较多的空间，翻口的宽度也可增大。

竖排版面的翻口上可以印一些文字。由于这些文字好像给版面开的一条缝隙，所以称为“中缝”。中缝的内容、作用、排式等与横排版面的书眉基本相似，只是所处空间位置和字行方向不同。正因为如此，一些横排版面的书刊有时也借鉴竖排版面设置中缝的做法，把原本需放在天头处的书眉文字竖排在翻口上。

（二）版面类型

版面可以按不同的标准分为不同的类型。

1. 按形成方式分类

从形成方式来看，书刊版面可以分成普通版面与和合面（见图 3-17）。

普通版面

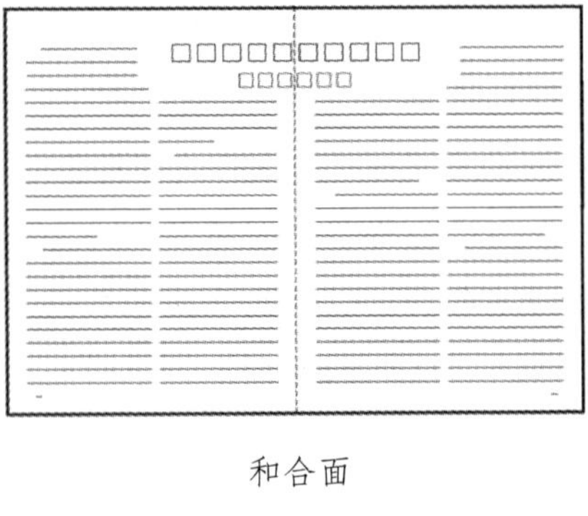

和合面

图 3-17 普通版面与和合面

（1）普通版面

普通版面是最为常见的书刊版面。一个版面便是书页的一个页面。普通版面对书刊的版面设计和印刷、装订一般没有特殊要求。

（2）和合面

和合面是由前一张书页的反面页面（双码面）与后一张书页的正面页面（单码面）对合构成的一个大版面。一个和合面虽然在物理上分属两张书页，但在视觉上却形成一个整体，从而可以在不增大书刊开本的情况下将版面尺寸扩大一倍，以容纳不宜分割的图文内容。但是，由于一个和合面的拼合涉及两张书页，稍有不慎，拼合处就会出现错位，因此，不仅要求印刷、装订必须精细，而且要求书刊整体设计人员必须作好妥善安排。譬如，在两个页面联结处尽量不设置横向的线性部件，以免左右难以对齐；订口宽度适当缩小，以免联结处出现白边，等等。

和合面仅仅在视觉上类似一个版面，而在物理上仍然是两个页面。因此，在编页码、计算版面总字数、计算用纸量时，一个和合面仍然应该作为两个页面计算。

2. 按文字排列方向分类

从版面上文字的排列方向来看，版面可以分成横排版面、竖排版面和混合排版面（见图 3-18）。

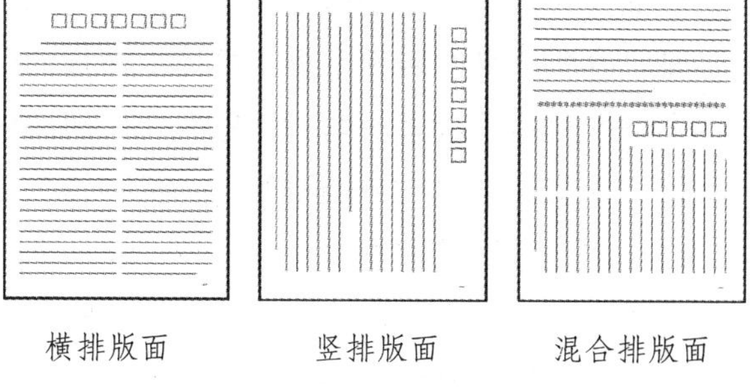

图 3-18　按文字排列方向分类的版面

（1）横排版面

横排版面的特点，是版心中的字行依次从上到下排列，而每行中的文字排列方向则有不同：有的是从左向右，如汉文、日文、英文、俄文等书刊；有的是从右向左，如阿拉伯文、维吾尔文、哈萨克文、柯尔克孜文书刊。横排书刊按字行中文字排列方向的不同，相应地采用左翻本或右翻本。

横排版面在我国开始于五四运动时期，现已经成为我国书刊最基本的版面类型。

（2）竖排版面

竖排版面也称“直排版面”。这类版面的特点，是版心中每个字行的文字都从上到下依次排列，而各个字行的排列方向有所不同：有的从左向右依次排列，如我国的蒙古文、满文、锡伯文书刊；有的从右向左依次排列，如我国古代的汉文书籍和近代的竖排汉文书刊。竖排书刊按各个字行排列方向的不同，相应地采用左翻本或右翻本。

竖排版面在我国的书刊中曾长期使用，直到横排版面兴起后，才逐渐减少。

（3）混合排版面

混合排版面的特点是一个版面上部分文字采用横排，部分文字采用竖排。这种类型的版面常见于总体上横排的期刊，通常在两种场合下使用：一种是文章的标题竖排，而主体部分横排；另一种是一个版面上存在分属于两篇（或多篇）文章的文字，为了把它们明显区别开而有的文字横排，有的文字竖排，并且相邻部分之间留有一定空白或再加上线条分隔。

混合排版面在一本书刊中总是个别的，所以对书刊采用左翻本或是右翻本没有影响。

3. 按版心分割状况分类

从版心是否分割的角度来看，版面可以分成通栏版面、多栏版面和复合分栏版面（见图 3-19）。

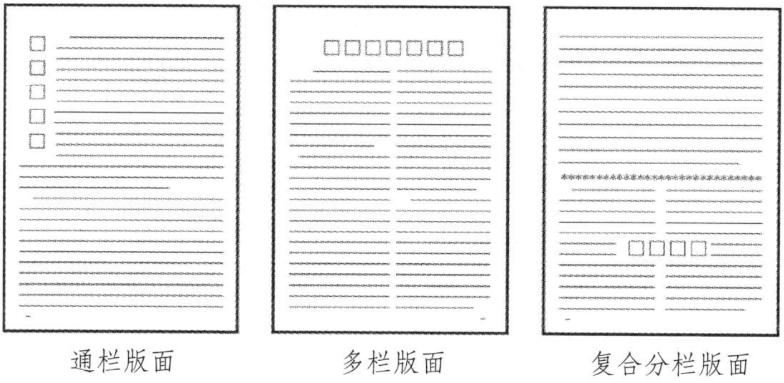

图 3-19　按版心分割状况分类的版面

（1）通栏版面

通栏版面的版心部分不作任何分割。字行若横排，长度与版心的宽相等；字行若竖排，长度与版心的高相等。通栏版面因字行较长，用字不宜太小。

（2）多栏版面

多栏版面的版心部分均匀分割成若干块，每块为一栏。横排的多栏版面，版心作纵向分割，各栏的宽度相等。竖排的多栏版面，版心作横向分割，各栏的高度相等。常见的多栏版面是分割成两栏（也称“双栏”）或三栏的，分成四栏及以上的较少。在版心幅面尺寸相等的情况下，从表面上看，多栏版面由于需要留出栏与栏之间的空白（称为“栏空”）而容纳文字的数量会比通栏版面减少，但是实际上往往可以增加文字容纳量，这是因为多栏版面的字行长度相对较短，段落末的空白会减少，用字和行距也都可以稍小一些，因此，单位面积内可以容纳的字数会增加。

（3）复合分栏版面

复合分栏版面仅用于期刊。它的特点是同一个版心中一部分为通栏，另一部分为多栏。这种版面类型一般适用于同一页面上须安排两篇或更多篇文章的场合，可以使每篇文章的区域范围相对比较明确，不致混淆。不同栏别部分之间通常要加线条分隔。

第五节 书刊版式设计要素

书刊的版式首先与整个版心的状态有关，其次涉及组成版心的文字、符号、线条、底纹、间空、插图、表格等各种成分的表现形式。因此，它们就成为书刊版式设计的基本要素。

一、版心大小与位置

书刊版面由版心和周空构成，所以版心的大小、位置与周空的尺寸互相制约。

（一）版心的大小

一个版面上，如果周空尺寸较大，版心就相对较小；如果周空尺寸较小，版心就相对较大。周空较大的版面，显得疏朗、爽目；周空较小的版面，则显得饱满。

书刊正文部分全部页面的版心必须大小一致，而辅文部分的版心可以与正文部分不完全相同。

版心的大小，要根据书刊的性质、种类和既定开本来选择。一般来说，实用型、通俗型书刊和经济型小开本图书，版心不宜过小，以容纳较多的图文内容；休闲类、美术类、随笔类等中型开本的书刊，版心可以相对小一些。

（二）版心的位置

通过周空尺寸的变化来调整版心位置，是版式设计中向版面注入生机的一种有效表现手段。按照周空的大小变化，版心在版面上的位置有以下几种：

第一，版心居正常位置，即版心左右居中，天头和地脚高度之比为 1．4 ： 1。适用于常规的以文字为主的书刊。

第二，版心偏上，即“天小地大”。适用于摄影集、画册、画报等艺术观赏类书刊，以及只有下书眉的书刊。

第三，版心偏下，即“天大地小”。中国传统图书多用，适用于天头有眉批的图书。

第四，版心向订线靠拢，即订口空白缩小，翻口空白增大。

第五，版心向翻口靠拢，即翻口空白缩小，订口空白增大。

第六，版心均靠左侧，右侧留出较大的空白。

第七，版心均靠右侧，左侧留出较大的空白。

前五种是对称的结构；后两种是均衡的安排，一般用于传记类、文艺类、创意类等横排图书。

二、文字与符号

文字与符号是表现书刊内容的重要元素。书刊的内容主要是由不同字体及字号的文字和符号来表达的。所以，对文字和符号的形体、大小等作选择，是版式设计的重要内容。

（一）文字

书刊版面上排列的文字，称为“印刷字”。除汉字外，书刊中还常用到我国各少数民族的文字和其他国家的文字，因此，印刷字的形体有很多种，大小也有不同的规格。它们不但对于版面的美化具有重要作用，而且使阅读更为方便。

1. 印刷字的字体

印刷字体是供排版印刷用的规范化文字形体。书刊用字的字体可分为基本字体、基本字体的变体和艺术体三类。排书刊常用的方正书版和方正飞翔（“方正飞腾”的升级版）等排版软件都有几十种文字的印刷字体。本章主要介绍汉文书刊中的汉字字体、字母字体和数字字体。如果涉及其他字体，则将专门予以说明。

（1）汉字字体

汉字的基本字体有宋体、黑体、楷体、仿宋体四种，它们不但是印刷书刊最常用的字体，而且也是其他字体得以形成的基础。

宋体也称“老宋体”。它萌发于宋版书。宋体字笔画横细竖粗，结构严谨端庄，存刚寓柔，通用性强，最适于阅读，多用于图书、期刊、报纸的正文主体文字，也可用于标题。

黑体字笔画粗细一致，凝重醒目，多用于标题和正文主体文字中的着重部分。

楷体字笔画与我国书法中的正楷相似，多用于标题及少儿读物和小学教科书等的正文主体文字。

仿宋体出现于20世纪初，是仿写北宋欧体刻本而创制，故称“仿宋体”。仿宋体字笔画较细，起落笔均稍加装饰，俊秀清丽，多用于标题及诗集、散文集和一些休闲读物等的正文主体文字。

汉字基本字体经过变化形成各种变体，如汉字的标宋体、秀丽体、报宋体、等线体、细圆体等。它们多用于标题，偶尔也用于某些读物的正文主体文字。计算机排版技术的发展，为基本字体的变化提供了前所未有的条件，还能够形成扁体、长体、旋转体等较特殊的字形。

汉字艺术体是将书法艺术和美术字写作技巧应用于印刷字而形成的字体，如汉字的隶书体、魏碑体、琥珀体等。它们多用于期刊中的标题。

（2）字母字体

字母的基本字体有正体、等线体、斜体三种。

正体也称“白正体”。正体字母的字身垂直，其中的纵线和右斜线较粗，而横线和左斜线较细，弧线则中部较粗、两端较细，某些部位带有装饰短线。它们的线条清晰，字形醒目，是书刊中最常用的字母字体。

等线体字母的字身垂直，其中的各类线条均粗细一致，没有装饰线。等线体字母在书刊中多用于汉语拼音。

斜体也称“白斜体”。斜体字母的字身向右侧倾斜，这是由于其中的纵向线都向右倾斜而造成的，但是其中的横线仍然保持水平。斜体字母多用于表示物理量的名称和书刊正文（或注释、参考文献）中所提及的外国书刊名称等。

字母基本字体的变体有黑正体、粗黑体、黑斜体等，一般用作标题或正文主体文字中的着重部分，还用于表示矢量、标量的名称。

字母的艺术体有花体、手写体等，一般用于期刊中的标题。

（3）数字字体

数字在出版印刷业中一般是指阿拉伯数字和罗马数字，而不包括汉字数字。数字在书刊中主要用于表示数值和顺序。

书刊上常用的数字字体有正体、斜体、等线体、黑正体、黑斜体等。它们的形体特点与相应字体的字母类似，但是选用的规则有所不同。数字如与其他文字、字母排列在一起，其字体的选用就要与相邻的其他文字、字母匹配（如黑正体数字与黑体汉字匹配，正体数字与宋体汉字匹配，等线体数字与同字体的字母匹配等）；数字如果单独使用（如用于页码），就可根据审美的要求进行选择。

2. 印刷字的大小

印刷字由字面（或称“字心”，即能够看得见的字符整体）与无形的边框组成字身。印刷字的大小实际上是指字身的大小。

表示印刷字大小的计量制度有号数制、点数制和级数制。

号数制以“字号”作为区分活字大小的称谓，但各号之间的关系很复杂。

点数制是世界各国普遍采用的活字计量制度，因为作为活字计量单位的point可意译为“点”，但实际上对该计量单位普遍用其音译名称“磅”。在计算机排版软件所用的点数制中，1磅为0.35毫米，并以0.25磅为增减的最小单位。

级数制是手动照相排字时期使用的活字计量制度，以“级”作为基本单位，1级为0.25毫米。

表3-2列出了号数制、点数制和级数制中各个等级印刷字的尺寸。从中可以看出，级数制印刷字与点数制印刷字并不存在精确的大小对应关系；号数制印刷字则与点数制印刷字存在比较精确的对应关系。

汉字是方形字，其字身的高和宽是相等的。但字母和阿拉伯数字不是方形字，所以宽度不一，其中阿拉伯数字的宽为高的一半。

表 3-2　印刷字尺寸近似对应表

计算机用字				手动照排用字	
号　数	磅　数	字高（毫米）	说　　明	级　数	字高（毫米）
初　号	36	12. 6000	小二号字的 2 倍	50	12. 50
小初号	32	11. 2000	三号字的 2 倍	44	11. 00
一　号	28	9. 8000	四号字的 2 倍	40	10. 00
小一号	24	8. 4000	小四号字的 2 倍	34	8. 50
二　号	21	7. 3500	五号字的 2 倍	30	7. 50
小二号	18	6. 3000	小五号字的 2 倍	26	6. 50
三　号	16	5. 6000	六号字的 2 倍	22	5. 50
四　号	14	4. 9000	小六号字的 2 倍	20	5. 00
小四号	12	4. 2000	七号字的 2 倍	17	4. 25
五　号	10. 5	3. 6750		15	3. 75
小五号	9	3. 1500		13	3. 25
六　号	8	2. 8000		11	2. 75
小六号	7	2. 3500		10	2. 50
七　号	6	2. 1000		8	2. 00
小七号	5. 25	1. 8375		7	1. 75

现在常用的计算机排版软件对印刷字实际上都采用点数制计量。不过，我国使用号数制有很多年历史，出版行业已经习惯用“字号”来表示印刷字的大小，不少排版软件（尤其是为适应中文书报刊排版而专门开发的方正书版、方正飞翔排版软件）虽然采用点数制，却保留了对常用字同时采用字号（从小七号到初号）来表示的体系。所以，进行版式设计和排版时，

现在一般还是用字号来区别字的大小。本书也采用这种做法。

字号大小不同，在版面上会产生不同的效果。字号大，可造成视觉上的强烈冲击感；字号小，则能造成视觉上的连续吸引感，构成的版面整体性强。

3. 书刊版面的文字数量计算

书刊版面的文字数量，一般分为版面字数、实际字数、排版字数和付酬字数。它们的计算方法稍有区别。

（1）版面字数

版面字数是指一个版心内可以容纳的印刷字数量，书眉文字和页码不包括在内。所谓“可以容纳的印刷字数量”，并不等于版心中实际的印刷字数量。在每一个版心中，由于文字排式、标题占行、图表占位、段落末空白等种种因素影响，实际字数总是少于版面字数。

一定尺寸规格的版心中可以容纳多少印刷字，通常取决于印刷字的字号和行距大小。计算一个页面的版面字数时，须先根据版心高与宽的尺寸及所选定的字号和行距（有时还有字空）大小，计算确定每行可排字数和每面可排行数；然后将每行字数乘上每面行数，即可得出。

将一个页面的版面字数乘以本书刊印有图文的总页面数，就可得出该书刊的版面总字数。反之，用版面总字数除以每面的版面字数，就可得知书刊的页面数。

然而，同一本书刊各个版心中不同性质的文字（如正文主体文字、标题、辅文等）所用字号是有所不同的，这便导致各个版心的每面行数和每行字数有可能各不相同。针对这种情况，为了便于计算，出版业内进行版式设计时一概以正文主体文字的每行字数和每面行数作为计算各个版心版面字数的基准。

（2）实际字数

实际字数是书刊中实有的字符数量，不包含各种空白，一般可利用计算机的“字数统计”功能计算。因为各种空白都不包括在内，所以实际字数总是少于版面字数。在书刊整体设计中，常常需要根据已经计算得出的每面版面字数来估算书刊的页面数量。这时，可以参考计算机统计的实际字数来估计版面总字数，一般可在实际字数的基础上增加15%～20%，作为估计版面总字数，如果版面中有较多插图、表格、公式，则需增加相应的版面字数。

（3）排版字数

排版字数即图书版本记录中记载的可大致反映图书篇幅的“字数”，与版面总字数也稍有不同。

排版字数的计算范围大于版面字数，是把书眉（或下书眉、中缝）、页码等各部分文字全部包括在内的。书眉、下书眉（连同其中可能包含的页码）都视为1行字，页码单独占行的视为1行字。

（4）付酬字数

付酬字数是指支付基本稿酬或一次性稿酬时作为依据之一的作品字数。按国家版权局《使用文字作品支付报酬办法》规定，付酬字数的计算与版面字数相似，也是将每行字数乘以行数来计算，但是其中的行数应该是实有的，即不仅空白页面不能计入，有些页面末尾的空白行也都应该扣除。

（二）符号

书刊中的符号主要包括标点符号、科技符号和标记符号。它们与文字一样，也有各种不同的字体和字号，从而能够与相应的文字匹配使用。

1. 标点符号

标点符号除了常用的 7 种点号和 10 种标号（详见《出版专业基础·初级》第四章第三节），有时书刊中还会用到一些比较特殊的标号，如隐讳号（×）、虚缺号（□）、章节号（§）等。

计算机排版软件中，标点符号分全角（又称“全身”）字符和半角（又称“半身”“对开”）字符两种。全角字符的字身相当于一个汉字大小。半角字符宽度大多为汉字的一半，有的外文符号宽度略小于汉字的一半。

书刊中的标点符号常用“开明制”排法，即句末点号用全角，句内点号及标号用半角（中文状态下，下同），连续的两个标点符号都用半角。但为了使行尾对齐，计算机软件常会自动调节行内标点符号与文字间的距离，所以会出现有时标点符号字身宽比半角大，又比全角小；有时一行中标点符号都用全身或都用半身的现象。这在书刊排版中是允许的。

2. 科技符号

科技符号包括数学符号、量和单位的符号、化学符号、医学符号等。各种科技符号在不同专业中所代表的意义可能会有不同，用法也有一定的规定。版式设计中的科技符号排式，应遵守相应科技领域的规则。

3. 标记符号

标记符号用于标明文字内容的顺序、指引参见、示意区别等。

标记顺序常用的符号有数码，分成阳圈码（又称“阳码”，如①、②）、阴圈码（又称“阴码”，如❶、❷）、汉圈码（如㊀、㊁）等。

既可用于标记顺序，也可用作指引参见、示意区别的符号，有星花（*）、剑号（†）、实心菱形（◆）、空心菱形（◇）、实心五角星（★）、空心五角星（☆）等很多种。版式设计时可从美观角度进行选择，只要能够保证层次清晰、体例一致即可。

三、线条与底纹

为了使版面更加清晰有序、重点突出、美观大方，书刊版面上还经常使用线条和底纹。

（一）线条

除了图片和表格本身具有的线条（其中常含有各种直线、曲折线、弧线、箭头）外，书刊版面中常用的线条是整体上呈直线状的线条。它们主要起到将版面内应有区别的部分相互分隔开的作用，如将栏与栏分隔开的栏线，将书眉文字与版心分隔开的书眉线，将注释文字与主体文字分隔开的注线，期刊中将不同文章分隔开的分隔线等。线条还可以起突出、强调作用，如在文字下加的下划线，围在一篇文章四周的线条框，将一组关系密切的文章围在一起的线条等。此外，线条还可以起到美化版面、表示情感倾向等作用。在各种计算机排版软件中，有 100 多种不同样式、不同粗细的线条供选用。它们大体上可以分为水线和花线两大类。

1. 水线

水线是指由简单几何图形（主要是点、短直线、波纹线等）连续排列在一起所形成的线条。可以分为实线和虚线两类。

（1）实线

实线是由不间断地连续排列在一起的几何图形构成的线条。主要有：

① 正线。这是一种比较细的直线条，又称“细线”，宽度一般为 0.08～0.45 毫米。

② 反线。这是一种比较粗的直线条，又称“粗线”“黑线”，宽度一般为 0.5～2 毫米。

③ 曲线。这是由呈上下曲折状的波纹线构成的线条。

这三种基本线条既可以单独使用，也可以组合搭配使用，从而形成双线（相同的两根线条搭配）、三联线（相同的三根线搭配）、文武线（一粗一细两根线搭配）、双文武线（一粗两细三根线搭配）等多种变体线条形式。

（2）虚线

虚线是由若干圆点或短横线等几何图形构成的断续的线条。这些图形的不同搭配组合，可以形成各式各样的虚线。

2．花线

花线也称“花边”“花边线”，是由某种花纹连续地线性排列在一起组成的线条。不同的花纹也可以互相搭配组合，从而形成种类繁多的各种花线。

（二）底纹

底纹是由点、线或花纹组成的有规则的图案，常用作标题或期刊版面铺底，所以又称“背景”。将底纹设计成几何图形铺于标题或文章的底面，能使整个版面增加变化，起到装饰作用。由于现代出版物更强调版面创意风格，底纹所起的美化作用尤为突出。在各种计算机排版软件中，有上千种花纹不同、深浅不同、颜色不同的底纹，设计时可根据其在版面上的不同作用、不同效果、与文字的不同对比度，选择不同的底纹。

加底纹时需要注意：一是底纹大小与标题或文章的占位大小要比例合适。二是底纹不能太深，与其上面的文字在颜色上不能反差太小，否则会影响阅读效果；若为了美化版面而采用深色底纹，其上面的文字可用阴字（白字）或在文字四周勾上白边，使其清晰突出。

四、间空

间空是版心中的空白部分，包括字空、行空、空白行、段空、栏空和图表边缘空。

（一）字空

印刷字由于字面小于字身，左右相邻两字之间就自然存在空白，所以正常排列的印刷字都边界清楚，不会相互接合。在自然存在的空白之外再增加的字间空白，就称为“字空”，其大小用“字距”来表示。一般书刊的主体文字不必设置字空。但是，在设计某些种类的书刊（如少儿书刊、诗歌类书刊、散文类书刊等）版式时，也可以特意设置字空，扩大字与字之间的空白，从而使版心显得疏朗，阅读更加轻松。此外，一些字数较少的左右居中标题也往往需要设置一定的字空。

字距常以磅或毫米为单位表示，有时也用线（x）为单位（1线等于1/29.2毫米）；在表示标题需要增加的字空时，则通常用校对符号来标明字距相当于1个字的几倍或几分之几。

正文主体文字如果特意增加字空，会导致每行字数减少，从而使版面字数减少。

（二）行空

在计算机排版中，除了数学公式及某些有特殊要求的格式外，排在同一行的汉字无论字大字小，它们的底部总是处在同一直线上。相邻两行字底部之间的距离称为“行高”。由于字面小于字身，所以在上一行文字底部与下一行文字顶部之间也自然留有空白，使得上下两行的字都边界清楚。但是，这样的自然空白太小，转行阅读时容易串行，必须再增加空白。在行与行之间的自然空白外再增加的空白，就称为“行空”，其大小用“行距”来表示。这样，行高的值就是字身的高度与行距之和。设置行空是为了调整版面的疏密，便于阅读。

行距常用主体文字字号的分数值（如五号字的 1/2）来表示，也可用“磅”或“毫米”为单位表示，有时也用线为单位来表示。

在书刊版式设计中，行距必须专门设计。在版心尺寸既定的情况下，增大行距势必导致版心内字行数量的减少。所以，行距是设计版心容纳字数时必须考虑的因素之一。

（三）空白行

空白行是版心中与正文主体文字的字行（含行距）面积相等的空白块。有些空白行是需要在作版式设计时专门安排的，有些空白行是不需专门设计的。

需要设计人员专门作出安排的空白行，主要用于标题和文章分隔。

为了保证同一册书刊中各个版心的高度相互一致，标题所占位置的大小必须统一以正文主体文字的字行为基本单位。这样，对于那些字号大于正文主体文字较多的标题，即使其本身在版心中只占一行，也要为它安排少则一行、多则若干行的空白行位置。

如果同一个版心中存在的内容属于不同文章，为了明确各篇文章之间的界限，也需要在它们之间设置若干空白行。这种情况多见于期刊，但是图书中有时也会存在。

不需专门作出设计的空白行，主要见于两种情况：一是图书中另面起排的内容之前或者期刊中文章末尾自然剩余的若干空白行。二是有些作品为了使表述层次清晰而在某两个相邻段落之间插入一个空白行，以表明这两个段落没有直接的承继关系。后一种情况属于作品创作或编辑加工范畴，空白行只能由作者或责任编辑设置，整体设计人员不可擅自增删。

（四）段空

段空是段落部分的空白。每一段落开始处，一般要留 2 字大小的段前空白，以明确表明该行文字是一个段落的起始部分。一个段落的最后一行结尾处，通常也会有一块若干字大小的段后空白，以明确表明该段落到此结束。段后空白的长度是排版中自然形成的，不需专门设计。此外，书刊中有时会对某些段落（如引文、举例部分）的排式作与其他文字不同的安排，最为常见的是将这些段落的字号稍减小（有时还辅之以变换字体）并将字行长度缩短，每行首尾或者仅行首留若干字大小的空白。这种因段落缩进而留的空白，其大小需要设计人员专门安排。

（五）栏空

栏空是多栏版面中各栏之间的空白部分。它的长度取决于相邻两栏的纵向尺寸，是自然形成的，而宽度则是需要专门设计的，一般相当于正文主体文字的 1～2 字宽。

（六）图表边缘空

图表边缘空是图片或表格四周与正文主体文字之间的空白，一般为正文主体文字的 1～2 字宽，且四周一致。如果图表横贯整个版心，只需考虑上、下边缘空。

除了上述几种在图书和期刊版心内都存在的间空之外，期刊的版心内还常常有一些其他间空，如镶嵌在正文主体文字某一位置的标题块四周留的空白，混合排版面上不同排式部分之间的分隔性空白等。

五、插图

以文字为主的书刊版面中所附的图称为插图，它是正文叙述内容的形象说明，与文字形成呼应。

（一）插图的作用

插图起着揭示主题、使人物和事物形象化、美化版面的作用。尤其是在少儿读物、科学技术著作或科普著作中，插图的作用十分重要。

（二）插图的结构

插图一般由图、图号、图题和图注构成，但其中的图注是有必要时才设置的，所以大部分插图只有图和图题。有些文艺类书刊中则只有图，没有图题和图注。

1. 图

图即插图主体部分。在印前制作中，需要严格区分属于线条图的图形与属于连续调图的图像（详见本书第五章第二节），并用不同的方法处理，但是在版式设计中，对两者不作区别，统称“图片”。图片的种类有很多，如照片、绘画、地图、坐标曲线图、工程图、结构示意图、工作原理图等。

2. 图号和图题

图号是按插图在作品中出现的先后为其编的顺序号，可方便读者阅读时按序号查找。图号可全文编号或分章编号。图书中对图分章编号时一般采用两个数字编号，如“图 3-20”，表示“第三章的第 20 幅图”。期刊插图的图号通常是每篇文章自成体系。

图题即插图的题目，揭示其主要内容主题。

图号应置于图题之前，与图题间留一字空。一般应排在图的下方或一侧，用比主体文字小的字号，其字体一般比较醒目。

3. 图注

图注是对图片的文字说明，由注码（以数字或字母表示）和注文构成，且注码应与图片中附加的指引性注码互相对应。图注一般用于对一幅图片中的各个构成部分作说明，而当图片由多个小图构成时，可用图注来分别说明各个小图的名称或内容。图注的字号应比图题稍小或稍轻，且要使用较适合阅读的字体，不宜用黑体字。图注的位置一般在图题下方。

六、表格

表格能够概括表述较多分类内容（或数据）及其相互关系，具有简明、系统、一目了然的功能，既节省篇幅，又条理清晰。

（一）表格的结构

常用的表格一般由表号、表题、表头、表身、表注等几部分组成。表格四周将表头与表身一起围住的线统称“表框线”，其中上面的一根称“顶线”，下面的一根称“底线”，侧面的两根称“墙线”。

表格的一般结构如图 3-20 所示。当然，书刊中有时可能还会用到一些特殊的表格，它们的结构比较复杂。

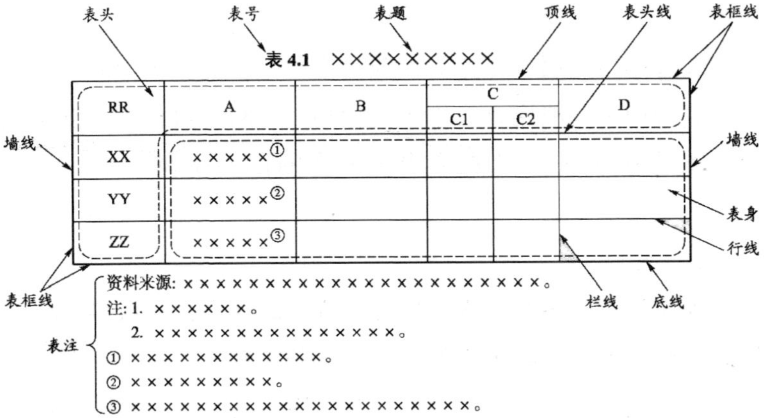

图 3-20　一般表格的结构

1. 表号和表题

表号表示该表格在本书或本章、本文中的先后顺序，可全文依序编号或分章依序编号。

表题揭示该表格的主要内容。

表号的位置应在表格的上部，在表题之前，中间一般留一字空。

表号和表题的结构、用字特点与图号、图题十分相似。在设计时，表号和表题应统一考虑，其字号、字体一般小于或轻于正文主体文字而大于或重于表身文字，以示区别。

2. 表头

表头一般由各栏头组成，有单层和多层栏头之分。

表头用字一般比表题稍小、稍轻，不能大于或重于表题。

3. 表身

表身为表格的主体，由一系列单元格组成。其中横向的单元格系列称为“行”，由行线分隔；竖向的单元格系列称为“栏”（有时也称“列”），由栏线分隔。

表身中左边第一栏称为“项目栏”或“竖表头”。

表身用字一般比表头稍小或稍轻，有时也可相同，但不能大于或重于表头，且要选用较适合阅读的字体，不宜用黑体字。

4. 表注

表注是对表中有关内容作补充说明的文字，一般排在底线下面，有时也可排在表格最后一行的备注栏内。

表注用字一般小于或轻于表身用字，有时也可相同。注文前应排“注：”等文字。

（二）表格的样式

书刊中表格的样式主要有全线表、省线表、无线表等。

1. 全线表

全线表是表格外框有表框线、各项之间有行线和栏线的表格。

表框线通常采用较粗的反线；行线、栏线用以分隔各项，通常采用较细的正线。全线表是最基本的表格形态。采用全线表的版面，显得比较紧凑，但也容易使人产生“密不透风”甚至“沉闷”的感觉。

2. 省线表

省线表是省略栏线或行线（表头线不能省）的表格。省线表能够使版面显得较为疏朗、轻松。具体省略什么表线，可视具体情况而定，以不影响表格内各个项目之间关系的准确表达为度。

3. 无线表

无线表是既无表框线，也无行线、栏线的表格。由于没有线条，版面自然显得疏朗，但同时也容易导致表内各个项目之间的对应关系不够明晰。因此，无线表仅适用于项目数量比较少的表格。

第六节　书刊正文书页版式设计

一般图书或期刊的正文书页内容主要由正文和页码构成，有时还有书眉等辅助文字或装饰图案。根据对出版专业初级技术人员任职资格的要求，本节主要讲述正文书页版式设计中对于正文主体文字、页码和书眉设计的基本要求。

一、正文主体文字排式设计

书刊正文主体文字排式设计主要包括主体文字的用字设计和对字行、段落的格式设计等。

（一）书刊正文主体文字的用字

书刊正文主体文字的用字一般根据书刊的内容、性质、读者对象、阅读方式而定。

1. 图书正文主体文字的用字

在众多的印刷字体中，宋体字最适于阅读，所以图书正文主体文字多采用宋体。楷体接近手写体，易写易认，字形活泼，因此少儿读物、小学教科书、通俗读物多采用楷体。仿宋体字形秀丽、典雅，刚柔相称，故而诗集、散文集等文艺读物多采用仿宋体。

普通图书的正文主体文字一般用五号字排。工具书信息量较大，因此主体文字经常用小五号或更小的字号密排（行距比较小）。少儿读物的正文主体文字常用四号或小四号楷体字，并且加设字空来疏排，字距、行距都比较大。主要以老年人为读者对象的图书，可以用小四号字排正文主体文字。

2. 期刊正文主体文字的用字

期刊中文章篇数较多且各有主题，因此各篇文章不仅标题的字体、字号可以不同，而且正文主体文字所用字体、字号也可不同。

图书正文主体文字选用字体的原则也适用于期刊。有的期刊为活跃版面，用字比较灵活，比如，篇幅短的文章可根据内容选择仿宋体、楷体、细圆体等字体。

主体文字一般用五号字，必要时也可用小五号字，而少儿类期刊的主体文字应不小于五号。

当一个页面上有不止一篇文章时，不同文章可用不同字体来体现各篇文章的相对独立性。

（二）字行的设计与排法

字行是版心中印刷字的基本组合形式，由若干文字和各种符号接续线性排列而形成。在横排通栏版面中，字行长度与版心宽相等；在横排多栏版面中，字行长度与栏宽相等；在竖排通栏版面中，字行长度与版心高相等；在竖排多栏版面中，字行长度与栏高相等。

1. 字行的设计

字行的设计，主要包括选择字体、字号和设定每行字数、行距等。除特殊的少儿读物外，一般书刊的主体文字不用设计字距。

2. 字行的排法

这里的介绍仅着眼于横排本书刊，但基本原理也适用于竖排本。

字行的排法有左齐、右齐、缩格、缩进等。对它们的标注既可用文字，也可用相应的校对符号。

（1）左齐

一种是齐头排，亦称“顶格排”，即行首文字或图片左侧与前版口位置平齐。左齐用于表格排版时，表示单元格内的文字与左侧的线在不致重合的基础上基本平齐。

另一种左齐是前缩对齐排，即每一行文字均从距离前版口一定空间（一般以字数表示）的地方起排，各行行首对齐。

（2）右齐

一种右齐是齐尾排，即行末文字或图片的右侧与后版口位置平齐。右齐用于表格排版时，表示单元格内的文字与右侧的线在不致重合的基础上基本平齐。

另一种右齐是后缩对齐排，即每一行文字均在距离后版口一定空间（一般以字数表示）的地方结束，各行行尾对齐。

（3）缩格和缩进

缩格是指字行与前版口或后版口之间需留出空白。留 1 字宽度的称“缩 1 格”或“缩 1 字”，留 2 字宽度的称“缩 2 格”“缩 2 字”，依次类推。

缩进是指下一字行比上一字行在首部或尾部多留若干字宽的空白。由于两者较易混淆，所以一般在需要将字行缩进时，采用直接标注缩格的方式。

字行前面留空白称为“前缩”或“前空”，后面留空白称为“后缩”或“后空”。

（4）对行

对行是指一个分栏版面中的每栏各行文字或者一个视面中的双码面和单码面两个相对页面中各行文字都要相应地处于同

一水平线上。和合面的两个实际页面必须对行准确。

（三）段落的设计与排法

排版时段落中的字行可以自由地从一个版心顺延到下一个版心，它们的分割基本上不受什么限制，版式设计时不必特意标明。

1. 段落的设计

段落的设计，主要是设定各段之间的距离，有时还涉及整个段落的缩进格式。段落之间的距离，一般与行距相同，这时无须特别标注；有时也可略大于行距，这时须专门标注。引文、例文段落可以设置前缩或前、后均缩进若干字，这时需要专门作标注。

2. 段落的排法

段落的排法包括首空、另行、接排等。对它们的标注既可用文字，也可用规定的校对符号。

（1）首空

首空也称“段首空”，是指段落开始空几字。正文主体文字的每个段落第 1 行的行首都应空 2 字，也称“首空 2 格”。

（2）另行

另行也称“另行起”，是指不论已有字行的末尾是否还有空间，都从一个新的字行开始排相应文字。正文主体文字的每个段落必须另行排。

（3）接排

接排有两种含义：一是指在上一段落文字的最后一行中延续排下一段落的文字；二是指版心末尾不留空白而开始排稿件的新内容，但是并不延续原来的字行。

（四）字行与页面的调整

对于书刊主体文字的排版，出版业内历来有“单字不成行，单行不成面”的习惯做法。这主要是为了防止版面不美观，同时也可以节约纸张。因此，对于只有一个字的字行和只有一行字的页面，需要相应地进行处理。

1. 缩行

缩行是指减少字行，即通过对某段落中文字、标点等的调整而使该段落的行数减少一行或者数行。对“单字成行”的字行，一般可进行缩行处理。缩行的首选方法是调整标点符号，即把全角标点改为半角标点，以减少标点符号所占的空间。如果这样处理后还无法缩行，就要设法删去该段中一些不太重要的词语。

2. 缩面

缩面是指减少页面，即通过缩行，或缩小图、表的上下空位，或在图、表旁串文等方法将图文移到前一个页面中，从而减少一面。对“单行成面”的页面，一般可用缩面方式处理。

3. 伸字

伸字是指在只有一个字的字行内增加若干字。在付印样上还存在“单字成行”现象时，为了不让已经基本定型的页面发生变化而可能产生一些意想不到的差错，常用伸字来给字行内增加几个字。一般采用的方式是把相应段落中的半角标点符号改成全角的，或在其他符号、外文、数字的前后加大空距。如果这样处理还不能伸字，就要设法在相应段落中增加词语。

4. 伸行

伸行是指给页面增加一行或若干行字行。在付印样上还存在“单行成面”现象时，为了不让已经基本定型的后续页面发生变化而可能产生一些意想不到的差错，常用伸行方式在页面上增加一行或更多行。一般采用的方式有加大图、表上下的空白，将串文图改为通栏图，对末行字数原本就较多的段落作伸字处理等。

5. 转页与下转、上接

期刊上的文章不可能每篇都恰好排成整数页面，总会有某些页面留有或多或少的空白，所以要以有余补不足。

所谓转页，是指将某篇文章末尾的部分文字转到另外一个页面。留在原来页面上的该文章主体部分的最后一句句末（最好是段末），应该注明“（下转 ×× 页）”，表示后面的文字转到第 ×× 页；所转文字的开头则应该注明“（上接 ×× 页）”，表示其后文字应接续 ×× 页的相应文字。

二、标题排式设计

标题也称“题目”，以简要的文字概括表明作品及其各个部分的核心主题。读者通过阅读各个标题，可以大致了解作品的内容要点。

（一）标题的用字

在一本书或一篇文章中，往往有处于不同层次的各种标题。在版式设计中，要先按标题所处层次来划分其级别，再对各级标题作出不同的用字设计。一般把一本书或一篇文章中最大的标题（书名和刊名不列入标题系统）作为一级标题，然后把其下面的各个标题按层次依次作为二级标题、三级标题等。标题分级的多少，根据作品的结构层次而定。

1. 图书标题的用字

图书标题的用字设计，要根据图书的性质、内容、风格，版心大小，正文主体文字的字体、字号而定，一般应掌握以下几个原则。

一是根据图书开本的大小来选用标题字号。一般来说，开本越大，字号也越大；开本越小，则字号也越小。标题选用的字号与正文主体文字所用字号的对比不宜过于强烈。

二是在一种图书中，各个部分的相同级别标题都必须用字统一。

三是图书标题的字体常用黑体、标宋体、宋体、楷体、仿宋体。

四是分级明晰，鲜明体现作品的层次，要根据标题序级，依次按“由大到小，由重到轻”的原则择定具体的字体、字号，做到“变化有序，区别有秩”，在大小中见层次，在变化中显区别，切忌大小失序、轻重倒置。“由大到小”，是指标题字号的选用应该按标题级别的降低而相应缩小。譬如，一级标题用二号字，二级标题可用三号字，三级标题可用四号字或小四号字，不能颠倒。“由重到轻”，是指所选字体的笔画应该按标题级别的降低而从粗到细。字体由重到轻的顺序是“黑体—标宋体—宋体—楷体—仿宋体”。在标题级数较多而适宜范围内的字号（即与正文主体文字较协调的若干字号）不够用时，对相邻两级标题的排式可补充采用设置相同字号、不同字体的方法。例如，三级标题用小四号黑体，四级标题用小四号楷体，五级标题使用五号黑体。

五是最小一级标题的字号不能小于、轻于正文，起码要与正文相同。

六是相邻的两级标题，即使字号不同，也不宜用同一种字体，以免区分不明，因为不同字体的形体区别较大，而相邻字号的区别性较小。此外，由于同一字号楷体字的笔画比仿宋体字粗，但字面比仿宋体字小，所以同一字号的楷体和仿宋体也不宜用于相邻级别的标题。

2. 期刊标题的用字

在标题用字方面，期刊与图书异同并存。上述图书标题用字的原则，大部分也适用于期刊，相异之处在于：

第一，期刊中的每篇文章往往独立存在，一级标题（即文章篇名）的字号可以比正文主体文字大好几号，字体对比也可较强烈。此外，期刊的一级标题有时还有引题和副题，它们的用字设计需要有区别。引题排在主标题之前，字号要小于主标题；副题排在主标题之后，字号应小于引题。

第二，不同文章可分别采用以不同字体、字号表现的标题系统，不像图书那样同级标题用字必须一致。期刊的同一页面上经常会出现两篇，甚至更多篇文章并存的情况。这时，如果各篇文章的一级标题采用相同字号，就可以为它们分别选用不同的字体，从而使之相互有别。它们的字号也可以互有不同，但是不宜相差过大。对于不在同一页面的各篇文章来说，标题的字体、字号选择有更大的灵活性。各篇文章内部的标题用字，也是自成体系即可。就是说，在不同文章之间，二级、三级等标题的格式也不需要相互一致，可以多种多样，但是，在每篇文章内部，凡是相同级别的各个标题，用字必须统一。

第三，期刊标题用字的范围比较广，尤其是一级标题，常可采用基本字体的变体或艺术字体。

（二）标题的位置

标题在版心内的位置一般用相对于正文主体文字的方位来表示。图书和期刊的标题位置都可以有多种，相互之间异同并存。

1. 标题位置的层次体系

书刊中标题的位置体现一定的层次高低。

（1）隔页排

隔页排是将标题单独排在一个页面上，其后的正文文字另页或另面起排。它是级别最高的标题位置。

（2）另页排

另页排是将标题另起一页（单数页码面）排在版心首部，其后的正文文字另行起排。它的级别低于隔页排。

（3）另面排

另面排是将标题另起一面排，其后的正文文字另行起排。它的级别原则上略低于另页排，但有时很难绝对区分，因为如果排标题的这个页面恰好属于另一张书页，那这种另面排也就是另页排了。图书和期刊对这种标题在版心中的所处部位，可以有不同的设计。

（4）居中排

通常说的“居中排”，是指左右居中排，即标题要排在版心中一定宽度的部位内横向的中间位置，其后的正文文字另行起排。它的级别低于另面排。

这里的“一定宽度”，可以是整个版心的宽度，也可以是一栏的宽度，还可以是表格中一个单元格的宽度。对于分栏版面，为防止误解，作版式标注时应明确标明左右范围，如“本栏左右居中”“跨两栏左右居中”“通栏左右居中”等。

此外还有一种“上下居中排”，是指在一定高度的版心部位内标题要排在高低适中的地方。这里的“一定高度”可以是整个版心的高度，也可以是某几行字行的高度，还可以是表格中一个单元格的高度。为不致误解，作版式标注时应该明确标明“上下居中”，并且标明高度的范围。

与左右居中排不同，上下居中排仅在标题所占上下空间比较大（相当于2行或更多行正文主体文字）时用于表示标题文字的上下位置，而不表示标题级别的高低。

（5）左齐顶格排

左齐顶格排是把标题的首字与前版口平齐，其后的正文文字另行起排。它的级别低于左右居中排。

（6）左缩排

左缩排是把标题前缩1～2字排，其后的正文文字另行起排。它的级别低于左齐顶格排，而左缩2字排的级别又低于左缩1字排。

（7）与正文主体文字接排

与正文主体文字接排是标题不单独占用一行空间，而是在标题后就接续排正文主体文字。这与标题的其他几种排法都不同，且是级别最低的。

采用这种排法时，一般在标题末字后加句号，或者不加句号而加1字间空。

2. 图书标题位置的设计

图书一级标题的位置，一般可按照其内容的性质，选择采用隔页排、另页排、另面排等。采用隔页排时，标题的上下位置要作专门设计；采用另页排或另面排时，标题一般位于版心的首部。

一级标题之下的各级标题位置，可以选用左右居中排、左齐顶格排、左缩排或与正文接排等排法。可以全部采用相同的位置，也可按照标题的层次级别相应地采用不同的位置，还可部分标题位置有区别、部分标题位置无区别地排。为了保证标题体系的清晰，对标题的位置选择要与用字选择相结合，尤其不同级别的标题若位置相同，用字格式必须有所区别。

此外，对上述标题位置体系中的各种排法，选用时可以跳过一种或数种（如在左右居中排之后不用左齐顶格排，而用左缩 2 字排或与正文接排），但是层次的顺序不可颠倒。

设计图书标题的位置时，必须依据图书内容、开本大小、标题文字多少和版面整体布局等实际状况择善而行。

3. 期刊标题位置的设计

期刊标题的位置灵活多变。

期刊的一级标题不能隔页排和另页排，大多采用另面排。如果某个页面中出现第二个一级标题，应合理设计其版面位置和字号字体，让标题突出醒目。但与图书不同，期刊中另面排的一级标题既可以位于版心首部单独占几个字行或在一角占几个字行的一部分，也可以位于版心中部嵌在正文主体文字中间，甚至位于版心下部单独占几个字行或在一角占几个字行的一部分，等等；标题字行既可以与主体文字平行，也可以与主体文字垂直。

期刊中一级标题以下的各级标题，除了可以采用图书的相应标题位置外，还有在正文主体文字中间某个段落开始部分的左侧或右侧占部分空间的，其文字与主体文字或平行或垂直。这种排法的级别仅高于一般的与正文接排，低于单独占行的其他排法。

设计期刊标题的位置时，可根据文章的内容、篇幅长短和标题字数的多少而灵活地拟订方案。

三、页码排式设计

页码是标明版面顺序的序号，它的主要作用是便于读者检索和有序阅读，也是排版、校对、印制过程中保证版面顺序正确的工具。

（一）页码的编序

对于左翻本的书刊来说，在一个视面范围内的两个页面，其页码必须是左双右单，而右翻本则正好相反。

图书正文的页码必须从“1”编起。凡是位于正文之前的辅文（如出版前言、序言、目录等），页码应该单独编，不进入正文页码序列。位于正文之后的各种相对独立的辅文（如跋、出版后记、参考文献、附录等），一般延续正文页码。不过，有些附录品种较多的辞书，为了方便读者查阅，也有将附录部分单独编页码，并设有标明具体附录品种的分目录（在全书的主目录中只列笼统的“附录”）。位于正文中间的单页型插页，如果数量不多，可以进入正文的页码序列；如果数量较多，以单独编页码为宜。集合型插页一般都应该单独编页码，与正文页码分开。每一个连续页码的计数序列应采用同一种字体。

期刊正文的页码，一般是每期从“1”开始编，也可以将全年或全卷各期的正文合在一起依序连续编码。目次页应单独编页码，不宜编入正文的连续页码。广告或其他不属于正文的内容，如果不与正文混排在同一页面上而单独占用书页，该书页应另编页码，不得与正文页码混同。面封和封里不应编入期刊的正文连续页码。底封里和底封如连续刊载正文，应编入正文的连续页码，否则不编入。

（二）页码的位置

页码应置于版面相对固定的位置。为了便于读者检索，页码的位置大多设在天头或地脚的靠近翻口处或居中位置。

竖排本页码的位置一般设在翻口上。如果没有中缝文字，可以居中；如果有中缝文字，页码便居下或居上。

有些横排书刊仿照竖排本，将页码设在翻口上；有些竖排本，尤其是中缝文字较多的竖排本，则仿照横排本将页码设在天头或地脚靠近翻口处。

期刊各期的页码应置于各页面的固定位置。若需变更，宜从新的一卷（年）的第 1 期开始。

（三）页码的标示方式

按照标示方式的不同，页码可以分成显性的明码和隐性的暗码，有的页面不编页码，即为“空码”。

1. 明码

明码是指在版面上明确标出的页码。这是最常见的页码形式。

横排版面的明码页码使用阿拉伯数字。竖排版面的明码页码一般应该使用汉字数字。

横排本设在翻口上的页码，或竖排本设在天头、地脚的页码，使用汉字数字或阿拉伯数字均可。需要注意的是，若使用阿拉伯数字，数列不能垂直排列；若使用汉字数字，数列垂直排列或水平排列均可。

2. 暗码

暗码是指不在版面上印出的页码。

采用暗码形式的页面，虽然没有将页码明确标出，但是应该分配页码。就是说，在给各个页面编页码时，暗码页面前后的明码页面上所印的页码，应该是非连续的，中间应该跳过分配给暗码页面的序号。譬如，某图书的辑封应该设置两个暗码，那么，如果此辑封前的页面标的页码是 236，则辑封后的第一个页面应该标的页码是 239，其间的 237 和 238 就是分配给辑封的两个暗码。

暗码的适用范围通常是辑封、篇章页、另页编排时必须留的空白面。此外，如果图书的页码已经决定设在天头处，那么，其中每章（或每篇文章）开头的第一面，一般也宜采用暗码。印有各种图片的插页，如果是单页型书页，采用暗码或明码均可；如果是集合型书页，则必须采用明码。

3. 空码

空码是指没有页码。譬如，对环衬、衬页、附书名页、主书名页和应该位于图书前部的口号页、呈献页、题词页等插页，不需要编列页码，这就形成空码。此外，有些图书为了让印张数达到一定数值以方便印刷装订而在最后增加的空白书页，也必须采用空码；夹在书刊当中的单页型插页，有时也可采用空码。

必须注意的是，采用空码的书页虽然不编页码，但它们在物理上是存在的，所以在计算书刊的用纸量时，应该将采用空码的书页也一并计入总面数，务必不要遗漏。

四、书眉排式设计

书刊设置书眉，不仅是为了便利读者查阅，同时对版面也有一定的装饰作用。

（一）图书书眉的设计

一般图书在天头位置设置书眉，也可在地脚位置设置下书眉，或在翻口设置中缝，有时甚至可以同时兼设不止一种形式的书眉。

图书书眉的内容，通常是书名、一级标题、二级标题等，而辞书的书眉则往往是排印作为本页面检索标志的字符。

双、单两个页面书眉内容可以相同，也可以不同。当双、单两个页面书眉内容不同时，双码面的书眉内容，级别应该比单码面的高一级。譬如，双码面上排书名，单码面上就排卷名（或篇名、章名）；双码面上排章名，单码面上就排节名。

书眉位于天头位置时，图书各章（或各篇文章）一级标题所处的第一面上，一般不设书眉，尤其在标题所占空间比较大时，更是如此。但是，下书眉或中缝一般仍可保留。

书眉一般可以设置“书眉线”与版心相隔，所用字号应该小于正文主体文字，字体则不限。书眉在天头的位置较灵活，居中或者靠翻口均可。

（二）期刊页眉的设计

期刊页眉的设计要求与图书异同并存。相异之处主要有：

第一，页眉的内容可比图书丰富，除了文章的一级标题外，还可有刊名、顺序编号、总期号、栏目名等。

第二，各篇文章一级标题所处的第一面上，通常也设置页眉，即使在标题位于版心首部时也如此。

五、版式批注方法

书刊稿件进行排版前，为了使排版人员能准确地制作符合设计要求的书刊版式，技术编辑人员要对排版要求作出详细说明。这种说明，便是对版式的批注。

按照版式设计对象的不同情况，版式批注可相应采用间接批注和直接批注两种方法。

（一）间接批注

间接批注方法多用于图书稿件，尤其是版式比较规整、简约的图书稿件。技术编辑人员需专门提供一份版式设计方案，随附于稿件一起发往排版单位。方案中对各种设计对象逐条写明版式要求，如“书眉单码面排节名，小 5 宋，左右居中，下加书眉线；双码面排章名，小 5 宋，左右居中，下加书眉线”，“页码用阿拉伯数字，新罗马体，小 5 白斜，居地脚靠翻口，两侧加中圆点”，“节名 3 标宋，左右居中，占 3 行，上空 1 行”，等等。

为了保证沟通准确，在文字说明之后常还举一二实例演示。对于个别比较特殊的设计对象，间接标注常常难以表达得十分清楚，通常要结合使用直接批注方法。

（二）直接批注

直接批注方法多用于期刊和版面比较复杂多变的图文类图书。批注时将对一个个设计对象（正文主体文字除外）的版式要求直接标注在稿面上；如果文章篇幅较短、标题级别比较简单，也可以将对某个级别标题的版式要求在该类标题第一次出现时详细标注，并注明“下同”（如“3 黑，左右居中，占 3 行，下同”），此后对同样级别的标题不再逐一批注。采用这种方法时，对正文主体文字一般只要标注一次，并且也不必写明“下同”（如“正文 5 宋，段前空 2 字，段前、段后行距正常”）。

为避免与正文内容相混，凡是直接在书刊稿面上标注的版式设计，都应该使用校对符号（详见本书第四章第二节）作批注，且为保证表述清晰，大多使用说明符号。

（三）期刊版式批注的操作特点

期刊的版式设计具有灵活多样的特色，各篇文章的版式往往不相同。因此，通常要对每篇稿件一一用直接批注方法说明版式要求。如图 3-22 所示。

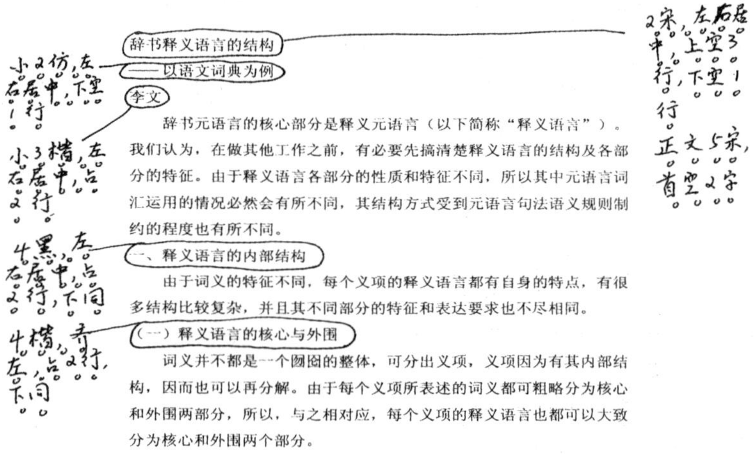

辞书释义语言的结构

——以语文词典为例

李文

辞书元语言的核心部分是释义元语言（以下简称“释义语言”）。我们认为，在做其他工作之前，有必要先搞清楚释义语言的结构及各部分的特征。由于释义语言各部分的性质和特征不同，所以其中元语言词汇运用的情况必然会有所不同，其结构方式受到元语言句法语义规则制约的程度也有所不同。

一、释义语言的内部结构

由于词义的特征不同，每个义项的释义语言都有自身的特点，有很多结构比较复杂，并且其不同部分的特征和表达要求也不尽相同。

（一）释义语言的核心与外围

词义并不都是一个囫囵的整体，可分出义项，义项因为有其内部结构，因而也可以再分解。由于每个义项所表述的词义都可粗略分为核心和外围两部分，所以，与之相对应，每个义项的释义语言也都可以大致分为核心和外围两个部分。

图 3-22 对期刊稿件版式的直接批注

此外，期刊必须在规定页面数内妥善设计、安排好若干数量文章，所以版式设计者事先必须对拟刊载文章的字数作较为精确的计算，然后根据各篇文章字数的多少，一一规定好它们在期刊中的页面位置，并将这些规定通知排版者。为此，期刊编辑必须制作比较直观、具体、详尽的版式样本，随同稿件一起发给排版者。版式样本的制作，常可利用已经出版的同种期刊，因为它与将出新刊在页面数、开本、版心尺寸规格等方面都是相同的，设计者只要逐面标明该页面的内容和版式说明（或直观示意）就可以了。版式样本中应该包括的内容大致上有：文章名称，各级标题的字体、字号、所处版面位置、占行数量，作者姓名的位置、字体、字号，主体文字的字体、字号、栏别、排列形式，等等。

思考与练习

1．什么是书刊整体设计？它的基本原则有哪几项？有哪些总体要求？
2．书刊整体设计包括哪些方面？每个方面又各包括哪些具体内容？
3．书刊外表各个部位各是什么名称？
4．书刊有哪些基本组成部分？
5．什么是书页？它们有哪些类型？不同类型的书页有什么区别？“页”与“面”之间是什么关系？
6．开本的含义是什么？什么叫开数？开本幅面大小与全张纸、开数有什么关系？表示开本的方式有哪些？常规开本、特殊开本和国家标准开本各有什么特点？
7．书刊常用的纸张有哪些种类？
8．书刊常用的装订样式有哪些？它们各有什么特点？
9．图书和期刊分别有哪些结构部件？其中什么部件是必备的，什么部件是可选择的？
10．什么叫版式？其设计的基本要求有哪些？
11．书刊的版面由哪两部分构成？其中每个部分各由哪些成分构成？
12．书刊的版面分成哪些类型？它们各有什么特点？
13．什么是版心？版心由哪些成分组成？版心在版面上有几种位置？

14．印刷字的基本字体有哪些，它们的大小用什么表示？字母和数字有哪些常用字体？常用的符号、线条、底纹各有哪些种类？

15．版面字数怎样计算？它与支付稿酬所依据的付酬字数有什么区别？

16．间空包括哪些空白，需要设置间空时应怎样表示？

17．插图包括哪些成分，它们的排式各有哪些原则？

18．表格一般由哪些元素构成，它们的基本设计要求有哪些？

19．书刊中正文主体文字的排式设计涉及哪些对象？标题的版式设计各有哪些要求？

20．页码的编序应注意哪些问题？页码的标示方式有哪些？什么是空码，书刊中哪些部件一般要用空码？

21．怎样对书刊的书眉排式进行设计？

22．对于设计对象的版式要求如何标注？

第四章

书刊校对

重点提示：校对的概念，校对的主要功能及其相互关系，校样的形成，校样的种类。校对的基本方法和工序，校对符号及其用法，修改校样的规范操作要求，校对工作的基本制度，校对操作模式。书刊常见差错类型，查改文字差错的技巧。

第一节　校对概述

在书刊生产流程中，校对是编辑后、印制前对书刊内容、文字、格式等的质量把关工序，其作用是将差错消灭在印制之前，从而保证书刊的传播和价值积累。校对工作的失误将造成书刊成品的差错。

校对工作是文字性、知识性和技术性的创造性劳动，是编辑工作的延续，是对编辑工作的补充和完善。

一、校对的概念

校对是指根据原稿核对校样，订正差错，提出疑问，以保证出版物质量的工作。这一概念包含两层意思：其一，校对工作的依据是经过三审和编辑加工整理的原稿；其二，校对的职责是既要根据原稿来发现、订正校样中的差错，又要注意原稿本身可能存在的差错并提交编辑处理。校对工作旨在为读者提供符合质量要求的书刊，这也是对作者负责的行为。

校样是根据原稿按照版式设计要求排版后输出的供校对用的样张，可反映即将出版的书刊的内容、版式和页面数量。

现代的“校对”是由古代的校雠、校勘演化而来的。

对“校”“雠”意义的界定，见于两千多年前西汉时代的编校大家刘向的《别录》。校的对象是某种书本身，校者在通读过程中，通过书中的内在矛盾，发现并改正谬误；雠的对象是某种书的不同抄本，校者通过不同抄本的比照，发现差异，从而改正传抄的差错，以恢复原著的面貌。校雠是校的概念和雠的概念的集合体。恢复原著的面貌，同时纠正原著的谬误，为读者提供善本，这就是校雠的根本目的。

在古代相当长的时期里，编辑与校对工作是合一的，编书人同时又是校书人。纸和印刷术的发明，尤其是铅活字排版和机器印刷技术的发展，提高了出版生产力水平，编校工作逐步分工，校对成了发排后、印制前的独立工序。编校分离促进了校对技术的发展，推动了校对管理的完善，也造就了现代校对职业和校对人才。现代校对的点校法、折校法、核红、技术整理和校对软件的运用等校对技术，都是对古代校雠技术的发展。现代校对管理的“三校一读”制度、责任校对制度，以及人机结合校对，校对质疑、编辑排疑等校对方式，则是古代校雠所不曾有过的。

应用计算机排版技术以后，校对的方法与过去不尽相同，但校对的基本含义和目的没有变。

“校对”一词也指从事校对工作的专业人员和出版专业技术职务系列之一。

二、校对的主要功能

校对工作具有“校异同”与“校是非”两大主要功能。

（一）校异同

校异同是指以原稿为唯一依据来核对校样，分辨二者的异同：同则通过，异则以原稿为准订正校样。它的功用在于显真保值，保证排版过程完整、准确地体现原稿内容。

校样与原稿相异，是排版过程中发生差错而造成的。原稿与校样的异同，除文字异同之外，还有符号、图、表、公式等的异同。校异同功能的发挥，可改正排版过程中发生的差错，使出版物质量得到基本的保证。

校异同的过程表面看来是比照原稿改正差错，似乎很简单，其实比照原稿发现排版差错有着自身的规律和要领，是一项专门技术。校对人员不仅要工作认真细致，还要经过反复训练，掌握熟练的工作技巧，并通过长期校对工作实践逐步积累经验，才能得心应手地发现排版差错，并规范地加以改正。

（二）校是非

校是非是指校对者凭借自身积累的知识或其他权威资料，或者凭借校对人员的经验通过原稿内容的内在联系来判断原稿内容是否正确，确认其“是”就通过，确认其“非”就提出疑问，交给编辑核实后处理。它的功能在于纠错增值，协助编辑纠正原稿中的错误，从而使原稿的价值得到提升。

原稿中存在的错误，照理应该在审稿和编辑加工整理过程中发现并订正，但由于主观或客观的原因，交付排版的原稿中往往还存在一些错漏。校对人员通过校是非能够发现一些错漏，从而为最终订正这些错漏创造了条件。

校是非又称“活校”，是一种层次更高、难度更大的校对功能。校是非要求校对人员不仅要有很强的责任心，还要具备丰富的校对经验、扎实的文字功底和广博的知识积累。

（三）校异同与校是非的关系

校异同和校是非这两项功能都是以剔除书刊中的差错作为目标。校异同与校是非是紧密相连、互相依存的关系，即校异同中有校是非，校是非中有校异同。

校异同的显真保值功能主要是消除校样中的显性差错，

校是非的纠错增值功能则主要是消除校样中的隐性错误。校对质量的保证，必须建立在显性差错与隐性错误同时消除的基础上，校异同与校是非具有功能上的互补性。

应用计算机排版技术，从作者提交的原稿电子文件到校样的转换过程中所产生的异同差错数量不多，校异同的作用并不突出，但作者原稿中除包含作者主观原因造成的差错外，还包括作者输入过程中产生的差错，总体上差错比较多。因此，校是非发挥着重要的作用。

三、校样的形成

目前，作者写稿时大多采用 WPS、Word 等办公文字处理软件。这些软件主要用于日常办公，在排版性能方面不如专用排版软件。在出版过程中，较少采用办公文字处理软件完成排版，大多采用专业排版软件进行排版，制作出符合出版要求的版面。

利用作者原稿电子文件排版并形成校样的过程主要有以下三种方式。

（一）纸质原稿附电子文件发排

作者向出版单位交稿时，除提供原稿电子文件外，还要提供一份完整的打印原稿。出版单位在打印原稿上进行三审、编辑加工和版面设计工作；排版单位依据经审定的打印原稿，利用作者提交的原稿电子文件进行组版，改正差错，输出校样供出版单位校对；经必要的校对、改版过程，得到符合出版质量要求的付印电子文件。

目前，大多数出版单位采用这种方式处理稿件，编校质量比较有保障。

（二）电子文件先行排版

出版单位收到作者提交的原稿电子文件并经三级审稿认定其可以接受出版后，先将原稿电子文件送排版单位进行排版，打印出纸质稿再交编辑进行加工整理。此后的步骤与上述纸质原稿附电子文件发排方式的步骤基本相同。该方式中供编辑加工整理用的纸质稿，是排版单位利用作者原电子文件转换而成，转换后打印的纸质稿与原电子文件并未进行过核对，因而存在质量隐患。

有的书稿图片较多、文字较少、图文混排、版面复杂，作者授权出版单位对书稿进行修改，采用该方式可便于编辑处理复杂版面问题，但审稿和加工整理要格外细致，必要时应认真核对初始的电子文件原稿。付印前一般应要求作者审阅校样并确认出版单位所做的修改。

（三）电子文件直接发排

出版单位收到作者提交的原稿电子文件并经三级审稿认定其可以接受出版后，编辑直接在计算机上对原稿电子文件进行编辑加工整理，经过复审、终审后，发往排版单位进行组版，然后由排版单位根据排版电子文件输出电子文件形式的校样，供出版单位校对，过程无纸化。

这种流程使原稿与校样合二为一，所以校样中绝大部分文字（尤其是通用字）与原稿相同，校对工作以通读检查为主。但是，在组版的过程中，图、表、公式容易发生差错，字母的正斜体容易发生变化，一些不常用的符号、冷僻字可能发生变异（甚至变成乱码），校对过程中必须特别注意。

有的图书出版单位虽然三审和编辑加工整理过程全部在计算机上完成，采用无纸化操作，但是发稿时仍打印出纸质稿供校对使用，此后的排版、校对流程与上述纸质原稿附电子文件发排方式相同。

这种方式多见于报刊出版单位，在图书出版单位较少采用。

四、校样的种类

排版、校对和改版流程中不同环节打印出来的校样，可分为毛校样、初校样、二校样、三校样、付印样、付印清样等。

毛校样是排版单位在向出版单位正式提交校样之前，将已经排好的版面打印出来进行非正式校对的样张。毛校由排版单位自行安排，主要检查排版的基本情况，防止存在基本格式错误、图表与文字不匹配、大段内容遗漏或重复等现象。对排版过程中容易出错的公式、图表等局部较复杂的版面要重点校对。

初校样又称“一校样”，是排版单位向出版单位第一次正式提交的校样，这个过程称为“提校”。初校样能够反映未来出版物的版面状况和大致篇幅。初校样的差错率应低于约定的标准。

二校样是排版单位根据初校样上的校对修改标注改正排版电子文件后，再次打印出来提交出版单位的校样。排版单位的修改一般称为“改版”或“改样”。校对人员对二校样必须核红后再校对。在出版工作实践中，二校样是出版过程中必须有的。

三校样是排版单位根据二校样上的校对修改标注改正排版电子文件后，再次打印出来提交出版单位的校样。如果有需要，在三校样之后还可以再改版打印四校样、五校样等。

付印样是已经完成“三校一读”工作、准备付印而交给排版单位进行改版的校样。付印样上需修改之处应该是比较少的。改动很多的校样不能作为付印样。如果原拟作为付印样的校样上还有很多改动，需将校样送排版单位改版后再次输出校样，并相应增加核红和校对的次数。因此，付印样一般指完成“三校一读”工作的二校样，但也有可能是相应的三校样或者四校样、五校样等。

付印清样是排版单位根据付印样上的校对修改标注进行改正后再输出、一般不应再有改动的校样。付印清样比照付印样复核无误后，作为核对蓝样或印刷胶片的依据。

第二节　校对的方法、工序与制度

校对工作的方法、工序与制度，构成了校对工作具体操作的基本内容。

一、校对的基本方法

现代著名学者陈垣在其所著《校勘学释例》一书中，将校对的基本方法分成四种类型，即对校法、本校法、他校法和理校法。这种分类，得到我国校勘界与校对界的普遍认同。

对校法主要用于校异同，要求从校样与原稿（有时还有前次校样）的对照中分辨出它们的异同，消灭排版差错。本校法、他校法和理校法主要用于校是非（其中也有校异同的因素），即着重于在校样检查中发现原稿的差错。

（一）对校法

对校法是比照原稿核对校样，使校样上的文字、符号、图、表、公式等内容与原稿完全相符，版式符合设计要求的校对方法。

对校法有折校、点校等具体操作方式。

1. 折校

折校一般是把原稿放在桌子上，再将一页校样夹在两手的手指间压在原稿上面，并把校样上的字句对准原稿相应位置的字句，逐字比对。为便于阅读和比较，将校样逐行折叠，使正在校读的一行总是处于折叠处的下端。

校样通常便于折叠，而将原稿平放在桌面上的做法，有利于看清原稿上的修改内容和标注，防止漏看写在字行下方的文字和标注，并可保护原稿，避免因多次校对过程中反复折叠原稿造成字迹不清，甚至原稿破损，不利于后续校对工作顺利进行。

有些出版单位的校对人员习惯于折原稿，而将校样放在桌面上。这样做便于在校样上进行修改标注，提高工作效率，并可保持校样平整。但是，如果原稿是珍贵的手稿，就不能采用这种操作方式。

校对人员可以根据稿件实际情况，对上述两种操作方式进行比较，选取适合稿件情况的方式。

折校的优点是：由于原稿和校样间距离短，校对人员的视力可集中在一个注视点上；又由于原稿和校样上的文字是对比着一个个地看，多字、漏字容易被发现；在默念的过程中，脑、眼、手三者密切配合，有效地获得“一目两行”的妙用。

折校的缺点是：由于以核对文字为主，容易忽略对内容的理解，不利于校是非；有时着重号、专名号容易被折缝或手指遮盖，导致漏校。

2. 点校

点校是将原稿放在校样上方或左方，先看原稿，后看校样，逐字逐句进行校对。

点校主要适用于原稿文字排列方向与校样横竖不一的情况，而对校样进行核红时也要变通采用点校方式。它的优点是校对人员阅读原稿和校样的视野比较宽，便于看清原稿上的各种修改和标注。它的缺点是校对人员工作时头部要左右或上下摆动，两手也受到约束，容易疲劳。由于原稿与校样间距离较大，头部转动的间隔时间若稍长，则不容易把原稿上的文字、符号完全记住，很可能漏校或误校虚词、同音字、形似字、标点符号和形似外文符号等。

（二）本校法

本校法是通过本稿件上下文的互证和比较来发现问题，提出疑问，以订正差错的校对方法。

本校法的特点是依据稿件内在的联系，将目录与正文、上下文内容、文字与图片、文字与表格、正文与注释相校，对人名、地名、术语等进行前后互校。

本校法是通读检查的主要方法之一。校对人员在脱离原稿的情况下，集中注意力辨别校样上的内容，通过比较、前后互证来发现差错。在初校、二校、三校已经消灭了绝大部分排版差错的基础上，运用本校法进行通读检查更能够体现“校对是编辑工作的延续”这一特性。尤其是在原稿电子文件已经普及的今天，充分发挥本校法的长处，可以弥补原稿的某些疏漏，提高书刊的质量。

（三）他校法

他校法是在对校样内容存在疑问时，利用内容相关的其他权威文献（包括工具书和各类法规、标准、规范）来判断正误的校对方法。

他校法常与本校法交叉运用。“本校”发现了问题但难以准确判断时，就用“他校”从相关工具书或文献中寻找可靠依据后，提出疑问交给编辑解决。利用《现代汉语词典》《汉语大字典》《汉语大词典》《作者编辑常用标准及规范》《语言文字规范标准》《辞海》《中国大百科全书》等工具书来校正文字差错和知识性差错，就是运用他校法的具体做法。他校法的功能在于释疑，通常用于解决文字、引文、数据、事实、日期、术语、公式之类的问题。采用他校法时，常常需要通过数种文献的反复比较来确认正误。因此，校对人员应该熟悉与出版物内容有关的权威工具书和国家法规、标准、规范，这样才能迅速、准确地运用他校法释疑解惑。

（四）理校法

理校法是通过推理分析作出是非判断的校对方法。

理校法也常与本校法结合运用。在本校法发现问题而一时又无其他文献可供参照时，校对人员要通过推理分析来判断是非，并提出疑问，由编辑解决。因此，理校法具有很大的主观性，必须是学有专长、知识面较广的校对人员才可运用，否则容易造成“以误为不误”“以误改误”“以不误为误”等错误后果。

运用理校法时，或从分析字词含义入手进行推理判断，或运用逻辑方法进行推理判断。

二、校对的基本工序

校对由初校、二校、三校、誊样、核红、通读、技术整理和对片/对蓝样等基本操作工序组成，其中某些工序需依次进行，某些工序可穿插进行。

（一）需依次进行的校对工序

需要依次进行的校对操作基本工序是初校、二校、三校、通读和对片/对蓝样。

1. 初校

初校也称“一校”，是对排版单位初次送出版单位的校样进行第一次校对。校对者依据原稿核对校样，订正排版时产生的文字、符号、图、表、公式等方面的差错和版式差错。初校的主要任务是校异同，达到本工序规定的质量标准，同时兼顾校是非。

2. 二校

二校是指对一种书刊校样的第二次校对，即再次依据原稿核对校样、订正差错，消灭初校可能遗留的差错。

二校者在校对过程中除了履行校异同、校是非职责之外，还要检查初校者的校改之处是否正确。

二校一般与初校使用同一份校样（即初校样），在初校完成后继续安排二校。这种流程称为“初、二连校”。

有时，由于排版质量不高或原稿遗留差错过多而导致初校改动较大，在初校之后的初校样上继续进行二校难以保证校对质量，可在初校后即改版并输出二校样进行二校。对新输出的二校样，二校者先要核红，再依据原稿对二校样进行校对。

3. 三校

三校是指对一种书刊校样进行的第三次校对。三校应继续履行校异同的职责，消灭初校、二校可能遗漏的差错，同时增强校是非的功能。

三校者面对的校样可能是由经过初、二连校后的初校样改版后新输出的二校样。这时，三校者应先根据初校样进行核红，然后依据原稿对二校样进行校对。

如果二校是在二校样上进行的，一般会在二校样上继续进行三校，即进行“二、三连校”。

4. 通读

通读是指脱离原稿审读校样。通读的职责是校是非，兼顾校异同。通读者面对的一般是已经三校过的二校样；有时二校样改动很多，要先改版，通读者面对的就是新输出的三校样。

如果是二校样，通读者可以直接开始通读，在通读过程中注意核实前面校次的改动之处。

如果是新输出的三校样，通读者要先核红，然后再开始通读。

通读中重点检查校样中的政治性、思想性、科学性、知识性、语言文字、逻辑等方面的差错。

通读发现疑问时，根据需要仔细核对原稿，也可实现校异同的功能。

5. 对片/对蓝样

对片是指在采用传统胶印制版、印刷工艺条件下，将排版单位输出的胶片与付印样或付印清样进行核对。对于一般书刊，完成对片后就可以进入印制环节。

对片的方法是将付印清样放下层，透明的胶片蒙在付印清样上，上下对齐后逐行、逐段比照两者能否完全套准。尤其要注意每面胶片首、末行和四周内容与付印清样是否一致，有无胀、缩现象。能够全部套准的，说明此片正确；套不准的，要查明原因后重新出片。

所谓蓝样，是指多页胶片按印版大小拼成大版所出的样张，因呈蓝色而得名。

对蓝样是将蓝样与付印样或付印清样进行核对，以进一步确保书刊的印前质量。

由于每张蓝样折叠后是一个书帖，组合后呈成品形式，易于对书刊版面作全面审视和重点检查，所以采用传统印制工艺时，对重点产品、精细产品，为了确保编校质量和胶片拼版无误，出版单位常于完成对片并付印后要求印刷企业增加一次蓝样输出，将蓝样与付印清样核对。

随着印刷技术的发展，在计算机直接制版技术或数字印刷技术印制书刊的情形下已不再输出印刷胶片。印刷电子文件发往印刷单位完成组版后，可直接输出与传统蓝样形式相同的样张，并交由出版单位与付印清样核对，作为印前把关的最后一道工序。人们依旧把这一工序称为“对蓝样”。现今，更多的出版单位增加了对蓝样工序，有的出版单位还将对蓝样代替对片作为校对流程中的必经工序，包括本单位所有书刊。

对蓝样采取折校方法，将蓝样与付印清样逐行、逐段比照，检查版面有无异常：输出过程中内容有无出错（如因排版软件的细微差异造成的版式变动、特殊符号变异、造字变异等），核对付印清样上可能存在的个别改动之处是否已经改正，检查页码顺序是否正确，等等。

对蓝样时，要注意每面首、末行和四周内容与付印清样是否一致，有无胀、缩现象。对特殊符号、造字要重点检查。

对片 / 对蓝样工作可由校对人员承担，也可由技术编辑承担。

（二）可穿插进行的校对工序

在校对工作过程中可以穿插进行的校对操作基本工序有核红、誊样和技术整理。

1．核红

核红又称“核对”，是指检查、核对前次或前几次校样上色笔批改之处在新校样上是否已经改正，并校正其漏改或错改之处的工作。编辑和校对人员对校样的改动会使用几种不同的色笔，而红笔是其中经常使用的，所以这项工序被称作“核红”。

核红时，对于新校样中该改而漏改的地方要用色笔进行订正，对于已经根据前次校样改正的地方要用铅笔作标记。这是因为，前次校样上的改动虽然大部分是根据原稿作出的，但也可能有少量改动是经责任编辑核实后所作的不同于原稿的修改，而凡是已经发稿的原稿，稿面上不允许再作任何修改，因此对原稿的修正只能体现在校样上。核红时用铅笔标出依据前次校样的改动之处，便于后续校对时判断与原稿不同之处是否属于经责任编辑核定的修改。

2．誊样

誊样又称“过红”或“并样”，一般由责任编辑承担。

为了让作者和编辑进一步把关，除校对人员使用的一份校样（称正样）外，一般还有相同的一份或两份校样（称副样）交作者、编辑审读。在该校次即将结束前，一般是把副样上作者和编辑所作的改动誊抄到正样上。

誊样时对副样改动部分不能简单地誊抄，还要判断改动是否正确和有无必要。

3．技术整理

技术整理简称“整理”，是指从体例格式方面检查和整理全部校样的工作。技术整理工作要做多次，最后一次由责任校对承担。

技术整理时要进行相关文字检查，主要是核对：页码是否衔接；书名（或刊名）、作者名、出版单位名和出版时间等相关项目是否一致；目录中的标题与正文是否一致，页码是否准确对应；书眉文字是否符合设计要求，是否正确无误，等等。

版面格式的检查，主要是核对正文主体文字、标题、引文、注文的字体和字号等，检查页码与书眉（或中缝）在版面上的位置和格式，查看图、表、公式等在版心中的位置，等等。

三、校对符号及其用法

校对时标注在校样上表示校对修改要求的专用符号称为“校对符号”。它是作者、编辑、版式设计、校对和排版人员之间进行业务联系时采用的表达修改要求的一套符号，以特定图形为主要特征。

国家标准《校对符号及其用法》（GB/T 14706—1993）规定了各种校对符号的形式和使用方式（见表 4-1），适用于以文字为主的校样的校对，编辑和校对人员应能熟练使用。该标准发布至今已近三十年，其中一些校对符号主要适用于铅活字排版校样，现在已很少使用。

国家标准《图像复制用校对符号》（GB/T 14707—1993），适用于图像或以图为主的校样的校对。图像复制用校对符号大多不同于文字校对符号，但也有少数借用了文字校对符号。

表 4-1　中华人民共和国国家标准　校对符号及其用法　GB/T 14706—1993

Proofreader's marks and their application

1　主题内容与适用范围

本标准规定了校对各种排版校样的专用符号及其用法。

本标准适用于中文(包括少数民族文字)各类校样的校对工作。

2　引用标准

GB 9851　印刷技术术语

3　术语

3.1 校对符号　proofreader's mark

以特定图形为主要特征的、表达校对要求的符号。

4　校对符号及用法示例

编号	符号形态	符号作用	符号在文中和页边用法示例	说　明
		一、字符的改动		
1	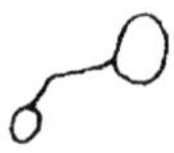	改　正	增高出版物质量　提 改革开敀　放	改正的字符较多，圈起来有困难时，可用线在页边画清改正的范围 必须更换的损、坏、污字也用改正符号画出
2		删　除	提高出版物物质质量。	
3	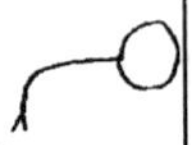	增　补	要搞好校工作。　对	增补的字符较多，圈起来有困难时，可用线在页边画清增补的范围
4	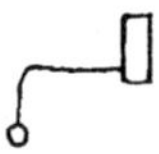	改正上下角	16=42　2 H2SO4　4 尼古拉费欣　· 0.25+0.25＝0·5　. 举例:2×3＝6　: X:Y=1:2　:	

国家技术监督局 1993-11-16 批准　　　　1994-07-01 实施

续表 1

编号	符号形态	符号作用	符号在文中和页边用法示例	说　明
二、字符方向位置的移动				
5		转　正	字符颠倒要转正。	
6		对　调	认真经验总结。 认真验结经总。	用于相邻的字词 用于隔开的字词
7	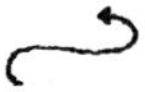	接　排	要重视校对工作， 提高出版物质量。	
8		另起段	完成了任务。明年……	
9	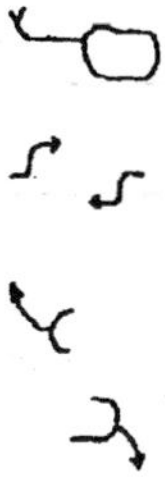	转　移	校对工作，提高出 版物质量要重视。 ”。以上引文均见中文新版《 列宁全集》。 编者　年　月 …… 各位编委：	用于行间附近的转移 用于相邻行首末衔接字符的推移 用于相邻页首末衔接行段的推移
10	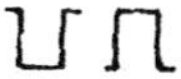 或 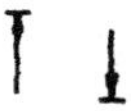	上下移	序号 | 名　称 | 数量 01 | 显微镜 | 2	字符上移到缺口左右水平线处 字符下移到箭头所指的短线处
11	 或 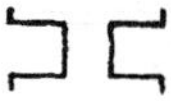	左右移	要重视校对工 作，提高出版物质量。 3 4　5 6　5 欢呼　歌　唱	字符左移到箭头所指的短线处 字符左移到缺口上下垂直线处 符号画得太小时，要在页边重标

续表 2

编号	符号形态	符号作用	符号在文中和页边用法示例	说　明
12	═ ‖	排　齐	校对工作非常重要 必须提高印刷质量，缩短印刷周期。　国家标准	
13		排阶梯形	RH₂	
14		正　图	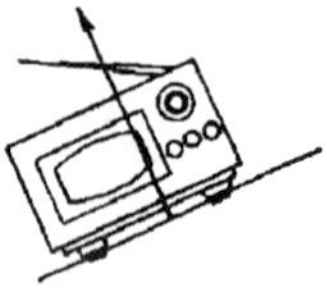	符号横线表示水平位置，竖线表示垂直位置，箭头表示上方

三、字符间空距的改动

15	V >	加大空距	一、校对程序　V 校对胶印读物、影印书刊的注意事项：　>	表示在一定范围内适当加大空距 横式文字画在字头和行头之间
16	Λ <	减小空距	二、校对程　序　Λ 校对胶印读物、影印书刊的注意事项：　<	表示不空或在一定范围内适当减小空距 横式文字画在字头和行头之间
17	#	空 1 字距 空 1/2 字距 空 1/3 字距 空 1/4 字距	第一章校对职责和方法 1. 责任校对	多个空距相同的，可用引线连出，只标示一个符号
18	Y	分　开	Good morning！　Y	用于外文

续表 3

编号	符号形态	符号作用	符号在文中和页边用法示例	说 明
			四、其 他	
19	△	保 留	认真搞好校对工作。	除在原删除的字符下画△外，并在原删除符号上画两竖线
20	O=	代 替	兰色的程度不同，从淡兰色到深兰色具有多种层次，如天兰色、湖兰色、海兰色、宝兰色…… O=蓝	同页内有两个或多个相同的字符需要改正的，可用符号代替，并在页边注明
21	○○○	说 明	第一章 校对的职责 改黑体	说明或指令性文字不要圈起来，在其字下画圈，表示不作为改正的文字。如说明文字较多时，可在首末各三字下画圈

5 使用要求

5.1 校对校样，必须用色笔（墨水笔、圆珠笔等）书写校对符号和示意改正的字符，但是不能用灰色铅笔书写。

5.2 校样上改正的字符要书写清楚。校改外文，要用印刷体。

5.3 校样中的校对引线要从行间画出。墨色相同的校对引线不可交叉。

四、修改校样的规范操作

修改校样时，必须注意操作方式的规范化。这主要体现在以下几个方面。

（一）正确使用校对符号

校样中字距和行距比较小。在这么小的空间里，很难直接插进新的文字，而使用校对符号就很容易解决校样中需要增加、删除、改正、对调、接排、转移、另行等问题，避免产生歧义，且能使校样页面整洁，便于排版人员阅读、识别。

正确使用校对符号，体现了校对的专业性。

（二）正确作校对修改标记

国家标准规定的校对符号中，有的符号需要加引线将需改之处与版心外所标的更改内容连接起来；有的符号直接标在版心内需更改之处，同时在版心外的空白处作相应的标记。图4-1为本书部分内容的校对修改标记方式示例。

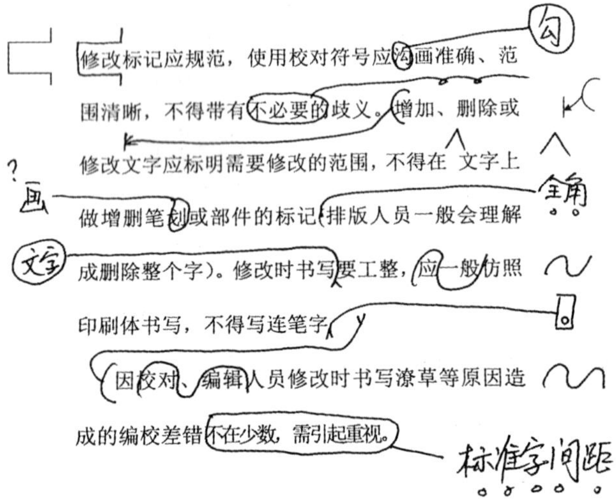

图4-1　校对修改标记方式示例

需要说明的是，以上示例中的修改全部使用了校对符号。这种方式适合在修改校样时采用，因修改标记醒目而便于排版、校对人员识读。但是，在编辑修改原稿时一般应力求稿面整洁，在适宜的情况下尽量在待修改文字附近的字行中书写更改后的文字和标记，可以少用校对符号。

1. 引线的使用

当某处字符需要修改时，应将需要修改的部分圈起来后，沿字行之间的行空拉出一条线到版心外，然后在版心外的空白处写上应该改成的字符并圈起，该圈的外围必须与引线相连。如果需改的字符与左右相邻字符的格式相同，一般可以不标注格式；如果格式不同，应该注明格式要求（如字体、字号，上下标，字母的文种、大小写、正斜体等），格式可以利用相应的校对符号本身体现，校对符号本身不能体现时需要专门增加说明符号（即在下面画上小圆圈的文字说明）。

引线不能相互交叉、重叠，也不能与字行交叉。在某一字行中画引线时，应尽量为该行或其下一行中可能还需要再画引线留出余地。譬如：画引线应优先画在该字行上面的行空内；在字行偏左处起始画的引线尽量向左边延伸，而在字行偏右处起始画的引线尽量向右边延伸；引线延伸到版心外后可稍稍向上斜，在比该字行略高位置的空白处书写改正的字符，为后面可能还要书写修改文字、符号留下位置，等等。

2. 版心外的标记

对于不用引线的校对符号，如字符对调、减小空距或加大空距、上下移动或左右移动、缩进或排齐等符号，在版心内标注后，应该在版心外再作标记，以便改版人员发现和辨识校对修改之处。

某字行中使用了这类校对符号后，版心外的标记应该标在与该字行对应的位置，不宜高于或低于该字行。这样方便改版人员查看。标记不宜离字行的文字过近，以致不够明显或者与其他引线接合，使得改版人员看错。

3. 质疑的标注

校对人员对于校样中虽与原稿相符，但很可能是原稿本身有错的地方，应该根据校是非的要求向编辑质疑。至于是否修改和怎样修改，则由编辑核对后决定。校对人员无权修改原稿。

质疑时，校对人员应在校样上使用铅笔将有疑问处圈起并画引线引至版心外空白处，然后用铅笔直接写明修改建议后打一问号（见图 4-1），或写明具体看法，交由编辑处理。

编辑审阅校样后，校对人员要复查校样，检查质疑处理情况。

（三）正确选用色笔

同一份校样上，不同人留下的笔迹颜色必须有区别，以明确各自的责任。

校对人员、版式设计人员、编辑和作者都必须使用不同颜色的色笔，承担不同校次的校对人员也都要使用不同颜色的色笔。受常用色笔颜色种类的限制，并且太淡的颜色又不易看清而不适宜用于修改校样，这里讲的“不同颜色”以互相可以明显区分为准。譬如，同样是红色，枣红色和大红色一般是能够区别的，可以在同一份校样上出现；圆珠笔和墨水笔留下的字迹，即使属于同一种颜色，也会有所区别。红、紫、蓝、绿等颜色的墨水笔或圆珠笔常使用，而黑色笔一般不用于修改校样，原因是黑色笔迹与校样上的打印文字颜色相近，容易由于疏忽而被遗漏。出版单位可依据上述原则，制订各校次校对人员、版式设计人员、编辑和作者修改校样用笔颜色的规定，以提高工作效率。

需要强调，校样上凡是需要改版人员修改的内容，都应该用墨水笔或圆珠笔标明。附加的提示性说明文字应用墨水笔或圆珠笔书写，并在文字下面加小圆圈。

按惯例，原稿和校样上以铅笔书写的文字不能作为正式修改的内容，俗称“不算数”。但是，也有出版单位编辑加工整理时在原稿中用铅笔书写提示性说明文字，以求稿面整洁。

五、校对工作基本制度

《图书质量保障体系》规定，出版单位须“坚持责任校对制度和‘三校一读’制度”。这两项制度是我国校对工作的基本制度，对保证出版物校对质量十分有效，必须严格执行。

出版单位每出一种书，都要指定一名具有中级或高级出版专业职业资格的专职校对人员为责任校对，负责校样的技术整理工作，监督检查各校次的质量，并负责付印样的通读工作。

任何出版物的校样都必须经过初校、二校、三校和通读检查，随意减少校次就会导致不良后果；而对重点图书、工具书等，则还应相应增加校次。各种出版物的终校（即最后一次校对，一般是三校，也可能是四校、五校等）必须由本出版单位具有中级或高级出版专业职业资格的专职校对人员担任。

校对工作中，某种出版物的每个校次的校样均由多位校对人员分工完成，任何部分的校样在不同校次均由不同校对人员承担校对。这样做可尽量避免个人习惯性思维和知识局限性产生的疏漏，并可形成相互制约机制。

六、校对操作模式

校对工序的不同组合方式，构成不同的操作模式。

在长期的出版工作实践中，形成了十分成熟的全人工校对操作模式，在保证出版物编校质量方面发挥了重要作用。各校对工序可以有多种组合方式，形成多种操作模式。其中，基本校对模式的流程环节一般为：

初校→改版→核红 + 二校 + 誊样→改版→核红 + 三校 + 技术整理→改版→核红 + 通读 + 技术整理→改版→付印清样核红→付印

基本校对模式的特点是校对一次即改版一次，有利于保证编校质量，但流程环节多，出版周期长，成本也大。因此，实践工作中多采用连校模式。连校模式流程环节少，出版周期短，在一般出版物上运用可以充分保证编校质量。典型全人工校对流程如图 4-2 所示。

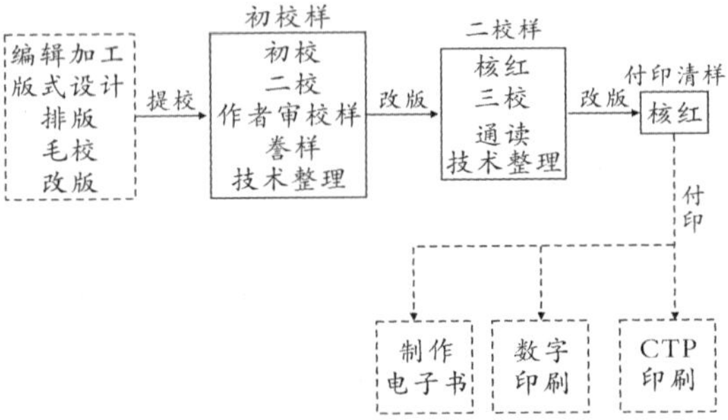

图 4-2　全人工校对模式操作流程（初、二连校模式）

校对工作中，要记录各校次发现的差错率，后续校次对先前校次的校对质量起监督作用。根据出版物特点及已经完成校次发现的差错情况，可调整后续校对工作的流程，必要时应增加校次。

计算机排版与胶印取代铅印以来，校对流程和方法正在经历变革，但多年来形成的全人工校对方法和规范，仍是当前校对技术发展的基础。

实际工作中，书刊出版单位通常将由作者原稿电子文件打印成的纸质稿用于审稿、编辑加工、批注版式。排版单位则依据纸质原稿，利用作者提供的原稿电子文件进行排版，形成校样用于校对。在编辑、排版和校对过程中完全采用无纸化操作的模式，在报刊出版单位尚不普及。

计算机排版产生的差错有一定的规律。总体上异同差错减少、是非差错有所增加。为适应这些变化，校对工作正在探索新的流程。

目前，普遍采用人工校对与计算机校对配合的人机结合校对。

校对软件中，黑马校对软件应用较为广泛。该软件具有易于操作、校对速度快等许多优点，但也存在漏报差错和误报差错的缺点。校对软件在识别常见文字差错方面，辨识能力较强；对语法差错、标点符号差错，以及数字、量和单位用法等方面的差错，辨别能力稍弱；在识别知识性差错、逻辑差错、数值差错、体例格式差错等方面，则能力更弱。用户可以利用校对软件提供的用户自定义功能进行个性化开发，增强软件识别稿件中某个类别的差错的能力，提高校对效果。

在校对过程中用好校对软件，可以与人工校对形成互补作用。在编辑加工整理过程中运用计算机校对，同样有利于消灭差错。

第三节　书刊常见差错与查改技巧

原稿中的差错，多为作者造成，也可能因编辑工作失误产生。校样中还可能出现因排版、改版等方面的失误而造成的差错。校对人员熟悉原稿和校样中常见差错类型，掌握其出错原因和规律，能有效地发现并订正校样中的差错，提高校对质量和工作效率。

一、书刊常见差错类型

常见的差错主要有以下几类。

（一）内容差错

内容差错多种多样，校对人员要依靠其掌握的广博知识和熟练校对技能加以识别。这里仅列举几个由文字差错导致的内容差错。某些词语的用字或者形似，或者音同，或者用字相同而次序不同，若稍有不慎，用错了字，都会造成内容差错。譬如，“好儿女志在四方”错成“好儿女志在西方”，这是带有政治性的差错；“株式会社”错成“株式社会”，属于知识性差错；“致癌”错成“治癌”，属于科学性差错；“李大钊 1927 年就义”错成“李大钊 1929 年就义”，属于事实性差错；本来想写“公元 209 年”，却下意识地写成“公元前 209 年”，也是事实性差错。

（二）汉字差错

汉字差错在原稿和校样中占很大比例，包括错字、别字、草字误判、错合字或错分字、多字、漏字、颠倒字，以及简化字、繁体字和异体字使用不当等。

1. 错字

错字指因笔画、结构写得不正确而像字但不是字的字。常见的有增加笔画、减少笔画、错误简化部件等。

错字多见于手写稿，或者在打印的原稿、校样上以手工书写的修改文字。

在校样中极少出现错字，因为错字在计算机字库中并不存在。不过，由于利用计算机造字很方便，如果作者书写不正确或不工整，文字录入、改版人员若未仔细查证，而是照样造字，就会造出错字。所以，在校样上仍可能存在错字。

排版单位要做好员工培训。遇到常用字库中没有的生僻字需要造字时，应仔细查阅权威工具书，确认字形，确保造字是必需的，并且字形符合规范，防止将错字或潦草字当成生僻字造字，酿成差错。

2. 别字

别字是指用得不当的字，即该用甲字却用了乙字，乙字即为别字。别字也是规范的汉字，只不过是被用错了地方。计算机写作普及后，别字是原稿、校样上最常见的差错类型。所以，校对时对别字现象必须特别注意。

别字可能是由于输入时的疏忽造成，也可能是对形体相近的形似字或读音相同、相近的音似字没有仔细分辨所导致，还可能是书写者语言知识不足造成的。

3. 草字误判、错分字、错合字

草字误判，多因书写不清晰、不规范而引起。如将“千斤顶”错成“4 斤顶”，“乃”错成“13”。

错分字，是指将一个字分成了两个字甚至三个字。多因左右两个或三个独体字组合而成的合体字书写结合不紧而引起。如将“腋”错分成“月夜”两字，将“掰”错分成“手分手”三字。

错合字，是指将两个字组合成了一个字。在相邻两个汉字笔画都少，书写时两字又挨得很紧的情况下，容易造成误判。如“女生”错成“姓”，“日月”错成“明”。

将“林昆”误判成“木棍”，也是书写不工整造成的。

4. 简化字、繁体字和异体字使用不当

2013 年，国务院公布了由教育部、国家语言文字工作委员会组织制定的《通用规范汉字表》。出版物中使用汉字应该严格执行有关规定。

校样上有时会出现在简化字文本中不当夹杂使用繁体字，在繁体字文本中出现繁体字字形选用不当的错误，有时还会出现应该淘汰的异体字。1977 年公布的《第二次汉字简化方案（草案）》中的“二简字”早已废止，但仍有少数人偶尔使用，如将“副院长”错写成“付院长”。校对人员需要仔细辨别、纠正。

5. 多字、漏字、颠倒字

多字是指一个词语中多出了一字，如“《黄帝内经》”错成“《黄皇帝内经》”。

漏字是指一个词语中漏掉了一字，如“扬扬得意”错成“扬得意”。

颠倒字是指两字次序颠倒，如“办法”错成“法办”，“斗争”错成“争斗”。

（三）汉语语言差错

汉语语言差错主要有误用词语、词形选用不当、语法差错等类型。汉语出版物中随意夹带外文也属此列。

1. 误用词语

误用词语主要是混淆使用音相同或相近但意义不同的词语，或者错误使用概念意义相同但修辞色彩区别很大的词语。如“溶化”与“熔化”，不但音同形似，意义也很相近，都有固体化为液体的意思，但前者指固体溶于水或其他液体，后者指固体受热后变成液体。如果将“加热后锅里的砂糖渐渐熔化了”写成“加热后锅里的砂糖渐渐溶化了”，就是混淆了这两个词的意义。再如，提及几个犯罪分子时称“几位”，则是修辞不当。

成语的结构形式一般是固定的，不能把“源远流长”“意气风发”“明日黄花”误写成“渊远流长”“意气奋发”“昨日黄花”。有时还会出现因未能理解成语的完整含义而错用。如“这一次扑灭森林大火，解放军又一次首当其冲”，这个句子的本意是想说解放军战士“冲锋在前”，而“首当其冲”指“最先受到攻击或遭遇灾难”，显然不妥。

2. 词形选用不当

词形选用不当主要是对异形词使用了非推荐词形，如使用非推荐词形“笔划”“定货”“简炼”“身分”“帐本”，应相应改成“笔画”“订货”“简练”“身份”“账本”。工作中对异形词的选用有争议时，通常以教育部、国家语言文字工作委员会2001年发布的《第一批异形词整理表》为准。

3. 语法差错

病句是原稿、校样中常见的语法差错，其类型大致可以分为成分残缺、结构混乱、指代不明、搭配不当、不合事理等。此外，“的”“地”“得”的混用也很常见，这三个结构助词在现代汉语里有明确分工，不能混用。

4. 汉语出版物中随意夹带外文

新闻出版总署 2010 年发布《关于进一步规范出版物文字使用的通知》，要求高度重视规范使用外国语言文字。在汉语出版物中，禁止出现随意夹带使用英文单词或字母缩写等外国语言文字；需要使用外国语言文字的，应当用国家通用语言文字作必要的注释。

在汉语出版物中，除了已经广泛使用的常见外文缩写（如《现代汉语词典》已经确认的字母词）可以直接使用外，其他外语词都必须翻译成汉语，外语原文可以夹注在汉译词语后面。

（四）外文、汉语拼音差错

外文和汉语拼音中，可能存在类似于汉字使用过程中发生的各种差错，但具体表现形式有所不同。“错字”会表现为错字母、多字母、少字母，或者不同文种而形体相似的字母（如英文、俄文、希腊文字母）相混。例如，将英文小写字母 l 排成大写字母 I 或者数字 1，英文 q 排成 g 或者数字 9，希腊文字母“μ”错排成英文字母“u”，等等。“错分”表现为将一个单词排成两个或三个单词，例如，将“understand”排成“under stand”，甚至将一个字母分成两个，如 m 错分成 r 和 n，b 错分成 l 和 o。“错合”表现为将两个甚至三个单词合并成一个单词，或将两个字母合成一个，如 o 和 l 错合为 d。

外文和汉语拼音经常出现下列错误。

1. 大小写差错

如专有名词（包括人名、地名、国名、节日名、书刊名、标题名等）和每句话的首字母未大写；该小写的普通词语或者语句中间、单词中间的字母却用了大写字母；化学元素符号的大小写不符合规定（单字母元素符号应大写；两个字母组成的元素符号，前一个字母大写，后一个字母小写），等等。

2. 转行差错

行末排不下一个单词需要转行排时，可能没有按音节转行，或者转行后行末或行首只有一个字母，或者行末没有加连字符。

3. 字体差错

没有按规范使用相应的字体。如正文叙述中的外文书刊名称未用斜体，物理量符号错用正体，法定计量单位符号错用斜体，等等。

4. 汉语拼音分写或连写差错

汉语拼音没有根据《汉语拼音正词法基本规则》以词语为单位分开写；由若干个词语构成的短语，错误地按字标音，或是整个短语的标音连在一起。

5. 标音符号差错

外文词语的重音标记或汉语拼音的音调标记没有按照规定使用。比如，英文词语的重音错标在字母的顶上，俄文词语的重音错标在音节旁边，汉语拼音的音调标记形体有误或未标在音节的主要元音（即韵腹）上面，等等。

6. 上下位置差错

这主要见于各种符号、公式，是指应该排成上标（偏右上角）或下标（偏右下角）的外文字母、数字，却与其他字母、符号同样处于平排位置，或者是应该平排的外文字母却误排成了上标、下标。

（五）标点符号用法差错

标点符号用法差错，除了标点符号的错用、多用、少用之外，校样上有时还会出现标点符号格式有误的现象。

应当成对使用的引号、括号、书名号等，常出现丢失一边而不成对使用的现象。

有些外观差别微小的符号，如分号、比号（居中）与冒号（居下），中圆点（居中）与小数点（居下），连接号（包括外文的连字符）与下划线，大于号、小于号与单书名号，也常常混淆。中文破折号容易在中间断开而变成两个连接号，或者只有一个字的宽度。

对外文或中外文混排的出版物，要特别注意中外文标点符号的差异。例如，中文句号为“ 。”，英文句号为“.”；中文书名号为“《》”或“〈 〉”，英文没有对应的符号，常以引号或排斜体表示书名；中文顿号为“、”，英文没有对应的符号，以逗号表示停顿；中文省略号为“……”，英文省略号为“...”。在中外文混排的书刊中，中文文本部分应使用中文标点符号，外文文本部分应使用外文标点符号。可参考国家语言文字工作委员会 2014 年发布的《夹用英文的中文文本的标点符号用法（草案）》。

（六）数字用法差错

数字用法差错主要是不符合国家标准《出版物上数字用法》（GB/T 15835—2011）的规定。如滥用阿拉伯数字；同一场合出现的数字，没有遵循“同类别同形式”的原则，随意混用两种数字；在未标明具体年代的语境中省略年份中代表世纪的前两位数字；用阿拉伯数字表示百分数范围时，前一个数字后未加百分号，等等。

此外，校对时还要注意数字的上标或下标位置是否正确。

（七）量和单位使用差错

量和单位使用差错主要是量和单位名称不规范，量和单位符号使用不规范，使用非法定计量单位或已废弃的单位名称。

（八）插图差错

插图容易出现的差错有：插图与呼应的文字内容相离过远，显得文图不对应；插图的序号与正文不呼应；图题与图片内容不符；图中文字、线条或图形有误；图注与图中被注释内容不衔接；图片在版面上的位置不符合规则，等等。

利用计算机排版时，为提高图稿的规范性，线条图大多需要重新绘制，图中文字可能需要重新录入。在校样上看似美观的插图，很可能存在大量线条和文字差错，需要认真核对。有时还会因计算机软件不兼容，造成图中线条或文字丢失。

对插图部分要重点校对，一般应局部增加校次。如果插图的专业性很强，应安排熟悉专业的编辑对插图作专门校对、检查，或者请作者审阅校样，并请作者把插图作为检查的重点。

（九）表格差错

表格差错主要有内容差错和格式差错两类。

1. 内容差错

内容差错一般表现为表格的序号与正文不呼应，表中数据有误，表格与正文叙述文字内容不衔接，表注文字与表中内容不呼应，等等。

2. 格式差错

格式的差错多见于校样，如：缺少表线，表线粗细线使用不当；表中上下行数字未恰当对齐；左右各栏文字未合理对齐；表格在版面上的位置不当，与相关的正文叙述文字离开太远，造成脱节；表格转面时未按规定要求加“续表”或“表×（续）”字样，续表漏排表头；折栏表衔接差错；和合表不是从双面跨到单面排，等等。

将作者提供的以 WPS、Word 等办公文字处理软件撰写的原稿电子文件导入计算机排版系统中后，需要对表格做大量人工处理，表线可能都重新绘制了，有的文字也可能重新录入了，会产生很多差错，需要重点校对，一般应局部增加校次。

（十）公式差错

原稿和校样中都容易出现的差错有公式号遗漏、重复、不连续，式中项目多余或缺漏，代入数据有误，运算差错，以字母表示的物理量缺少必要的注释说明其含义等。运算符号排版不规范，如将运算符号“∑”排成大写希腊字母“Σ”。

在校样上还容易出现计算机排版过程中产生的各种差错，如上下标、正斜体差错，计算关系表达错误，公式或算式转行错误（如未在“+”“→”等处断开），分数线表示不恰当，用阿拉伯数字书写的数值拆开转行等。

排版过程中需要对公式做大量人工操作，容易产生差错。校对时要将公式作为重点，一般应局部增加校次。

（十一）相关项目不一致

书刊中相关项目的不一致，既有内容上的，也有格式上的。

1. 内容不一致

书刊中内容彼此相关的项目，本来是应该完全一致的，但却互有出入，如书名页著录的内容与实际情况不一致，目录条目中所列标题、页码与正文中相应标题、实际页码不一致，注码与实际注释内容不对应，书眉（或中缝）与正文当前页章节标题或辞书条目名称不一致，索引标目后标的页码与该词语在正文中的实际位置不一致，等等。

2. 格式不统一

图书中各个相互有关的部分，在形式上应该保持统一。较常见的差错是各章节标题及正文的字体、字号不统一，标题格式不统一，图表排版格式不统一，等等。

期刊中某些部分也有格式统一的要求，但在校样上却互不相同。

（十二）辅文的构成或格式不规范

书刊的某些辅文，其构成成分有一定的要求，如果成分缺失，就不符合规范。校样中常见的这类差错有：扉页必须提供的书名、作者名、出版者名（及出版地）等信息不准确或不齐全；版本记录页未按规定排放在扉页的背面，必须提供的版权说明、图书在版编目数据和版本记录等信息不准确或不齐全；随意修改造成图书在版编目数据与中国版本图书馆核定的内容不一致；序、跋中指示性文字与实际情况不呼应，等等。

书刊著录参考文献不符合国家标准《信息与文献　参考文献著录规则》（GB/T 7714—2015）规定的格式，也是常见的差错。

（十三）其他格式差错

除了上述各种差错之外，校样的排版格式常常还会出现其他一些差错，如：较长的标题转行时将词义割裂开，不该留的行空、字空未能消除，注释的字号、字体未能与正文明显区分，等等。

二、查改文字差错的技巧

要消除校样中的文字差错，校对人员除了必须具有较高的语言文字素养、认真负责的态度外，还要掌握文字的出错规律，善于认识和消除文字差错。

（一）联系字义、字音辨别字形

校对时首先接触的是字形，要判断正误的也大多是字形，而汉字具有字形、字音、字义三个要素，互不可分。因此，联系字义或字音往往有助于辨别字形是否正确。

1. 联系字义区别字形

有许多汉字的字形相近、字音相同或相近，如果一时记不清字形的区别，就可以联系字义来判断。如“糖浆”的“浆”与“船桨”的“桨”，前者是液体，所以下面从“水”；后者是木头做的，所以下面从“木”。又如，究竟是“高粱”还是“高梁”，这两个字都是上下结构，上部表声，下部表义，联想到下部义符的意义，便能确定“米”字底的“粱”才可用于作为粮食的“高粱”。

2. 联系字音辨别字形

在辨别汉字的字形时，字音也可提供很大帮助，因为人们正是凭借声音来感知、传递语言信息的。有许多词语，人们往往只记得它们的读音，而对其中一个或两个字的字形一时把握不定，这时就可借助字音来辨别字形。如“刚愎自用”，有人把“愎（bì）”读作“腹（fù）”，那么在原稿里就很可能写成“刚腹自用”。如果校对人员正确掌握了词语的读音，很容易发现差错。

（二）善作联想思维

联想在校对中极为常见，因为在校对时要经常比较，就必须动用联想思维。常用的联想方法有以下三类。

1. 相似联想

这主要用于辨别具有相似之处的事物。如用“形似比较”联想判断“历—厉”“人—入”“贪—贫”等字的正误；用“音似比较”联想判断“而—尔”“璧—壁”“沙—纱”等字的正误。

相似联想是校对工作中最重要、最常用的联想方法。校对改正的文字差错和质量检查发现的遗留文字差错中，形似字差错、同音字差错、近义词差错占有很大比例。校对人员积累的这类知识越丰富，对消灭文字差错就越有利。

在校读某些文字时，校对人员的大脑里能够联想起相近似的几个字形，视觉上立即起感应作用。这就是“错字敏感性”，是校对人员不可缺少的反应能力。

2. 接近联想

这主要用于辨别在时间或空间上相接近的事物。譬如，1917 年十月革命胜利，1918 年第一次世界大战结束，1919 年中国爆发五四运动等。

3. 对比联想

这主要用于辨别具有相反特性的事物。如对“上—下”“内—外”“左—右”“高—低”“好—坏”“是—非”“快—慢”“善—恶”“爱—恨”等字即可这样处理。

（三）留心四角相同而中间不同的字

四角相同的字，如“嬴—赢—羸”，用五笔字型输入或扫描识别时很容易出错。如果把“嬴政”（即秦始皇）错排成“赢政”，校对者必须定睛细看，并根据自己掌握的历史文化常识正确辨认。

（四）善于辨识潦草字

凡书写不工整、模糊难辨的字都称为“潦草字”。它们大多是不规范的草体。校对者要借助自己的汉语知识和书法知识，才能正确辨识潦草字并消灭因原稿、校样上书写潦草而造成的排版、改版差错。遇到辨识难度大的潦草字，请编辑、作者确认十分必要。

（五）勤查工具书和有关规范

校对人员在看到自己不熟悉的字、词时，应该多查阅有关的语言文字工具书来判别其是非，切忌想当然地把错字作为冷僻字，或把冷僻字作为错字。

在判断一个字是否为别字时，也宜多查权威工具书，而不能想当然。实践证明，“想当然”往往会导致出错。

此外，在原稿和校样中，往往有部分数字、量和单位用法较混乱，不合规范。校对人员要学习有关知识，才能准确判断。

（六）大胆质疑

为了保证质量，防止原稿上的差错遗留到出版物成品中，校对人员如发现或怀疑原稿上存在错漏和问题，并从《现代汉语词典》《辞海》等常用工具书中进行必要的查证后，应该积极、大胆地用铅笔在校样上提出疑问。校对结束后，由责任校对把校样上的所有质疑汇总提交责任编辑处理，并跟踪查看责任编辑的处理结果。

校对质疑要有明确的依据，不能看到不明白的内容就在校样上打问号，造成编辑处理过多的无效质疑而浪费时间。

思考与练习

1．什么是校对？它有哪些功能？

2．什么是“校异同”？什么是“校是非”？它们各有什么要求？

3．校样的形成有哪几种方式？校样主要有哪些种类？

4．校对的基本方法有哪些？它们各有哪些操作要点？

5．校对工作有哪些基本工序？在这些工序中各应完成什么任务？

6．各种校对符号应该如何正确使用？

7．在校对工作的规范操作方面有哪些具体要求？

8．校对工作的基本制度有哪些？它们各包括哪些基本要求？

9．校样中常见的差错有哪些具体表现形式？

10．校对工作实践中查改文字差错有哪些技巧？

第五章

书刊印制

重点提示：书刊印制的概念，印刷的要素，书刊印制的工艺过程，绿色印刷，书刊印制管理规定。原稿检核的对象、要求和方式，图文的输入与存储，图文处理，图文输出，打样与印版制作。主要的印刷方式与特点；与用纸量计算有关的专业用语，书刊用纸量的计算，纸张费用的计算。书刊装订的工艺流程，订书的方式，书刊装订常用材料。书刊印制质量检查的方式，书刊印刷质量要求与书刊印刷常见质量问题，书刊装订质量要求。

第一节　书刊印制概述

图书与期刊结构部件有所不同，装订样式略有差别（图书常用平装、精装、骑马订装，而期刊常用骑马订装和平装，仅一些合订本采用精装），但是，它们的印制过程却基本是相同的，两者的共性远远多于个性。

一、书刊印制的概念

书刊印制是指根据作品原稿，制成可复现原稿视觉信息的产品的全部过程，包括印前制作、图文复制和印后加工。有时候，人们也将“印制”称作“印刷”，但这是取“印刷”的广义概念。在本章中提到“印刷”，若无特殊说明，都是取其狭义，即指使用模拟或数字的图文载体，将呈色剂 / 色料转移到承印物上复制出图文的过程。

此外，书刊中的视觉对象一般就是文字、符号、图像、图形等，本章中将它们统称为“图文”。

书刊印制通常包括三个阶段：

一是印前阶段，这个阶段的主要工作，是按照已作整体设计的书刊原稿，在印刷之前进行图文信息设计、图文输入、图文处理和图文输出等，并制出印版（或相应的电子文件）。

二是印刷阶段，这个阶段的主要工作是使用模拟或数字的图文载体，将呈色剂 / 色料转移到纸张上复制出图文。

三是印后加工阶段，也称为“装订阶段”，这个阶段的主要工作是将已经印有图文的书页加工成册，制成书刊成品。

二、印刷的要素

在书刊印制的主要工艺过程中，原稿、图文载体、承印物、呈色剂 / 色料和印刷机械是必不可少的。因此，它们构成印刷的要素。

（一）原稿

原稿是完成复制所依据的原始图文信息。原稿一般可分为三大类。

1. 文字原稿

文字原稿分为书写原稿、打印稿、印刷品原稿，以及它们的电子（数字）原稿等。出版单位提供的文字原稿应该字迹清楚，准确无误。

2. 线条原稿

线条原稿是在阶调上没有层次的稿件，分为线条表格、图形、硬笔手书文字、线条地图、钢笔画、版画，以及它们的电子（数字）原稿等。出版单位提供的线条原稿应该线条清晰、完整，反差大。

3. 图像原稿

图像原稿分为模拟式原稿、数字原稿和实物原稿，均为连续调原稿。它们的特点是在明度和阶调上有无限层次等级，但未加网。出版单位提供的模拟式原稿和数字原稿应该图像清晰、不偏色、层次丰富，实物原稿应该完整、无缺陷。

（1）模拟式图像原稿

模拟式图像原稿分为反射稿和透射稿。

反射稿以不透明的材料为图文信息载体，包括素描、水彩画、国画、油画等各类连续调绘画原稿，以及黑白照片、彩色照片、印刷品等。

透射稿以透明材料为图文信息载体，包括彩色反转片、黑白底片、彩色负片等。

（2）数字图像原稿

数字图像原稿主要有数字照片、图像类电子出版物、视频图像。

数字照片是用数字照相机拍摄或用模拟式图像原稿扫描制作的。

图像类电子出版物一般是由专业人员制作的现成图像素材，销售给客户供选择使用。

视频图像是利用视频捕获卡从正在播放的动态影像中捕获的数字图像。

（3）实物原稿

一些实物，如工艺品、织物、手表等，可作为实物原稿。将它们用扫描仪扫描或数字相机拍摄后，可以形成数字图像文件。实物原稿通常厚度适中、颜色变化范围不大，只要注意扫描或拍摄方法，就可以得到较好的效果。

（二）图文载体

图文载体是能够传递需印刷的原始视觉信息（如图文等）的介质（如印版、胶片、电子媒体等）。

在传统印刷中，印版是用于传递呈色剂 / 色料至承印物上的备印图文载体。按版面结构特征不同，通常分为凸版、凹版、平版和孔版四类。

在数字印刷技术中，图文信息被成像在某种成像载体上，这类载体发挥类似印版的作用。

（三）承印物

承印物是能接受呈色剂 / 色料并呈现图文的最终载体。以纸张作为承印物、使用油墨的印刷，称为“普通印刷”。以其他材料（如金属、塑料、玻璃等）作为承印物或者不使用油墨的印刷，称为“特种印刷”。

（四）呈色剂 / 色料

呈色剂 / 色料是印刷过程中最终在承印物上形成可视图文的呈色物质。最为常用的呈色剂 / 色料是印刷油墨。它一般由颜料、连结料、填充料和助剂组成，具有一定的流动性和黏度。在特种印刷中，油墨的作用可由其他材料（如色粉等呈色剂）替代。数字印刷所用的呈色剂 / 色料则还有带电荷色剂、磁性着色剂等。

（五）印刷机械

广义的“印刷机械”是对用于生产印刷品的各种机器、设备的总称，分为印前设备、印刷设备和印后设备。狭义的“印刷机械”主要指印刷设备，即印刷机。在这里介绍的“印刷机械”，一般是狭义上的。

印刷机的种类很多，可根据不同的特点来划分。

1. 根据是否需用印版划分

根据印刷过程中是否需要使用印版，印刷机可分成需使用印版的模拟印刷机和不需使用印版的数字印刷机。

模拟印刷机根据印版版面结构特征，又可以分成凸版印刷机、平版印刷机、凹版印刷机、孔版印刷机。

数字印刷机根据在承印物上形成图文的方式，又可以分成静电印刷机、喷墨印刷机、磁性印刷机、热敏印刷机、热转移印刷机等。

2. 根据承印纸张大小划分

根据承印纸张的大小，印刷机可以分成全张纸印刷机、对开印刷机、四开印刷机、八开印刷机。

3. 根据一个过程可印颜色数划分

根据在一个印刷过程中可完成的印刷色数，印刷机可以分成单色印刷机和多色印刷机；多色印刷机又分为双色印刷机、四色印刷机等。

4. 根据输纸方式划分

根据输纸方式，印刷机可以分成单张纸印刷机（又称“平板纸印刷机”）、卷筒纸印刷机（又称“轮转印刷机”）等。

三、书刊印制的工艺过程

由于印刷新技术与传统技术并存，书刊印制呈现多样化的工艺过程。

在书刊印制过程中，采用新技术与使用传统技术的区别，主要体现在从制作印版开始至印后加工之前的各个工艺环节上。不论采用哪种印刷方式，印前制作阶段的原稿检核、图文输入、图文处理、图文输出等环节和印后加工阶段的各个环节都还是基本相同的。

（一）传统的书刊印制工艺过程

传统的书刊印制工艺过程由下列环节构成：

原稿检核→图文输入→图文处理→图文输出→打样版制作→模拟打样→印版制作（晒版）→印刷→装订。

（二）数字打样、计算机直接制版的书刊印制工艺过程

这种工艺过程与传统书刊印制工艺过程的不同点在于：打样采用数字打样，而不是用打样机完成；不需要先输出分色胶片再制作印版，而是将图文直接输出到印版板材上。这种工艺特点，使得整个印前制作阶段实现了数字化。

数字打样、计算机直接制版的书刊印制工艺过程由下列环节构成：

原稿检核→图文输入→图文处理→数字打样→计算机直接制版→印刷→装订。

（三）数字印刷的书刊印制工艺过程

数字印刷不再使用印版，不仅可以将印前制作完成的数据文件直接传送到数字印刷机上进行印刷，而且可以按照客户的需要少量印刷，所以又称“按需印刷”；除了用于一般纸介质书刊的生产外，还可为图书、期刊的互联网出版服务。

数字印刷的书刊印制工艺过程由下列环节构成：

原稿检核→图文输入→图文处理→数字打样→数字印刷→装订。

四、绿色印刷

绿色印刷是指采用环保材料和节约资源、能源的工艺与设备，生产易于回收、循环利用或自然降解的产品，能够减少和降低对人体和生态环境危害的印刷方式。

绿色印刷过程主要包括绿色印刷材料、印刷图文设计、绿色制版工艺、绿色印刷工艺、绿色印后加工工艺、环保型印刷设备、印刷品废弃物回收与再生等。通过绿色印刷的实施，可

使包括材料、加工、应用和消费在内的整个供应链系统步入良性循环状态。

目前绿色印刷主要应用于中小学教科书、政府采购产品和食品药品包装等产品印刷。

五、书刊印制管理规定

在我国，书刊印制要遵守《印刷业管理条例》的相关规定。

（一）关于从事印刷经营活动的规定

根据条例规定，国家实行印刷经营许可制度，没有取得印刷经营许可证的，任何单位和个人不得从事印刷经营活动。

（二）关于出版物印刷的规定

关于出版物印刷，在《印刷业管理条例》中有具体明确的要求，在这里主要介绍以下几个方面。

1. 关于印刷委托书的规定

印刷企业接受出版单位委托印刷图书、期刊的，必须验证规范的印刷委托书，并在印刷前报出版单位所在地省级新闻出版主管部门备案；印刷企业接受所在地省、自治区、直辖市以外的出版单位的委托印刷图书、期刊的，印刷委托书还必须事先报印刷企业所在地省级新闻出版主管部门备案。

2. 关于样本留存的规定

印刷企业应当自完成出版物的印刷之日起两年内，留出一份接受委托印刷的出版物样本备查。

3. 关于销售、加印和盗印的规定

印刷企业不得盗印出版物，不得销售、擅自加印或者接受第三方委托加印受委托印刷的出版物。

第二节　书刊的印前制作

一般的书刊印前制作工艺流程，包括原稿检核、图文输入、图文处理、图文输出、打样、印版制作等几个环节。印前制作主要是提供用以批量复制的印版或相应的数字文件。

一、原稿检核

原稿检核是在正式开始图文输入之前对原稿检查核对。

（一）检核的对象

原稿检核的对象是一种书刊的全部稿件。原稿检核时对原稿的分类与讲印刷要素时对原稿的分类有所不同，前者是按照表达信息的手段来划分，后者是按照信息载体的物理特点来划分。按照表达信息的手段，原稿可分为文字稿和图稿两大类。仅以文字表达信息的正文、辅文（均包括表格）原稿，属于文字稿；兼用图形、图像表达信息的原稿，如串文图、插页图、封面（有时还包括扉页和环衬、衬页）设计稿等，属于图稿。

（二）检核的要求

原稿检核除要求稿件齐全外，还对不同类别的稿件有不同的具体要求。

1. 文字稿检核要求

文字稿检核的要求主要是：稿面字迹清晰可辨，修改勾画明晰不误，专用符号符合规范；标题字体、字号符合该书刊的具体要求；图表位置、图注文字指示明确。

2. 图稿检核要求

图稿检核除了要求检核图的位置安排（如是串文图还是插页图等）是否明确说明外，还应该检核图稿的印刷适性和表观质量。

（1）印刷适性检核

为了使印刷品能够再现原稿的艺术魅力，必须对图稿的印刷适性进行分析，制订相应的处理方案。

印刷适性检核主要包括下列内容：

① 检核原稿的密度范围。密度范围是指画面中从密度最小处至最大处的范围。原稿密度范围太大或太小都不符合印刷适性的要求。

② 检核原稿的阶调状况。阶调是指图像明暗或颜色深浅变化的视觉表现。检核原稿阶调时，要对图像整体的亮暗和局部的颜色深浅差异进行分析。对阶调状况不佳的图像原稿（如曝光过度或严重不足、层次混淆不清等），应要求更换或进行专门的技术处理。

③ 检核原稿的颜色偏色状况。原稿的颜色偏色是指整个图像偏向于某种色调的倾向。拍摄图像时的气候、光线、照明条件、摄影设备与镜头的色彩特性等因素，都会使得颜色偏色。存在偏色的原稿，应要求更换或进行专门的技术处理。

④ 检核原稿的清晰度。清晰度是指画面上图像轮廓的清晰程度，以及细微层次、质感变化和明暗对比度。对原稿清晰度的测量，目前还只能采用近似的目测方法。轮廓清晰的图像，可以进行较大倍率的放大；轮廓不清晰、细节模糊的图像，缩放倍率最好不超过100％。

（2）表观质量检核

对原稿表观质量的检核，主要是设法消除稿面上可能存在的足以影响扫描质量的瑕疵。

① 清除细小附着物。灰尘、纤维、毛发或类似的细小附着物特别容易落在原稿上，如果在扫描前不将它们清理干净，扫描后就会产生各种斑点。可以使用吹风器或压缩气体罐将它们吹掉，也可以用十分柔软的毛刷刷掉。

② 弱化擦痕和皱纹。包装、保存和处理图像原稿时不够谨慎，会导致图像上产生擦痕、折痕和皱纹等。这类痕迹一旦产生，就很难完全消除，所以只能将之尽可能弱化。为降低折痕和皱纹的影响，可以将原稿夹在保护封皮内，在其上面均匀地压一个重物，使它能被压得平整些。对于透射原稿，若擦痕所在的区域对图像不是很重要，而且是在片基上，那么只要细心地涂上一层薄薄的凡士林就可以使它不太明显。

③ 处理指印。指印中含有皮肤上的油脂，这些残留油脂会改变一些光敏胶乳液的质量和颜色，所以要设法尽量消除。如果指印位于胶片的片基上，可以用不含纤维物质、不会擦伤片基的敷料，沾上胶片清洁剂小心擦拭；如果指印出现在胶片涂有乳液的一面上，那么很可能油脂已经被永久地吸收进图像之中而形成花纹，这就只能对扫描后的图像再进行修饰和颜色校正。

（三）检核的方式

原稿检核通常采用以下方式。

1. 技术编辑检核

技术编辑检查原稿的数量、规格、质量等后，如发现原稿不符合前述要求，应将稿件退交责任编辑，说明问题所在，要求进行处理。责任编辑处理后的原稿，技术编辑必须再复核，以确认是否达到要求。

2. 责任编辑处理

对于技术编辑退回来要求重新处理的原稿，责任编辑必须认真对待。一般来讲，对于不符合要求的文字原稿，责任编辑应该有能力作出妥善处理；而对于一些不符合要求的图稿，责任编辑自行处理可能会有困难，可以转请作者处理或者送交专业人员处理。凡是送交他人处理的原稿，返回后责任编辑必须再作检核，确认已经符合质量要求后，才可再次送交技术编辑复核。

3. 延请专业人员检核

影印稿件的修整、特殊字形的写造、历史照片的修复、对地图或难度较大的示意图等作质量检核和相应处理等，都需采用专门技术。如果原稿中存在这些情况，就必须延请有关专业人员进行检核和作技术处理。

二、图文的输入与存储

图文的输入与存储，是利用计算机及相关设备使原稿的内容信息以数字代码形式进入计算机并保存在计算机可读写的存储器内。

（一）图文输入的对象

稿件内容信息以文字、符号和图片表达，图片又可分为图像与图形。所以，图文输入的对象主要包括文字与符号、图像和图形。

1. 文字与符号

在书刊印制中，文字与符号指汉字和各种字母、数字、标点符号、数学运算符号、某些特殊符号等（参见本书第三章第五节）。

2. 图像和图形

用肉眼分辨，图形与图像似乎并没有很大区别，但事实上它们的区别很大。图形与图像的区别主要表现在构成元素、颜色层次、处理特点和存储容量等方面。

图像是自然界存在或人工参与制作的、由大量像素组成的视觉信息体，有相当丰富的颜色层次变化。对图像作缩放、旋转等变换操作，都容易使边缘出现锯齿纹，导致图像失真，而且不容易恢复。图像因为由许多按一定规则排列的、带有不同特征的点群组成，所以数据量庞大，占据的存储空间也就相当大。

图形是人工或计算机构造的、具有某种形体特征的视觉信息体。一般由点、直线、曲线、封闭区域等组成，在计算机内部用数学函数和参数表示。图形作各种变换后仍可保持光滑的边缘，不会影响质量，所以处理的方法可以比较灵活。它在计算机内占用的存储空间也比图像小得多。

（二）文字与符号的输入

计算机的字库中存储有许多事先已经绘制好的文字、符号等字符的形体，并且每个字符都有一个特定的编码。计算机运行时，按照相应的编码值将对应的字符显示在屏幕上，而在后台记录的则是该字符的编码。

将各种文字、符号输入计算机的方式比较简单，目前主要有键盘输入、鼠标输入和光电扫描识别输入。另外还有手写笔输入和语音输入方式，但一般多用于稿件写作，在书刊印前制作中不大适用。

1. 键盘输入

键盘输入是在相关软件支持下，使用键盘直接将汉字、较常用的字母和各种符号转换成代表字符编码的数字信号，输入计算机。

2. 鼠标输入

鼠标输入是在相关软件支持下，使用鼠标点击屏幕上的动态键盘，将某些形体比较特殊的字母和各种符号转换成代表字符编码的数字信号，输入计算机。

3. 光电扫描识别输入

光电扫描识别输入是用扫描仪将文字、符号作为图形输入计算机，再由相应的识别软件对字符逐一识别，最终将图形信息全部转换成与字符编码对应的数字信号。光电扫描识别有印刷文本识别和手写文本识别两种。目前只有印刷文本识别有较高的准确率，但是也存在对较罕见字符难以准确识别的不足。手写文本则由于每一个人的笔迹不同，正确识别率还未达到实际应用的程度。

（三）图像的输入

图像原稿通常由按不同层次分布的黑白或彩色影像构成，一般又称为“连续调图像”，但印刷图像是由细小的网点组成的，即所谓的“网目调图像”。因此，必须将图像原稿输入计算机进行必要的转换。

将图像输入计算机的方式主要有扫描输入、数字文件直接输入和视频捕获卡输入三种。

1. 扫描输入

扫描输入是最常用的方式。扫描仪可将原稿上的色彩信息转换成强弱不同的光信号，由光电器件接收并转换成模拟电压值，再经模数转换器将模拟信号转换为计算机能够识别的数字信号，从而完成图像的输入和数字化。扫描仪的种类很多，印前制作中最常用的主要是平面扫描仪和滚筒扫描仪。

2. 数字文件直接输入

数字文件直接输入一般是利用数字照相机、图像类电子出版物和互联网上存储的资源。

数字照相机是一种新型的图像输入设备。它将采集的图像转为数字信号记录在存储器中，可通过接口将载有图像信息的数字文件直接传输到计算机中，完成图像的输入。专业型数字照相机具有很高的分辨率和色彩深度，足以生成高信息量的图像数字文件，满足印前制作的需要。

根据版式设计的要求，有时可以利用图像类电子出版物来直接输入图像。如市场上销售的网络图片库或图片光盘，可提供经著作权人授权的各种类型数字化图像，用于不同的领域。

互联网上能够找到很多数字化的图像作品资源。在得到相应著作权人授权后，可利用网络设施直接下载。

3. 视频捕获卡输入

利用视频捕获卡可以将摄像机摄取的图像、录像机放映的图像或电视机接收的图像输入到计算机中。采用这种输入方式，主要看重图像的新闻价值。由于图像的分辨率低、清晰度差，所以印刷质量也比较差。

（四）图形的输入

在输入方面，图形与文字差异很大，而与图像比较接近。常用的图形输入方式有数字化仪输入、计算机绘制和数字文件直接输入三种。

1. 数字化仪输入

数字化仪是一种高精度的图形输入设备。将图形输入计算机时，首先在坐标纸上人工绘出草图并贴在图形输入板上，然后使定标器在数字化板表面移动，通过数字化板下面的金属网栅与定位器上的线圈感应，将图纸坐标信息逐点、逐线数字化并传送到计算机中，从而实现图形的输入。数字化仪的定标器分为有线和无线两种，通常还可选配有线或无线光笔。

2. 计算机绘制

图形也可以利用Illustrator、CorelDRAW等各种软件在计算机上绘制。每一种图形处理软件都有功能相当强的图形创建工具。

3. 数字文件直接输入

图形也可以利用数字文件直接输入，其方法和途径与图像的数字文件直接输入相似，可利用图形类电子出版物或从互联网上下载，但一般很少用数字照相机来输入，因为照相机与扫描仪一样，会将任何图形都作为图像来处理，导致数据量大大增加。

（五）图文输入必须注意著作权问题

特别需要强调的是，上述种种图文输入方式都只是从技术角度讲的。在实际工作中，对作品的使用都要以符合著作权法的规定为前提，尤其是在利用现成数字文件、视频捕获卡或者扫描仪扫描输入时，更要注意必须事先得到有关著作权人的授权。为此，使用图像、图形类电子出版物时，必须先确认其有关著作权使用的相关说明条款，按条款办理。

（六）图文的存储

在输入过程中，图文信息以数字信号的形式临时保存在计算机内存中。由于内存中的所有信息会随着计算机的关闭而全部消失，所以必须将它们保存到存储器中。根据信息量的多少、数据是否需要交换读写等要求，需要选择不同的存储器存储。常用的图文存储器有磁性载体存储器、光学载体存储器和闪存盘等。

三、图文处理

图文处理是按照整体设计要求对需要印刷的文字、符号、图像、图形进行处理，并将处理后的图文组合成完整的页面。在正式进行版面组合前，一般需对拟使用的图像、图形先作加工，使其达到版面制作的要求。对文字的格式处理，一般在组版的同时进行。

（一）图像处理

图像处理是利用特定的硬件设备和软件程序，采用各种数字技术手段，优化图像的质量。在图文输入环节输入计算机的图像，可能存在偏色，曝光不准确，有斑点、擦痕等缺陷或者尺寸不匹配，所以需要利用相应软件进行加工。美国 Adobe 公司开发的 Photoshop，是面向专业印刷领域的图像加工应用软件，使用最广泛。

图像处理主要做下列工作。

1. 图像形态变换

图像形态变换包括对单幅图像进行缩放、旋转、变形、裁剪和拼接等处理，对不同图像作插入、拼合、镶嵌等处理。

2. 图像修饰

图像修饰包括擦除图像中的斑点、划痕，根据需要使图像锐化或模糊。

3. 图像颜色变换

图像颜色变换是对图像全部或局部的色相、亮度、饱和度等作变换。

4. 图像层次校正

图像层次校正主要是对图像的阶调进行调整，以获得最佳的图像效果。

5. 图像特殊效果设计

图像特殊效果设计是利用特殊手段给图像创造特殊效果（如“马赛克、浮雕、油画、金属化”等效果），使原有图像更具艺术感染力。

6. 图像分色

图像分色是针对印刷的需要，将图像的颜色分解成按油墨颜色区分的图像（即分色图像）。

（二）图形处理

已经输入计算机的图形，或多或少地也要作一些加工，以符合版面设计的要求。这些工作一般利用图形处理软件来进行。常用的软件有 Illustrator、CorelDRAW 等。

图形处理主要做下列工作。

1. 图形补充绘制

图形补充绘制是给已有图形增加某些元素，如补充绘制直线、曲线、矩形、圆形、椭圆形、多边形、螺旋形等，有时还要给图形加上不同颜色。

2. 图形变换

图形变换是对图形作变形、缩放、旋转、斜拉、形成镜像、产生畸变等处理。

3. 图形修饰

图形修饰是对图形的构成元素进行加工，如修改、调整局部的构图形式，使图形边缘变得精细或模糊，修正色彩等。

4. 图表制作

图表制作是利用计算机软件自动生成具有统计功能的图表，如直方图、阶梯图、饼图、散布图等，通过图形直观地显示出各种统计数据。

（三）组版

组版是将各种版面元素进行拼合和定位，从而构成一个个完整的书页版面。组版时要按照一定的版式设计要求，先设定版面尺寸和版心规格，然后再置入其他版面元素。

全部书页的版面组成后，一般还要按照印版的幅面尺寸要求拼成大版。

组版通过组版软件来实现。

1. 组版处理对象

组版的处理对象主要有文字、符号、图像和图形。组版时要根据版式设计方案，将它们组合起来置入事先已经设定尺寸的版面。一般应将它们置于版心内，但对有超版心或出血版设计要求的，则可不受版心规格限制。置入组版处理对象时，通常还要按整体设计要求设置间空，添加页码、书眉，或再添加一些线条、底纹等，从而形成完整页面。

（1）文字、符号的组版

文字、符号一般可以在组版时直接输入，也可以先用其他文字处理程序输入，然后通过“灌文”（可利用计算机的“复制”“粘贴”或“导入”功能进行）排入版面。对文字和符号的字符属性（如字体、字号、字型）、段落属性（如行距、字距大小，各行齐头还是齐尾，首行是否缩进及缩进多少，等等），一般在组版时按版式设计要求予以设定。

必须与图像、图形紧密组合在一起的文字和符号（如图号、图题、图注等），一般在组版时输入，同时设定它们的字符属性和段落属性；也可事先添加到图像、图形文件中并设定相应属性，组版时与图像、图形一起调用。

（2）图像的组版

图像一般需预先做好加工处理，组版时直接调用相应的图像文件。

（3）图形的组版

图形可以先用其他图形软件生成，在组版时直接调用，也可以在组版时生成。

2. 组版软件

常用的组版软件有方正书版、方正飞翔和 InDesign 等。

方正书版是一种专为汉字排版设计的批处理排版软件，处理文字、表格排式的功能很强，比较适合以文字为主的图书排版。目前使用的方正书版排版软件均可以在 Windows 平台上运行，在出版单位有广泛的应用。

方正飞翔是方正飞腾的升级版，支持各种国内标准和国际标准，并采用开放式的字体管理技术，组版功能强大，广泛应用于期刊和报纸的版面制作，还可用于数字书刊的加工制作。

InDesign 是一种专业组版软件。它参照印刷业的最新标准，从多种桌面排版技术汲取精华，整合了多种排版软件的优秀功能，为期刊、图书的组版提供了一系列更完善的功能，还可用于数字书刊的加工制作。

四、图文输出

图文输出是将已经组版的书刊页面图文信息根据不同需要复制在纸张、感光胶片（习称“菲林”）或者印版板材上。

实施图文输出，需要根据书刊版面的特点和所用载体的种类选择合适的输出方式。输出的页面如经校对、检查后认为需要修改的，应在计算机中进行相应的修改后再次输出。

（一）输出选择

根据输出书刊页面图文信息的不同目的和不同要求，可以选择在黑白激光打印机、彩色激光打印机、彩色喷墨打印机、激光照排机和印版输出机上输出。

1. 黑白激光打印机输出

采用这种输出方式，主要是为了对页面上图文的内容、版心位置和组版效果进行校核。如果仅仅对一个个页面进行校核，只要将相对应的页面分别输出；如果要检查拼成的大版是否符合装订时的折页要求，就必须将版面缩小，然后输出。黑白激光打印机的优点是打印质量好、速度快、价格适中，出版单位和印刷企业常用于一般书刊的纸质校样输出。

2. 彩色激光打印机输出

采用这种输出方式，主要是为了对页面上的彩色图像进行一般性校核，确保不出现严重的颜色错误。虽然它输出的打印件颜色与印刷品的颜色可能有些不同，但仍具有一定的参考价值。彩色激光打印机的优点是色彩还原效果好、打印速度比较快，主要用于彩色书刊的纸质校样输出。虽然它现在只能打印一些小批量的印件，双面套印也不是很准，价格也相对较高，但仍不失为一种很有潜力的输出设备。

3. 彩色喷墨打印机输出

采用这种输出方式，主要目的是制作样张，以便检测页面的颜色、层次和清晰度的还原性。一般用于彩色书刊的纸质校样输出。此外，很多印前制作单位使用软件来控制彩色喷墨打印机的输出，使打印输出的颜色与印刷品的颜色一致，从而使彩色喷墨打印机的输出起到数字打样的作用。彩色喷墨打印机的优点是性能价格比好、幅面尺寸范围宽、打印质量好，缺点是输出速度慢、打印成本较高。

4. 激光照排机输出

采用这种输出方式，主要是为了将页面的图文信息记录到感光胶片上，以便随后通过晒版将感光胶片上的图文信息再记录到可供印刷的印版上，最终在印刷机上大量印刷。激光照排机主要有外滚筒式、内滚筒式、平面式和绞轮式四种类型。平面式和绞轮式激光照排机价格低，但输出精度不高，特别是重复精度不高，仅适用于黑白印刷品或中、低档的彩色印刷品。外滚筒式和内滚筒式激光照排机价格较高，但输出精度高，适用于高档的彩色印刷品。

5. 印版输出机输出

采用印版输出机可以将计算机处理加工完成的页面图文信息直接记录到印版上，即计算机直接制版。

（二）确定付印清样

输出设备输出的页面样张，其图文内容往往因编辑时可能发生的疏漏、制作时可能产生的讹误和差错而需要进行若干次校对，并将校对校出的且经编辑或作者复核后认定的差错在出样文档中逐一改正。最后改定并经核红的付印清样，则可作为印版制作的依据。

（三）拼大版

拼大版也称拼上机版，是按印版幅面或印后加工的要求，进行多页面或多联图案组合的处理方法，每个页面必须准确位于对应的位置上，才能保证印刷好的纸张经过折叠后能形成页序正确的书帖。以前一般采用手工方式将分别输出的页面胶片拼成大版，然后才能制作印版。现在有许多组版软件都具有拼大版功能，可以在计算机上直接将各个页面拼成符合印版幅面和印后加工要求的大版面，并形成相应的电子文件。

五、打样

打样是检查印前处理质量并为印刷提供参考样张的方法。这是书刊印刷生产流程中联系印前与印刷的关键环节，是书刊印制生产过程中进行质量控制和管理的一种重要手段，对控制书刊印刷质量、降低成本极其重要。打样既能作为印前的后工序对印前制作的效果进行检验，又能作为印刷的前工序来模拟印刷进行试生产，为印刷提供墨色标准和寻求最佳匹配条件。

书刊打样方式有模拟打样、数字打样两大类，后者还可按打样操作方式在什么地方进行而分为本地打样与远程打样，按所得样张的特点分成硬打样和屏幕软打样等具体方式。

六、印版制作

在模拟印刷中，印版是用于传递油墨至承印物上的图文载体。它的性能直接影响印刷的质量。印版制作是采用接触曝光的方法，把分色胶片上的图文复制到印版上。

现在书刊印刷大多采用平版印刷，所以这里就只讲平版印版的制作。

平版印版制作一般采用晒版方式，但随着数字技术的发展，计算机直接制版方式有着巨大的发展潜力。

（一）晒版方式制作印版

平版印刷目前使用的印版主要是PS版，即预涂感光层版。这是一种由版基和表层两部分组成的板材。版基是印版的物质基础部分，由高分子聚合材料构成，具有一定的机械强度和化学稳定性；表层由金属膜和涂布的感光材料层构成，经过一定工艺处理后，具有选择接受油墨的功能。PS版的感光层可以分为光分解型和光聚合型两种。国内常用的阳图PS版，感光层是光分解型的。

阳图PS版晒版工艺流程如下：

装版→曝光→显影冲洗→检查修正→烤版→提墨→擦胶。

（二）计算机直接制版

计算机直接制版简称“CTP”（computer to plate），是通过计算机和相应设备直接将图文信息记录到印版上。这是印前领域迅速发展的数字新技术。

计算机直接制版技术的优点是：在工艺方面省去了胶片曝光冲洗、晒版等传统制版工序，这样就可不再使用感光胶片及冲洗化学品，减少了对环境的污染；在设备方面省去了冲洗机、晒版机等传统制版设备；在时效方面加快了制版的速度，减少了印刷准备时间；在质量方面可以实施调频网和高保真印刷，提高印刷品的质量。

第三节　书刊的印刷

用以批量复制的印版或相应的数字文件，要通过印刷和装订，才能形成批量的书刊成品。

一、主要印刷方式与特点

印刷方式是指依照技术功能区分的印刷工艺。根据工艺过程中是否需要使用印版，印刷方式主要分为模拟印刷和数字印刷两大类。

（一）模拟印刷

模拟印刷是通过呈色剂 / 色料的转移将原稿上的图文信息复制到承印物上的过程。

模拟印刷按印版版面结构特征，可分成凸版印刷、平版印刷、凹版印刷和孔版印刷四大类。用于书刊印刷的主要是平版印刷，这里只介绍平版印刷。

平版印刷是用图文部分和非图文部分几乎处于同一平面的印版进行印刷的方式。平版印刷有多种类型，其中最常见的是胶印。

用胶印方式印刷时，印版版面的非图文部分吸附水分，而图文部分附有油墨；然后，印版上图文部分的油墨经过橡皮布传递到承印物上，实现图文的复制。因此，胶印属于间接印刷。

平版印刷制版迅速，印版安装方便，印刷速度较快。

平版印刷产品的特点是墨色均匀，色彩和阶调的还原性较好。因此，平版印刷——尤其是其中的胶印——是现在印刷图书、期刊、报纸的主要方式，同时也常用于印刷宣传画、商标等。

（二）数字印刷

数字印刷是使用数据文件控制相应设备，使呈色剂 / 色料直接在承印物上复制出图文。这种印刷方式不需要印版，只要有已组成版面的电子文件就可直接印刷。数字印刷的印刷周期短，可实现一张起印，也可实现可变数据印刷。

按成像方式，数字印刷可分为静电印刷、喷墨印刷、磁性印刷、热敏印刷和热转移印刷等。其中，静电印刷和喷墨印刷是最主要的两种数字印刷方式。

当前，数字印刷方式越来越多地应用于书刊生产，主要用于短版、断版、个性化图书的印制。

二、书刊印刷用纸费用计算

纸张费用在书刊生产成本中占的比例较高，尤其在印制数量很多时，所占比例就更高。对于出版专业技术人员而言，计算纸张费用的主要目的，是为了对书刊印制的直接成本进行测算。纸张费用的计算方法很简单，将纸张的价格与用量相乘即可得出。但是，对书刊用纸量的计算比较复杂，需要运用出版专业的专门知识。

（一）与用纸量计算相关的专业用语

在用纸量计算过程中，经常需要用到一些很关键的专业用语。因此，在开始讲述用纸量的计算之前，必须先阐释有关的专业用语。

1．印张

印张是印刷用纸的计量单位。1 张全张纸单面印刷后，就为 1 印张；或者说，1 张对开纸双面印刷后，即为 1 印张。因为 1 张全张纸有 2 个印刷面（即正面和反面），所以 1 张全张纸 2 面印刷后，就是 2 印张。

印张的计算在书刊出版中具有重要意义，因为测算一种书刊的印制成本时，印张是计算印刷费用、装订费用、纸张用量及其费用的基本单位。

计算每种具体书刊的印张数，一般是通过印张与页面数的折合关系来进行的。

在开本确定的前提下，1 印张的书页面数与开数相同，而页数是开数的 1/2。如对于 32 开本的书刊来说，1 印张有 32 面，合 16 页。

因此，要计算书刊的印张数量，只需用书刊的页面数（下简称“面数”）除以开数，即：

$$\text{印张数} = \frac{\text{面数}}{\text{开数}} \tag{5.1}$$

例如，某 16 开本图书正文有 240 个页码（即 240 面），那么，每册书正文印张数的计算便是：

$$\text{印张数} = \frac{240}{16} = 15\text{（印张）}$$

2．令

令是纸张的计量单位。印刷用纸以 500 张全张纸为 1 令。因为 1 张全张纸 2 面印刷后为 2 印张，所以 1 令纸 2 面印刷后就合 1 000 印张。

3. 加放数

为了弥补印刷过程中由于碎纸、套印不准、墨色深淡、污损等原因所造成的纸张损耗，除了要按书刊的单册印张数和印制册数计算出所需纸张的理论数量外，还必须考虑用以补偿纸张损耗的余量。这项用来补偿纸张损耗的余量，就称为“加放数”，又称“伸放数”，又因以理论用纸量的百分率表示，所以也称“加放率”。

加放数的大小因纸张的质量、类别和印刷方式不同而有差异，也与印刷品的套印色数和印刷质量要求等因素有关。在书刊出版工作实践中，加放数一般由出版单位和承印单位协商确定，也可参考国家主管部门的有关规定来确定。

计算实际用纸量时，可将理论用纸量乘“1＋加放数”的系数。如加放数为3%，则该系数就是1.03（即1＋3%＝1.03）。

4. 定量

定量是指1米^{2}纸张的质量（习称“重量”）。定量的单位是“克/米^2”。

要注意的是，不能把定量等同于单张全张纸的质量，因为后者的面积通常并不会正好是1米^2，而且纸张规格不同，单张全张纸的面积就不同。如787毫米×1092毫米的单张纸面积约为0.86米^2，而890毫米×1240毫米的单张纸面积约为1.10米^2。

常用纸张的定量有25克/米^{2}至250克/米^{2}多种。定量超过250克/米^{2}的纸一般称为“纸板”。

5. 令重

令重是指1令全张纸的质量，一般以“千克”为单位。

令重由定量乘1令纸张的总面积来计算，公式如下：

$$令重 = \frac{定量 \times 单张纸面积 \times 500}{1\,000} \qquad (5.2)$$

上式中："单张纸面积 ×500"这个因数表示 1 令纸的总面积；由于定量的单位是"克 / 米 ^{2}"，而令重的单位是"千克"，所以需要再除以 1 000。

计算时需要注意，由于单张纸面积的单位是"米 ^{2}"，而纸张规格以"毫米"为单位，所以要将"毫米"先换算成"米"（即除以 1 000），然后再代入公式。

例如，787 毫米 ×1 092 毫米规格的 60 克胶印书刊纸，其令重为 25.782 12 千克。计算方式是：

$$令重 = \frac{60 \times 0.787 \times 1.092 \times 500}{1\,000} = 25.782\,12（千克）$$

（二）书刊用纸量计算

书刊用纸量计算的基本原则，是不同种类的纸张必须分别计算，采用相同纸张的部件可以归并计算。

1. 正文用纸总量计算

所谓"正文用纸总量"，只是一种习惯的说法，实际上是指书芯中采用相同纸张印刷、承载各种内容的书页用纸的总量。除了作品正文之外，其他与之一起印刷的前言、目录、索引、附录、后记等辅文的用纸量都要计算在内。如果书名页、题词页等也使用相同的纸张并随着一起印刷，按书刊用纸量计算的上述原则，也应计入正文用纸总量中。计算一种书刊的正文用纸总量时，先要算出书刊正文的单册印张数，然后乘书刊的印数计算出总印张数，最后，由于用纸总量应以"令"表示，所以再把总印张数换算成令数。

结合前述的印张数计算方式，以"令"为单位的正文用纸总量可由下式求得：

$$正文用纸总量=\frac{单册面数\times 印数}{开数\times 1\,000} \tag{5.3}$$

上式中：分子部分的“单册面数”与分母部分的“开数”相除，即为“单册印张数”；由于1 000印张可折合成1令，所以需要再除以1 000。

根据上式计算出的结果不包含加放数，仅是理论用纸总量。在实际工作中，一般还需要考虑加放数。这样，实际上的正文用纸总量计算公式便为：

$$正文实际用纸总量=\frac{单册面数\times 印数}{开数\times 1\,000}\times(1+加放数) \tag{5.4}$$

计算正文实际用纸总量，大致上可分两步进行：

第一，算出一册书刊中所有应该计入正文用纸总量的各种部件的书页总面数，即“单册面数”。在计算图书的单册面数时必须注意：出版前言、序言、目录等位于正文（这里指作品主体）之前的辅文，不仅页码单独编，不进入正文页码序列，而且都应该另页起排。因此，如果其中某一辅文的页面数为单数时，就应该加上一个空白面，使页面数成为双数。跋、出版后记、参考文献、附录等位于正文之后的辅文，在一般情况下均采用另面排且延续正文部分的页码，所以它们的页面数只要取实际值，不必另加空白面。

因为1页书页必然有2面，所以无论书刊有多少书页，其单册面数必然为双数。这样，如果最后计算得出的单册面数为单数，就应该再加上1面。

第二，将单册面数和开数、印数、加放数代入公式

（5. 4），算出正文实际用纸总量。

例如，某图书的开本为 32 开，正文有 368 面，另有前言 2 面，目录 3 面，附录 9 面，后记 1 面，需要印制 3 000 册，出版社与承印单位商定的加放数为 3%。那么，该图书的正文实际用纸总量就是 37. 08 令。算式如下：

$$正文实际用纸总量 = \frac{(368+2+4+9+1)\times 3\,000}{32\times 1\,000}\times(1+3\%)$$

$$=37.08（令）$$

上式中，目录的面数为单数，应加空白面，按 4 面计；附录、后记则取实际面数即可。

图书重印时，不用再通过“单册面数”来计算“单册印张数”，只要直接采用版本记录中的印张数即可，所以公式（5. 4）应作相应简化。

2. 插页用纸总量计算

图书的书名页和插页虽也可以采用与正文相同的纸张，但在更多情况下要采用比正文用纸厚实的纸张，而环衬、衬页用纸通常厚于正文。因此，这些部件的用纸量就需要与正文分开计算。如果这些部件各自使用不同种类的纸张，它们的用纸总量也应该分别计算。

这些部件用纸总量的计算方法与正文用纸总量的计算相同。其中的关键在于正确计算“单册面数”，尤其要注意是否需要增加空白面。

例如，某图书的开本为 16 开，有前环衬和后环衬，用铜版纸制作，商定的加放数为 2%；主书名页和 1 页附书名页用胶版纸印制，商定的加放数为 6%。该书准备印 5 000 册。那么，环衬铜版纸需用 2. 55 令，而书名页胶版纸需用 1. 325

令。算式如下：

$$铜版纸实际用纸总量=\frac{8\times5\ 000}{16\times1\ 000}\times(1+2\%)=2.55（令）$$

$$胶版纸实际用纸总量=\frac{4\times5\ 000}{16\times1\ 000}\times(1+6\%)=1.325（令）$$

上例中：计算铜版纸用量时，由于 1 个环衬有 2 页，即 4 面，前后环衬就有 8 面，所以单册面数取 8；计算胶版纸用量时，由于主书名页与 1 页附书名页合在一起为 2 页，单册面数就为 4。

3. 封面用纸总量计算

封面用纸品种与正文不同，并且一般是单独印刷的，计算封面用纸总量的方法也就有所不同。

① 先根据书刊的开本大小、书脊宽度与是否有勒口等来确定“封面纸开数”，即确定一全张封面用纸能印多少本书刊的封面。如果一全张纸能印 16 本书的封面，则封面纸开数便是 16 开。

对于没有勒口的平装书刊来说，若书脊宽度小于或等于 7 毫米，并且印制封面用的纸张与正文用纸虽品种不同但大小规格相同，封面纸的开数就可以直接取书刊成品开数的 1/2（如 16 开本的书刊需用 8 开的封面纸）。例如，某平装图书的开本为 787 毫米 ×1 092 毫米 1/32，无勒口，书脊宽 6 毫米，如采用大小规格也是 787 毫米 ×1 092 毫米的铜版纸印制封面，那么，封面纸的开数就是 16 开。

特别需要说明的是：采用这种简便方式推算封面纸开数时，上述的“平装”“无勒口”“书脊宽度不超过 7 毫米”“封面用纸与正文用纸的全张纸大小相同”这四个条件必须同时具备；如果某书刊缺少其中任何一个条件，就不能采用这种方法，而必须按照下面所讲述的方法进行较周密的计算。

印刷时纸张短边必须留出 3～10 毫米的机器叼口量（不同印刷机叼口量不同），而书刊装订后裁切时每个裁切边还须留出 3 毫米裁切余量。因此，计算封面纸的开数时必须注意：

第一，算出净尺寸后应再加上裁切余量。封面纸的净尺寸高度直接采用成品书刊的高度，净尺寸宽度按成品书刊宽度（有勒口的须再加勒口宽度）的 2 倍再加上书脊宽度计算确定。封面纸的净尺寸确定后，应再对高度和宽度各加上 6 毫米裁切余量，才可得出封面纸的毛高和毛宽尺寸，如图 5-1 所示。

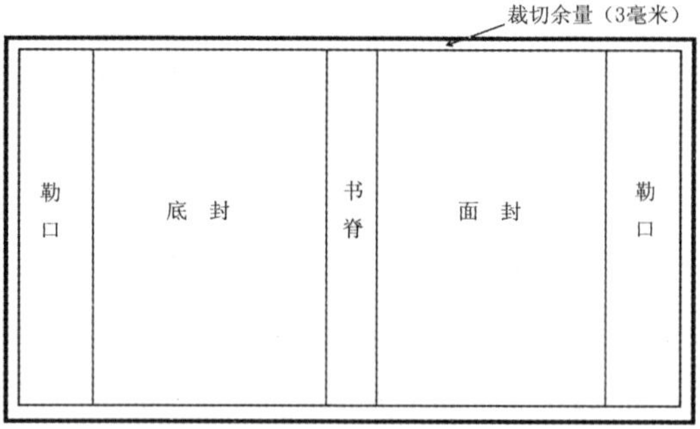

图 5-1 封面纸裁切余量示意图

第二，由于封面印刷一般采用对开印刷机，所以宜按对开纸张的幅面尺寸进行计算。这样，就需要先将全张纸的长边除以 2 再减去叼口所占尺寸后，作为对开纸的短边，而全张纸的短边保持原来尺寸，作为对开纸的长边。

第三，为了充分利用纸张，需要试测两种开切方案。第一种测试方案，是将对开纸的长边除以封面纸的毛宽、短边除封面纸的毛高，再把所得商值的整数部分（商值的小数部分必须舍去，不能按照“四舍五入”的一般规则进到整数）相乘。第二种测试方案，是将对开纸的长边除以封面纸的毛高、短边除以封面纸的毛宽，再把所得商值的整数部分相乘。然后，对两种测试方案进行比较，取结果数值较大的方案。

第四，由于这是用对开纸计算得出的数值，所以还应乘 2，才能求出封面纸的开数。

例如，某 32 开本图书的成品尺寸为宽 130 毫米、高 184 毫米，书脊宽 10 毫米，勒口宽 80 毫米，如果用 890 毫米 × 1 240 毫米规格的纸张开切，且印刷机叼口量应留 10 毫米，封面纸的开数便是 12 开。计算的具体过程如下：

第一步，计算封面纸的净尺寸。根据上述已知数据，封面纸的净宽为 430 毫米，即“（130 毫米＋80 毫米）×2＋10 毫米”；净高为 184 毫米，即与书刊的高相等。

第二步，计算封面纸的毛尺寸。封面纸的毛尺寸应该是净尺寸加 6 毫米，所以毛宽为 436 毫米、毛高为 190 毫米。

第三步，计算该规格对开纸可用部分的尺寸。全张纸的长边为 1 240 毫米，取其 1/2 便是 620 毫米，再留出叼口量 10 毫米，对开纸的短边尺寸就为 610 毫米；对开纸的长边就是全张纸的短边，即 890 毫米。

第四步，计算一张对开纸上可以容纳多少个封面。这时须进行两种方案的试算。第一种方案是将对开纸的长边 890 毫米除以封面纸的毛宽 436 毫米、短边 610 毫米除以封面纸的毛高 190 毫米，两个商分别约等于 2.04 和 3.21，应取 2 和 3 相乘，结果是 6。第二种方案是把对开纸的长边 890 毫米除以封面纸的毛高 190 毫米、短边 610 毫米除以封面纸的毛宽 436 毫米，两个商分别约等于 4.68 和 1.40，应取 4 和 1 相乘，结果是 4。比较两个方案（见图 5-2），因为按第一种方案可以开出 6 个封面，而按第二种方案只能开出 4 个封面，所以应该取第一种方案。

第五步，计算封面纸的开数。由于 1 张对开纸可以开出 6 个封面，那么 1 张全张纸就可以开出 12 个封面，所以封面纸的开数是 12 开（即 6×2 = 12）。

② 根据封面纸开数、书刊印数和加放数计算实际用纸总量。因为 1 册书刊只用 1 个封面，所以书刊印数为多少，就需要用同等数量的封面。又由于开数就是 1 张全张纸可以开切的份数，所以将书刊印数除以封面纸开数，就可得出需要用的全张纸数量，再将之除以 500（因 1 令纸有 500 张），转换成以“令”表示的理论用纸总量。最后再把加放数加上，就可算出封面实际用纸总量。公式如下：

$$封面实际用纸总量 = \frac{印数}{封面纸开数 \times 500} \times (1+加放数) \quad (5.5)$$

上例中的图书如果印 12 000 册，加放数为 8%，则该书的封面实际用纸总量为：

$$封面实际用纸总量 = \frac{12\ 000}{12 \times 500} \times (1+8\%) = 2.16（令）$$

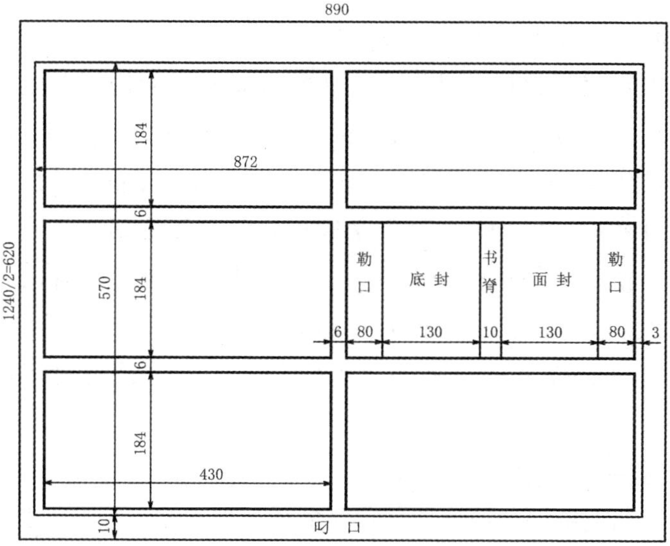

第一种方案

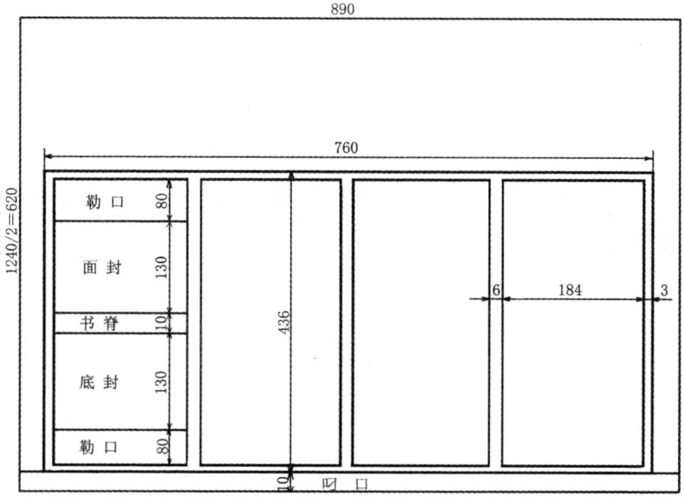

第二种方案

图 5-2　用对开纸开切封面的方案

4. 护封用纸总量计算

护封用纸总量的计算，方法和步骤与封面用纸总量的计算均相同。两者不同之处在于封面纸的净尺寸直接按书刊的幅面净尺寸和书脊宽度计算，而护封的净尺寸须根据书壳的幅面净尺寸和书脊（即“中腰”）宽度计算。因为书壳带有“飘口”（指书壳超出书芯的部分，一般为3毫米），所以无论是宽度还是高度，护封的尺寸都比书芯的相应尺寸要大一些。此外，任何护封都必然有较宽的勒口，这与封面也有不同。

（三）纸张费用的计算

市场上纸张的销售，虽然偶尔按“令”计价，但通常是按质量单位“吨”来计价。

在按“令”计价时，用纸费用的计算很简单，只要把所用纸张的单价与用“令”表示的用纸总量（一般简称“用纸令数”）相乘即可。

在按“吨”计价时，就需先将“用纸令数”转换成用质量单位“吨”来表示的形式（一般称“用纸吨数”）。转换方法是将某种纸张的令重乘上用纸令数再除以1 000（即将“千克”换算成“吨”），即：

$$\text{用纸吨数}=\frac{\text{令重}\times\text{用纸令数}}{1\,000} \qquad (5.6)$$

例如，某图书的正文实际用纸总量为100令，若用令重为21.5千克的某种胶印书刊纸印刷，正文用纸吨数便为2.15吨。算式如下：

$$用纸吨数 = \frac{21.5\times100}{1\ 000} = 2.15（吨）$$

知道用纸吨数后，只要把所用纸张的每吨单价乘上用纸吨数即可得出用纸费用。

上例中所用胶印书刊纸的单价若为 6 000 元 / 吨，则该图书的正文用纸费用便为 12 900 元。算式如下：

$$纸张费用 = 6\ 000\times2.15 = 12\ 900（元）$$

三、书刊印刷油墨

书刊印刷一般采用平版印刷，所以这里仅简要介绍平版印刷所用的油墨。

平版印刷所用的油墨，一般称为“胶印油墨”。

胶印油墨的特点是：具有较强的抗水性，能防止油与水产生乳化现象；着色力强，颜料含量相对较高且在连结料中的分散度好；使用的连结料有稳定的流变性能，能保证油墨的黏度、黏着性、干燥性等性能符合要求。

在书刊印制中，常用的胶印油墨有平板纸胶印油墨和卷筒纸胶印油墨两类。

当前，我国大力推进绿色印刷，因此使用绿色印刷油墨也是大势所趋。

绿色印刷油墨也称“环保油墨”。主要特征有三个：一是严格控制油墨中的可挥发性有机化合物（VOCs）、芳香烃、苯、酮等有害物质的含量，不会对人的身体产生伤害；二是在油墨的生产和印刷过程中，对环境和操作人员的危害降到最低，做到清洁生产、节约资源和减量化；三是有利于废弃包装物的回收和处理，不造成二次环境污染。

第四节　书刊的装订

书刊装订是将已经完成印刷的纸张加工成册的工艺过程，包括“订”和“装”两大工序。订，就是将书页订合成本；装，就是对书刊作装帧加工。按照出版专业初级技术人员的实际工作特点，这里主要讲骑马订装书刊和平装书刊的装订。

一、书刊装订工艺流程

骑马订装、平装的工艺流程如下。

（一）骑马订装

骑马订装的工艺流程是最为简单的，所以采用这种装订样式的书刊不但生产周期短，而且成本也较低。

组成骑马订装工艺流程的主要环节有：

折页→配页和封面→订书→切书→检查包装。

其中，折页是将已经完成印刷的纸张按页码顺序折叠成书帖的工艺。书刊印刷时，一般是将数个书页共同印在一大张纸上。因此，必须先把大张的纸折叠起来，形成与书刊开本大小相对应的一叠页码相连的书页，即书帖。由一大张印刷纸折叠成的一叠书页，便是一帖。

配页也称“贴页”或“配书帖”，即把某种书刊所有的书帖或单页按顺序配全。除了仅有一个书帖的小册子以外，各种书刊都需要经过配页才能成册。

订书是把已经配好的某种书刊全部书帖订牢。

骑马订装书刊的装帧加工比较简单，主要就是切书，即把书刊半成品切去三面纸边使之成为成品。

（二）平装

平装的工艺流程也比较简单，但是在“订书”后的装帧加工上，比骑马订装要多两个环节。

组成平装工艺流程的主要环节有：

折页→配页→订书→包本→烫背→切书→检查包装。

其中的折页、配页与骑马订装基本相同，只是不必把封面同时配好，而所用订书方式则有多种，与骑马订装不同。对已经订合的书刊半成品进行的装帧加工，平装书刊与骑马订装书刊有较大区别。

首先，是将封面包住书芯，并使其与书芯粘连住，这就是“包本”。其次，用机器将包本后的平装书刊书背烘干烫平，使封面更加平整、牢固地粘贴在书芯上，即烫背。最后，把封面与书芯已经牢牢粘连在一起的书刊半成品三面纸边切掉，使之能够顺利翻开，这一切书过程与骑马订装书刊也基本相同。

二、订书方式

订书是把已经配好的某种书刊全部书帖（页）用某种方式订牢，俗称“书页订联”等。不同装订样式的书刊，采用的订书方式也有所不同。骑马订装的订书方式是骑马订。平装的订书方式有锁线订、胶粘订、锁线胶粘订等。期刊一般书页较少，而且要求装订速度快，通常采用骑马订，但也可采用其他订书方式。

（一）骑马订

骑马订也称“骑订”，是将封面与正文书帖在订书机上成“骑势”套叠后，用铁丝在左右两页相联的书帖居中折缝处穿过，将封面连同正文书帖一起订牢。

骑马订是一种较简单的装订方法。它工艺流程短，出书速度快；订书用料少，成本低；所订书刊容易摊平，便于阅读。但是，骑马订的书刊，封面在使用过程中容易脱落，而且铁丝易生锈，所以牢度较差，不易保存。骑马订要求书刊中没有单页，并且还不能订太厚的书刊。

（二）锁线订

锁线订也称“串线订”，是用线沿书帖折缝逐帖串订成书芯。订书时，每一书帖依次“骑”在锁线机上，带线的订针顺序订穿每一书帖的居中折缝将各页连缀，同时锁线穿梭而过将各帖书页“锁”紧成册。

锁线订的订线在书页居中折缝处，所以不占用订口，书页可呈“完全打开式”。它的装订牢度高，适合于装订各种厚度的平装或精装书刊。锁线订的缺点，是由于书背上订线较多而使得书脊的平整度较差。

（三）胶粘订

胶粘订也称“无线胶背订”或“无线胶粘订”，是将书帖、书页仅用胶黏剂粘连成册。订书时，先将排好次序的若干书帖捆紧，并将书帖订口一侧打毛，再横向铣出若干条一定深度的沟槽，然后涂布胶黏剂；待胶黏剂渗透、干燥，书页就被粘牢。

胶粘订具有不占用订口、翻阅方便的优点，可用于书页较多的书刊，书脊平整度也较好。但是，如果胶黏剂的黏度不够高，书页容易脱落。

（四）锁线胶粘订

锁线胶粘订也称“锁线胶背订”，是将“锁线”和“胶粘”两种方式结合起来的订书方式。订书时，先用“锁线”法将书帖订连起来，再用“胶粘”法粘牢。这种方式兼备两种订书方式之长，所以被普遍采用。

三、书刊装订常用材料

装订材料包括缝订材料、胶黏材料等。

（一）缝订材料

缝订材料有铁丝、金属丝圈、塑料丝圈、棉线、化纤线等。

1. 铁丝

铁丝表面镀有锌作为防锈层，用于骑马订。为适应不同厚度书刊的装订需要，常用的铁丝有21—25号几种，号数越大直径越细。

2. 金属丝圈、塑料丝圈

金属丝圈、塑料丝圈一般用于装订图册和儿童图片活页本。这是用涂塑铁丝或其他金属丝、塑料丝制成的拉簧状环圈。装订时，在活页本的订口处打一排孔眼，而后将环圈用手工或机械方法穿入孔眼。

3. 棉线

棉线是锁线订的常用缝订材料。有粗细不同的四种常用规格，装订时根据书刊用纸的定量、书帖的折数、书刊的厚度选用。

4. 化纤线

常用的化纤线有尼龙线和涤纶线等。尼龙线强度高，但弹性大，不易将书芯锁紧，书刊裁切后容易出现切口不齐或书脊弯曲等现象。

（二）胶黏材料

胶黏材料有淀粉黏合剂、纤维素胶黏剂、动物胶、合成树脂黏结剂等。

1. 淀粉黏合剂

淀粉黏合剂主要有糨糊和糊精两种。糨糊是装订常用的胶黏材料，适用于一般纸张、卡纸之间的裱糊和织物、纸张之间的裱糊，也可用于粘一般的封面、环衬、衬页、书背纸等。糊精比糨糊黏性强、干燥快，可以长时间放置不变质，所以使用较广。

2. 纤维素胶黏剂

纤维素胶黏剂又称“纸毛糨糊”或“无粮糨糊”，多由印刷厂自行加工，代替糨糊用于粘贴插页、衬页和包封面等。它的黏结性强，胶膜弹性好，性能稳定，长期保存不会发霉变质，但是干燥速度比糨糊慢。如与聚乙烯醇混合使用，效果可以改善。

3. 动物胶

动物胶主要有骨胶和鱼胶两种。它们的强度高、定型好、含水量低、干燥速度快，多用于糊制精装书壳和粘贴书背布、书背纸、堵头布等。

4. 合成树脂黏结剂

常用的合成树脂黏结剂有聚醋酸乙烯乳胶、聚乙烯醇、热熔胶。

聚醋酸乙烯乳胶的优点是黏结强度较高，固化后胶膜无色透明，无毒无味，不刺激皮肤，不霉变；其缺点是固化速度较慢，干燥时间长。聚醋酸乙烯乳胶可以用于黏合不同厚度的各种书芯，也可以用于粘贴单页、书背纸、纱布和包封面。

聚乙烯醇无色透明，无毒无味，不霉，不腐，成膜性能好。在书刊装订中，用于平装书刊的包封面，精装书芯的粘书背。聚乙烯醇的黏结强度不如聚醋酸乙烯乳胶，但比糨糊高。

热熔胶是不含水和溶剂的固体可熔性聚合物，在常温下为固体，加热到一定温度后熔解，变成能流动而且有黏结性的液体。它主要用于胶粘订。

第五节　书刊印制质量检查

根据《图书质量管理规定》，书刊的印制质量分为合格和不合格两级。如果印制质量不合格，即使书刊的其他各项指标合格，书刊的整体质量也属于不合格，必须按照国家规定作出相应处理。

一、质量检查的方式

书刊印制质量检查的方式，可以分为上机样检查和样书（刊）检查。

（一）上机样检查

这是在临印刷前，对书刊的全部清样进行检查。这一方面是对编辑、校对等工作的质量再次进行监督检查；另一方面是从技术上对印前制作的结果进行检验，防止存在影响印刷质量的差错。如发现问题，要尽快采取措施予以改正。

（二）样书（刊）检查

印刷厂在书刊印刷完毕、尚未成批装订之前，要先装订10册样品送出版单位查验。出版单位的责任技术编辑、责任编辑、责任校对和主管领导，都要从总体上对样品书刊的质量进行检查、审核。如发现问题，首先要及时通知印刷厂封存印成品，然后再根据情况提出具体处理意见，由印刷厂实施；如无问题，以书面形式正式通知印刷厂开始成批装订。

二、印刷质量要求

书刊印刷的质量包括外观质量和图文质量两个方面。

（一）外观质量

书刊印刷的外观质量要求是：

第一，页面干净，无明显脏迹，无明显折痕。

第二，文字完整、清楚，位置准确。

第三，墨色均匀，印页折标的印刷实地密度测量值在规定范围内。

第四，色调基本一致，同批产品各帖纸张的色调也要基本一致。

第五，多色版图像的轮廓及位置准确套合，误差在规定范围内。

（二）图文质量

书刊印刷的图文质量要求是：

第一，文字清晰，无重影，无缺笔断画字、糊字和坏字。

第二，表格线条清楚，无明显模糊不清处。

第三，图像亮、中、暗调分明，层次清晰；网点角度准确，不出重影，亮调网点面积再现范围在规定值内；颜色真实、自然、协调。

（三）书刊印刷常见质量问题

书刊印刷过程中，纸张和油墨的印刷适性、印版质量、印刷色序、印刷机精度、操作人员调节匹配印刷机各部件的技能、印刷时周围环境的温度和湿度等因素，都会对书刊的印刷质量产生影响。如果这些影响因素不能始终保持在良好状态，书刊成品就难免出现一些质量问题，其中较为常见的有下列几种。

第一，套印不准。多色印刷过程中，不同色版的图文位置相对误差超过规定范围，应该精确叠合印刷的两种或更多种颜色未能按要求叠合，书页上的彩色图文部分在一侧带有某种原色的边缘。

第二，图文重影。书页上的图文出现双重轮廓，显得边缘模糊。

第三，背面粘脏。印刷过程中，一张纸上未干的油墨粘在相邻纸张的背面，导致书页上出现不该有的油墨痕迹。

第四，透印。在书页的某个表面可见印在另一面的图文，致使图文不清晰。

第五，出现条痕。书页上存在与滚筒轴向平行的条状印痕。

第六，糊版。油墨和 / 或纸粉沉积在印版的细小空白区，造成书页上的印迹不清晰。

第七，起脏。印版的非图文区域出现不应有的着墨现象，造成书页上不应该有图文的地方出现墨迹。

第八，墨色不一。书页上本该墨色相同的部位呈现浓淡不同的墨色。

第九，纸张起毛。纸张的纤维、填料或涂料从书页表面脱落或被拉起。

三、装订质量要求

书刊装订的质量要求分为总体要求和对各种订书方式的要求。

（一）装订质量总体要求

书刊装订的总体质量要求主要体现在下列几个方面：

第一，封面与书芯粘贴牢固，无空泡、皱折、折角、变色、破损；书脊平直，粘口符合要求。

第二，书帖配帖正确、整齐，无多帖、少帖、重帖、倒帖等问题。

第三，成品幅面尺寸符合规定；外观整洁平顺，无压痕。

第四，成品裁切歪斜误差在允许范围内，裁切无严重刀花、连刀页、严重破头。

第五，书脊文字平直，平移误差在规定的范围内。

第六，带勒口的封面，勒口折边应与书芯翻口对齐，误差在允许的范围内。

（二）对各种订书方式的要求

按照各种订书方式的不同特点，相应地有不同的具体要求。

1. 骑马订质量要求

无重订或坏锯。锯钉要均匀、正确地订在折缝线上，钉脚要扣平压实。书芯歪斜不超过 2 毫米。

2. 锁线订质量要求

针位和针距要符合书刊开数和工艺要求，没有漏针。针眼和线位要平骑在书帖的订缝线上，不歪斜。穿线缝好后，锁丝的结扎辫子要松紧一致，平服地贴合在书背上。书刊无断线、脱针或起线圈等现象。

3. 胶粘订质量要求

所用黏合剂要黏度适当，能渗透到书帖最里边的书页上将之粘牢；不得使用植物类黏合剂。书帖划口排列正确，均在最后一折缝线上。依据开本确定铣口数，铣背深度合适，以书帖最里面一页能粘牢为准。书背纸应粘平、粘牢，不断裂，无歪斜。

4. 锁线胶粘订质量要求

这种订书方式原本就是锁线订和胶粘订的结合。所以，对于锁线订和胶粘订的质量要求，也就是对锁线胶粘订的质量要求。

思考与练习

1. 什么是书刊印制？
2. 什么是印刷？它由哪些要素构成？
3. 书刊印制有哪几种工艺过程？它们各包括哪些环节？
4. 什么是绿色印刷？
5. 关于出版印制有哪些管理规定？
6. 原稿检核的对象包括哪些？对它们的检核各有哪些要求？
7. 原稿检核的方式有哪几种？
8. 文字、图像和图形的输入与存储各采用哪些方式？
9. 图像处理包括哪些内容？
10. 图形处理包括哪些内容？
11. 组版的对象是什么？在组版过程中对它们应该如何处理？
12. 图文输出有哪些方式？
13. 晒版制作印版的工艺流程包括哪些环节？
14. 印刷的方式有哪些？它们各有什么特点？
15. 什么是印张？书刊的印张如何计算？

16．什么是定量？什么是令重？令重如何计算？

17．书刊正文、插页的实际用纸总量各应如何计算？

18．书刊封面的实际用纸总量如何计算？

19．书刊的纸张费用如何计算？

20．骑马订装书刊和平装书刊的装订工艺流程各包括哪些环节？

21．常见的书刊订书方式有哪些？它们各有什么特点？

22．装订书刊使用的材料各有哪些种类？

23．书刊印制质量检查采用哪些方式？

24．对书刊的印刷质量有哪些要求？常见的书刊印刷质量问题有哪些？

25．书刊装订质量的总体要求有哪些？对各种订书方式各有什么质量要求？

第 六 章

出版物发行

重点提示：出版物发行的概念及其构成要素，出版物发行在出版工作中的地位，出版物发行的特点与程序，出版物发行的商流、物流、信息流和资金流。出版物的购销形式，出版物的码洋、发行折扣额、发行折扣率和实洋。出版物批发的特点、作用和具体形式，出版物批发的操作要点；出版物零售的特点和作用，出版物零售机构的主要类型；出版物出租的概念和经营形式；出版物连锁经营的概念、特征和类型；出版物展销的概念及书展的类型；出版物进出口贸易的概念及主要形式。出版物发行渠道的特点；出版物发行直接渠道和间接渠道的优势与不足；各类出版物的主要传统发行渠道；出版物网络发行渠道的类型、经营模式，出版物网络发行渠道的优势。出版单位品牌形象运营，出版物营销活动中的全媒体营销和活动推广，出版物的促销方式。

第一节　出版物发行概述

出版物发行，是出版业的有机组成部分，是出版产业链中一个十分重要的环节。没有出版物的生产，就不会有出版物的发行。从这一意义上说，出版物生产决定发行。出版物的价值虽是在生产环节形成的，却是在发行环节实现的。因此，没有发行过程，出版物销售不出去，不仅白白浪费了社会财富，而且出版活动的目的也就无从实现。从这一意义上说，发行活动又反过来制约着出版物的生产活动。

一、出版物发行的概念及其构成要素

出版物发行，是出版单位通过分销等渠道将出版物传送给消费者的活动。它作为联系出版物生产与出版物消费的中间环节，构成了出版物由生产领域向消费领域转移的商品流通过程。一项完整的出版物发行活动，由出版物发行者、出版物和出版物消费者三个要素构成。

（一）出版物发行者

出版物发行者，是指从事出版物发行活动的单位与个人，即出版物发行主体，主要包括出版单位和出版物发行商。

1. 出版单位

出版单位既是出版物的生产者，又是出版物发行活动的发起者、推动者，是整个发行活动的起点，不仅决定着市场上可供发行的出版物的品种、数量与质量，而且对出版物发行的目标、方式和结果有着实质性的影响。

2. 出版物发行商

出版物发行商是用商品流通方式将出版物向社会传播并销售给消费者的专职经营者，包括批发商和零售商。其中既有依法设立的法人单位，也有经批准从事出版物零售业务的个体工商户。

发行商是出版物发行活动的组织者、推动者和实施者，是出版物发行活动重要的构成要素。

（二）出版物

出版物是发行主体的作用对象，也称“发行客体”，包括图书、期刊、报纸、音像制品、电子出版物等。在我国，按照规定，只有经国家批准设立的出版单位所公开出版的出版物，才能进入出版物市场，成为合法流通的商品。经一定审批程序而获准复制的，并以非贸易形式在本行业、本系统或本单位内部发行的用于指导工作、交流信息的内部资料性出版物，如内部报刊、纪念性文集等，不能进入出版物市场流通。

（三）出版物消费者

出版物消费者，是指购买、租赁、阅读、观赏等使用出版物的单位和个人。长期以来，出版物消费者对图书、报纸和期刊的使用都采用阅读方式，所以，一般把阅读书报刊的人称为“读者”，并因此把光顾书报刊销售场所或有意愿购买书报刊的单位和个人也称为“读者”。随着出版物种类的增加，对它们的使用不再限于“阅读”方式，因此，各种出版物的使用者可以统称“出版物消费者”，而在不至于造成歧义的情况下，就简洁地称为“消费者”。当然，书报刊的消费者仍然可以称为“读者”。

从发行商的角度讲，购买出版物的单位和个人都是顾客，而使用出版物的单位和个人都是消费者。顾客不一定是消费者，消费者也不一定是顾客。一般情况下，把批发环节的购买者称为“顾客”，把零售环节的购买者称为“消费者”。

出版物消费者是构成出版物市场需求的基本条件，是发行活动产生和发展的原动力。满足消费者需要是出版物发行活动的最根本目的。

值得注意的是，随着互联网、云计算、大数据等技术的发展，越来越多的研究者倾向于将出版物视为产品，将读者视为用户。这充分表明在互联网时代出版单位应转变思路，从以产品为中心，转变为以用户为中心，借助大数据等技术提供的方法研究和了解用户，创新经营模式，提升核心竞争力。

二、出版物发行在出版工作中的地位

出版物发行是出版物生产与出版物消费的枢纽、桥梁和中介，承担着承上启下的重要职能。通过它，出版物的生产环节才能运转顺畅，处在消费环节的消费者才能获得心仪已久的出版物，并从中汲取科学知识和精神力量，出版物的价值和使用价值才能得以实现，出版业的再生产和扩大再生产才能继续进行。

出版物发行在出版工作中的地位，可以从以下三个方面来认识。

（一）发行是出版工作的重要组成部分

在一个完整的出版物生产过程中，一方面，出版单位生产的各种可供交换的出版物需要经过流通环节分配给消费者，在市场经济条件下，出版物的分配要通过商品交换来实现；另一方面，消费者精神文化生活方面的需要可以通过购买出版物来满足。同时，只有完成了出版物商品交换过程，出版物才能成为“现实的产品”。在出版物再生产系统内，出版单位履行的是生产职能，发行商履行的是交换职能。一项完整的出版活动，既不能缺少履行生产职能的编辑、复制工作，也不能缺少履行交换职能的发行工作。

（二）发行是促进出版物生产发展的动力

出版物生产过程不可或缺，否则，就没有出版物，也就不会有出版物流通。但是，在社会化大生产条件下，如果没有流通，产品价值就无法实现，使用价值就不能发挥作用，出版活动的目的也就无法达到。从这种意义上讲，出版物发行是保证出版物正常生产乃至整个出版业繁荣发展的必要条件。

应当指出的是，在出版物再生产过程中，出版物的生产是决定性的环节，发行对生产具有反作用。但在特定条件下，发行对生产又有着决定性作用。如出版物大量积压影响生产继续进行时，扩大出版物的销售就成了生产发展的关键，此时出版物发行所起的作用就具有决定性意义。

出版物发行对出版物生产环节的作用，可具体归纳为如下四个方面。

1. 为生产者缩短出版物买卖时间

在出版领域，如果每家出版单位都将自己出版的每一种出版物直接拿到市场上去交换，那将耗费大量的时间，而通过发行商将许多出版单位的产品集中起来一起宣传销售，则可大幅度减少交易次数，大量节省出版单位用于出版物买卖的时间。

2. 影响出版物生产成本

出版物发行数量的多少，对出版物的生产成本有着重要影响。以图书为例，一种图书的预计发行（或征订）册数决定着它的印数，而印数的多少又跟生产成本有着直接关系。这是因为在图书的直接生产成本中，有几项费用（如排版费、制版费等）是不随图书印数多少而变化的固定成本。随着印数的增多，每册书应分摊的固定成本部分就会降低。其他出版物的情况也与图书相似，发行量越大，单位成本就越低。

3. 促进出版物生产规模扩大

出版物生产的发展要以发行范围的不断扩大为前提。这是因为：首先，生产规模的扩大要以出版物市场需求总量的增大为条件，而发行范围的扩大，则能有效地开拓市场，使需求总量增加。其次，随着发行范围的扩大，消费者对出版物产品的要求也越来越复杂，这就促使生产环节调整结构，加快速度，进一步发展。

总之，发行范围的扩大会不断地给出版活动带来新的矛盾。不断解决矛盾的过程，就是出版活动不断发展的过程。

4. 影响出版物生产者的经营效益

发行的速度决定着出版物产品在流通领域停留时间的长短。产品在流通领域的停留，占用着生产者投入的资金；停留时间越长，占用生产资金就越多。通过发行环节的努力使各类出版物迅速地完成流通过程，就能有效地减少生产资金的占用，使生产过程的劳动耗费及时得到补偿，从而提高出版物生产者的经营效益，促进生产过程的可持续发展。

（三）发行是沟通出版物生产与消费的桥梁和中介

出版物发行一方面要通过扩大产品销售来促进生产环节的

发展；另一方面又要为消费者服务，满足消费需求，引导消费发展。出版物发行在出版业发展中所处的桥梁和中介地位，更多地表现在对消费者的影响与作用上。

出版物发行对消费者的作用主要体现在下列几方面。

1. 使消费者的精神文化需求得到满足

出版物必须通过市场交换才能成为消费者手中现实的消费对象。没有出版物发行，就无法实现这种从产品到现实消费对象的转化。发行质量的高低与速度的快慢，对消费者消费活动的实现程度与实现时间有着重要的影响。例如，组织上市的出版物不适应消费者需求，服务方法简单，信息传播不畅等，就会使许多消费者的需求得不到满足。

2. 引导消费者积极消费

在出版物消费过程中，从消费者购买欲望的产生到购买行为的实施，都离不开一定的营销环境。发行可以通过各种方式，如经销品种的选择、宣传橱窗的布置、出版物产品的陈列、主题内容的揭示、促销活动的组织等，为消费者营造一个健康消费的良好氛围。通过环境的影响，不断刺激消费者购买行为的产生，引导消费者积极消费。

3. 为消费者提供增值服务

发行商开展的送货上门、电话订购等服务，能有效地节省消费者的购买时间；提供的卖场配套服务、信息咨询服务等，能为消费者购买提供便利。这些都是为消费者提供的增值服务。

伴随着互联网技术的发展，发行商及相关平台等为消费者可以提供更多类型的增值服务。例如网上书店和实体书店整体联动，品种资源共享；利用大数据，针对消费者的兴趣进行出版物推介；围绕消费者的兴趣建立网络社群，等等。

此外，数字出版物可以提供的增值服务更多，如标记相关内容，并能看到有多少读者标记了相同的地方；记录和分享阅读感受；提供阅读打卡功能，培养读者的阅读习惯。

三、出版物发行的特点与程序

与其他商业活动一样，出版物发行一般也包含进货、仓储、运输、销售和售后服务等业务内容。然而，由于出版物发行的客体是既有物质产品属性又有精神产品属性的特殊商品，因此，出版物发行在许多方面又有着不同于一般商业活动的特点。

（一）出版物发行的特点

作为出版活动有机组成部分的出版物发行，其特点与整个出版业的特点密不可分。我国出版工作的特点，决定了我国出版物发行工作的明显特点：它既是经济工作，又是文化宣传工作；既是商业活动，又是促进社会主义精神文明建设的活动。因此，它必须坚持为人民服务、为社会主义服务的方向，把社会效益放在首位，实现社会效益和经济效益的统一。

（二）出版物发行的程序

出版物的发行一般都要经过以下几个步骤。

1. 信息交换

销售方以各种信息传播方式向购货方发布可供出版物的信息，而购货方则将自己所需出版物的信息告诉销售方。

2. 确定购销关系

销售方与购货方就购销形式、折扣、账期等作出约定。在大部分零售活动中，这一步骤非常简略。

3. 实物交割

销售方按照事先的约定利用各种运输工具或当面将出版物送到购货方手里，购货方则检验出版物的品种和数量是否合乎约定。

数字出版物的发行往往通过网络将数字出版物发送到用户的电脑、手机或电子书阅读器上。

4. 结算货款

购货方将货款支付给销售方，意味着一次商品交换活动的终结。

5. 搜集各种反馈信息

销售方调查、分析出版物市场状况，听取、收集各种购货者、消费者的意见和建议，为进一步做好以后的发行作准备。

需要说明的是，由于发行方式的不同，上述程序并非一成不变，如在寄销制下，还有退货问题等，也并不是所有的发行活动都必须按照上述程序开展。

四、出版物发行的商流、物流、信息流和资金流

在市场经济条件下，出版物发行表现为商流、物流、信息流和资金流的统一。这四种流通形式是出版物发行的不同方面，它们既互有联系，又各自发挥着不同的作用。

商流，即出版物商品的交换活动，也就是出版物商品价值的流通。具体是指出版物流通过程中同买卖行为相关联的各种购销活动。商流是出版物所有权从出版者、经营者到消费者的转移过程。出版单位、出版物发行商开展的出版物订货、交易洽谈和为出版物消费者提供的各种形式的销售服务，都是出版物商流活动的具体体现。

物流，即出版物从供应地到接受地的转移，包括出版物在流通过程中所形成的时间上的停滞和空间上的运动。具体是指出版物从出版领域向流通领域和消费领域转移、传送或待销储备的过程（也包括流通领域内的各种转移）。出版物物流一般是出版物的集散（包括发货、调剂和退货）、包装、保管、运输、配送等活动的集合。它保障出版物市场的商品流通得以不间断地进行。

信息流，即出版物交易活动中所发生的和与此相关的各种信息的流通。具体是指有关的出版信息，出版物的商流、物流、资金流信息，经营环境信息与市场需求信息的接受、整理、分析、运用和储存。

资金流，即出版物发行者围绕出版物的商品交换而实施的货币流通。每一个出版物发行商，不论其规模大小，都是以货币为媒介，通过出版物的买进、卖出，形成资金的不断流动。资金流是出版物发行商资金运用的过程，是出版物发行商开展正常出版物流通活动的前提和保证。

在出版物发行活动中，商流是物流的前提，没有出版物的买进和卖出，也就没有出版物的物流。但同时物流又是实现商流的保证，出版物产销之间、供需之间的满足，必须通过物流才能实现。物流堵塞、停滞或中断，商流就不会畅通，出版物的再生产也就难以顺利进行。信息流在出版物流通的过程中要解决的是流通主体之间的信息传递，信息流往往伴随企业资金运动的全过程，对商流、物流活动起着支持或制约的作用。商流决定资金流，但资金流又对商流有反作用，它是商流的润滑剂，甚至可以引导商品的流向和资金的流向，在一定程度上对出版物购销起着制约作用。

第二节　出版物购销

出版物购销，即出版物的购进和销售，特指出版单位与发行商之间、不同发行商之间发生的出版物商品交换活动，不包括出版单位或发行商与消费者之间的出版物商品交换行为。

出版物的购进和销售是出版物购销活动的两个方面，是同一件事情，即从一方来讲是购进，从对应的另一方来讲就是销售。进行购销活动的目的就是通过商品交换，实现出版物商品所有权的转移。

一、出版物购销形式

出版物购销形式，是指出版物经营者之间转移出版物所有权的方式，主要有包销、经销、寄销和代理四种。这些形式都适用于出版单位与批发商之间的购销活动，有些则在发行商之间的购销活动中也适用。

（一）包销

包销是发行商买断出版物所有权，在全国范围或特定区域或特定渠道内享有专有销售权，且不退货的购销形式。在约定范围内，出版单位不得自行销售或委托他人销售出版物。

包销的操作程序一般是：发行商从出版单位买断某种出版物的发行权→出版单位参考发行商的包销数决定出版物的生产数量→出版物出版后按包销数交包销发行商分发销售→

发行商按协议时间与出版单位结算货款。未销出的出版物不退货。

（二）经销

经销是发行商按一定数量向出版物所有者进货，转而销售，不退货的购销形式。经销不具有排他性，出版单位可在同一市场内自行销售或委托他人销售出版物。

经销的操作程序一般是：发行商从出版单位购进一定数量的出版物→发行商分发销售出版物→按协议时间结算货款。未销出的出版物不退货。

经销也适用于出版物发行商之间的购销活动。

（三）寄销

寄销是出版物所有者委托发行商销售出版物，双方按照协议约定对实际销售的出版物转移所有权，允许退货的购销形式。

寄销的操作程序一般是：出版单位向各发行商按事先协议规定的数量和方式发货→各发行商进行销售→按协议时间根据实际销售量结算货款，未销出的出版物予以退货。

寄销是我国当前较通行的出版物购销形式，根据具体操作方式的不同，可分为以下类型。

1. 基数主发式寄销

基数主发式寄销是出版单位按与寄销方事先确定的基数，将每种出版物均发送一定数量的样品给寄销方，由寄销方试销后添货。

2. 主动发货式寄销

主动发货式寄销是由出版单位选择适销品种，根据寄销方的销售能力主动向寄销方发送一定数量出版物。

3. 滚动式寄销

采用滚动式寄销方式时，出版单位主动发货，在与寄销方事先商定的寄销期（一般为一季度或半年）到期时，未销完的出版物不立即作退货处理，而是等价调换新的出版物，或者将一部分折价处理，或者经双方同意延长一个寄销期，不断滚动。

4. 征订式寄销

征订式寄销是出版单位在发行出版物时，先征求出版物发行商的订数再为其发货，未销出的出版物仍可退货。

（四）代理

代理是发行商受出版物所有者委托，代表其从事出版物发行活动。出版单位与发行商达成协议，由出版单位委托发行商代表出版单位推销出版物、签订合同，由此而产生的权利和义务直接对出版单位发生效力。代理人在委托人授权的范围内行事，不承担销售风险和费用，不垫付资金，通常按达成交易的数额提取约定比例的佣金。

代理的种类主要有以下几种。

1. 总代理

总代理是委托人在指定地区的全权代理。总代理有权代理委托人进行签订买卖合同、处理货物等商务活动。总代理有权指派分代理，并可分享佣金。

2. 独家代理

在代理协议规定的时间、地区内，对指定出版物享有专营权的代理，即委托人不得在约定范围内自行或通过其他代理人进行销售。

3. 佣金代理

佣金代理又称“一般代理”，是指在同一代理地区、时间期限内，同时有几个代理人代表委托人行为的代理。代理人根据推销出版物的实际金额和协议规定的办法、比例向委托人计收佣金。

二、出版物发行折扣

在我国，出版物实行的是统一定价制度。出版物零售的价格（出版物定价）由出版单位确定，并标于出版物的显著位置。在出版产业链中，出版单位与批发商之间、批发商与零售商之间都以按出版物定价打一定折扣的方式实现交易。出版单位给予的折扣金额，就是各发行商之间分配利润的来源。因此，出版物发行折扣是出版物发行和销售的重要杠杆。

（一）码洋

码洋也称“码价”或“定价金额”“总定价”等，是指按出版物定价计算的金额。它多用于表示一定数量出版物定价的总和，以反映出版物的生产和销售规模。这里的“一定数量出版物”，既可以是单一品种的出版物，也可以是多个品种的出版物。

计算码洋时，只要将相应出版物的定价乘其数量。

$$码洋=定价 \times 数量$$

例如，某书定价 16. 80 元，总共有 10 000 册，本书的码洋便为 16. 8 万元（16. 80×10 000 =168 000）。如果需要计算码洋的出版物品种不止一种，就要先计算出其中每种出版物的码洋，然后将各种出版物的码洋相加。例如，甲图书定价 20 元，共有 3 000 册；乙图书定价 25 元，共有 2 000 册；丙图书定价 30 元，共有 1 000 册，那么，这三种图书的总码洋就是 14 万元（20×3 000+25×2 000+30×1 000＝140 000）。

码洋可以分为出版码洋、进货码洋和销售码洋三种。

出版码洋又称“造货码洋”，用于统计出版单位所生产的出版物的定价金额。

进货码洋用于统计发行商所购进出版物的定价金额。

销售码洋用于统计所销售出去的出版物的定价金额。

这三类码洋都可以适用于各种不同的具体统计范围，如按出版物品种统计、按出版物类别统计、按时间段统计、按某一单位或若干单位统计，等等。

（二）发行折扣与销售折扣

我们通常所说的折扣可以概括为两大类，即发行折扣和销售折扣。发行折扣是指出版单位与发行商之间或各种发行商之间实行的价格折扣，其本质是基于出版产业内部分工的成本与利润分割。销售折扣是指图书销售终端（通常是指零售商）根据消费者购买出版物的数量与出版物实际情况等因素给予的一种价格优惠，经常是价格竞争的一种手段。

（三）发行折扣额与发行折扣率

发行折扣额，是出版单位与发行商之间、各种发行商之间实际结算的出版物购销货款（即实洋）低于码洋的差额。

发行折扣额＝码洋－实洋

例如，一批出版物的码洋为 10 000 元，但实际结算的货款是 6 500 元，差额 3 500 元即为发行折扣额。

发行折扣额是出版物发行商获得劳动消耗补偿和取得盈利的基本来源，确定科学、合理的发行折扣额，是平衡出版物产销关系的基础，是出版物的生产和发行能够健康发展的重要条件之一。发行折扣额过高或过低，都不利于出版业的可持续发展。发行折扣额过高，会严重损害出版单位的利益，影响出版单位的再生产，同时，出版单位有可能将损失以高定价的形式转移到出版物消费者身上，影响消费者的购买积极性。发行折扣额过低，会影响出版物发行商的利益和积极性，从而减少进货，反过来又制约了出版物的生产。

发行折扣率简称“折扣率”，是指出版单位与发行商之间、各种发行商之间实际结算的货款（即“实洋”）占码洋的比值。

$$\text{发行折扣率} = \frac{\text{实洋}}{\text{码洋}}$$

折扣率一般用百分比表示，并简称“折”。如发行折扣率为 65％，即可简称“六五折”，表示销出方按照出版物码洋的 65％ 向购入方收取货款，而码洋的 35％ 即为给予购入方的发行折扣额。

由此可见，发行折扣额与发行折扣率之间的关系是：发行折扣额越多，发行折扣率越低；发行折扣额越少，发行折扣率越高。

（四）实洋

实洋也称“实价”，是与码洋相对应的一个概念，指出版物商品的实际销售价。实洋与发行折扣额之和，就是码洋。

实洋的计算方式，是以码洋乘发行折扣率。

实洋＝码洋 × 发行折扣率

例如，某种图书定价为 40 元，共销出 10 000 册，销售总码洋为 40 万元；若发行折扣率为 65％，则其实洋为 26 万元（40×65％＝26），发行折扣额为 14 万元。

第三节　出版物发行方式

出版物发行方式主要是批发和零售，它们在操作方式上各有特点。这两种基本方式的不同组合，可形成展销、连锁经营、出租、进出口等出版物发行形式。

一、出版物批发

出版物批发是指供货商向其他出版物经营者销售出版物。批发居于出版物流通的中间环节，每种出版物的批发商数量不一，而且批发本身也往往有几个销售层次。

（一）批发的特点

出版物批发的特点主要有：

第一，不与消费者直接交易，即批发的销货对象中没有消费者，只有各种出版物经营者（其他批发商和零售商）。这是它最根本的特点。

第二，销售方式具有批量性，即出版物须成批量地销出，没有就零星出版物进行的交易。

第三，销售方必须给购货方留有一定的利润空间，即要给予购货方一定的发行折扣额。

（二）批发的作用

批发对于出版物发行有着重要作用。

对出版单位来说，批发是出版物销售的一种重要手段，批发商的作用主要有大规模销售、沟通信息、存货运输、融通资金、承担一定风险等。

对零售商来说，批发商的作用主要有供货送货、需求预测、信息服务、进货指导、信用服务等。

（三）批发的具体形式

出版物批发交易的具体形式主要有：

第一，目录征订交易，即通过寄发征订目录（或加上样品），由需购者填单交易。

第二，参加订货会现场交易，由供求双方在订货会上面谈成交。

第三，到批发市场上进行现货批销。

第四，网上电子商务交易，即通过采用电子商务模式的网站发布信息、订购、确认订购、配送产品和结算货款，来实现出版物交易。

（四）出版物批发操作要点

批发在具体操作上须注意以下几点：

第一，根据不同的情况采用不同的购销形式。一般可以选用包销、经销、寄销和代理等形式。

第二，比较灵活地确定发行折扣率。根据所批销出版物的品种、数量、码洋的多少，付款期限的长短，动销快慢，销货、进货双方合作条件等情况，可以灵活选用发行折扣率。在遵守行业规定，保持一个合理底线的前提下，对购入数量多、码洋大、付款早、动销快、合作讲诚信的购货方，可给予优惠的发行折扣率。

第三，随时注意保持合理的库存。应及时掌握总库存中批发库存与零售库存之间的比例关系，批发库存中出版单位库存与批发商库存之间的比例关系。随时注意控制库存数量，特别是新增库存。另外，要注意出版物库存时间的长短，及时处理动销状况不佳的库存。

第四，及时回收应收账款。这是出版物批发中相当重要的一项工作，批发方要与购货方时时保持联系，采取各种有效方法，将应该回收的货款及时收回。采用包销或经销形式时，在某些特殊情况下，也可要求购货方先付款再提货。

二、出版物零售

出版物零售是指出版物经营者直接向消费者销售出版物。零售商的数量特别多，但销售层次只有一个。

（一）出版物零售的特点

出版物零售的特点主要有：

第一，销货对象只是消费者。

第二，销售量没有定规，面向团体消费者的销售，品种和数量一般较多，而面向个人消费者的销售，则以零星的居多。

第三，一般按出版物定价销售。近年来，除了网上书店，实体书店也常常向消费者让利，通过降低销售价格吸引消费者。

（二）零售的作用

出版物零售的作用主要有：

第一，广泛分销以扩大出版物销量。

第二，直接为消费者服务。

第三，可随时与消费者沟通信息。

（三）出版物零售机构的类型

出版物的零售机构多种多样，并且会随着市场经济的发展，不断推陈出新。按照不同的标准，出版物零售机构可以划分成不同的类型。如按经营组织形式，可划分为独立店、连锁店等。按经营规模，可划分成超大型店、大型店、中型店、小型店等。按有无固定销售场地，可划分成无店铺销售机构、有店铺店、售书亭、流动书摊等。按经营方式，可划分成以门市销售为主的店、以预订销售为主的店、以邮购为主的店、网上销售的店等。

三、出版物出租

出版物出租是指经营者以收取租金的形式向消费者提供出版物。出租出版物有偿转让的并不是出版物商品的所有权，而只是一定时间内的使用权。从事出版物出租业务的单位或个人须到县级出版主管部门备案。

随着对用户数据分析的深入和对用户服务意识的加强，出版物出租的经营形式也在发展变化，例如从传统的单本按日或按月出租的形式，发展为购买会员资格后即可享受该会员期限内无限次的可供出版物全部或部分的阅读权限。目前这种出租模式不仅广泛应用在数字出版物的出租，如亚马逊推出的Unlimited会员资格，用户根据其提供的多种价格，可选择包月或包年免费阅读其平台上近10万种图书（最多可同时借阅10本）；纸质图书的出租也开始盛行，如一些绘本馆通过开发专门的线上平台，根据会员费的不同级别，如月卡、季卡、年卡（不包配送）、年卡（包配送）等，为会员提供送书上门的出租服务，有些还会收取一定的押金。除了图书出租外，线下的经营者还会组织其他的诸如读书会、手工、外教讲故事、亲子课程等仅对会员开放的高附加值服务项目，以全方位的服务吸收用户，增强用户黏性。

四、出版物连锁经营

连锁经营是国际商品流通领域普遍采用的现代营销方式和组织形式，已有一百多年的发展史，也是现代出版物发行业的主流和主要发展方向。目前，连锁经营已经成为我国出版物发行的重要营销方式和组织形式。

（一）出版物连锁经营的概念

出版物发行连锁经营是以经营出版物为主、使用统一商标的若干门店或企业，在总部的统一管理下，以实现规模效益为目标的经营组织形式。出版物发行连锁经营企业应实行规范化管理，做到统一标识、统一进货、统一配送、统一信息、统一服务、统一管理等“六个统一”。

（二）出版物连锁经营的特征

出版物连锁经营具有如下特征。

1. 组织形式的联合化和标准化

在出版物连锁经营企业中，一个总部与众多的门店构成一种联合体。除了这种联合化特征外，其组织形式还具有标准化特征，这主要体现在店名和店貌、商品和服务，以及核心理念的标准化方面，即对连锁企业导入企业识别（CI）战略，从而使消费者对连锁店形成稳定的预期。

2. 经营方式的一体化和专业化

出版物连锁经营将传统流通体系中相互独立的各种商业职能有机地组合在一个统一的经营体系中，即连锁总部负责集中进货和配送，各门店负责销售。这种专业化的分工，实现了采购、配送、批发与零售的一体化和专业化。

3. 管理方式的规范化和现代化

出版物连锁经营通过建立专业化职能管理部门、规范化的管理制度和调控体系，配备相应的专业人才，采取计算机管理、远程通信网络系统等现代管理手段，使庞大而又分散的连锁经营体系内部的各类机构能步调一致地有效运转。

（三）出版物连锁经营的类型

出版物连锁经营有多种类型，根据总部与门店之间的关系不同，可以分为如下类型。

1. 直营连锁店

直营连锁店也称“正规连锁店”，由连锁总部投资开设，在总部统一管理下开展出版物经营活动。其主要特点是所有权和经营权集中统一于总部，由总部集中领导，统一管理，实行统一核算制度，实行标准化经营管理。其优势在于可以统一调动资金，统一经营战略，在经营管理上充分发挥整体优势，抗风险能力强等。劣势在于成员店自主权小，积极性、创造性和主动性受到限制，发展速度受到限制，管理系统庞杂，交易成本上升等。

2. 自愿连锁店

自愿连锁店也称“自由连锁店”或“任意连锁店”，是由若干个产权独立的门店自愿联合起来，共同开展经营活动的连锁店。连锁店的门店均为独立法人，各自的资产所有权关系不变，在总部的指导下共同经营。

自愿连锁店的管理机构可以是大型零售企业，也可以是批发企业。

3. 特许连锁店

特许连锁店也称“加盟连锁店”或“契约连锁店”，是产权独立的门店根据特许协议使用特许者的商号、商标和其他特有经营技术，以同样的形象开展经营活动的连锁店。

特许连锁店主要负责本地域市场的拓展、产品销售和售后服务、反馈消费者信息，负责在本地域对企业的形象和产品进行经营推广，并提供相关的市场需求信息及其他各种资料。对于资金较少，没有相关从业经验的经营实体，可以采用特许连锁的方式获取总部在资金、人才、管理、技术和品牌等方面的支持。

特许连锁店的统一程度比自愿连锁店高，比直营连锁店低。

五、出版物展销

出版物展销是一种非常态的出版物发行方式，同时又是出版物发行工作的重要组成部分。

（一）出版物展销的概念

出版物展销是在固定场所于一定时间内集中展览、销售出版物或接受出版物预订的发行方式。它是批发和零售方式的综合运用。

采用出版物展销方式的发行活动，一般统称为“书展”。大规模书展中虽然也有期刊、音像制品、电子出版物等的展销，但这种展销形式由图书展销会发展而来，并且目前大多数书展仍然以图书为主。书展的具体名称，除了直接用“书展”外，还有用“书市”“图书博览会”“图书节”

等名称的。

书展定期举办，具有相对的稳定性和固定的形式。它既为出版单位和发行商进行出版物交易、沟通信息、展示形象提供了重要平台，也为出版单位、发行商向消费者销售出版物开辟了重要渠道。

（二）书展的类型

按照不同的分类标准，书展可以分为不同的类型。

1. 按交易性质划分

按交易性质划分，书展可以分为著作权贸易型书展、订货型书展和销售型书展等。

（1）著作权贸易型书展

著作权贸易型书展主要由参展的出版单位相互洽谈著作权交易或合作出版业务，一般不在现场零售出版物，但出版单位可以向发行商或消费者提供预订服务。如北京国际图书博览会、法兰克福书展等。

（2）订货型书展

订货型书展主要由参展的出版单位向发行商、图书馆等介绍出版物，以促成订购为主，如北京图书订货会等。有的订货型书展，现场也向普通消费者提供一定的零售服务，如全国图书交易博览会等。

（3）销售型书展

销售型书展以进行现场零售活动为主，一般以比较优惠的价格向消费者销售出版物。这种书展常带有地域特点，如北京图书节、上海书展、香港书市等。

2. 按参展单位地域划分

按参展单位的地域划分，书展可以分为地区性书展、全国性书展和国际性书展等。

（1）地区性书展

地区性书展的参展单位仅限于某一个地区，如某省举办的仅限于该省出版单位或发行商参加的书展。这种书展一般以进行现场零售活动为主。

（2）全国性书展

全国性书展是参展单位来自全国各地的书展。这种书展一般以批发订货为主，兼有一定量的零售。

（3）国际性书展

国际性书展是参展单位来自世界各地的书展。这种书展在促进出版业的国际交流和出版物贸易方面有重要作用。例如法兰克福书展、伦敦书展、美国书展、北京国际图书博览会、意大利博洛尼亚国际儿童书展、中国上海国际童书展等。

3. 按参展出版物内容划分

按参展出版物的内容划分，书展可以分为综合性书展和专题性书展。

（1）综合性书展

综合性书展是指展品类别多样的书展。如北京国际图书博览会、全国图书交易博览会、北京图书节等。一般来讲，综合性书展的参展单位多、出版物类别多、品种多。

（2）专题性书展

专题性书展是指展品限定在某一专门题材或者类别范围内的书展。如教育图书订货会、少儿图书订货会、科技图书订货会等。

六、出版物进出口贸易

国际出版物发行称为出版物进出口贸易。21世纪以来，我国出版物的进出口贸易不断发展，已经成为出版物发行工作的重要组成部分。目前，我国各类出版物的进出口贸易都有所发展，但图书仍是主要的出版物进出口对象。

（一）出版物进出口贸易的概念

出版物进出口贸易，一般是指一个国家（或地区）与其他国家（或地区）进行的以出版物商品为核心的交换活动。根据国家规定，我国大陆地区出版单位、发行商与我国香港特别行政区、澳门特别行政区、台湾地区的有关机构进行的出版物交易活动，也适用出版物进出口贸易的规定、方式和程序。

（二）出版物出口贸易的形式

出版物出口贸易的具体形式，一般有以下几种。

1. 书商批销

出版物出口企业把从出版单位购进的出版物批发销售给国外批发商、零售书店和代销店。我国出版物出口主要采用这种方式。

2. 个人代销

这是通过国外个人代销户的活动，深入一部分消费者征集订户、销售出版物。它是一种非正规的代销关系，实际上是借助国外个体流动书刊服务点进行销售。

3. 转手销售

卖方以较低的折扣委托买方代销出版物，运费、关税、手续费、保险费等由卖方承担，买方在将出版物转手售出后支付货款。

4．团体订购和邮购服务

出口单位自身或通过国外发行渠道向国外机关团体和个人消费者寄送出版物目录，然后按照对方的预订数销售出版物。我国出版物出口业务以前大多采用这种销售方式。

5．出国展销

这是在国外举行兼有出版物批发、零售业务的展览会，同时还为将要出版的新书或其他出版物开展预订工作。它是出版物出口贸易的重要方式之一。通过展销可以扩大出版物发行量、拓展发行渠道，并直接了解国外消费者对我国出版物的需求。

（三）出版物进口贸易的形式

出版物进口由国内经国家新闻出版主管部门审查批准具备出版物进口资格的企业办理。出版物进口经营单位应当在进口出版物前将拟进口的出版物目录报省级以上新闻出版主管部门备案。

进口的途径有两种：一是向国外出版商直接购进，二是向国外批发商、代理商购进。

第四节　出版物发行渠道

出版单位所生产的出版物往往需要经过一系列的中间商（如出版物批发商、零售商等），方能传递到消费者手中。这些中间商在出版单位和消费者之间形成了一条条连接的通道，以实现出版物的顺畅流通。这些通道就是出版物发行渠道。

一、出版物发行渠道的特点

出版物发行渠道，是指出版物从出版单位向消费者转移时所需经历的途径。它具有下列几个特点。

（一）发行渠道是出版物商品交易的过程与通道

出版物在流通领域的运动，包括出版物本身的空间运动和出版物价值的转移两个过程。在这两个过程中，出版物价值的转移才是出版物商品流通的本质所在。所以，出版物发行渠道反映的并不是出版物本身的空间变更路线，而是出版物价值转移的线路。

（二）发行渠道由流通环节组成

出版物在沿着发行渠道向消费领域运动的过程中，每发生一次所有权的转移，都可以引起运行线路上的暂时停顿。这些停顿点或中间站就构成了流通过程中的一个个中间环节。

这种通过商品买卖行为而导致商品所有权随之更迭的中间环节，就是商品流通环节。发行渠道由一个个商品流通环节串联组合而成。

（三）发行渠道有长短、宽窄之分

各种出版物发行渠道并非是完全相同的。它们通常有长短、宽窄之分。

1. 发行渠道的长短

出版物发行渠道的长短，依据介入出版物流通过程的中间商环节的多少而定：短渠道只选择使用一个环节的中间商，长渠道选用一个以上环节的中间商。

就一般情况而言，出版物的销售范围越广，从出版领域向消费领域运行的路程越远，需要的中间环节就可能越多，发行渠道就越长，流通时间也可能相对地更长。相反，如果出版物由出版单位在当地直接售给消费者，商品的所有权只经一次转移，不在流通中停顿，它所需要的发行渠道就短。

在这里，路程的远近不是决定性的因素，环节的多少才是决定渠道长短的关键。比如，崇文书局要向武汉大学图书馆销售某种图书，就有若干条发行渠道可供选择：

渠道一：崇文书局→武汉大学图书馆。

渠道二：崇文书局→武汉市新华书店团体供应部→武汉大学图书馆。

渠道三：崇文书局→武汉市新华书店批销中心→武汉大学校园内个体书店→武汉大学图书馆。

渠道四：崇文书局→湖北省新华书店→武汉市新华书店→洪山区新华书店→大学书店→武汉大学图书馆。

这四条渠道中，第一条最短，第四条最长。所以发行渠道的长短，只能以流通环节的多少为标志，而不能以流通线路的远近来决定。尽管一般情况下流通线路越远所需流通环节可能越多，但仍然只能依流通环节的多少来判断发行渠道的长短。

2. 发行渠道的宽窄

出版物发行渠道的宽窄，是指出版单位在同一市场上并行地与多少个同一层级的中间商合作。只通过极少数批发商或零售商实现出版物销售的，为窄渠道；通过众多的批发商或零售商进行销售的，则为宽渠道。

一般而言，可以根据宽度不同而将出版物发行渠道分为三个级别——独家分销、广泛分销和选择性分销。

独家分销是指在一定地区、一定时间内只选择一家中间商，授予对方独家经营权。这是最窄的渠道形式。

广泛分销又称“密集型分销”，即使用尽可能多的中间商进行出版物销售，使渠道尽可能加宽，覆盖面尽可能广。这是最宽的渠道形式。

选择性分销是介于独家分销和广泛分销之间的一种形式，即在市场上选择一定数量的中间商经营出版物。

3. 发行渠道体系的构成

从出版物流通的整个过程来看，这些长短不同、宽窄不一的发行渠道组合在一起，共同构成一定时期的出版物发行渠道体系。通过这一体系，各种出版物能够不停地从生产领域向消费领域运动。

由于出版物发行渠道体系是由许多条长短不一、宽窄不一的发行渠道组成的，因而，出版单位在将自己生产的出版物投入发行领域时，都面临着一个对发行渠道的选择问题。选择合适的发行渠道构成最佳的发行渠道体系，是出版单位经营管理的重要内容之一。

二、出版物发行渠道的类型

出版物发行渠道的基本类型有两种，即产销结合的直接发行渠道和产销分离的间接发行渠道。

直接渠道与间接渠道各有优劣，互有短长。出版单位要根据实际情况，合理设计和组织不同出版物的发行渠道，形成长、短、宽、窄结合，直接渠道与间接渠道互补，具备高效率的出版物发行渠道体系。

（一）直接渠道

直接渠道又称“直销”，是出版单位将出版物直接销售给消费者的渠道。

1. 直接渠道的形式

（1）自设门市销售出版物

不少出版单位自设门市部（或称“读者服务部”），直接向消费者销售出版物。这是我国出版物直接渠道的一种常见的形式。

有的出版单位还开办连锁书店，直接销售本版出版物。

（2）由推销人员向消费者直销

不少出版单位在向发行商推销出版物之外，还常常直接向消费者推销出版物，特别是定价较高的专业图书和大型工具书。

（3）邮寄目录直销

出版单位可根据消费者信息把有关出版物目录邮寄给学校、图书馆或消费者个人，推销出版物。这种形式主要用于推销专业出版物。

（4）接受消费者直接订购

有些消费者由于对出版物的需求量比较大，往往主动向出版单位直接订购。也有一些专业性出版物的消费者，由于在市场上购买不便而向出版单位直接订购。

（5）网上销售

目前，不少出版单位都开展了出版物的网上销售业务，通过互联网把出版物信息传递给消费者，让消费者根据相关信息选购出版物。

网上销售是一种重要的出版物直销形式，具有信息发布量大、信息传递快、价格优惠、便于消费者检索和选购等优势。

2. 直接渠道的优势

从发行量上看，直接渠道在整个出版物发行中不占优势。但由于它是出版单位自行开展的渠道，因而在出版物发行渠道中又占有重要的位置。

直接渠道主要具有下列优势。

（1）主动性强

由于直接渠道是出版单位自行独立开展的，因而主动性强，便于实现发行目标，同时也便于对渠道实施控制。

（2）功能综合

直接渠道功能综合，它不仅销售出版物，而且还可开展多种沟通、宣传活动，为消费者提供多种增值服务，对出版单位的建设品牌和树立形象作用很大，同时还可以加快出版物的流转速度。特别是在网络环境下，直接渠道的营销功能不断强化。

（3）便于及时获得反馈信息

通过直接渠道发行，出版单位直接面向消费者，可以及时了解消费者对出版物的需求与其他相关信息。这不仅可以让出版单位及时开展有针对性的促销活动，更好地为消费者服务，更加重要的是，出版单位通过与消费者的直接接触，能够对市场更加直接、真实、准确地了解，对市场的变化更为敏感，从而有利于发现和捕捉市场机会，策划新的选题，提高出版物质量。

3. 直接渠道的不足

直接渠道也有明显的不足之处，主要体现在下列几个方面。

（1）覆盖面相对较窄，发行能力有限

由于没有出版物发行商的参与，直接渠道覆盖面窄，发行能力有限。因此，直接渠道难于解决出版物生产活动高度集中与出版物需求相对分散的矛盾，难以满足广大消费者的需求。

（2）分散资源，有可能影响主业

开展直销需要投入一定的人力、物力和财力，从而分散了出版单位的资源。如果过分强调直销的销售功能，并盲目扩张直接渠道，反而会导致出版单位成本提高、效率低下，直接影响作为出版单位主业的出版物生产业务的发展。

（3）不利于形成良好的产销关系

盲目发展直接渠道，会在剧烈的出版物市场竞争中影响出版物发行商的利益，从而打击发行商的积极性，不利于形成良好的出版物产销关系，而良好的出版物产销关系是出版活动持续健康发展的重要前提条件。因而，在发展直接渠道的过程中，出版单位要充分考虑出版物发行商的利益，做到直接渠道与间接渠道的协调发展。

（二）间接渠道

间接渠道是出版单位通过出版物发行商将出版物销售给消费者的渠道。这是主要的出版物发行渠道。

1. 间接渠道的形式

依据位于出版单位与消费者之间的出版物发行商的性质，间接渠道可以分为两种形式。第一种是出版单位→零售商→消费者；第二种是出版单位→批发商→零售商→消费者，并且其中的批发商还可分为多个层级。

2. 间接渠道的优势

间接渠道主要有下列优势。

（1）广泛分销

出版物发行商的介入，有利于缓解出版物生产活动高度集中与出版物需求相对分散的矛盾，有利于充分满足广大消费者的需求。

（2）促进专业化分工与协作

间接渠道符合社会大生产的发展规律，有利于促进出版物生产与出版物发行的专业化分工与协作，从整体上提高出版生产力。

（3）有利于资金的周转

在包销和经销等一些购销形式中，出版物发行商购进出版物后即支付货款，甚至有提前付款的情况。这就使得出版物在尚未销售给消费者的情况下，就回收了货款，从而加速出版单位资金的周转，减少资金占用。

（4）有利于市场信息的广泛采集

出版物发行商一般同时发行多家出版单位的出版物，并面向更多的消费者销售出版物，因而，所采集的市场信息更广泛。有些出版物发行商还会对有关信息进行一定的整理分析，剔除一些无效信息。

3. 间接渠道的不足

间接发行渠道也存在着一些不足之处，主要体现在下列几个方面。

（1）一定条件下的发行成本有所增加

出版物发行商是经营单位，在发行活动中有各种资源投入。所以，在为消费者提供销售服务的同时，也必然要求不但弥补成本，而且获得一定的利润。这样，与直接渠道相比，间接渠道便提高了发行成本。

需要指出的是，在发行量较少的情况下，间接渠道的发行成本比直接渠道要高。但在发行量达到一定规模之后，间接渠道比直接渠道的发行成本反而要低，甚至低很多。正是由于这个缘故，出版物发行商才能够存在和发展。

但是，出版物发行商的盲目扩张，或出版物发行商数量的急剧增加，都将大大加剧出版物市场竞争。当出版物发行商的扩张超过了出版物市场所需要的合理的发行能力时，整个社会的发行成本就会急剧增加，从而影响出版生产力的发展。

（2）出版单位控制渠道的力度降低

在出版单位的所有营销因素中，间接渠道是最难控制的因素。因为出版物发行商是独立的出版物经营者，有自己独立的经营、发展目标，不属于出版单位管理。显然，这就在一定程度上降低了出版单位对渠道的控制力度。

根据间接渠道的这种特点，出版单位必须按照市场经济的原则，以平等、互利、合作的态度处理好与间接渠道的关系，必须从有利于共同发展自己的利益和出版物发行商的利益的角度，选择渠道，管理渠道。

（3）可能传递失真信息

在间接渠道中，出版单位对市场信息的采集主要通过出版物发行商。这在一定程度上割裂了出版单位与消费者的联系，致使出版单位采集到的信息有可能失真。

三、出版物的传统发行渠道

各类出版物的发行在长期实践中逐渐形成了相对稳定的渠道体系。随着网络技术的发展与普及，越来越多的出版物经由网络发行，行业中开始把以往经常使用的渠道称为“传统发行渠道”，以有别于后起的网络发行渠道。

（一）图书发行渠道

目前我国图书发行的具体渠道有多种。但是各种发行渠道之间并不存在绝对隔离的屏障，而是主干互有区别，分支互有衔接。随着社会主义市场经济的不断发展和完善，各种渠道之间的相互影响、相互联结将日益增多，共同形成图书发行的立体网络。

1. 出版单位自办发行系统

这是一种出版单位自行进行批发和零售图书的发行系统。批发主要是由代理专卖直销机构销售、向有关发行商定向销售、通过展销会订货销售等，零售主要是门市部销售、邮购等。自 20 世纪 80 年代初期至今，全国出版单位以不同方式先后建立了自己的发行部门，开展自办发行业务。

2. 新华书店发行系统

新华书店发行系统是我国最主要的出版物发行渠道。这个系统主要具有以下特点。

（1）集团化和连锁经营

在计划经济时期，我国建立了与计划经济相适应的出版物发行系统，即新华书店系统。新华书店总店管理全国的新华书店，在全国范围内，根据全国的行政区划设店。各省、自治区、直辖市一般设有相应的新华书店，习称“省店”；省以下的大中城市和地区一般设有市店（地区店）；在各县、县级市和大中城市的区一般设有县店、县级市店、区级店等基层书店；每个基层店又都在本行政区域内设有数量不等的门市店。

改革开放以来，新华书店系统进行了一系列的改革。各地新华书店转制为企业，原先的省级店以多种形式组建新华发行集团，开展连锁经营和跨地区经营。

（2）包含许多出版物批发机构

基层店以上的各级新华书店，一般除了零售业务外，还经营批发业务。新华发行集团一般还设有以批发为主要业务的出版物批销中心。

（3）零售数量大

新华书店发行系统业务遍布全国各地，销售网点特别多，在众多大、中城市建设有大型书城，零售数量较大。

3. 其他专业性的国有书店发行系统

在新华书店系统以外，还有其他一些专业性的国有图书发行机构，主要是外文书店、古旧书店（如中国书店、上海古籍书店）等，一般设在大、中城市。

4. 民营书店发行系统

民营书店是由我国公民私人投资设立的，其中既有个人经营的，也有若干人合作或合资经营的。它们以零售为主，也有不少获准经营批发业务。随着改革开放的深化，民营书店的数量越来越多，已成为图书发行的重要渠道。特别是网络书店兴起后，民营书店在出版物发行体系中的地位越来越重要。

5. 含有外资的发行机构

《出版管理条例》规定："国家允许设立从事图书、报纸、期刊、电子出版物发行业务的外商投资企业。"《音像制品管理条例》规定："国家允许设立从事音像制品发行业务的中外合作经营企业。"据此，外商办理一定的申请手续，经过审批获得《出版物经营许可证》后，就可经营相应的出版物批发或零售业务。

6. 图书进出口机构

图书进出口机构是经国家新闻出版主管部门批准专门从事图书进出口业务的发行机构。

目前我国的图书进出口企业中，全国性的主要有中国图书进出口总公司、中国国际图书贸易总公司、中国教育图书进出口公司等；地区性的主要有上海外文图书公司、北京图书进出口公司、广东省图书进出口公司等。

7. 兼营性图书发行机构

一些不以图书发行为专职的机构，在按国家规定办理审批手续并获得《出版物经营许可证》后，也可在经营主营业务的同时从事销售图书的业务。它们通常只从事图书零售业务，其中历史较长的是供销社售书点。这些售书点附设于乡镇供销社内，向农村读者零售图书，曾是我国农村出版物发行的重要渠道，后因种种缘故而网点不断减少。比较常见的还有各种超市、文化用品商店、邮局、旅客集散场所（如机场、火车站、地铁站、汽车站、轮船码头等）的经营者兼营图书销售业务。

近年来，国家加大了对实体书店的扶持力度，如加强城乡实体书店网点建设，创新实体书店经营发展模式，推动实体书店与网络融合发展，提升实体书店信息化、标准化水平，加大实体书店的优秀出版物供给，更好发挥实体书店的社会服务功能。在政策的激励下，包括新华书店在内的一批实体书店积极探索新的经营模式，出现了如“钟书阁”“言几又”“西西弗”等一大批特色书店，它们不仅成为城市文化新地标，而且吸引了更多的人走进书店，营造了全民阅读的良好氛围。

（二）报刊发行渠道

在计划经济时期，我国的报刊发行完全由邮政系统独立承担，发行渠道单一。进入 20 世纪 80 年代后，在邮政主渠道的基础上，诞生了多种新型的报刊发行渠道。

1. 邮政系统发行

自 1953 年实行报纸、期刊发行统一划归国家邮政局后，我国邮政系统一直经营报刊的发行业务，并且至今仍是我国主要的报刊发行渠道。

邮政系统不仅经营报刊的批发业务，也经营报刊零售业务。

2. 出版单位自办发行系统

20 世纪 80 年代后，一些报刊出版单位自行成立发行部门或组建发行公司，向读者邮寄订单进行征订发行。

出版单位自办发行系统具有灵活、多样、机动等特点，目前已是报刊发行的重要渠道之一。

3. 图书发行机构

在一些书店中，也销售报纸和期刊。一些大型的图书发行机构还承担报刊的批发业务。

4. 专营性报刊发行机构

随着报刊发行体制的改革，专营性报刊发行机构应运而生。它们主要是民营机构，专门从事报刊的批发等业务，主要服务对象为书报摊亭等零售商和图书馆等集体订户。

5. 兼营性报刊零售站点

车站、机场、酒店、超市等人流聚集处设立的报刊零售站点，是报刊零售的渠道之一。这些站点主要销售大众类报刊。

6. 报刊摊亭

报刊摊亭是专门零售报刊等出版物的场所，具有灵活、方便的特点，曾经是报刊零售的重要渠道。一些城市对报刊摊亭进行了统一规划、统一设计，很有特色。

（三）音像制品和电子出版物的发行渠道

音像制品与电子出版物的发行，主要利用图书发行的各种渠道，如在各种图书零售门店销售。此外，它们还往往通过专门的音像制品商店、软件商店等发行。

四、出版物的网络发行渠道

20 世纪 90 年代以来，互联网技术的快速发展引发了全球范围的营销变革。互联网与传统出版产业的融合，催生了网络发行渠道。

（一）网络发行渠道的类型

按照所销售出版物的特点，网络发行渠道可以分为两大类型：一种是实体出版物发行渠道，针对有固定物质载体的图书、期刊、音像制品等；另一种是非实体出版物发行渠道，即针对数字出版物。

1. 实体出版物发行渠道

实体出版物发行渠道实际上是传统发行渠道的信息化和网络化，主要表现为利用电子商务技术搭建出版物网上发行平台，销售具有固定物质载体的图书、期刊、音像制品等实体出版物。

这种发行渠道的特点，是可以借助信息网络实现出版物发行中的信息流、商流和资金流，但是销售方在物流环节还必须利用一定的交通运输工具，才能把实体出版物交付给购买方。

2. 非实体出版物发行渠道

数字出版具有“出版物内容数字化且与载体分离”的特点，销售方可以通过互联网、移动通信网络和卫星网络等将没有任何固定物质载体的数字出版产品输送给消费者。

利用这类发行渠道，购销双方通过信息网络实现的不仅是信息流、商流和资金流，而且还有物流，因为销售商只要利用计算机等设备将数字出版产品，通过有线或无线的信息传播网络发送到特定的个人计算机或其他接收设备上，就让消费者得到了出版物，而消费者利用自备的各种解码阅读终端就可使用出版物。

（二）网络发行渠道的经营模式

根据功能和服务对象的不同，网络发行渠道的经营模式可以分为三种主要类型。

1. 商家—消费者模式

商家—消费者模式一般习称“B to C 模式”（B to C 为英语 business to consumer 的缩略形式），是出版单位、发行商直接面向消费者的经营模式。以这种模式经营的首先是网上零售书店，如当当、京东等网络书店。不少出版单位的网上直销也采用这种模式，如浙江省新华书店集团有限公司开设的博库网、四川省新华文轩出版传媒股份有限公司开设的文轩网。

在 B to C 模式中，每种在售出版物的相关信息都在网站上发布。消费者上网查询后，若决定购买，就可以在网上填写订单并选择付款方式与交货方式。经营者按照订单上约定的方式，把出版物交付给消费者。

B to C 模式依靠电子商务平台支持网上结算与支付，并提供货到付款、银行转账、第三方支付等多种支付方式供消费者选择。同时，交付出版物的方式也有多种，如通过邮寄、快递送货上门，设有自提点让消费者就近取货等，消费者可以自行选择最合适的方式。数字出版采用这种经营模式时，在付款和交付出版物上有所不同，要求消费者先行付款，然后即时把数字出版物传送给消费者。

一般来说，B to C 模式运营的关键在于有较大的网络用户规模、高效畅通的配送系统和安全便利的虚拟支付平台。

2. 商家—商家模式

商家—商家模式一般习称“B to B 模式”（B to B 为英语 business to business 的缩略形式），是从出版单位到批发商、出版单位到零售商、批发商到零售商的经营模式。以这种模式经营的主要是网上批发书店，如浙江省新华书店集团有限公司构建的“博库网批发”、天卷公司的“图书特快电子中盘”、北京甲虎文化传播有限公司的“甲虎网”等。

在 B to B 模式中，网上批发书店作为出版物经营者之间的交易平台，具有介绍新书、通报可供书目信息、网上订货、网上查书、网上余缺调剂等功能，能为购销双方开展交易业务提供信息交换、物流等方面的服务。

3. 商家—商家—消费者模式

商家—商家—消费者模式一般习称“BBC模式”（BBC为英语business to business to consumer的缩略形式），是一种全面整合“B to C”和“B to B”的“出版单位—批发商—零售商—消费者”的全流程电子商务模式。以这种模式经营的主要是网上综合书店，如“中国高校教材图书网”“书生之家”“全国购书网”等。

在BBC模式中，网上书店作为交易平台和物流中心，提供从批发到零售的一条龙服务。出版社能借以与中间商以高度的协作关系实现机会共享、利益共赢，共同为市场服务。

（三）网络发行渠道的优势

网络发行渠道利用信息技术与互联网架构实现信息流、资金流的传递，或者为实体物流的实现创造了条件，或者直接实现数字出版物的交付。与出版物的传统发行渠道相比，网络发行渠道具有以下几方面明显优势。

1. 突破了时空限制

网络发行渠道利用了互联网的信息传播和交易平台，打破时间和地域对经营的限制。传统发行一般依赖于固定的场所，为特定区域的发行商和消费者提供服务，而且只在有限的时间段开展服务。网络发行渠道是通过虚拟平台进行交易，只要接入信息网络，客户或消费者随时都可以登录网络平台，对自己需要的出版物产品进行搜索、查阅、比较、预览、订购，完全不受时间限制。不同地区和国家的发行商和消费者可以访问同一家网络平台购买出版物。可以说，网络发行渠道的出现，真正打破了出版物发行的时空限制。

2. 实现无实体场所经营

对于传统发行渠道来说，最大的投入是实体场所。网络渠道省去了传统书店的店面经营成本，将出版物的封面、简介与社会对其的评论等以数字方式编码储存在数据库中，通过网页图文展示出来，与实体渠道相比，这种展示和陈列基本不占用空间。虚拟化的交易场所减少了批发商和零售商的库存压力，为更多的出版物提供了展示空间。这是传统发行渠道所不能比拟的。

3. 流转品种丰富，信息全面

传统发行渠道由于空间有限，不可能存储、展示几十万甚至上百万种出版物，而且一般在存储了一段时间之后，就要“下架”或“出库”，让位给新进产品。对于年代久远的出版物或者小众出版物而言，通过传统渠道传递到消费者手中的可能性极小。网上渠道动辄提供数百万种在售出版物，而一些专营古旧出版物、特色出版物的网络渠道的出现，更使得任何消费者都可以各取所需。网络渠道不仅可以提供丰富、详尽的出版物信息，除了图书封面、目录、简介、书评、购买者评论，甚至还提供样章下载和试读，而且还为消费者提供不同的分类展示，对同一属性或类别的出版物进行关联介绍，为消费者尽可能多地提供接触出版物的可能。

4. 提供多种增值服务

网络发行渠道通过加标签、分类、标引、内容聚合等手段，为发行商和消费者提供了传统渠道无法比拟的个性化服务。网上书店的服务器会记录每一位浏览、使用过网络书店的顾客的有关信息，以此为依据为顾客提供推荐书目、书评等。有的网上书店还设有文化社区，消费者可以通过论坛和网络社区，与作者和其他消费者进行在线交流和讨论。借助第三方提供的金融服务，发行商或消费者还可以用分期付款的方式从网络渠道购买出版物，不满意的话甚至可以无障碍退货、退款。

第五节　面向消费者的相关活动

出版单位把出版物发行出去以后，并不能放任自流，而是要面向消费者积极开展相关活动，以增强消费者的购买意识，促进销售。

一、出版单位品牌形象运营

出版单位的形象和品牌对于出版物消费有着重要的引导作用，进行出版单位的形象和品牌的运营也是促进出版物消费的重要方法。具体的做法主要有下列几种。

（一）开展新闻报道

从新闻媒体的角度，以客观的形式向社会公众介绍出版单位及其出版活动，宣传重大的出版工程或出版物选题，具有相当的权威性，容易受消费者的欢迎和信赖。因此，抓住出版单位发生的各种具有新闻报道意义的活动或事件积极撰写新闻稿件，或向新闻媒体通报有关活动或事件，以期新闻媒体主动报道，是树立出版单位形象和品牌的重要方法之一。

一般来讲，出版单位可提供给新闻媒体报道的题材主要有：

第一，重要出版物的出版或获奖。

第二，出版单位的重大纪念活动和重大营销活动。

第三，出版单位有关出版工作的新理念、新做法等。

第四，出版单位有关的先进事迹和人物。

（二）参与公益活动

出版单位通过参加各种公益活动回报社会，可以协调与社会公众的关系，树立为社会、为消费者服务的形象。如赞助公益事业，为社会慈善事业募捐，为希望工程捐资，为农家书屋捐送出版物，为贫困地区的学校捐赠课外读物等公益活动，出版单位都应该积极参与。

（三）策划公共关系广告

通过公共关系广告也可以宣传出版单位，树立企业形象。

出版单位公共关系广告的形式主要有：

第一，致意性广告，即向公众表示节日致庆、感谢等。

第二，倡导性广告，即出版单位率先发起某种社会活动或提倡某种新观念。

第三，解释性广告，即就某方面情况向公众介绍、宣传或解释。

二、出版物营销活动

近年来，从“互联网 +”的思维出发，越来越多的出版单位或发行商通过自建网站、App，或者入驻当当、京东、天猫等电商平台扩大销售渠道。另外，还积极入驻社交平台，如微信公众号、微店、百家号、喜马拉雅、抖音等，开展出版物的宣传营销。而一些网上书店也开始开设实体书店，以提升用户的体验和用户黏性。这是打通了线上和线下全渠道融合的“O+O”（Online + Offline）的新模式，是以消费者为中心，融合线上线下资源，将信息传播、消费、社交等功能集中在一起，线上和线下互为流量渠道，不断提升用户体验满意度和忠诚度，高效满足用户需求。

（一）全媒体营销推广

1. 利用大众传媒宣传

出版单位可以利用一定的媒介发布有关出版物的信息，以引导消费，促进销售。

从媒介形式看，有电视、广播、报纸、期刊、网络等大众媒体，以及户外广告、海报、新媒体广告等广告媒介。

在大众媒体上的出版物宣传，形式多种多样，内容丰富多彩。

发送目录、订单是出版单位最常用的一种行业性广告媒介宣传形式。目录、订单的形式多种多样，既有面向发行商的，也有直接面向消费者的；既有定期发送的，也有随用随印的；既有同时宣传多种出版物的，也有重点宣传一种出版物的。目录、订单作为行业性的广告宣传媒介，它们的优点主要表现在：

第一，传递信息的内容专一，容易引起消费者的注意。

第二，形式多样，出版单位可以根据需要自行设计制作。

第三，面向的对象专指性强、效果好。

当然，目录、订单也有不足之处，如覆盖面窄、感染力不强等。

海报也是出版物宣传的重要媒介之一，对于现场宣传具有重要的作用，广泛运用于批发、零售场所和书市等。海报的信息容量相对较小，但是其及时性、针对性比较强，成本也较低。出版单位和发行商，特别是零售商可以根据需要，有针对性地利用海报进行宣传。

书评也是重要的出版物宣传形式，对于引导消费具有重要的作用。尤其是对于一些重点出版物，可以在出版物出版之前就将其中的部分内容和重要观点、观念先行在媒体上发布，并予以评论，以引起社会和消费者的关注。

2. App推广

在新媒体环境下，App推广已经成为图书营销的一个重要手段。App推广可以有两种方式：一种是出版单位或发行商借助当当、京东、天猫、苏宁易购等著名的电商平台，充分利用这些电商平台的优势资源进行App营销；另一种是出版单位和发行商开发自己的App，如中国少年儿童新闻出版总社“红袋鼠故事屋”App、中信书院App等，不仅为读者提供优质的图书资源，还可以开发多种周边产品，如有声书、动画、知识专题、精品课程等，为读者提供更加适宜的知识与信息传播方式。

3. 社群营销

社群是指在互联网背景下，因有共同的价值观、兴趣和情感互动方式的人结合在一起的群体。社群营销，是指利用社群，针对社群成员的兴趣爱好和情感归属进行营销信息传递和交互的一种网络营销方法。

社群营销已经成为图书行业营销推广的重要方式，其营销载体大体分为两种：

（1）出版单位自建社群

自建社群包括建立博客、微博、微信公众号、微信群、QQ群、豆瓣小组等。出版单位可以结合自身的品牌特色和产品特点，按照读者的兴趣建立社群，围绕产品开展书评、小组讨论、分享阅读、星级评分等，通过读者间的互动交流，深入了解这类读者的阅读需求，从而实现出版物的精准策划和销售。

（2）利用大 V 社群

大 V 社群包括自媒体平台建立的社群和一些以盈利为目的建立的大 V 社群。一些自媒体平台依靠创始人的号召力凝聚了众多粉丝，凭借社群聚合能力开展营销活动。出版单位通过与这些平台的合作，不仅可以实现图书销量的增长，还可以扩大出版单位的知名度。而以盈利为目的的大 V 社群，本身就主旨明确，内容涉猎广泛，通过与别人分享，完成推广，帮助出版单位拓展营销渠道。

出版单位在进行社群营销时，应根据自身情况，采取合适的社群模式，进行精准营销。

4. 新媒体影视营销

新媒体影视营销包括短视频营销、音频营销和网络直播营销等。

短视频营销展示出超越传统营销方式的传播力。得益于网红经济的快速发展，短视频产品具有的商业价值被深度挖掘。通过短视频内容吸引粉丝，然后以社交媒体对粉丝进行运营，最后利用视频直播及电商平台完成价值变现，初步形成一条网红经济的全产业链。很多出版单位都纷纷试水短视频营销，在相关平台上发布短视频，或者与网红主播合作发布短视频，从而扩大影响，抢占商机。

出版单位拥有不少图书的有声版权，因此可以借助音频平台，为用户提供有声产品，通过平台用户的聚集和互动，提高企业和图书的知名度。

网络直播平台为出版行业提供了全新的营销场所。网络直播平台具有庞大的用户，比微信、微博等互动性更强，对目标群体消费决策的影响力更强，容易引发用户消费，日益受到出版单位的重视。如出版单位可以选择与平台合作，同步直播读书会，可以在较短的时间聚集更多用户。在直播过程中，要想有效地提升直播的转化率，必须为用户提供专业的指导，如在直播间醒目位置插入官方商城的链接，为用户提供推荐图书的相关信息（如专家推荐、读者反馈等）以及便捷的购买操作。

线上推广还要注重利用大数据技术加强对线上用户数据进行挖掘和利用，例如通过用户的阅读或短视频收看记录，以兴趣和关注点设置不同的标签，将读者细化分类，有针对性地推送他们可能感兴趣的相关内容。此外，根据阅读量、播放量以及用户的评论、回复、点赞、分享等还可以有效地了解用户的需求，为出版单位的选题策划提供一定的参考。

（二）活动推广营销

1. 举办新闻发布会

举办新闻发布会是引起媒体、出版物发行商和消费者注意，激活市场，营造良好宣传氛围的重要手段。在出版物上市之时，可以结合媒体宣传召开新闻发布会向消费者传递信息。

举办新闻发布会的主要程序有：

第一，提炼出版物的内容，形成宣传重点。

第二，根据出版物上市时间，确定发布会的日期、地点和规模，拟定发布会方案。

第三，向相关的社会名流、专家学者、作家、媒体、出版物发行商等发出邀请，并具体落实参加发布会的人员、人数等。

第四，提前检查发布会会场，协调各方面关系，做好发布会的会前准备。同时注意与有关方面再次落实时间、会场服务等事宜。

第五，举办发布会。在维护会场正常秩序的同时营造合适的气氛，是发布会得以成功的重要保证。要精心准备有关资料，客观、艺术地回答有关提问；还要准备足够多的样品和赠品，以备所需；给媒体的新闻稿应提前准备好，并及时发送给各媒体。

第六，收集有关发布会的新闻报道和有关评论，为出版物上市后的宣传做好准备。

一些重大出版工程、重点出版物的新闻发布会有时也在启动时举办。

新闻发布会往往宣告一次出版物营销活动的正式开始，对于其后的营销活动具有重要的作用。新闻发布会要突出重点、营造气氛、制造热点，要唤起出版物发行商和媒体的关注，以充分发挥大众媒体的传播能力，将有关信息及时、准确、有力地传递给目标消费者。

2. 作者签售

当一种图书被市场初步认可之后，约请作者到书店、学校、书市或其他地方进行签名售书，对于销售的促进具有重要作用。这不仅在现场可以促进销售，而且由于媒体的宣传和消费者群体的相互传播，还可以促进整个地区的销售。

作者签售是出版单位常用的促销方法，一般采用巡回签售的方式。

一些音像制品出版后，如果作者是著名表演者，出版方往往也约请作者进行巡回签售。

3. 举办专题讲座或作品分享会

举办专题讲座或作品分享会也是进行出版物宣传的重要形

式。专题讲座或作品分享会一般在书店、大学、图书馆等消费群体比较集中的地点举办，聘请作者或其他相关人员演讲，同时进行签名售书。许多书店为聚集人气，提升文化氛围，会定期邀请名家在书店开展与图书相关的专题分享会。

4. 策划与图书内容或主题相关的活动

对于一些重点出版物，可以举行一系列的相关活动来引起出版物发行商和消费者的注意。如某出版社以某少儿小说主人公的身份组织了一系列活泼有趣的活动，在一个城市取得良好效果后，又发展到多个城市，使这部小说的知名度大大提高。

5. 举办作品研讨会或其他专题研究会

为宣传某位作者和他的作品，出版单位还会组织作品研讨会，请专业领域知名专家和相关媒体参加会议，扩大作者和作品的影响。有时，出版单位还专门约请对出版物的消费决策有影响的有关人员参加会议，向他们集中介绍相关出版物的特色，使其对相应出版物有更加深入的了解，从而积极订购。这种方式主要是针对教材等发行量大的出版物。

6. 展销

在节假日、大型社会活动、纪念日等时间节点，出版单位可适时地组织一些展销活动。展销有两种情况：

第一，与其他出版单位或发行商联合举办展销活动。这类展销对场地和组织协调能力的要求较高，影响也较大。

第二，根据消费者需要，出版单位自己单独组织相关的专题性展销，如组织以环境保护为主题的相关图书展销等。这类展销一般规模不大，可以在书店或学校举办。有些出版单位非常重视出版物的展销，一般在年初就做好图书的展销计划，一年要举办多场展销活动。

7. 赠送样品

向经过挑选的出版物发行商、团体购买单位和有关消费者免费赠送出版物样品，可以让他们通过对出版物的阅读、使用引起购买欲望，从而达到扩大销售的目的。如某出版单位在寄销的某种教辅书中划出一定比例的书作为样书，由经销商赠送有关学校，取得了很好的促销效果。

有时也可把样品赠送给著名的专家、学者，请他们撰写书评等评论文章。

8. 举办读书竞赛

读书竞赛是发动消费者阅读指定的推荐图书后，对消费者进行一定形式的测试或征文评比，并从中评选出优胜者的一种活动。优胜者可获得一定的奖励，而参赛者也可获赠一份纪念品。

读书竞赛可以由出版单位单独举办，也可由出版单位、发行商、社会团体、政府机关、大众媒体等联合举办。特别是与社会团体、政府机关、大众媒体等联合举办的读书竞赛，影响大、可信度高，既具有很好的社会效果，又有很大的促销作用。

读书竞赛的主题要鲜明、时尚、正派、高雅。既要跟踪消费者普遍关注的社会问题，又要正确引导消费者对问题发表看法。读书竞赛不仅具有促进销售的作用，而且对于出版单位的形象树立和品牌建设具有重要的作用，因而是出版单位常用的促销方法。读书竞赛还传播了知识，培育了消费者的阅读兴趣，具有很好的社会效益。

9. 建立常设的样品室

在出版物促销活动中，不仅需要向有关单位和个人赠送样品，而且还可以在一些团体购买大户如学校、图书馆等建立常设的样品室，并不断更新样品，常年展示。

常设的样品室往往成为出版单位在所在地区组织出版物销售的据点。因而，它不仅可以促进样品室所在单位的本版出版物销售，而且可以促进样品室所在地区的本版出版物销售。

样品室可以由一家出版单位建立，也可以由若干家出版单位和发行商联合建立。

10. 现场促销

在一定条件下，可以向大型零售场所派出信息员或销售代表，直接从事现场促销工作。现场促销有助于沟通与发行渠道的关系，了解本版出版物及有关出版物的陈列、流转和动销情况，并及时把信息传递给出版单位，提出发货建议和促销建议。

一些出版单位在 20 世纪 90 年代就已经开展现场促销工作，并且取得了很好的效果。现场促销成为这些出版单位与市场的联结点，促进了出版物的销售，减少了盲目发货，推动了市场化选题的开发。

（三）促销方式

随着互联网的发展，出版单位或发行商推广出版物更精准，也更有效。但不管是什么样的宣传，最终目的是实现销售。在宣传推广出版物，让读者产生购买欲望的同时，还要打通购买的渠道，让读者购买和支付更快速，更便捷。同时，通过丰富多样的促销手段将消费者的潜在需求转变为现实需求。出版物的促销方式主要有以下几种。

1. 买赠促销和返券

这是一种向购买者赠送小礼品以促进销售的方式。

出版单位在选择礼品时应更多地考虑文化特征，最好还要通过赠送礼品来达到进一步宣传本出版单位的目的。常用的小礼品主要有书签、书夹、书架、文具等。对于一些少儿图书，销售时还可赠送根据图书内容专门设计制作的玩具、玩物等。

网上平台的买赠促销除了买一赠一（如购买某书即可获赠另一本书或某一礼品）外，还可进行满赠促销，如“满200赠50”，通过发放一定金额的优惠券（或代金券），来为店铺引流。

2. 特价促销

特价促销可以是出版单位处理滞销积压出版物的一种促销方式。在展销活动中，往往也降价销售。

需要指出的是，优惠与降价销售要遵循行业惯例，不能无原则地优惠和降价，否则容易造成市场秩序的混乱，从而影响出版物市场的健康发展。

3. 折扣促销

销售折扣是给予消费者的一种价格优惠。折扣促销又称“折价销售”，是以一定的销售折扣出售出版物，以吸引消费者购买出版物。

折扣促销主要有三种形式。

（1）在特定时间段对特定商品或特定消费者折价促销

出版单位在特定时间段向部分或全部消费者以优惠价格销售出版物，如在教师节期间向教师九折售书，在儿童节期间向少年儿童八折售书等。

网上书店也会经常推出一些限时特价（或秒杀）的出版物，以吸引消费者不断地关注网站。消费者在购买特价图书时，也会因凑够一定金额免快递费，而同时购买其他图书。

此外，在节假日和一些能引发消费高峰的日子，如双十一、双十二等，各网上平台推出满减活动，如每满100减50，能有效地引发消费者的购买行为。

（2）预售折价促销

预售折价是针对尚未上市即开始预售的出版物，在消费者以提前付款方式购买出版物时给予一定比例的价格优惠。例如，在畅销书作者的新书或者品牌系列图书的新品上市前，出版单位和网上书店联合推出预售服务，对于提前付款的读者，给予一定比例的折扣优惠。采用这一方法，可以引起消费者关注即将上市的出版物，出版单位可以根据预售情况为出版物确定印数。

（3）数量折价

数量折价是给予购买出版物数量较多的消费者一定的折扣优惠，购买量越大，折扣也越大。采用这种促销形式，主要是鼓励消费者大量购买出版物。

4. 有奖销售

这是对购买出版物达到一定金额的消费者或购买某类、某种出版物的消费者提供一定的获奖机会：或者按照一定的标准发放兑奖券，当兑奖券发放到一定数量时即可开奖；或者现购现摸奖券。奖品一般以图书等文化产品为主。

这种促销方法对于刺激消费者的购买欲望能起到一定的促进作用。有奖销售活动一般可以与节假日促销、纪念活动促销、展销等其他销售活动结合起来举行，效果会更为明显。

5. 拼团和砍价

有些电商平台，将销售活动嵌入消费者的社交网络，通过促销活动激励消费者转发、邀请、集赞、砍价、拼团等网络口碑传播行为，达到品牌传播和促进销售的目的，而且依靠熟人关系的网络口碑传播信任度更高。

思考与练习

1. 什么是出版物发行？其构成要素有哪些？
2. 为什么说出版物发行工作是出版工作的重要组成部分？
3. 出版物发行与出版物生产之间存在什么样的相互关系？
4. 出版物发行对消费者的作用主要体现在哪些方面？
5. 出版物发行的特点是什么？
6. 出版物发行一般需要经过哪些步骤？
7. 什么是出版物发行的商流、物流、信息流和资金流？
8. 出版物的购销形式有哪几种？
9. 什么是码洋？什么是实洋？它们各应如何计算？
10. 什么是发行折扣额？什么是发行折扣率？两者之间存在什么关系？
11. 出版物发行有哪些主要方式？
12. 什么是出版物的批发？它的特点和作用各有哪些？批发有哪几种具体形式？
13. 出版物批发的操作要点有哪些？
14. 出版物零售的特点和作用各有哪些？我国的出版物零售机构有哪些类型？
15. 什么是出版物出租？它有哪些经营形式？
16. 什么是出版物连锁经营？它有哪些特征？

17. 出版物连锁经营有哪些类型?

18. 什么是出版物展销? 书展主要有哪些类型?

19. 我国图书进出口贸易有哪些主要形式?

20. 什么是出版物发行渠道? 它有哪些特点?

21. 发行渠道的长短、宽窄各以什么为标志?

22. 出版物发行的直接渠道有哪些形式? 直接渠道有哪些优势和不足?

23. 出版物发行的间接渠道有哪些形式? 间接渠道有哪些优势和不足?

24. 我国图书的传统发行渠道主要有哪些?

25. 我国报刊的传统发行主要渠道有哪些?

26. 出版物的网络发行渠道有哪些类型? 有哪些经营模式?

27. 出版物网络发行渠道有哪些优势?

28. 出版单位形象品牌运营常用哪些方法?

29. 出版物的全媒体营销推广主要有哪些方式?

30. 出版物的活动推广营销主要有哪些方式?

31. 出版物的促销方式有哪些?

第七章

编辑应用文写作

重点提示：编辑应用文的概念与特点，撰写编辑应用文的基本要求。选题报告、编辑计划、审稿意见和调研报告的写法。约稿信、退修信、退稿信、与作者日常联系信和答读者信的写法。内容提要、出版前言、编者按、凡例、作者简介和出版后记的写法。出版物预告、出版物简介、出版简讯等出版消息的写法，出版物广告文字、出版物评论的写法。

第一节　编辑应用文概述

编辑应用文是编辑人员日常工作中经常需要写作的，是编辑工作的内容之一。为了阐述方便，本章讲述编辑应用文主要以书刊编辑工作为主，其他出版物编辑工作可以参照。

一、什么是编辑应用文

应用文，一般是指为处理日常生活、工作和学习中的有关事务而写作的文字，大多有比较固定的格式，如行政公文、法律文书、书信、协议、请假条、收据等。编辑应用文是编辑人员为处理编辑工作过程中的各种事务而写作的应用文，主要有四种类型：

——选题报告、审稿意见等“内部编辑业务文件”；

——与作者、读者的往来通信等“编辑工作书信”；

——为出版物撰写的出版说明、内容提要、编者按等“书刊辅文”；

——广告、出版信息和出版物评论等“出版物宣传文字”。

如某出版社于1958年编辑出版了《中国兵器史稿》一书，留存下来的编辑出版档案装订成册，共有130页，71项。第一项是“来稿登记单”，最后一项是奉还原稿的信。其中的初审意见主要包括稿件的基本情况、作者介绍、内容概述、稿件的优缺点、处理意见等；终审指示责任编辑拟稿，请考古研究所专家审稿并提出意见，后来又请专家对稿件加以删改（作者已去世）。在稿件处理过程中，责任编辑以个人名义与专家通信多封；另有与作者家属的通信共 15 封，均以公函的形式撰写，先由责任编辑拟稿，总编室主任阅改后，重新抄写发出，改后的草稿收入档案。这些文书，无论是个人署名的意见、报告、信件，还是以编辑部门名义写的公函，均属编辑应用文。

编辑应用文写作是编辑的基本功之一，是一种必须靠反复实践积累经验而应尽快掌握的工作技能。

二、编辑应用文的特点

编辑应用文具有行业性、职务性和规范性的特点。

（一）行业性

在“应用文”前面加了一个限定词“编辑”，就说明了这种应用文的行业性质，它是围绕着编辑工作进行并展开的。具体说，编辑应用文是为完成某个出版项目或其中某个步骤的任务而解决编辑工作中的某个问题而写作的，与其他类型的应用文写作有所不同。

（二）职务性

编辑应用文不是私人化的写作，也不是表现个性的文学创作，而是为了履行编辑工作职责的职务性写作。在大多数情况下，这种写作表达的是出版单位的立场和观点，所以一般不署撰写者姓名；但编辑作为执笔者，又是直接责任人，要对文稿负责。如印在书刊的面封、底封或勒口上的内容提要、作者简介，腰封上的宣传推介文字等，其位置比书刊的正文还要显要，写得是否准确、恰当，文笔优劣与否，都是至关重要的。

（三）规范性

编辑应用文有很强的规范性要求，主要有三方面。

1. 文字的规范

编辑对稿件要做文字规范化工作，自己的写作当然更要符合规范，这是编辑应用文写作的起码要求。

2. 格式的规范

一篇编辑应用文怎样开头，怎样结尾，先写什么，后写什么等，都有一定的格式。不同类型的编辑应用文有不同的格式要求，如书信有书信的格式，请示或报告有请示或报告的格式。编辑应用文必须根据内容和写作目的来撰写，既不能形式主义地追求格式化，也不能摒弃行之有效的格式。

3. 内容的规范

内容的规范，除了指符合国家有关的法律法规之外，主要指各种编辑应用文的写作都要遵循一定之规，如需要写哪几方面的内容；在每个方面的内容中，重点写什么，应当突出什么；写作的分寸和语气应如何把握，等等。

三、撰写编辑应用文的基本要求

编辑应用文写作中，有时以叙述为主要表达方式，有时以议论或抒情为主要表达方式，有时是多种表达方式并用。但不管使用哪种表达方式，撰写编辑应用文，除了要遵循一般应用文写作的要求外，还应注意以下基本要求。

1. 观点鲜明

编辑应用文的写作以解决编辑工作中的实际问题为目的。有哪些问题，怎样解决，都要观点鲜明。只有观点鲜明了，问题才有可能解决。观点鲜明包含两个层面，一是编辑对所涉及的出版物有明确看法，是或非，可或不可，这样或那样，不能模棱两可。能否做到观点鲜明，取决于编辑对所涉及的出版物了解和认识的程度。编辑本人暂时无法判断的内容，要明确说明。二是在语言表述上要清楚明白，不能含糊不清，给人以误解。特别是退修信、退稿信一类需要特别注意语气、方式的文字，更要注意在婉转表述的同时，把观点传达清楚。不然，明明想给投稿的作者写封退稿信，但因表述不够明确，使作者误以为是退修信，造成工作失误。

2. 条理清晰

编辑应用文无论长短，也不管采用什么表达方式，都要结构严谨、条理清晰，做到中心突出，层次清楚，合乎逻辑，通达事理。所用的材料要能说明观点，材料的安排顺序和相互之间的衔接要合理。唯有这样，才能使阅读者充分了解写作的目的、意图与所阐述的内容。

3. 文字简练

文字简练，指用尽可能少的文字表达尽可能完整的内容，如古人所说的“文简而理周”。这是编辑的基本功。编辑应用文是实用文体，要坚决反对夸张和铺陈，一般情况下也不需要渲染。文字简练，表面上看是有关文字的问题，其实是关乎写作的内容是否很容易被阅读者接受和明白的问题。如出版物广告的写作，文字越简练，就越有力量，就越容易被读者记住和传播。即使是调研报告、书评之类似乎可以长篇大论的写作，也要讲求文字简练，写完之后多修改几遍，尽量去掉冗词和水分。

4. 表达适中

写作编辑应用文要特别注意表达适中。表达适中首先是指在介绍出版物和发表观点时要尽量实事求是、客观平和，不使用情绪化的语言，不虚浮赞美，也不故意贬抑，靠事实说话。尤其要注意在介绍、评论作者和出版物内容时精准把握分寸，不然或者会造成误导，或者会遭人反感。其次是指编辑人员不能因为代表出版单位而在给作者或读者写信时怀有优越感；即使在必须代表出版单位坚持一定的意见时，也要注意平等待人，切忌以势压人，将自己的观点强加于人。

5. 签署完整

编辑应用文作为编辑工作过程中陆续产生的业务文件，是开展后续工作的依据，也是总结经验的基础，在一项工作完成或出版物面世之后，都应该归档保存，以备日后需要时查阅。因此，在撰写编辑应用文时，应该从有利于归档保存的角度，将起草人、审批人等经手人的姓名和时间写上。姓名要写完整，不能只写姓或者名字中的一个字，否则今后查阅时就会难以判断执笔者究竟是谁。时间也要按规范写全年、月、日，不能只写月、日或只写日，以免年深日久后无法断定文件的确切写作时间。

利用计算机撰写编辑应用文，要将电子文本打印出来并核对无误后，手书签署写作者姓名和写作时间。这样的文本才具有正式文件性质，可以作为依据。

第二节　内部编辑业务文件

内部编辑业务文件是指由编辑人员所写的与出版单位内部研究处理各项编辑工作有关的文件，包括选题报告、编辑计划、审稿意见、调研报告、营销建议等。

内部编辑业务文件的阅读者是出版单位内的有关领导（社长、总编辑、编辑室主任等）和其他相关人员，属内部材料，一般不对外公布。所以，写作时应当直抒胸臆，意思表达要直截了当，不必虚饰。

各类出版物的内部编辑业务文件，具体内容因出版物的物质形态和生产工艺各有差异而有所不同，但基本要素和写作要求大致相同。这里的讲述以图书编辑工作为例，其他种类出版物的编辑应用文可以参照。

一、选题报告

选题报告也称“选题策划书”，是编辑关于选题构思与设计的书面表达，体现着编辑创新能力和学术文化功底。它既是选题论证时必需的文件，又是出版物进入生产流程的初始性文件，与后续的各项编辑业务均有关联，其重要性是不言而喻的。

选题报告大多由一位编辑提出，也可以由几位编辑联合提出或以编辑室名义提出。一份选题报告有时只针对一种出版物，有时则针对一套或一个系列的出版物。

（一）选题报告的内容

选题报告的内容，因具体选题的不同而可详可略，各项内容的顺序也可调整，但基本要素不能缺少。

1. 选题名称

选题名称表现了编辑对选题认识的深度。一个选题一般只有一个名称，如果还有几个备选的名称，可以一一附录。如果名称一时难以确定，也可以先列暂名，但不能空缺。起题目是一个很见功夫的事情，首先，题目要准确，与选题内容贴切；其次，题目要简明，言简意赅，具有高度的概括性；再次，题目要新颖生动，富有新意，能吸引读者注意。

如某书稿收录了创作于 20 世纪 70 年代的一批有关“知识青年上山下乡”“铁姑娘”“大批判”等有关的美术作品，同时对这些作品进行解读，重现那个特殊年代的追求和“时尚”，引发读者的思考。起初拟定的书名是《革命时尚——70 年代中国人的艺术与生活》。编辑通过征求意见，认为“革命”二字容易引起歧义，后与作者反复讨论，决定采用《激情时尚》为书名，因为虽然那个时代已经过去，但那些美术作品表达的“激情”状态值得今天的人们关注和研究。

2. 选题的价值

选题的文化价值（包含学术价值或艺术价值）和出版价值体现在提出选题的原因、依据和目的。文化价值一般指我们常说的社会效益，包括政治导向、学术价值、道德教育，乃至艺术感染力等；出版价值除了书稿自身的内容价值外，还指其市场价值，如选题的特点、出版后的销售量等。要通过与同类出版物的比较分析，提出该选题在内容上、表达形式上有什么新的特点，尤其是知识普及类出版物很容易重复，更应写明其特点。

选题的文化价值和出版价值是选题报告的核心内容，一定要在充分调研的基础上，以客观公允的态度，实事求是地撰写，文字切忌过分渲染和夸张。

3. 选题酝酿、形成的过程

交代选题的来龙去脉，是选题审批者决策时的重要依据之一。一个选题，最初的构思是怎样的？是作者投稿，还是专家推荐？或者是编辑经过市场调查后主动策划的？这些情况，包括时间、地点、人物都需要清楚记录。

在实际工作中，不少选题来自作者的建议，编辑的作用主要体现在与作者讨论后对选题的价值作出初步判断，并向作者提供一些如何改进、优化的参考意见。这些情况，选题报告中也要详细说明。

4. 选题的内容和形式设想

要写明体裁、篇幅和主要内容，最好附有选题的目录大纲和样章。说明这是一个什么性质的选题，是学术著作，还是普及读物；是理论读物、科学著作，还是文艺作品、文化休闲读物。要提出成书后的物质形态的设想，如建议用哪种开本、纸张、印装方式等。一个有经验的编辑，在提出选题的同时，心目中应该已经有这本书出版后的基本模样。做不到这一点，就说明对这个选题的构思尚不成熟。

5. 读者对象

有的选题从名称上即可知道读者对象，如《小学生字典》

《中学地理教师手册》等；有的选题则不然，如《张家旧事》《下午茶》等。选题报告中对于本选题的读者对象要有明确、具体的定位，切忌读者对象泛化和不明确。这在各种出版物竞争激烈的今天，尤其需要强调。

6. 作者介绍

根据选题的要求提出拟请哪位（或哪些）作者（著者或译者、编纂者等，下同）写作（或翻译、编纂等，下同）的设想，并简要介绍作者的情况，如生平简历、学术水平、写作能力和已出版的著作等，尤其是作者与该选题有关的经历或学术背景。

7. 时间安排

有经验的编辑往往重视一本书的“出版日”。一本书何时上市，何时是宣传推广的最佳时机，都需要在策划选题时就明确提出。当然，这也与作者交稿时间、出版社出书周期有关，所以要统筹考虑，实事求是地安排。

8. 经济效益预测

经济效益预测的主要内容是定价、印数（尤其是销售数）和毛利润。出版社一般都有大致统一的印制工价和稿酬标准，也有对应各种印数的定价标准和毛利率。所以，预测出定价和印数，也就能够推算大致的经济效益。

9. 市场营销建议

选题报告中要写明可以使用什么样的营销方式，相关的宣传推广资源（如作者方面的资源、媒体和社会方面的资源）有哪些等。提出每一种选题，都应对其形成出版物后的市场前景、营销方式有所考虑，并且应包括不同阶段的出版物宣传要求和方式与营销的策略等，同时要考虑推广成本。

10. 其他情况

对从境外引进的选题，在选题报告中还要写明版权贸易的基本条件和情况，原书名（因为译者有时为适应中国读者的阅读习惯，经原作者同意后改动书名）、原作者、原出版社、原版书的出版时间及其版别，在出版国的市场销售状况和权利人提出的版税率、最低印数、最低定价、出版时间等内容。

（二）选题报告的形式

选题报告的形式一般有表格式和文本式两种。

1. 表格式

表格式选题报告，就是将选题报告设置为表格形式，表格中包括必填项目或可选项目，编辑只要逐项填写相关内容即可。随着信息化的发展，当前很多出版单位使用了 ERP 系统，在系统中申报选题，编辑可以根据系统设置的项目进行实际申报，最终生成的文件一般是表格式。

表格式选题报告常用于单本图书。

2. 文本式

文本式选题报告是根据选题的特点，按选题报告的要素专门撰写的文章。与表格式选题报告相比，文本式选题报告中各个项目的详略和次序可根据突出重点的要求自行安排，还可以添加一些表格式选题报告中没有的项目。

成套书、系列书或大型选题的选题报告，多采用文本式。

（三）选题报告例文

例文一：《汉字王国》选题报告

选题名称	汉字王国——讲述中国人和他们的汉字的故事				
字　　数	185 千字	图　片	320 幅	预计印数	20 000 册
内容概述	本稿以图文并茂的形式讲述中国文字的起源和特点，共分 16 章，主要选取一些与人的生活有关的字（如人与人类，水与山，家畜，车、路和船，农耕，酒和器皿，麻与丝，竹与树，工具与武器，屋顶与房子，书籍与音乐等），按章讲述，同时分析和讲述中国人的生活方式和风俗习惯，加深读者对文字的理解。				
本书的独特价值	市场上关于汉字的书很多，但基本上都是中国作者写的。此书出于瑞典汉学家之手。作为一个外国人，作者对每一个汉字都充满了好奇，用了 8 年时间在中国各地调查，并拍摄和搜集了许多图片。为了让西方人容易理解，她以图文并茂的方法，通过讲述中国人的生活方式来讲述汉字。 书中只讲述了 200 多个“基本汉字”，深入而又易懂。 本书瑞典文和英文版于 1989 年出版，现已被翻译成七八种语言，是西方人学习汉语的主要读物。中文版于 1998 年出版，至今已印刷 9 次，是名副其实的长销书。				
出版设想	这是一本已经得到市场承认的好书。此次拟将它稍加改动，删去一些内容（如讲解笔顺的章节），改一下开本，图文的搭配也动一下，做成一本给中学生看的书。 本书的中文版权已快到期，恰巧作者来到北京，与她交谈后，她同意改动后列入“中学图书馆文库”。				

续表

<table>
<tr><td>选题名称</td><td colspan="5">汉字王国——讲述中国人和他们的汉字的故事</td></tr>
<tr><td>字　　数</td><td>185 千字</td><td>图　片</td><td>320 幅</td><td>预计印数</td><td>20 000 册</td></tr>
<tr><td>作者
简介</td><td colspan="5">［瑞典］林西莉（瑞典语本名是塞西丽娅·林德奎斯特），教授、作家和摄影家、汉学家。1961—1962 年在北京大学读书，此后曾数十次到中国访问。1971 年起在瑞典任汉语教师，1978 年后为瑞典电视台做有关中国语言的节目。
现为瑞中友好协会会长。</td></tr>
<tr><td>装帧
设想</td><td colspan="5">开本拟订为小型 16 开（170mm×210mm）。内文约 13 印张，阳谷轻型纸双色印刷；封面 157 克铜版纸压亚光膜。定价 30 元左右。</td></tr>
<tr><td>预计交稿
和
出版时间</td><td colspan="5">签订合同后作者即可交稿。建议 9 月上旬在全国同时上市，因为新的一学年刚开始，学生和老师都有余力和心情关心新的、适合他们的图书。</td></tr>
<tr><td>市场营
销设想</td><td colspan="5">作者在瑞典是一位名人。现任瑞典驻中国大使就是她的崇拜者，知道本书将要出版中文的中学生版，大使愿意在使馆内做一个发布会，请北京有关中学教育界人士和一些媒体与北欧各国大使馆的同仁们参加。媒体的文化记者很少有机会到外国大使馆内采访，估计他们参与的热情较高，而这样一个表现了中西文化交流特点的新书发布会会收到奇特的效果。所有的费用和邀请都由瑞典大使馆安排，我们只需要提供一些样书。另外，大使馆还会买 1 000 本书作为以后社交活动的礼品。</td></tr>
<tr><td>选题
建议者</td><td colspan="5">（选题报告拟定人署名）
××××年×月×日</td></tr>
</table>

［原文作者　何月］

这篇选题报告采用表格式的形式，文字简洁，内容确切。作者简介主要介绍了作者与本选题密切相关的经历和职务；内容概述突出了选题的特点，即“图文并茂”“主要选取一些与人的生活有关的字”；选题的文化价值和出版价值强调其与同类书不同的地方（作者系外国人、基本汉字详解、图文并茂、在西方的影响）；选题酝酿过程则与选题的具体构思相关联。当然，这篇选题报告只预估了本书的定价和印数，如果能根据预估的定价和印数推算一下大致的经济效益就更好了。

例文二：《中医急诊医学》选题报告

一、选题构想

中医急诊医学是在中医药理论指导下，研究中医各科急、重、危症的病因病机、变化规律、诊疗技术和救护措施的一门学科。

中医诊治急症，历史悠久，已经形成了完整的理论体系，积累了丰富的临床经验，在救死扶伤的医疗保健事业中发挥了积极的作用。中医对急症的临床疗效，在相当的深度与广度上反映了中医临床医学的学术水平……整理当代中医对急症的诊治经验，总结当代中医急诊的研究进展，特别是从疗效水平和学术思想上来完善中医急诊医学，对促进中医学术的发展、提高临床疗效、巩固中医队伍、振兴中医事业具有特别重大的意义……欣闻中医急症诊治工作者在全国急症协作组的带动下，以敬业、奉献的精神，辛苦耕耘，已取得多项国家、部（局）、省级科研成果，尤其在病毒性疾病、心脑血管疾病、免疫性疾病等领域均取得了可喜的成绩，并研制和推广了一批供急症使用的中成药，有力地推动了中医急诊学科的发展。组织该稿件的时机已经到来……

二、同类书情况

国内前几年曾陆续出版过几部有关某一专病或专科中医急诊的小册子，而比较全面的急诊专著只有黄星垣教授主编的《中医急症大成》。该书以文献归类摘编的形式介绍了1985年以前中医急诊的进展情况，虽有一定的特点，但也存在局限性。再说从1985年以来，中医急诊医学又有了许多新进展，增添了不少新内容，很有必要出版一部能展示当代中医急诊学术发展水平的专著以应临床迫切之需。

三、本书特色

1．强调科学性与先进性。以中医理论为指导，临床实践为基础，发展中医学术为目标，保持并发扬中医特色，突出并发挥中医优势，全面、系统地反映古今中医诊治各科急症的理论、经验和临床成就，成为一部具有较强科学性与先进性的临床医学专著。

2．注重实用性。从临床实际出发，以提高疗效为目的，真正解决中医对各科急症的诊治效应，强调“救急”措施的挖掘整理和拓展运用，适当吸收全国各急症协作组有关专病诊治的最新成就，供临床医师参考。

……

四、社会需求及发行前景预测

目前全国有中医医院2230处，中医科研机构170家，中医院校86所。中医急诊工作已纳入国家中医药管理局制订的十年规划之中，各中医院校、科研所和中医院均开展急症诊疗的理论与临床研究工作，许多中医、中西医结合工作者与医科学生都期盼着能有一部指导急症诊疗实践的实用性专著。而由国家中医行政管理机构主持编写如此大而全的中医急诊专著，新中国成立以来尚属首次，预计会有较为乐观的发行前景。建议首印1万册。

五、读者对象

从事中医临床、教学、科研工作的各级各类中医、中西医结合专业人员，西医专业人员，在校医科学生、研究生等。

六、组稿方向

以国家中医药管理局医政司组建的全国9个急症协作组为主，成立编委会，由编委会确定主编、副主编，并在适当的时候召集编委会成员讨论书稿的内容、特点、体例，拟定编写大纲，落实具体人员和各人的编写任务，并聘请著名中医急诊老专家任继学教授出任主审，以保证书稿的质量。

七、计划安排

1993年7月底前完成初稿撰写，8月组织编委会成员统审稿件后退改，12月底前汇总交付编委会。1994年4月交付出版社。

总之，《中医急诊医学》是一部……具有较强科学性、实用性和较高权威性的学术专著，其出版意义将是重大的。特提请社领导审批通过，并作为“八五”重点图书纳入我社1994年选题计划中。

（选题报告拟定人署名）

××××年×月×日

［原文作者　俞鼎芬］

这篇选题报告采用文本式的形式，其特点是论述充分，重点突出了选题的价值、独特性和市场需求等方面的内容，且三者内容环环相扣，较有说服力。如果在内容篇幅（如本书字数或图片）、出书形式（如开本、纸张、装订方式）、经济效益预测（如定价、毛利润），以及市场营销设想等方面也有一些具体的意见，这份选题报告就更完备了。

二、编辑计划

编辑计划也称“编辑方案”，是实现选题的具体计划和操作方案。一些重点图书、系列图书、大型工具书选题，以及一些出版社合作出版的重点选题，经批准立项后，编辑部门应拟出编辑计划，以利协调各方面工作，保证按计划出版。

期刊在创办时往往也要拟订编辑计划。

（一）编辑计划的内容

编辑计划的各项具体内容，并不是固定不变的，也并非每一份编辑计划都要写全。要从实际情况出发，需要几项就写几项。各项内容的排列顺序也不是固定不变的，可以适当调整。分项也可粗可细，可详可略，但都要清楚、具体，切实可行，便于落实，便于操作，便于检查。

编辑计划通常包括以下几项内容。

1. 编辑方针或指导思想

这是编辑工作总的原则和目的要求，是编辑过程中自始至终必须遵循的。

2. 大致内容与篇幅

所编图书的主要内容需予以说明。如是成套图书，可列出各个分册（卷）的名称及其内容要点；对大型工具书，则可写明拟收入词条的范围、标准、大约数量等。成品图书的大约字数或上限字数也需写明。

3. 分工情况

几个出版社联合出版的成套图书，可列出各个分册（卷）的出版单位；大型工具书若是按地区或部门分工编写的，应写明各自承担的项目范围和相应的完成时限等。

4. 组织机构和编写力量

如成立编委会、编撰办公室等组织机构，要把这些机构的组成情况一一写明。如委托某些单位编撰，要写明这些单位的简况、负责人和具体负责编撰工作的人员姓名。由出版单位自行分别组织作者编撰的，需要列出全部作者的名单。

5. 组织活动和经费预算

诸如编撰过程中需要召开哪些会议、组织哪些活动等，都要预先作出大致的计划，活动所需经费也要作出总体预算。

6. 工作日程

各个工作阶段的时间安排，如何时写稿、何时交稿、何时定稿，以及发排、校对、印制的时间等，均可列出具体规定，以便检查落实。

（二）编辑计划例文

例文一：《于丹论语心得》编辑计划

一、编辑方针

演讲文本与图书的阅读文本是有根本区别的，所以，在现有文本上，我们要做到：

1. 充实。现有内容略显单薄，可以增加一部分内容。

2. 准确。引文、讲解都不能被人挑出明显的毛病。

3. 完整。全书形成整体。

4. 丰富。全书包含正文、图版、经典原文和“于丹心语”四个层次。

二、内容

1. 增加一节“总说——论语之道”（暂定），主题是“论语与当代社会”。

2. 逻辑性：演讲稿中有在思路衔接过程中的省略和跳跃的部分，应作补充；有些逻辑性不强甚至不太符合逻辑的部分，应修订，使之完整。

3. 经典名言的诠释解读、引申发挥部分，要符合原意，注意核对原文。引用典籍和文字，一定要注明出处。

4. 例证、故事可再略作增加。

5. 经典原文放正文一侧。图版用传统水墨画。“于丹心语”放各章前。

6. 文字量：演讲稿录文六万多字，编辑稿控制在八万字以内。

三、书名和目录

书名可暂沿用现有的，在编辑过程中再斟酌。

二级目录，一级标题可照旧，二级小标题要新拟，每节不要太长，千字左右即可。标题要感性而准确。

四、文风

取散文诗形式，在充分尊重演讲稿的基础上（即尽量使用演讲稿的文字），注意文字的优美、节奏（如多用排比句等）、韵律（在可能的情况下，注意语句的声韵协调）。

五、图书品相

读者目标以青少年为主，但要适合大众的阅读，老少咸宜；面貌以清丽、干净为主；现代、时尚中又有传统的影子；正文双色，图版四色。

六、分工情况（略）

七、工作日程（略）

（编辑计划拟定人署名）

××××年×月×日

［原文摘自出版社书稿档案］

这篇编辑计划是在审稿基础上拟定的，其特点是从总体上把握编辑过程中应注意的事项，做到了具体、明确，切实可行。如果能有一些相关活动组织和经费预算的具体计划，就更好了。

例文二：《散文》月刊编辑计划（草案）

一、基本设想

刊名拟为《散文》，刊期定为月刊。

开本拟为大32开本（如印刷方便，也可改为16开）。

篇幅定为每期3印张，定价为××元。

内文字号以五宋、新五宋为主，可间或用五号、新五号仿宋、长仿宋或楷体。

二、编辑目的

散文在我国有悠久的历史传统，一向是我国一种主要文学作品形式，名家辈出，佳作如林。五四新文化运动以来，散文继续得到发扬光大，以致“散文小品的成功，几乎在小说、戏曲和诗歌之上”（鲁迅语），而近几十年来，却有渐趋沉寂之势。创办《散文》月刊，其根本目的是要为振兴散文、繁荣散文创作作出我们的贡献。我社（百花文艺出版社——引者）自创办以来，即致力于散文图书的出版，浸至成为重点，被推许为散文出版重镇。倡办《散文》月刊，也是为发扬我社这一特色，扩大百花散文的影响。

倡办《散文》月刊，还是为了书刊互补共济。试图通过刊物更广泛地团结散文作者，培养散文新人，同时还可将刊物发表的文章，直接结集成书，以扩大散文书稿稿源；通过出版散文书籍，又可吸引更多的散文作者为刊物撰稿，扩大并巩固散文作者队伍，推出新人。既有利于出版社工作，也有利于繁荣散文创作和出版。

三、编辑方针

坚持“为人民服务，为社会主义服务”的方向，贯彻“百花齐放、百家争鸣”的方针，为繁荣文艺、繁荣散文创作与出版，丰富人民群众的文化生活作贡献。

四、读者对象

《散文》以文学爱好者特别是散文爱好者为读者对象。其中又以具有高中以上文化程度、爱好散文的中青年为主要读者对象。

五、编辑原则

编辑这份刊物要贯彻“百花齐放”的方针，提倡题材、体裁、风格的多样化。又要在多样化中编出自己的鲜明特色、独特风格。要成为能够吸纳百川的海洋，又要突出海洋的主潮，并使百川之水归入主潮。

据此原则，在编辑工作中要：

题材不拘中外古今，但以反映当前现实生活者为主；题材也不分大小巨细，但以写重大题材者为先。

体裁不妨多种多样，但以抒情散文、艺术散文为主，小品、随笔为之羽翼而已。

文章风格提倡多姿多彩，豪放婉约，可以各取其宜。厚遇创新出奇，薄视袭旧落套。刊物风格则力求个性化。

思想性、艺术性并重。推崇充溢积极向上精神之作，反对颓废消极思想。对缺乏艺术性之作，虽思想正确亦不取，更无标语口号式者。

提倡抒真情实感、发自胸臆之作，摒弃忸怩作态、无病呻吟之作。不薄名家爱新秀。

六、栏目设置

设置若干栏目，分常设栏目与机动栏目两种。前一种栏目每期出现，用以体现刊物的主潮、个性、风格，以之作为刊物的主体，体现刊物的稳定性。后一种栏目则只在必要时出现或轮换出现，用以体现刊物内容的机动灵活性，调剂读者口味，为主潮推波助澜。

1．主体散文（栏目内容设计从略，下同——引者）

2．月季花

……

机动栏目可视需要随时添置、替换。现可以提出的有：

1．艺苑拾英

2．散文名篇欣赏

……

七、特色风格

从创刊开始，就要有意识地努力创刊物的特色风格，在林林总总的期刊中，不仅以其体裁之为散文，也以其内容、形式和编辑艺术创出自己的特色风格。

一要清新：清如山泉，新如晨露；

二要活泼：圆融生动，有行有止；

三要贴近生活，富于进取姿态；

四要出自性灵，隽永天成；

五要秀而有骨，丰而有肉。

（编辑计划拟定人署名）

××××年×月×日

［原文作者　徐柏容］

例文一作为重点图书的编辑计划，更重视内容的规范和文字的优美；例文二作为一种期刊的编辑计划，则侧重其特色和品位的确定。所以，两篇例文的项目设置有所不同。

此外，要注意的是，编辑计划的有些项目虽然与选题报告相同，如上述例文一的“内容”一项、例文二的“读者对象”一项，但内容上还是会有细微差别的。如选题报告只是编辑初步设想的体现，而编辑计划则是经过出版单位讨论认可后的选题的实施计划，其各项内容应该是集中了参与决策者的意见，所以更加明确、鲜明。

三、审稿意见

审稿是编辑的日常工作，撰写审稿意见是编辑的基本职责，也最能反映出编辑的业务水平。

审稿意见也称“审稿报告”或“审读报告”，是审稿人对所审稿件在质量判断和价值评估的基础上明确提出处理意见的书面文件。

稿件质量情况千差万别，很难用一把尺子衡量。为了写好审稿意见，在审稿过程中要注意做好记录和摘要。记录，就是把审稿中形成的看法、想到的意见和发现的问题随时记录下来，供最后形成意见时参考；摘要，是将原稿各章节的内容摘要写下，以便了解和分析全稿的基本面貌及结构条理上的问题。

我国出版单位的审稿制度是三审制，每一级审稿都必须写审稿意见，但三者职责各有不同，审稿意见的内容和写法也有所不同。初审是整个审稿工作的基础，要对稿件作出最初的全面评估和判断，至关重要。这里主要讲初审审稿意见的写法。

初审审稿意见的写作项目与选题报告十分接近。所不同的是，选题报告一般只是一种构想，书稿大多尚未形成或只有部分内容，而审稿意见是在细致审读了完整的书稿后作出的，是对选题报告实现状况的审核、分析，各项内容更为切实、具体。

初审意见是提交给复审和终审的，所以对一些敏感和难解的地方要特别醒目地标注出来，以便复审和终审者处理。初审意见必须经复审和终审批准后，才可以具体实施。如果终审有不同的处理意见，实际处理时应以终审意见为准。

（一）审稿意见的内容

审稿意见包括的内容应当根据稿件的具体情况确定，但“稿件的价值评估和质量判断”与“稿件处理意见”两项，任何审稿意见中都必不可少。

审稿意见一般包括以下几项内容。

1. 稿件的基本情况

介绍稿件组稿过程，包括编辑和作者在成稿过程中的交往，涉及重大选题备案制度的书稿是否履行了备案手续，有无专家推荐意见，稿件的实际情况与选题报告中原先的设计是否吻合，有哪些变化及审稿简况（如是否开过审稿会）等。

2. 作者介绍

一般应介绍作者的经历、专业技术职务、行政职务、已出版的著作及其水平和社会影响等。作者介绍要客观平实，切忌夸大其词。

3. 内容概述

对书稿的内容范围、主题、结构、规模（字、图数）等有一个完整、全面、简要的介绍。文艺作品则应简述其情节。

4. 稿件的价值评估和质量判断

这是审稿意见的核心内容。价值评估的重点是本书稿内容的创新性和特点，即与同类书稿不同的方面；质量判断主要指书稿的结构框架、文字写作质量以及存在的问题。

5. 稿件处理意见

稿件处理意见是在进行价值评估和质量判断的基础上得出的结论。具体包括：总体性的建议，分为建议接受出版、建议退修或建议退稿三种；局部性的建议，如某章节、某段落的问题和解决的方法；特别需要提出的问题，包括有待处理的难点，如涉及政治、民族、宗教的问题。

（二）审稿意见例文

例文一：《微积分》审稿意见

本书稿是为了适应成人高等院校财经类各专业微积分教学之需要，由四位从事成人教育多年的骨干教师，针对成人教育学时偏少的特点编写而成的。本书拟作为成人高等院校“经济应用数学基础课程”的教材之一。这套教材包括……

目前有关微积分的书很多，其中也不乏高校教材，但大多数是为本科生编写的，尽管也有大专层次的电大教材，但其为了便于自学和远距离教育，讲解十分详细，因此从总体上看，结构均显得庞大，不适合面授类型的成人教育使用。

综观全稿，我认为本书稿能遵照原选题设想，从教学实际出发，在保持了数学学科的科学性、系统性和完整性的前提下，对内容的取舍、结构的安排、例题和习题的选配等都作了妥善的处理，既较全面地介绍了微积分的基本概念、方法与应用，又突出了“成人教育”和“大专层次”的特点，是一本针对性、适用性较强的成人高等院校财经类各专业的微积分教材。

与同类书相比，本书具有四大特点：

1．篇幅符合学时要求。本书仅 15.6 万字，比许多成人高等院校选用的中国人民大学出版社出版的 37 万字的《微积分》教材减少了一大半篇幅，比内容偏少的电大教材也缩减了 1/4 的篇幅，适应成人教育学时偏少的特点，体现了既定的编写思想。

2．内容选取适度。本书尽管篇幅小，但包含了与经济应用数学后续内容、经济类各专业基础课和专业课有关的全部微积分内容。全书共八章……内容选取确实做到了该删的删，当留的留，依照本书既定的编写要求，落实了国家教委提出的成人教育的基础课内容“适度够用”的原则。

……

本书是由四位作者合作完成的，其中有的作者缺乏著书的经验，因此，尽管本稿已在样稿的基础上，根据责任编辑的意见，在编写和整理稿件时下了一番功夫，但仍存在一些不足，主要表现为以下几方面的问题：

1．学术性问题。例如，本稿在定义函数极限时，对函数 $f(x)$ 定义极限条件，应该是……

2．内容的遗漏。在讲述函数的连续判断时，应举三个反例，但稿中只举出两个反例，再补充一个极限存在但不等于 $f(x_0)$ 的例子就完整了，这点很重要。

……

总的看来，本书稿在政治性、科学性等方面未见有明显失误，全书构思比较完整，结构脉络清晰，是一本编写得颇有特色的成人财经类专业的教材，及早出版，将充实市场，满足教学之急需。但是，本书稿在准确性、文字表达和技术性问题上尚有欠缺，有待解决与提高。

（审稿人署名）

××××年×月×日

［原文作者　吕虹］

例文二：《西方妇女史》审稿意见

本书稿为国家社科基金项目《西方妇女地位的历史变迁》的最终成果，项目负责人是复旦大学历史系博士生导师裔昭印教授。

妇女在传统历史的研究中，曾长期处于被埋没的状态。在以往大多数史家的笔下，历史只是一部男性精英活动的历史。十九世纪末特别是二十世纪六七十年代以来，由于新社会史的兴起和欧美妇女运动的发展，妇女史，尤其是西方妇女史成为一个令人瞩目的学术领域。

近年来，国外史学界对西方妇女史和家庭史的研究成果丰硕，出版了一大批有影响的学术著作和论文。国内西方妇女史的研究，由于受到资料等各方面条件的限制，研究状况则比较落后，尚无总体的西方妇女史专著出版。

本书是国内史学界对西方妇女通史研究的初次尝试，是十多名学者花了整整七年的时间潜心研究、通力合作的结晶。全书共分十章。主要内容为从爱琴文明至今的西方妇女发展史，具体包括古代希腊和罗马、中古时代、转型时期、近现代西方各主要国家的不同阶层女性的经济、政治、法律、工作、宗教、家庭婚姻、文化教育等方面的状况。在本书中，作者一方面从纵向的角度对西方妇女的各个历史发展阶段进行了系统的叙述，另一方面又从横向的角度对涉及女性的若干问题进行了深入的专题探讨，以期达到对西方妇女史的整体把握与理解。

书稿具有以下主要特点：

第一，全书围绕主题展开论述，研究的框架结构比较合理，体系比较完整，内容全面系统，总体把握比较成功。

第二，资料翔实丰富。全书收集和利用了大量外文资料，特别是西文资料。收集的范围广泛，使本书具有比较可靠的客观依据。资料的运用精当，且比较规范，既注重对原始资料的发掘和解读，也注重对现代西方学者研究成果的吸收和利用，努力把学术研究的严谨性与前沿性结合起来，并力图通过对丰富翔实的史料的梳理和研究，得出自己独特的见解。

第三，在研究的理论和方法方面，注意用历史唯物主义的指导，广泛运用历史学、社会学、女性学、宗教学和心理学等学科的理论和方法来研究西方妇女史，在宏观的背景下，对个案作深入细致的分析。

第四，一些论证分析也比较突出，颇有见地。如，强调从文化与社会性别的视角来阐述与分析妇女境况和两性关系的变迁。认为，妇女的地位和性别差异主要是社会文化的产物，是多种文化因素综合作用的结果；在对古希腊、文艺复兴和近代等不同历史时期的西方妇女进行研究时，分别从公共生活和家庭私人生活等不同领域和活动空间对她们的地位进行了探讨；在考察西方妇女总体状况时，也注意到了她们之间的差异，并尽力关注下层女性；注意探讨西方妇女在不同历史阶段、不同国家和地区以及不同领域中地位的差异，并对不同妇女群体分别进行研究；在研究的领域方面也有所拓展，对以往国内妇女史研究基本未涉及的古希腊人的女性身体观、女同性恋、女巫等问题进行了较深入的探讨，从而丰富了妇女史研究的内容；从妇女史角度的探索，使我们注意到不少被传统的历史研究所忽略的问题，并展开了对一些重要历史问题的反思，涉及雅典民主政治的局限性等。这些论述将有助于我们修正对于重要历史问题和历史分期的看法，更加全面地理解西方社会的历史和文化，认识到全面实现人与道德伦理规范现代化的艰巨性。

总的看来，书稿质量较好，但也存在一些问题，如在近现代部分，书稿主要侧重对英法美等国家妇女史的研究，对苏联及东欧国家则着墨不多（已与作者交流过）。另外，有关标点符号用法、错别字、字母大小写等技术问题，可在加工中改正。

我认为书稿已达到出版要求，建议采用。

（审稿人署名）

××××年×月×日

［原文作者　郑殿华］

［注：略有修改］

例文一、例文二的写作特点，是根据实际需要，并不局限于一般的内容项目，而是重点突出稿件的主要特色。例文一主要围绕本稿的实用性和针对性等重要特色展开充分深入论述。例文二仅用简短的笔墨介绍稿件的基本情况、作者简介和主要内容，用大量的篇幅重点阐述了稿件四个方面的主要特色。

例文三：《中国兵器史稿》审稿意见

1．稿件的基本情况（略）

2．作者介绍（略）

3．内容概述

本书约24万字，附图1190余张。分导言和石兵、铜兵、铁兵三部分叙述之。由中国石器时代开始至清末而止，记述了长短兵器、远射兵器、防御兵器的历史发展和构造形式，并涉及中国古代文化、科学、艺术与民族（种族）等问题。

4．本稿的优缺点

优点：

①作者用三十多年的时间，搜集了大批材料，在本书中分别予以详细的叙述，颇有系统。

②作者在本书中引证的典籍不下二百种，颇称渊博。

③所附图一千多件大都符合实物。文字虽然陈旧但颇为通顺。

④在政治意义上说，发扬了民族文化。

缺点：

有三类不足，一类是“理论和观点问题”，如有“唯武器论”倾向、狭隘的民族观点、对兵器有把玩意趣、立论欠妥……二类是“材料问题”，引证典籍随意，有个人臆测，部分内容缺乏学术价值和政治意义……三类是“史实问题”，如汉代以后部分史实有疑问……

5．修改意见和建议

①有出版价值，但必须大力修改、考订、整理，做去伪

存真的工作。

②或只采取本书稿汉代以上部分，以《中国古代兵器史》书名出版。

③送专家或有关部门审阅，如考古研究所、民族事务委员会等。

（审稿人署名）

××××年×月×日

［原文作者　董秋水］

例文三的写作特点，首先是观点鲜明，其次是条理清晰，其三是文字简洁。这篇例文的内容概述、修改意见和建议各用了不足百字，作为核心内容的价值评估和质量判断则用了大量的篇幅（引文只选用了一些典型用例）。在内容概述中，编辑交代了书稿的规模、结构和主要内容。优点部分既指出了其学术文化价值和突出的特点（附图一千多张），又提到政治意义；缺点部分分理论和观点问题、材料问题两方面，比较全面。修改意见和建议则实事求是、切实可行。

所以，观点鲜明、条理清晰、文字简洁是撰写审稿意见的基本要求。

四、调研报告

出版单位是连接作者和读者的文化桥梁，是从原料（稿件）到产品（出版物）的加工单位。为了了解读者，了解作者，了解市场，了解行情，编辑常常需要进行调查研究。反映调查研究的情况并得出相应结论的书面报告，就是调研报告，又称“调查报告”。

（一）调查研究的基本过程

调查研究的基本过程可分为三个阶段——准备阶段、实施阶段和数据处理阶段。

准备阶段，要制订切实可行的调查方案。方案中应包括调查目的、调查对象、调查范围、调查方法，数据分析和处理技术，实施日程安排，费用预算，等等。

实施阶段，要选出调查对象，并通过各种方法接触调查对象，开展正式调查，收集数据资料。

数据处理阶段，要将分散收集的数据汇聚起来，加以整理和统计。既可分项统计，也可交叉统计，还可作多变量分析。根据人工统计或计算机处理的结果来解释数据，作出相关的结论。

（二）调研报告的写作

调研报告是对某项调查所获得的资料进行分析和研究后得出的成果，其写作要求和注意事项有以下几方面。

1. 要反映调查研究的过程和成果

要写明调查的事项和调查的对象，调查收集的数据整理和分析，调查中总结的经验和发现的问题，等等；对存在的问题进行探讨，提出解决的途径和办法等，即在事实基础上作出结论。

2. 要有一定的结构

一篇完整的调研报告，应该由导言、正文和结论三部分构成。

（1）导言

导言旨在提出问题，需要交代调查的原因和目的，调查的时间、地点、人员、对象，并交代调查的内容、方法、作用和意义。

（2）正文

正文是调研报告的主体部分，着重于分析问题。要对占有的材料进行整合、梳理，在对客观事实进行分析的基础上撰写。撰写时要点面结合，有事例，有数据，见物又见人，切忌空对空。正文的结构有贯穿式和并列式两种。贯穿式结构是按时间顺序或事物的发展过程行文；并列式结构是将内容分为几个方面，一个方面一个方面地写出。

（3）结论

调研报告不能只罗列事实、堆砌材料，应该有分析、有结论。结论要能够透视问题的本质，揭示问题的症结，提出解决问题的办法，预示发展的前途，所以是调研报告中最为重要的部分。

3. 要坚持实事求是的原则

撰写者一定要在对材料进行全面、细致、客观的分析和研究的基础上，去粗取精，去伪存真，由表及里，不能无中生有，不能以偏概全，不能主观臆断。不能根据主观判断先得出结论，再寻找几个能证明自己结论的例证作为依据，而对具有相反证明力的事实材料视而不见或故意回避。

（三）调研报告例文

例文：农村情况与农村读物

省出版局组织的工作组最近到乐山专区作了一次调查，开了几个座谈会，并到五通桥区和眉山县的两个生产队了解情况。

（一）

自落实生产责任制以来，农民的生产积极性大为提高，农副业生产有很大发展，生活有很大改善……农民用在农村生产上的劳动时间相对减少，对文化生活的要求日益增长。

与出版工作有关的新情况是：

（1）迫切要求学习农业生产技术……

（2）迫切要求学习副业生产技术……

（3）迫切要求改善生活条件……

（4）由于提倡只生一个孩子，独生子女增多，在养育孩子方面舍得投资，年轻父母希望懂得带孩子的知识。

（5）对文艺书籍提出新的要求……

（6）迫切需要加强思想教育……看相、算八字、请碟仙、看水碗等迷信活动在一些地方流行，聚赌时有发生，大办红白喜事的现象也较普遍。

（二）

根据以上情况，农村读物应考虑：

（1）年画、门画、年历、对联，仍然是目前农村销量最大的出版物，我们应当继续出好。对联的品种要增多，内容既要有教育意义，又要生动活泼。带轴的中堂，农民很需要，今年可试制和供应。

（2）农业生产技术书籍，可以有三种形式：第一种是普及性的读物……第二种是综合性的农业技术手册……第三种是带有理论性的农业技术书籍……这是地区科委有关同志提出来的。

（3）副业生产技术书籍。内容包括果树栽培、家禽家畜饲养和手工业……我社已出版的《社员家庭副业丛书》是受欢迎的。

（4）可以考虑出《农村实用小丛书》……内容要切合四川农村实际。

（5）连环画是能够到农村的读物，小孩大人都愿意看……

（6）文艺书籍如何适应农村需要是个难题……《农村文化站小丛书》内容要广泛一些……川版优秀的文艺书籍，可以出农村版，目的是降低价格，便于农民购买。

（7）政治思想教育读物，关键是要结合农村实际……有同志建议，可以出讲文明礼貌的《三字经》，可以出《算命的秘密》，可以出《如何处好婆媳关系》和《如何办好婚事》等书。

（三）

几年来，出版社编辑出版了一定数量的农村读物，新华书店在发行上也作了很大努力，这些成绩必须充分肯定。但是，究竟有多少读物真正发到农民手里，谁也说不清楚……如果不具体分析，会使我们对当前农村读物发行的实际情况作过高估计。

我们访问了两个生产队，逐户调查了每户拥有图书的情况，发现真正到农民手里的，与前年我们在彭山一个生产队调查的情况基本相同……看书的人说："买书不如租书，租书不如借书。"乐山市五通桥区委书记王玉林估计：再经过七八年努力，农村衣食住才会有进一步的改善；随着农村文化的进一步提高，到 1990 年，大多数农民才会形成读书风气。这个估计有一定道理。有了比较接近实际的估计，才能充满信心，不会为一些表面数字所迷惑，也不会因一些实际情况而气馁……眉山的同志提得好：两个文明一起抓，图书发行怎么办?

大家的意见是：

（1）加强调查研究，使农村读物对路。既要切合农民需要，又要不断提高图书的质量。

（2）要加强对农村读物的宣传和指导，提高农民读书的兴趣。

（3）书店要改进发行，采取多种渠道，力争把更多的图书发行到农民手里。

（4）要与有关方面配合，帮助农村文化站和团支部建立图书室。

（报告撰写人署名）

××××年×月×日

［原文作者　李致　钱铃］

这篇调研报告的最大特点是实事求是。第一部分是了解到的情况，第二部分是提出相关建议，第三部分是在分析了现存的问题后指出了解决问题的途径。既有收获，又不盲目乐观，还考虑了未来的发展可能。另一个特点是文风平实简洁，没有夸张累赘之词。

第三节　编辑工作书信

书信是编辑工作中常用的一种文体。编辑工作书信，一般有约稿信、退修信、退稿信、日常联系信、答读者信等，种类不少。这些书信有的可采用公文形式，有的可采用一般信函形式。对信件所致对象的称谓，可用“同志”，也可根据其身份而称“先生”“女士”“老师”等，或以专业技术职务、行政职务等相称。正文要有切实的内容。信末的祝词，视作者身份，可用“此致　敬礼”，也可用“专此　布达”“即颂　撰祺”等文言词语，只要得体即可。

通过互联网发送的电子邮件，写作时也要遵照信函格式，要有称谓、问候语、正文、祝词、落款（姓名，年、月、日）；若打印后选择寄送的方式，落款则要手书签署，以示尊敬和慎重。

一、约稿信

约稿信是常见的编辑工作书信，编辑应熟练掌握其写作要点。

约稿信也称“组稿信”，是出版单位约请作者撰写稿件的信。它一般由负责落实选题的编辑撰写，以出版单位名义发出；如果编辑与作者已经非常熟悉，也可以由编辑署名发出。写给特定作者的约稿信，需要能结合作者的具体情况，展开陈述，亲切平易，动之以情，以提高约稿的成功率。报刊登载的《征文启事》，相当于约稿信，是以公开信的方式向社会广泛约稿。写约稿信的目的是约请作者为本单位撰稿，所以必须明确具体地告诉作者稿件的主题内容、题材范围、写作要求及其他相关事项。

（一）约稿信的内容

约稿信是在选题批准之后撰写的，其主要内容来自选题报告，主要有以下几点。

1. 稿件的题目

可以根据选题报告写明原设想的稿件题目，请作者斟酌；也可由作者根据稿件主题内容或题材范围自行拟定题目。

2. 写作的内容和要求

要说明选题的目的和要求，内容的大致范围、性质，对体裁、文字风格的建议等，必要时还可附上一些示例性的样稿。

3. 读者对象

应写明读者对象的文化层次、职业、年龄、性别等，还可提供这类读者的阅读特点和兴趣等信息，供作者参考。

4. 字数和交稿时间

对全稿的大致字数（有时还有图幅数）和交稿时间，要有明确要求。

5. 可供参考的资料

应尽可能提供一些可以参阅的资料（如相关工具书、档案等），同时可介绍一些同类出版物供作者参考，提醒作者避免与同类作品雷同。

6. 写作中应注意的事项

稿件内容若涉及国家的有关政策和规定（如民族政策、

宗教政策、外交政策和有关的保密规定等），应提请作者特别注意。

7. 对著作方式的具体要求

一般可要求作者先写计划提纲。必要时还可要求作者试写部分章节样稿，以便进一步了解作者的写作能力，看是否理解并能贯彻落实编辑意图。

（二）约稿信例文

例文一：致巴金的约稿信

巴金同志：

我社拟选编一本《童话选》（选“五四”以来的童话作品），供少年儿童阅读，打算在年内出版。

您在新中国成立前也为孩子们写过不少童话，如编入“文集”（九卷）中的《长生塔》《能言树》等童话，我们觉得这些童话让今天的少年儿童阅读也是有意义的。正如叶圣陶同志说的：“阅读这些童话（指新中国成立前写的）可以认识一些过去时代的生活，而认识过去时代的生活，是跟更深切认识当前的生活有关联的。”我们想请您从这几篇童话中自己推荐一篇给我们编入这个选集。此外，希望您能对推荐的那篇童话的写作时代背景、主题思想等简要地写几句，以便更好地帮助少年儿童阅读这篇童话。

您的工作很忙，为了让孩子们及早读到这个选集，务请您在百忙中选一下，盼能在3月20日以前给我们回信。

叶圣陶、严文井同志已同意给我们选几篇自己的童话，不日即可寄来。老一辈作家的热情支持，使我们对编选工作增强了信心。

敬候回音。此致

敬礼

××××出版社（章）

××××年×月×日

来信请寄：××××

［原文作者　邱建民］

例文二："书梦重温丛书"约稿信

×××先生/女士：

您好。我社计划出版一套"书梦重温丛书"，特向您约稿。具体设想如下：

1. 读书不仅仅是作家的事情，写书也不一定只是作家的事情。实际上，凡有成就者，无论从事哪种职业，他们在青少年时代乃至生命的每一阶段，都读过各种各样的书：文学艺术、哲学、科技、童话乃至小人书……这些书给了他们重大影响，留下了一串串书梦。

2. 然而，如今我们所见到的谈读书的文章，几乎全是作家和一些作家兼学者写的。本丛书旨在突破这种状况，请各方面的专家，如科学家、哲学家、建筑家、教育家乃至政治家、企业家等，回忆过去读过并留下深刻印象的书，写下来，由我们结集出版，从而达到两个目的：使所谈到的书扩大到更宽广的领域；使这些书话更参差有趣。

3. 请撰写者在重温书梦时，一本一本道来，每本写几百字几千字均可，每本书在出版时配一原版本的书影。这样，几十种书的回忆，便可成一册，约七八万字，三四十幅图。

4．写作内容可包括怎样读到这本书、书的来源、版本，书中最令撰稿人感动的故事、人物，对撰稿人在思想和情感方面的影响等。

5．第一辑将于2002年8月发稿，作者最好在5月完稿，并尽可能提供书影。

静候您的回音。顺颂

撰祺

×××出版社

××××年×月×日

［原文作者　伊明］

例文三：《妇女杂志》征文启事

我的学校生活

学校生活占去了青年期，于我们的一生有不小的影响。这是一个值得写作的题目。范围是宽广的，无论就哪一方隅着手，都有许多话好说。

开账单那样写是无味的，这不必说。如能拣选自家感受得最深切的那一方隅来写，当然是最聪明的办法。

我的配偶

沉溺在情爱里的，只觉自家的配偶无处不好，尽可以搬一大车形容词句来赞美。不睦的配偶正相反，只觉所有骂人恶语，都可以加到对方的身上去。我们写下这一个题目，却并不希望作稿诸君处于以上两种情形的任何一方。“配偶”是相处得最密切的人，于其长处短处，心情意识，以及其他种种，知道得最周详。就将这些作为材料而着手写，决非毫无意义的闲文字。

12 月底截止收稿，17 卷 5 月号发表。

（原载《妇女杂志》1930 年 16 卷 9 号）

［原文作者　叶圣陶］

这三篇约稿信各有特色。第一篇是写给巴金个人的；第二篇是写给若干潜在作者的；第三篇是杂志上的公开信。写给巴金的约稿信针对性很强，以客气的口气阐明目的和要求。“书梦重温丛书”的约稿信是分小节撰写的，看上去一目了然。第一节讲的是策划这样一套丛书的背景——每个有成就者都读过许多书；第二节阐明这套丛书与同类书的不同之处——请各行各业的专家来写；第三节说明写作的方法和篇幅要求；第四节建议写作的具体内容；最后是交稿日期。这篇约稿信比较讲究修辞，比如第三小节开头，不说“请作者在写作时”，而是用了一种形象的说法“请撰写者在重温书梦时”，这就有了亲切感、亲和力。《妇女杂志》的约稿信则重在写作角度的提示，语言简洁生动。

约稿信写得好与坏，是编辑能否约到书稿的重要因素。如果约稿信写得文句不通或枯燥乏味，就很难引起作者的兴趣，甚至引起作者的反感。

二、退修信

退修信是出版单位将稿件退回作者要求进行修改时写的信。退修信写得好，作者能充分理解、配合，下功夫提高稿件质量；反之，可能得不到作者理解，使后面的工作无法进行。

需要退修的稿件一般有两种情况：一是经审读后认为基本可用但尚需作一些修改的；一是经审读后认为有一定基础但尚未达到出版水平，需要修改后再决定取舍的。

退修信一般由初审者撰写，并需遵从复审、终审的意见。大多在复审决定后便可起草退修信，在征求终审意见后以出版单位名义正式发出。对那些内容比较复杂、处理难度较大的稿件，最好在终审决定后由三个审级的编辑人员共同讨论以后再写。

（一）退修信的内容

退修信的内容应包括以下几点。

1. 肯定稿件的优点

基本可用的稿件，优点总是主要的，宜充分肯定，这样有利于调动作者修改稿件的积极性。那些需修改后方能决定取舍的稿件，也是由于存在一定优点才具备修改的基础，所以也要恰如其分地予以肯定。

2. 指出稿件的不足之处

这是退修信的主体内容。对稿件需要修改的地方，包括思想内容、篇章结构、写作方法、语言文字等各方面的问题，都应明确地说清楚，以便作者修改。能够一次说清楚的问题，都要尽可能地明确说明，不要有所遗漏或含糊，以免增加退修的次数。

3. 提出修改的意见或建议

可以每提一个问题即表明自己的修改意见或建议，也可以先把问题全部写完，然后总的提出修改意见或建议。根据稿件的具体情况，对那些比较集中而前后连贯的问题，可先列出问题，再提出修改意见或建议；对那些比较分散、涉及面较多的问题，可以边写问题边提出修改意见或建议。至于一些很细小的问题，不一定在退修信中一一写出，可以用附加浮签的方式在稿件的相应地方指出。

4. 提供参考资料

有针对性地向作者提供一些参考资料，可使作者从他人的作品中得到启发，找到克服稿件缺点的途径，同时也有利于作者避免与已有的作品雷同，从而写出新意来。

（二）撰写退修信应注意的问题

撰写退修信时应注意既尊重作者，又明确提出修改意见。

1. 意见明朗，情辞恳切

退修信是根据审稿意见写的，但不应是审稿意见的复本，两者在语气上、遣词造句上有原则的不同。审稿意见是出版单位内部的文件，可以写得直截了当，问题也可提得尖锐深刻。写给作者的信，观点要鲜明，意见要具体，但话要说得有分寸，有讲究，既明确了问题所在，又避免伤人自尊。要考虑怎么说才便于作者接受，才有利于保护和调动作者的创作积极性。

2. 尊重作者的学术观点或艺术见解

对学术观点、艺术见解上的问题，要贯彻“双百方针”精神，不强求一致。只要言之成理，持之有故，即使可能引起争议，也要允许其发表；即便编辑对某些问题有不同看法，也宜以请教或商讨的口气向作者提出，意在请作者再仔细斟酌，慎重取舍。

3. 详略得当，突出重点

修改意见有全局性的和局部性的。退修信中对全局性的修改意见应多花些笔墨，尽量写得详细些；局部性的意见可以写得简要一些，尽管有的意见也很重要。切忌对一些枝节性的问题大做文章、侃侃而谈，而对一些重要的地方、关系到全稿质量的关键问题却轻描淡写、一笔带过。

（三）退修信例文

例文：《历代回文诗词选》退修信

×××同志：

您好！尊稿《历代回文诗词选》已拜读，甚佩。回文诗词为循汉字性能所创的特殊诗体，诚可赏心怡情。但究其极，实为韵文体之文字游戏，历代大家偶尔操觚，亦仅喜其可争奇斗巧，显示才情，偶为之而不以正宗视之也。故“前言”揄扬，似微过量。但选成一集，使今日读者知古诗词中有此一体，亦非无谓。窃以为尊选不妨扩大范围，兼选古诗词中各种奇异体裁，如药名诗、数字诗、干支诗、离合诗、藏头诗、顶针诗、宝塔诗等，使诸体蔚为大观，或可改名为《中国古代异体诗选》，于读者当更有吸引力。为此，则原选回文诗词部分宜适当压缩，以清人所作为下限。“前言”亦宜略加修改，易去溢美之词，还其本来面目。并对增选各体，略作析述，诸体之部分篇目，或可就其创作背景作简要说明，当更能益读者之智。

以上意见或未尽墨，仅供酌择。何如，祈察裁见示为盼。

（出版单位名称和公章）

××××年×月×日

［原文作者　何满子］

这是一篇针对有一定基础，但还达不到出版水平的稿件的退修信。语气虽然客气，但对作者的要求却毫不含糊：一是请作者把握评价所选异体诗的分寸；二是建议作者扩大内容范围，在原有基础上修改成另一部书。

书稿在编辑过程中，提出一些意见请作者修改是正常的，但有个别作者很难接受意见，尤其是名作者，此时就看编辑沟通的能力和水平了。让作者接受出版社的正确意见，是编辑的基本功之一。有一个值得我们吸取教训的例子：海外一位名气很大的人士把一部书稿投给某出版社。责任编辑在三审通过后，根据作者的电子邮件地址发信称："您的书稿已经编辑完毕，拟删去两篇文章，改了部分字句，请您过目。若无异议，我们将尽快出版。"这位作者的文章和著作在海外极受欢迎，从来没有报刊社或出版社大段删改过他的文章。接到此信他大为不满，回信坚持一字不改，文责自负。其实，书稿中有些关涉政治问题的字句，不符合相关的出版规定；打算删去的两篇文章，则与书中其他文章内容重复。编辑的删改意见都是合理的，但因为退修信写得生硬，使稿子搁浅一年多，最后终于出版时，因涉及政治问题而改动字句的意见作者接受了，编辑打算删去的两篇文章却保留了。假若责任编辑当初写信时，婉转告知"增加两篇内容重复的文章，会加重读者的负担"，相信作者还是会接受的。

三、退稿信

退稿信是编辑常用工作书信之一，编辑要掌握其写作要点，并注意写作态度。

退稿信是出版单位对不拟接受出版的稿件而将其退还给作者时写的信，一般由初审者撰写，以出版单位名义发出。但是，对比较重要、复杂或难度较大的稿件，尤其是出版单位主动约请写作的稿件，也可由复审者或终审者撰写。

（一）退稿信的内容

退稿信的主要内容是说明稿件未能采用的原因。无论是何种原因，退稿信中都应诚恳坦率地说明理由，不要含糊其辞、敷衍搪塞。一般说来，退稿原因有三种：一是稿件质量未能达到出版要求；二是虽稿件有一定质量，但由于本出版单位已组织同类稿件，或已出版过同类读物，或客观形势、市场情况发生重大变化等原因而不能列入出版计划；三是稿件内容、体裁等不符合本出版单位的出版要求。对于因与本单位出版要求不合而不能接受出版、但原本基础尚好的稿件，可建议作者改投其他合适的出版单位，或者在力所能及的范围内帮助作者改投其他出版单位。

（二）撰写退稿信应注意的问题

退稿信，尤其是在退还本出版单位约请创作的稿件时所写的退稿信，要客观公正地对稿件作出有分寸的全面评价。在指出稿件问题并讲明退稿理由之前，也要适当肯定其中的某些特色或优点；同时要针对存在的问题，指出努力方向。对于已经签订约稿合同或出版合同的稿件，在撰写退稿信和退稿时要注意履行合同的相关条款。

写退稿信，要努力做到诚恳实在，以理服人，态度明确，“退稿不退人”。要注意从稿件中发现有才能、有潜力而暂时还不成熟的作者，给以适当鼓励和帮助，使作者收到稿件后心悦诚服而不是心灰意冷。出版社有责任培养新作者，很多时候，这种培养是通过写退稿信来实现的。实际上，能够发现默默无闻的新作者，并且通过编辑的努力，使他成长起来，甚至成为一个名家，是编辑工作的最高境界。巴金曾说：“编辑的成就不在于发表名人的作品，而在于发现新的作家，推荐新作品。”

除发现新作者外，尊重每一位作者，还是编辑职业道德的基本要求，代表着出版社的形象和编辑个人的修养。这些形象和修养，也常常通过退稿信表现出来。

不过，在保护作者并留有余地的同时，千万不要模糊了写退稿信的主要目的，不要模糊了“退稿”与“退修”的界限。退稿信必须把“不拟接受出版”的信息明白地告诉作者，以免作者误解。

（三）退稿信例文

例文：《孙权》退稿信

××× 同志：

您好！尊稿《孙权》于 ×××× 年 × 月间惠交我社，因负责联系的编辑患病，我们到最近方才读毕，处理稽延，很是抱歉！

尊稿运用史实材料，评价了孙权的生平事业及其成就，肯定了他的历史地位，提出了自己的看法，具有一定的内容。不过，总的来看，尊稿对于孙权这个封建帝王的个人作用，似乎推崇过分，而忽视了人民群众在历史运动中的作用。例如，稿中强调在孙权统治下的江南人民“是这般愚昧”（184 页），只是“由于他（指孙权）的努力和进取，中国的政治、经济和文化重心，逐渐开始了战略性的南移”（247 页）。我们认为……

鉴于尊稿科学性不足，与出版要求有距离，我们不拟采用，祈见谅。原稿另邮璧还，请检收。

此致

敬礼

（出版单位名称和公章）

×××× 年 × 月 × 日

［原文作者　林烨卿］

这封退稿信中规中矩，肯定优点，阐明缺点，明确提出不拟采用的结论。尤其是使用了一些谦辞和敬语，如“尊稿”“惠交”“祈见谅”“璧还”等，值得学习和借鉴。

四、日常联系信

日常联系信主要是指编辑在日常工作中与作者联系的信件，内容比较广泛，涉及编辑出版过程中与作者相关的事宜。比较常见的主要有：约稿之后，了解作者创作进度；与作者讨论稿件内容，帮助作者解决在创作过程中遇到的困难和问题；告知为作者提供的各种便利条件，如帮助作者借阅资料、订购图书、提供信息等；告知稿件处理进程；转达读者的要求；了解作者其他研究课题和创作计划，等等。

（一）撰写日常联系信应注意的问题

撰写日常联系信应该注意以下几个问题。

1. 要及时联系

出版单位收到稿件后，要及时通知作者。作者最关心的事情就是对稿件的处理。有的稿件处理时间较长，编辑就要每过一段时间去信告知处理进程，以免作者挂念。作者来信讨论或征询编辑对某个问题的意见时，更要及时答复。

2. 要注意写信名义

日常联系信大多由编辑个人署名发出；有些信是写给单位的，或者为表示郑重，可以用编辑室甚至出版单位的名义发出。以集体名义发出的日常联系信，要注意内容和语气都要与所署名义相符，不能署名为集体而读起来却是私人性的。

3. 要注意复制存档

日常联系信无论是用公函形式还是用私函形式，只要关涉编辑业务工作，就应将相关内容复制或摘要存档，以保证书稿档案的完整。以电子邮件、微信等形式发送日常联系信，最为方便快捷，特别是在加工整理稿件的过程中，编辑与作者可以用电子邮件等形式随时讨论稿件中应该处理的问题，怎样修改、补充等，可以达到充分讨论、协调一致的目的，使稿件日臻完善。对于讨论的内容，都要及时复制存档，以保证书稿档案完整无缺。

4. 要注意内外有别

在与作者的日常联系中，编辑始终是出版单位的代表。因此，编辑必须顾全大局，遵守工作纪律，不能擅自发表与出版单位已经确定的意见不同的个人看法。同时，出版单位内部对稿件的不同意见一律不得外传，否则容易发生混乱，造成被动。

（二）日常联系信例文

例文一：与《希氏内科学》译者的联系信

××× 同志：

您好！来信均已收悉。《消化》分册稿件已收到，请放心……由于《希氏内科学》出版之路坎坷，时有反复，故一直无法给您写信。经过一段时间的艰苦努力，可以说又见到一线光明……我深信通过《光明日报》、《中国日报》、中央人民广播电台等大力宣传，此次十个分册同时征订（第五分册重印），印数是不会少的。希望明年将十个分册全部奉献给读者。这样，今年就得将大部分分册发排。但现在除了第五分册外，手头仅处理完第六、第七分册，尚有七个分册亟待审校和编辑加工整理。我们后面的工作是十分紧张的。

确实审校是件大事……看来只有多借重你们那里的×××与×××两位了。过些日子我把第八分册、第九分册寄给您，请转交审校者，不知意下如何？请速回信告知。

第五分册即将重印，请您仔细校阅一下，如有改动，请标明告知我，以便重印时修改。

……

下个月我将争取南下，届时与您好好叙谈叙谈。

此致

敬礼

（编辑署名）

××××年×月×日

［原文作者　徐诚］

这是一封“私函”性质的日常联系信，编辑与作者的亲切关系跃然纸上。信中婉转表达了出版《希氏内科学》的困难，但又充满希望，并做到与作者共情。

例文二：与《清代科举考试述录》作者的联系信

×××先生：

您好。接读三月十五日来函，敬悉一切。贡院石刻全图务请早日寄下，因本书已着手设计，过迟恐延误出版计划。至于轶闻，我们认为原稿所述已巨细兼并，似不因一二条而有损全书价值；且一月后校样打成，增补为难，势必改动版面，提高成本。如果必须加入，亦请速寄为荷。尊稿照片颇多，反映珍贵文物，我们自当精心制版。但因照片本身及印制技术限制，可能有几幅照片模糊不清，如何处理，希先考虑。余容续商。

××××出版社

××××年×月×日

［原文作者 杨瑾］

这是一封“公函”性质的日常联系信。这封信具有日常联系信的各种要素：第一，联系及时，接到作者的信后不久即回信；第二，信件存档，保存至今已经超过50年；第三，语气委婉，留有余地，不同意作者增补稿件内容，但又说“如果必须加入，亦请速寄为荷”；第四，没有透露编辑部门内部的不同意见。对这部书稿，编辑在审稿意见中有这样的评语：“本稿优点是：作者对此制度叙述较详……本稿最主要的缺点是：由于作者出身科举之故，在叙述时，立场、观点受到很大限制。”当时编辑部门有一些人认为应当出版；有一些人则反对，认为这类封建文化的东西不值得出版，何况有立场、观点问题。两种意见针锋相对，为慎重起见，特请上级审定，然后才决定出版。

另外，这封信所用的半文半白的语言，是恰如其分的。作者是一位参加过科举的老先生，用这种语言，对他是一种尊重。

五、答读者信

答读者信是出版单位回复读者来信的书信。二十世纪三四十年代著名的出版家邹韬奋在主持生活书店和主办《生活周刊》《生活日报》《全民抗战》等报刊时，同读者联系、为读者服务的重要方式之一，就是认真回复读者来信。他认为，“编辑最快乐的一件事就是看读者的来信”，“与读者的悲欢离合、甜酸苦辣打成一片”。他每天都要阅读和答复读者来信，即使是由别人代写的复信，他也要亲自看过，签上名以后才发出。同时，在刊物上办好“信箱”专栏，把带有普遍性的读者意见公开发表，并加上自己的答复文字。编辑应该像邹韬奋那样重视和满腔热情地回复读者的来信。

（一）读者来信的情况

读者来信中属于应由编辑回信的，大致有以下几种情况。

1. 对出版物提出意见

出版物常常会引起读者的各种反映，有赞扬，有批评，也有发表感想的。对读者的批评信应该给予答复。可以由编辑直接回答，也可转给作者回答（如果主要涉及内容方面的问题）。编辑如对读者的批评有不同意见，也可在回信中作必要的解释，或委婉地提出商榷。

2. 对出版工作提出希望或建议

经常有读者给出版单位来信，对如何出书、出什么书或期刊上刊登何种文章提出希望或建议。这是读者对出版工作的关心和支持，编辑应该诚恳地表示感谢。如果其中有一些建议对编辑开发选题很有启发，编辑就更应该认真考虑，并进一步与读者联系，说明吸收采纳读者意见的情况。

3. 探讨问题

有些读者会就出版物中的某个理论问题或学术问题，写信与有关编辑探讨。对于这种来信，编辑可以回信谈谈自己的见解，进行交流，也可以将这些问题转给作者，请作者直接与读者探讨。

4. 联系出版事宜

有些读者给出版单位写信，想联系著作、资料等的出版事宜。对读者的这些意向，编辑都应经过慎重研究或请示后在回信中给读者一个明确的回答。

5. 要求帮助联系作者

有的读者给出版单位来信，是希望通过编辑与某一作者取得联系。对于这样的读者来信，一般应转请作者本人斟酌处理，编辑不宜贸然地将作者的通信地址、电话等个人资料直接告诉来信者。

（二）答读者信的写法

答读者信一般有两种写法。

1. 公函形式

以编辑部门或出版单位名义撰写的答读者信，要以公函形式发出。这种信件属于公文体裁，由编辑按公函的格式拟稿。如答复读者有关联系出版事宜的信件，就宜采用公函形式。

2. 日常书信形式

由编辑个人署名的回信，可用日常书信的写法。这种书信灵活多样，自由度高，可言理，可抒情，可议论，可叙事，也可说明情由，篇幅也可长可短。只是不要忘记：这是处理编辑出版业务的职务作品，与纯粹的私人函件在性质上是有重要区别的。

（三）答读者信例文

例文：邹韬奋答读者信

×××先生：

相同的报纸刊物过多，徒然损耗物力，确是一个不好的现象，所以我们以为没有特色、徒然模仿的刊物，还是以不出版为是。你指出在各种刊物里常常登载着同一作者撰述的几篇文章，可以看出刊物纵然很多，作者却依旧是原班人马，同时也可以想见许多作者所负文债的苦况；你又指出这样重复的出版物也消耗读者的经济力。这是很中肯的话，希望能引起出版界的注意。

［原载 1937 年 9 月 3 日上海《抗战》三日刊第 5 号，未署名］

第四节　书刊辅文

书刊辅文是相对书刊正文而言的，是正文的附属文字和对正文的必要补充。辅文置于正文之前的一般有出版前言（期刊叫卷首语）、凡例等；置于正文之中的一般有编者按、注释等；置于正文之后的一般有后记或编后絮语等；内容提要、作者简介则可视书刊整体设计的需要，置于正文之前或之后，如前后勒口、底封等地方。

辅文有诠释性的，有说明性的，也有以此为由阐明编者观点、编辑思想的。

辅文有作者写的、编辑写的或其他人写的。本节所讲的是一般由编辑撰写的内容提要、出版前言、编者按、凡例、作者简介、出版后记等。书刊封面、勒口、腰封等处的宣传语虽然也属于辅文，但与其他书刊宣传文字在功能上有共性，所以将在下一节讲述。

撰写书刊辅文，甚至比写内部编辑业务文件的要求更高。因为内部编辑业务文件是出版单位内部用的，只要求达意即可；书刊辅文则是印在书刊上供广大读者阅读的，在语言文字上应有更高的要求。

撰写书刊辅文，老一辈出版家留下了很好的传统。鲁迅、茅盾、叶圣陶、巴金、郑振铎、赵家璧等都写过大量出版前言和后记。近几年，随着图书市场竞争日益激烈，书刊辅文更成为一种行之有效的吸引读者、自我宣传的手段，如在图书勒口刊印的作者简介、内容提要等，编辑应高度重视。

一、内容提要

内容提要常置于书刊中醒目的地方，往往是读者选购书刊时首先阅读的内容之一。

内容提要也称“内容简介”“内容说明”。作为书刊辅文的内容提要，与选题报告中的内容提要有相同之处，也有不同之处。相同之处，在于都是对一本书稿的简要介绍。不同之处，在于选题报告中的内容提要需要对一部书稿进行全面的概括和介绍，而印在书上的内容提要由于版面有限，篇幅一般都很简短，所以不能面面俱到，要抓住作品的某些特色（或从某一角度）或重要内容撰写，其作用是帮助读者在短时间内对一本书或一篇文章有鲜明的印象，并产生阅读兴趣。

（一）内容提要的类型

内容提要没有固定的格式。对不同类型的作品，内容提要的写法也不尽相同，但大致可分为四种类型。在实际写作中，这四种类型又往往混合使用。

1. 评论型内容提要

评论型内容提要也称“鉴定型内容提要”，适用于各类书刊，特别是学术研究著作。比较常见的写法，是概括介绍作品中的研究成果，并在此基础上对其学术文化价值和社会影响作出评价。写这类内容提要时，评价部分要注意符合实际，做到客观公正。

例文：《殉道者——胡风及其同人们》内容提要

这是一位年轻的学者向殉道者们呈献的敬意，它表现出新一代思想者的思想。翔实而新鲜的资料，热情而深切的述说，使读者感受到胡风及其同人路翎、绿原、牛汉、贾植芳、彭柏山、耿庸、何满子、鲁藜、胡征那一颗颗真诚而执拗的心，激起读者十分复杂的情绪。多角度的论述方式，繁复的结构，无疑增强了阅读的兴味。这样一组悲壮的群体雕像，这样一种全景式的描画，因其背景的宏大而更加震撼人心。

［原文作者　何月］

这篇内容提要的核心不是介绍书中的内容，而是评价这部著作的特点，以及因为这些特点而可能产生的影响，以此来引起读者的兴趣。

2. 说明型内容提要

这是较常见的一类内容提要。一般用于科技、文化等方面的书刊，各种普及读物及其汇编本、选编本，以及资料性读物等。说明型内容提要，只是客观地介绍或解释一些与本书有关的情况。

例文一：《白石老人自述》内容提要

齐白石先生七十一岁时，曾请吴江金松岑为他写传，因自述生平，由门人张次溪笔录寄金氏，备做传记取材之用。中因世事推移，或作或辍者再。及齐氏晚年，体力渐衰，难于久坐，又复屡续屡断，故其自述，止于1948年，时齐氏已八十有八。今经白石老人的儿子齐良迟先生参酌，选录一百八十余幅白石画作，与“自述”一并付梓。

［原文作者　吴禾］

例文二：《哥德尔不完全性定理》内容提要

哥德尔定理是现代逻辑发展史上的一座丰碑，一个转折点，它开创了逻辑发展的新时期。本书对哥德尔定理的背景、内容、证明、定义等作了较为系统的叙述。哥德尔的不完全性定理、塔斯基的形式语言的真理论与图灵机的判定问题理论，已被国际逻辑学界赞誉为现代逻辑的三大成果。哥德尔不完全性定理对逻辑学、数学、哲学、人工智能都具有深刻的影响。

［摘自辽宁教育出版社《图书总目》］

例文一介绍了《白石老人自述》的成书情况，例文二对哥德尔定理的应用范围、性质和作品从哪些方面叙述这一主题，作了解释说明，从而使读者对两部作品有初步的了解。

3．梗概型内容提要

这类内容提要适用于小说、戏剧等以情节为主的图书，要求以极其简单的线条勾勒书中故事的轮廓，而其他方面（如写作手法、社会影响等）可以不提或只作简要介绍。

例文：《暮鼓晨钟——少年康熙》内容提要

康熙帝八岁登基时，四大辅臣把持朝政，他们借口恢复祖制，几乎全部推翻了顺治皇帝的变革措施。特别是辅政大臣鳌拜结党营私，擅权跋扈，诛杀异己，觊觎皇位，造成政局混乱，民怨沸腾。康熙帝苦读史书，励精图治，逐渐不满辅政大臣的倒行逆施和自己的傀儡处境。在祖母太皇太后的教诲和辅佐下，康熙帝采取各种方式，同鳌拜展开了错综而尖锐的斗争。在康熙帝亲政第三年，年纪不过十六七岁时，鳌拜弑君阴谋暴露，康熙帝一举擒获了他，完全夺回了皇权。

［摘自十月文艺出版社出版的《暮鼓晨钟——少年康熙》］

4. 悬念型内容提要

这类内容提要常用于少儿读物、科普读物和侦探小说、惊险小说，以提出问题、制造悬念的方式，激发读者的阅读欲望和兴趣。但是，悬念不能用得太滥，所提问题要确实能引起读者的兴趣才行。

例文：《有趣的地名》内容提要

人们在社会生产活动和日常生活中，会遇到不少地名。可是你知道地名是怎么来的吗？你知道各种地名的涵义吗？这本书会告诉你许多与地名有关的地理、历史、文化知识，还讲了不少地名中的有趣故事。只要打开这本书，相信你会爱不释手的。

［摘自中国少年儿童出版社出版的《有趣的地名》］

除了这四种类型外，还有其他难以归类的内容提要，仅举一例。

例文：《书坊归来》内容提要

一位年近古稀的老人，每从书坊归来，手提几本淘来的残书，步履总是那么轻快，急于赶回家去。在这样的日子里，他晚上总是睡得很迟。夜深人静，小心地擦拭和修整翻读一本本残书，摩挲再三，不忍把眼睛稍稍离开……这是一种什么境界？书，在真正的藏书家眼里，之所以是宝物，并非因其金钱价值，而是重其文化历史价值，是埋藏于其中的往日的风景。

读《书坊归来》，也就是在读这样一种境界。

［原文作者　王岁和］

这篇内容提要，实际上在描述本书作者的一种状态，通过这种忘我的状态婉转表达了这本书的内容范围和境界，对读者而言，也是一种启发和引导。

（二）撰写内容提要应注意的问题

按照书刊的不同种类，内容提要的具体写法可以有所不同，但必须注意以下几点。

1. 抓住关键，提出“要”点

所谓关键，就是一本书的核心价值，或说最具独创性的部分。图书是个性化很强的精神产品，一本书的个性就是我们在介绍这本书时应提的“要”点。比如《殉道者——胡风及其同人们》一书最突出的优点，就是深刻表现了胡风及其同人的真诚与执拗；《白石老人自述》最大的特点在于“自述”；《书坊归来》最出彩处，则在于形象地描述了作者对书的痴迷。

2. 文字简练，吸引读者

内容提要主要是使读者能在最短的时间内对作品有个清晰的印象，从而决定是否阅读或购买，因此，文字要尽可能简短精练，表意清楚，使人一目了然。同时，内容提要又要根据不同的读者对象，选择最能吸引和打动他们的语言形式，切忌千篇一律和语言干瘪。

3. 把握分寸，实事求是

虽然内容提要的重要功能之一是吸引读者，但对作品内容的介绍或评论要实事求是，切忌随意夸张、说过头话，切忌为了招徕读者而过分吹捧。

二、出版前言

出版前言也称“出版说明”“编纂说明”“编辑说明”等，是以出版单位的名义，从编辑工作的角度向读者所作的交代或说明。这种交代或说明，有助于读者更准确、更深刻地理解图书内容。

出版前言是针对整本图书的出版而言的，一般置于图书正文之前，并且也是读者选书时常读的内容。所以，编辑应充分重视出版前言的写作。

并不是每本书都有出版前言。有些图书，或者因为作者在前言（或后记）中已作了相关交代，或者因为本身并不特别需要作什么说明，也可以不写出版前言。

出版前言是代表出版单位的，所以不署撰稿人姓名。出版前言多由初审编辑撰稿，经复审、终审者审定；有些重要的出版前言，可由出版单位负责人亲自撰稿。

（一）出版前言的内容

并非每篇出版前言都要有固定的几方面内容，撰写时应该根据图书的具体情况而有所取舍或侧重。

出版前言一般包括以下内容。

1. 说明出版目的和价值

这是从出版单位的角度，说明为什么要出版该图书。应着重对图书的价值所在，如内容的创意、版本的珍稀、写法的独特等，向读者作总的介绍，让读者把握图书的基本价值，更准确地理解图书内容。

2. 简介图书的内容和特点

出版前言中还需要对图书的内容作简明扼要的介绍，提炼出基本特色，以加深读者的印象。

3. 说明出版及创作过程

有些作品因为各种原因而成书不易，在出版前言中说明出版过程，能增加读者的信任感。文集、选集的出版前言，往往还要向读者说明材料的搜集、考订和编纂的经过。有些图书著述过程与内容密切相关，也可提请读者注意成书的过程。

出版前言中有时还要交代参加编写人员及有关协作单位等。

4. 介绍作者的成就和影响

对作者的介绍，可以帮助读者“知人论书”。一般在两种情况下需作这类介绍：或是因为作者在某一领域有杰出的地位，或是因为作者的作品富有特色却为一般读者所不熟悉。

5. 表明出版单位的立场和态度

出版单位表明对作者和作品评价的立场和态度，往往意味着出版者对出版物的内容有某种程度的保留。

（二）撰写出版前言应注意的问题

撰写出版前言时应该注意以下几个问题。

1. 个性特色鲜明

出版前言在写法上必须与图书的个性贴合，在此基础上可以百花齐放，亦庄亦谐。

2. 文字简短精练

出版前言的篇幅以短为宜，力求精练。

3. 态度严谨求实

出版前言的写作态度要实事求是，力戒空话。“时间匆促”“水平有限”“错误、缺点在所难免”之类泛泛而谈且言不由衷的客套话，多数是画蛇添足，还是不说为好。

4. 评价中肯客观

出版前言中对作者和作品的评价，是代表出版单位作出的，尤应注意立论中肯，持论有据，切忌以个人好恶随意褒贬。

（三）出版前言例文

例文一：《一氓书缘》出版说明

李一氓先生（1903—1990）是老革命，又是文学家，还是一位谙熟版本目录学的学者。在二十世纪八九十年代，三联书店出版过竖排本《一氓题跋》《存在集》《存在集续编》等一氓先生的几部著作，其中《存在集》及其续编的内容基本上是一氓先生晚年所写的随笔、序跋、读书记等，有的含有很高的史料价值，有的则体现出深厚的学养，还有不少文章谈及书人书事，意趣盎然，颇得读书人喜爱。

20世纪80年代出版的《存在集》现已极为稀见。今将《存在集》和《存在集续编》中与读书有关的若干篇章汇集为《一氓书缘》，大略按内容编次，改为横排出版，以飨今日之读者。

××××出版社

［原文作者　曾诚］

例文二：《老照片》出版前言

20世纪，去日无多。世纪末的一个明显特征，就是人类普遍的怀旧心理，好比一个人到了晚年，总喜欢回头看看走过的足迹：多少个惊心动魄或索然无味的日子过去了，有痛苦，也有欢乐，然而无论是痛苦还是欢乐，如今都显得那么珍贵……还有许多深奥的哲理和离奇的谜语，平凡中的深厚和伟大中的浅薄——往事如同佳酿，放得越久，就越浓烈而醉人……

动物虽有记忆，却不懂得回忆。回忆是人独有的权力。回忆不仅是一种感情的投入，而且是一种理智的收集，收集掉落的一切，进行崭新的排列，于是生出许多发人深省的结果。一位外国哲人说：忘记过去，就意味着背叛；一位中国哲人说：温故而知新，恐怕就是这个道理吧！

稍微注意一下，还可发现，人们所怀恋的，往往是生命中美好的东西，尽管为了这美好，曾付出了巨大代价——怀旧是一种美好的情感。

有意思的是，回忆靠的是思维，思维是用词语来进行的，而用词语进行的回忆，却永远是形象的画面，不过这种画面，除了回忆者本人在冥冥中可见外，别人看不见。直到20世纪中叶，照相术发明后，这种情况才得到彻底改观。照相术使一段段历史定格，成为永恒而真实的瞬间。反之，现在是用词语来阐释一幅幅老照片的时候了，那瞬间形象的定格，常常含有难以估量的信息和意蕴，似乎说也说不完。

于是就有了《老照片》。

××××出版社

［原文作者　汪家明］

例文一比较严谨冷静，文字虽短，但介绍了作者，说明了成书过程，简述了内容及其价值，可谓全面；例文二则更像一篇散文，以优美的语言，反复陈述了老照片的价值及《老照片》构思的由来。两篇例文风格迥异，但各具特色。

三、编者按

部分书刊中有编者按，常用醒目字体字号标示，以引起读者注意。编辑应该了解在什么情况下需要写编者按，如何写好编者按。

“按”字古有考察、追究、巡行之意；按语，是对有关文章或词句的说明、提示或考证。现代期刊中的编者按就是编辑所写的按语，是编辑关于一期文稿、一组文稿或某篇文稿的“发言”。前两种编者按，一般是由期刊编辑部负责人撰写的；最后一种编者按，则多由责任编辑撰写。汇编或选编多篇文稿的图书，也有对其中每篇文稿或某些文稿加编者按的。

编者按无论冠于卷首、篇首，还是附于卷末、篇末，对于正文都起辅佐作用。

（一）编者按的类型

根据内容特点，编者按大致可分为三种类型。

1. 介绍型编者按

编辑对作者生平、文章背景、写作经过等作简要介绍，或者对文章中的某些材料作考订、核实等。写这样的编者按，往往是因为所介绍的内容与文章有着重要的联系，目的是加强宣传效果。

2. 提示型编者按

编辑从文章中引出带有普遍意义的问题，引导读者展开讨论。这种编者按多用于报纸、期刊。写这样的编者按需要具备两个条件，一是原文较有典型性，二是编辑有明确的讨论目的和讨论方向。

3. 评论型编者按

编辑针对原文明确表示自己的观点，发表议论，以启发和深化读者的思考。编辑既可以赞同原文的观点，向读者推荐，也可以提出不同的意见，提纲挈领地指出原文的不足之处，引导读者以批评的眼光来阅读。

（二）撰写编者按应注意的问题

编者按一般由责任编辑撰稿，经复审、终审者审定；有些重要的编者按，往往由出版单位负责人撰稿。

撰写编者按时应该注意以下问题。

1. 短小精悍，力求简练

编者按要简单明了，旗帜鲜明，将主要观点讲清即可，不宜旁征博引，大发议论。编者按在内容上与“出版说明”或“编辑说明”有相似之处，如果说有何不同，就在于文字篇幅更短小，一般一两百字乃至几十字即可。

2. 行文平实，评价客观

编者对作者、作品的评价，是代表出版单位的，必须语言平实，客观公允，言之有据。

（三）编者按例文

例文：《中国兵器史稿》编者按

本书作者搜集我国历代兵器方面的资料，前后三十年，所得照片、图片很多，还有一部分实物。他在抗战期间写成了本书，但没有来得及修改，就逝世了。我们认为本书有资料价值，故请郭宝钧先生审阅，并酌予删削，印出来供研究兵器者参考。

这是一篇介绍型的编者按，简要介绍了成书的背景。由于作者已经去世，由编辑写这样一篇文字是很必要的。

四、凡例

凡例又称“义例”“例言”“编辑凡例”等。它是说明书籍内容和编纂体例的文字，一般使用于工具书、部分大型丛书、成套图书、方志和古籍校勘整理本等。凡例一般由作者撰写，但有时也由编辑撰写。

凡例和出版前言一样，都置于正文之前。但是，出版前言置于目录前，可以不编入目录；凡例一般置于目录之后，并编入目录。

不同类型的图书，凡例所包括的内容也不同。一般是根据图书的规模和著述方式，有选择地交代出书目的、编选意图、内容梗概、读者对象、选文标准、收词原则、归类方式、编排顺序、年代划分、释义范围、检索方法等，说明有关注释、插图、公式、表格、附录、索引等的特点，以便读者了解该书的编纂旨意、编排原则、格式特点和符号含义等，便于使用，有利检索和阅读。校点本新印古籍的凡例则要交代校勘所用的底本、主要校本，采用何种字体及使用标点符号的繁简和校改的基本规则等。因此，从读者阅读使用的角度来说，凡例具有“产品说明书”的作用。

（一）凡例的特点

凡例有几个比较明显的特点。

1. 有一定使用范围

如前所述，凡例大多用于工具书（如字典、词典、百科全书、手册、年谱、索引、资料汇编等），古籍校勘标点本、注释本，汇编本，文集等。

2. 重点介绍体例

除了关于内容的原则说明外，凡例的重点是介绍体例，如词典的条目安排、注音规则、释义原则、格式安排、符号含义、检索方法，等等。

3. 分条分款列出

凡例一般采用脉络分明、直截了当的条款形式，不必有承上启下的其他文字。如 2019 年版《辞海》凡例，便分为“单字和多字词目”“字体和字形”“注音”“编排和检索”“其他”共 5 项 19 条。

读者在使用图书时遇到了疑难问题，会求助于凡例。根据这一阅读需要，凡例的撰写就要力求明确、通俗、具体，要让人一看就知道是怎么回事，有时甚至要不厌其烦地逐条举例说明。如《辞海》在谈到条目编排方式时，便作了十分详尽的解说。《辞源》在说明多音字的注音方式时，也是专门列举词条为例。准确而又周密的凡例，有利于一般读者的准确理解，可以避免误会。大型工具书的凡例虽拟订于编撰之前，但在编撰或排印过程中遇到新的问题，还得修订。其定稿时机一般放在正文部分已经打出付印清样或制出胶片之后、付印之前。

（二）凡例例文

例文：《鲁迅年谱》编辑凡例

一、本谱主要是记述鲁迅一生的革命活动、文学活动及其主要生活事件，力求体现鲁迅“不但是伟大的文学家，而且是伟大的思想家和伟大的革命家”的光辉形象，并试图初步理出鲁迅思想发展的脉络。

二、本谱采取逐年、逐月、逐日的记载方式，但为了使读者对鲁迅的思想发展和生平事业有一个清晰的印象，特将鲁迅生平分为若干时期，并分别附以简短的说明，不作全面评价。

三、本谱于每一条下均注明资料出处。资料分为以下四类：……

四、资料出处的注明，按上述四类的先后次序排列，各类从开头起空两格，对上述第四类资料，均加“参见”二字……第一次引用资料时，均详细标明作者及出处，其后则只引题目和页码。遇有重题，后出现者仍加作者姓名，以示区别。

五、本谱选用某些未经发表的回忆文章和访谈记录时，均标明“未刊”字样……

六、为了帮助读者理解鲁迅的生平和著作，本谱记载了有关的国内外大事，其中有政治方面的，也有文艺方面的。在1917年以前的谱中，均记于每年之后；1917年以后的谱中，则记于每月之后。此类文字，一般不注明出处，用楷体字印出，以示区别……

七、本谱对于鲁迅的大多数作品均加简略的题解。这些题解，皆为本谱编者一己之见，未必精当，仅供读者参考。

［摘自天津人民出版社出版的《鲁迅年谱》］

五、作者简介

作者简介是常见的书刊辅文，有助于读者更多地了解作者、理解书刊内容。

作者简介也称“作者小传”，是对作者情况的简要说明。撰写作者简介，主要是为了给读者提供必要的信息。读者在了解作者基本情况的基础上再读其作品，可能会更容易理解，留下更深的印象。

作者简介若按写作主体分，有作者自己写的，有编辑写的，也有作者或编辑约请他人写的；若按放的位置分，有单辟专门页面的，有放于勒口或底封的，有置于文章开头或末尾的，还有作为注释或在按语中出现的。

（一）作者简介的内容

作者简介一般应是作者生平和主要成就的概括介绍，大体上包括出生时间、籍贯、学历、工作经历（或社会职业）、职称、职务、主要成就和贡献、著作和获奖情况，以及其他值得介绍的有关情况。

（二）作者简介的特点

作者简介在写法上有以下特点。

1. 突出重点，不求全面

要抓住作者的主要事迹和成就加以介绍，尤其是与本书（或本文）内容相关的经历、著作及其获奖情况，其他不必面面俱到。

2. 形式多样，不拘一格

作者简介文字虽少，但不宜局限于固定模式，根据作者的情况可以有不同的写法。一般来说，要与作品的性质相协调：作品性质严肃的，宜写得严肃端庄；作品性质轻松的（如小说、散文），则不妨诙谐幽默。

（三）撰写作者简介应注意的问题

撰写作者简介时应该注意以下几个问题。

1. 材料要真实

不论是作者自撰的还是编辑代写的作者简介，都要注意核实材料。

2. 评价要恰当

作者简介不是对作者的全面总结，而是侧重介绍其简历、水平和成果。写作中切忌夸张，对作者及其作品的评价一定要实事求是，不能滥用“著名”“杰出”一类的评语，乱戴“大师”“名家”“新秀”之类的桂冠。印在书上的作者简介，代表出版社的观点，过分的吹捧，有失出版社品格。

3. 文字要简明

作者简介多则二三百字，少则几十字，要在这么短小的篇幅里表现一个人的概况，一定要注意行文简洁明了。

（四）作者简介例文

例文：《汉字王国》作者简介

林西莉，瑞典语本名是塞西丽娅·林德奎斯特，教授、作家和摄影家、汉学家。1961—1962 年在北京大学读书，此后曾数十次到中国访问。1971 年起在瑞典任汉语教师，1978 年后为瑞典电视台做有关中国语言的节目。现为瑞中友好协会会长。

［原文作者　江燕］

有些编辑写作者简介时，面对作者丰富的经历，不知从哪里下手。这篇例文告诉我们：主要选取作者与本书有关的经历和学术背景。“汉学家”“在北京大学读书”“到中国访问”“任汉语教师”“做有关中国语言的节目”“瑞中友好协会会长”，这些内容都能够说明作者与这本讲述汉字的书的密切关系，使读者信任这本书的权威性。其实这位作者还是旅行文学作家、古琴专家等，可是在简介里并未涉及这些内容。如果作者出版一本关于古琴的书，那么其作者简介就应当突出另一个侧面了。

六、出版后记

出版后记是编辑完成编辑工作之后所写的文字，一般放在书刊的最后面，所以有时也叫“编后记”“编后絮语”“编者赘语”“编余丛谈”“编余小记”等。

（一）出版后记的内容

出版后记的内容主要是编辑编稿之后的感想和体会，也可以交代正文的写作背景和编辑过程。出版后记的内容只要是与出版物有重要关联，什么问题都可以谈，表达的方式也可比较自由随意，有时候甚至可以离开本书正文，谈其他相关联的事情。

如果既有编辑写的出版前言，又有出版后记，就要注意前后内容的分工，避免重复。其实在许多情况下，出版前言和出版后记的写法是相近的。

（二）出版后记例文

例文：《读书》杂志编后絮语

同近三四年来出书繁荣比起来，我们得实说，书评界（假如有那么一“界”的话）则显得有点寂寞。

这种寂寞，一方面表现在书评数量的缺少，另一方面表现为书评质量的不高……

就本刊来说，根据读者对我们的批评，提高刊物质量，大有可为……

本刊有志于书评的多样性久矣，也曾做出过一点微末的成绩，但是整个说来，这方面还是我们的遗憾。我国传统的书评、文评、诗评，形式是多方面的，其中凡是传诸久远之作，大多言简意赅，隽永耐读。外国的书评有不少是可读的散文。假如我们暂时还未能创新，至少这些中外的传统优点可以继承。

我们现在还没有专门的书评作者，没有一支书评家的队伍（因此当说到书评“界”时，免不了要加个引号）。这也是落后的一个方面。建设这么一支队伍并非易事……

党中央和国务院最近发布了《关于加强出版工作的决定》，强调了图书评论工作的重要性。我们希望书评的落后情况由此得到改变，使书评这一工作真正成为一个“界”！

［摘自《读书》1983 年第 9 期］

［原文作者　沈昌文］

第五节　出版物宣传文字

出版物宣传文字包括出版消息、出版物广告文字和出版物评论等，一般发表于报刊、互联网等媒体，有时出版单位也编写成非正式出版的小册子，赠送读者。编辑应学习、掌握各种出版物宣传文字的写作方法和要求。

一、出版消息

在出版物面市前后，为了让发行单位和广大读者知道有关信息，出版单位要及时发布、广泛传播出版消息。

消息是新闻作品中最简短的体裁，是用简明扼要的文字对新闻事实作迅速及时的报道，通过各种媒体向大众传播。出版消息，则是向读者报道出版物运作和出版的信息、读者对出版物的反馈等。出版消息包括出版物预告、出版物简介和出版简讯等。

撰写出版消息，从总体上说，要注意以下五点。

第一，“真”，出版消息要用确凿可靠的事实说话。

第二，“实”，出版消息要有切实的内容。

第三，“短”，出版消息要用语简明，文字精练，一般只需两三百字，短消息仅几十字。尽管短，但要具备何时、何地、何人、何事、何因、何果的新闻六要素。

第四，“快”，出版消息要迅速及时，讲究时效。

第五，“活”，出版消息要写得生动活泼，引人入胜。不能千篇一律，要有变化和新意。

（一）出版物预告

出版物预告是出版物出版前发出的宣传信息，一般印在征订单上。因为多用于新出图书，所以习惯上也称“新书预告”。

出版物预告对出版物有一定的介绍推广作用，在某种意义上也可视为一种宣传广告。不过，较之宣传广告，出版物预告受到的限制比较多：一是字数有限制，一般控制在三百字左右，宜少不宜多；二是不能作多种体裁的尝试；三是阅读对象基本上限于从事出版物发行工作的相关人员，而不是广大的出版物消费者；四是表现形式比较单一，一般只用文字，不像广告可以图文并茂，甚至使用多种媒体形式。

1. 出版物预告的内容

出版物预告通常有固定格式，包括书名、作者、类别、出版社、版别（初版可略）、出版时间、字数、图版数、读者对象、开本、定价、内容介绍等项目，一般采用表格形式。

出版物预告的主体是内容介绍，以最精练的文字说明出版物的主要内容和特点。以新书预告为例，内容介绍的写作方法有：第一，列举该书的章节名。如章节过多，则可以经过提炼而归纳出最主要的内容；第二，借用窥一斑而知全豹的办法，只举书中最有吸引力的一点作为例子，然后引导读者去探索其余；第三，如作者另有知名作品，则可以借来作为引子，引入新书；有些书有知名人士为之题词、作序，则可适当引用。

当然，也可以采用其他方法写作，只要确实能够把主要内容介绍清楚。

对于其他项目，一般只要照实填写即可。要注意的是，填写的数据应尽可能全面、准确。如果由于出版物还没有正式出版，有些数据如字数、定价、出版时间等只能估计，也要尽可能准确。

2. 撰写出版物预告应注意的问题

出版物预告主要是给从事出版物发行工作的人员看的，撰写时要注意文字通俗易懂，特别是某些较深奥的学术著作和某些读者面较窄的专业著作，要尽量深入浅出，明白晓畅，避免枯燥的术语和生硬的文句。

为了写好出版物预告，编辑要通过反复思考，提炼出作品的核心思想和实质内容，并结合当时的形势和消费者的需要，突出宣传重点。全国每年发给出版物发行商的出版物预告浩如烟海，其中同类出版物的预告也不可胜数。要使自己的出版物预告能引人注目，就须重点突出本单位或本出版物的专业特色和市场定位，以提高征订工作的成功率。

3. 出版物预告例文

下面列出的是为图书撰写的出版物预告，其他出版物预告的撰写与之大致相似，只不过对表现形式、载体等的介绍应该符合相应出版物的特点。

例文：《语言文字规范使用指南》出版预告

〔沪目 ××× — ×××/×〕　　××× 版

《语言文字规范使用指南》

语言文字类　　李行健、费锦昌等执笔

大 32 开　367 千字　427 页　　2001 年 7 月出版

ISBN7-5326-0762-3　　定价：22.00 元

语言文字的规范化、标准化与社会经济、政治、科技、文化的发展关系日益密切。本书收录了包括2001年开始实施的《中华人民共和国国家通用语言文字法》在内的国家有关语言文字的重要法律法规和规范标准，并对它们的制定背景及使用上的重点、难点作了提纲挈领的提示和说明。书中内容涉及字形、字音、汉语拼音正词法、计量单位名称用字、汉字统一部首表、标点符号用法、出版物数字用法等各个方面。本书可作为文字工作者规范使用汉语言文字的重要参考工具书。

发行对象：中学语文教师、高等院校中文系师生、新闻出版工作者、广告媒体工作者等。

［原文作者　徐祖友］

（二）出版物简介

在书刊宣传文字中，还有一种类似于出版物预告的出版物简介。

1. 出版物简介的特点

出版物简介与出版物预告有许多地方是相同或相通的，尤其是在内容上，两者都主要是简单介绍出版单位的新出版物。但是，两者也有一些区别：一是出版物简介的发表时间较为自由，出版物出版前、出版后均可以，不像出版物预告一般在发稿时写好并发出。二是出版物简介的发表渠道较为宽广，可以在专门的书目类报刊上发表，也可以在其他相关的报刊上发表，还可以通过广播、电视发表。三是出版物简介的字数限制比较宽松，少则数十字，多到上千字都可以，不像出版物预告基本上只能在两三百字做文章。四是出版物简介的读者一般是出版物的消费者，而出版物预告的读者主要是出版物发行工作人员。五是出版物简介一般都是文本式的，不用表格形式。由于字数限制不严，出版物简介的内容介绍可以写得比出版物预告更充实。

2. 出版物简介例文

下面列出的是对新书和新出音像制品的简介，其他出版物的简介与之大致相似，只不过对表现形式、载体等的介绍应该符合相应出版物的特点。

例文一：《中华书局收藏现代名人书信手迹》简介

本书是1949年以前一百多位现代名人名家给中华书局负责人的近四百封书信的手迹汇编。从书信中，我们可看到有的作者提出编辑出版学术著作丛书的建议，还有不少老作者介绍新作者及其作品，其中值得注意的是蔡元培推荐蔡尚思的《中国学术大纲》，林语堂推荐阿英标点的《袁小修日记》；从书信中，我们看到周谷城向书局谋职，不少作者宁愿卖稿而不实行抽版税的办法；从书信中，我们得知中国文艺社、《文艺月刊》和“中国文艺社丛书”的政治背景；从书信中，我们可以了解李劼人写作《死水微澜》《暴风雨前》《大波》的背景材料和写作意图，以及作者在写作中的窘态。从书局负责人在信上的批注，我们可以了解当年书局出书的倾向。此外，我们可看到邹韬奋写的约稿信，叶圣陶指出四库备要本《郭频伽词》里的几处错字，朱自清提出《语文半年刊》的版式，郑振铎为《文学季刊》创刊号拉广告，等等。总之，本书提供了我国现代出版史、文化史的珍贵史料。

这些名人名家既是学者、专家，又是书法家。不用说，这本印制精美的手迹，正是中华书局创立八十周年的最好的艺术纪念册。

本书由中华书局 1992 年 1 月出版。

［原文作者　宋原放］

这篇例文选择了该书中最有价值和最能吸引读者的内容加以介绍，总结其“提供了我国现代出版史、文化史的珍贵史料”，并点明这些书信具有书法艺术的性质，印制精美。全文重点突出，文字简洁，仅用了四百余字。虽然出版物简介对字数限制不严，但如果能写得短一点，不但减轻读者负担，而且给人的印象更深，效果更好。

例文二：推进中古社会和政治史研究——何兹全主编“中国中古社会和政治研究丛书”简介

在中国古代史特别是中国古代社会史和政治史研究方面，出生于 1911 年的我国著名历史学家、北京师范大学资深教授何兹全先生，可谓独树一帜。他是国内最早倡导魏晋封建说的学者之一；他的坚持唯物史观，重材料，重考证，宏观与微观并重，理论与材料并重，避免偏颇的史学思想和研究思路，对中国社会和政治史研究有很大影响。他强调：随着新理论、新思潮的涌入与借鉴，近年社会史的研究领域已经包括了衣食住行、风俗习惯、宗教信仰等，但无疑，社会结构史、社会经济史应是社会史的核心，中国社会史和政治史，是中国历史发展演变的主流，研究中国社会和政治史应该是研究中国史的主流。

为进一步推动中国古代社会史和政治史研究，为中国学术走向世界做出贡献，何兹全先生主编了“中国中古社会和政治研究丛书”，日前已由商务印书馆出版。

丛书自2005年启动，到2010年9月最后一部书稿出版，历经5年编撰而成。丛书的作者中，何兹全先生已经年届百岁，其他7位作者是何先生的学生，目前都是活跃在史学领域的学科带头人和学术骨干。各书作者在多年研究积累的基础上，围绕中古时期重大问题进行了认真、深入和严谨的研究。它的出版对于中国古代史特别是中国中古社会和政治史的研究，具有积极的启迪和促进意义。

丛书包括8部著作。《中国社会史研究导论》（何兹全著）是何先生多年系统而深入研究中国古代社会史的经典性总结；《北朝村民的生活世界：朝廷、州县与村里》（侯旭东著）对北朝乡村社会进行了专题研究，是国内第一部全面研究北朝生活史的著作；《唐宋都城社会结构研究：对城市经济与社会的关注》（宁欣著）从不同侧面和角度反映了从唐初到南宋跨度达五六百年间的都城经济与社会的变化；《汉赵史论稿：匈奴屠各建国的政治史考察》（陈勇著）考察了匈奴屠各建国的政治史暨汉赵国的兴衰；《中古北方民族史探》（陈琳国著）系统介绍了中古北方少数民族（匈奴、羯、氐、羌、鲜卑）从内迁、混居到与汉族融合的全过程，并通过这个历史过程反映了这个时期各民族大融合的历史概貌；《中古佛教僧官制度和社会生活》（谢重光著）研究了中古佛教社会史，涉及僧官制度、寺院经济、佛教与世俗社会的关系等，从一个重要侧面反映了中国佛教的发展史；《汉唐籍帐制度研究》（张荣强著）结合新出的简牍、纸本实证材料和传世的文献资料，对战国以至唐代籍帐文书的构成、内容，尤其是籍帐制度的发展演变进行了探讨；《中古北朝民族汇聚与文明互动》（张庆捷著，即出）从考古学角度对中古时期北朝民族汇聚与文明互动关系进行了考察。

从书坚持以唯物史观为指导来研究中国古代社会史、政治史，坚持理论与材料、宏观与微观并重，多方面、多角度、多层次地对中国中古社会和政治一系列重要问题进行了深入思考和考订，是何兹全先生关于中国中古社会和政治史研究思路和方法的具体化，反映了我国中古社会和政治研究的新成果，对国内外相关领域的学者具有重要的参考价值，也彰显了唯物史观强大的生命力和历史研究的正路。

［原文作者　郑殿华］

例文三：柴可夫斯基《悲怆》简介

柴可夫斯基（1840—1893），俄罗斯作曲家，1865 年毕业于彼得堡音乐学院，获银质奖；1866 年任莫斯科音乐学院教师，并从事音乐创作。他的创作侧重于人的复杂的内心世界的心理刻画，在各种不同题材和体裁中，用音乐的形象揭示人的思想感情的最细微的变化。他描绘一个普通人的痛苦和欢乐、怀疑和不安，叙述一个普通人对祖国、对人民、对俄罗斯大自然和艺术的热爱。他深信人的精神美及其崇高的道德力量，并用惊人的力量来体现人的丰富的内心世界。

此专集收录了柴可夫斯基的 B 小调第六交响曲《悲怆》。这是他晚年达到了创作道路的顶点于 1891 年夏创作的绝笔之作。《悲怆》是他“悲剧三部曲”的最后一部，是带有总结性的代表作。它特别深刻有力地体现了个人的苦难和斗争、愤怒和抗议，以及对生活、幸福、欢乐和爱情的热烈探求，对世界对生活的悲哀感受。作者本人曾说他把“整个心灵都放进这部交响曲”，这是一点也不夸张的。

［摘自浙江音像出版社出版的《悲怆》简介］

例文二、例文三的特点是首先介绍介绍作者，然后在介绍作者的基础上引出出版物的内容简介。这是一种经常使用的写作方法。

（三）出版简讯

出版简讯原先是有关图书出版的新闻报道，所以习惯上称为“书讯”。后来用于有关期刊、音像制品、电子出版物等的出版信息报道，便称为“出版简讯”。

1. 出版简讯的内容

出版简讯与出版物简介不同，它的内容范围可以广泛得多。出版物简介要紧扣出版物的内容和特点来写，而出版简讯则可写别人对出版物的评论、反映和意见等，侧重于消息的报道，而且也不限于对某一种出版物情况的报道，还可以是对一类出版物或者一批出版物的出版状况、动态的报道。

出版简讯的内容虽然可以很广，但一般都要围绕出版物这个中心而展开。举凡出版物生产过程中的每个环节和面世后的各种境遇，只要具有新闻价值的内容，都可以成为出版简讯的材料。如有一项较多人关注的图书出版重大工程，从确定选题、落实资金、动手编写、研究遇到的问题并商讨解决办法到首批图书出版，从读者反映到领导接见有关人员，从宣传促销活动（如签名售书、座谈会、义卖等）到获奖情况等，其中每一项有新闻价值的消息都可以写成书讯。

出版简讯多供报刊发表，可以由报刊记者撰写，也可以由出版单位的编辑撰写。

2. 撰写出版简讯应注意的问题

出版简讯的撰写一般应该注意下列问题。

（1）讲究新闻价值

出版简讯所提供的信息要带新闻性，是人们尚未知道而又很想知道的信息。因此，撰写者应注意挖掘消息中具有新闻价值的因素，并且寻找最佳切入角度。另外，为了保证新闻价值，撰写者还要动手快，做到及时反映，不使新信息变成旧新闻。

（2）短小精悍

出版简讯不宜写得过长，因为它提供的只是信息线索，而不是信息的全部具体内容。一般只要抓住人们最感兴趣而又有新闻价值的内容加以报道就可以了。因此，撰写者要特别注意材料的剪裁和文字的精练，宁可把较多的材料化成不同的多篇出版简讯，也不要挤在一起搞成大杂烩。如果有关内容特别丰富，还可以用其他的方式如特写、通讯等另行反映。

（3）客观实在

出版简讯要尽量做到用事实说话，用材料说话，并且一般只要把事实和材料如实反映出来就可以了，不需要撰写者自己发表评论和议论。如发布新书出版的消息，一般只写某书在何时由什么出版社出版就可以了；如果出版后另有活动（如签名售书）或引起社会强烈反响（热销或受批评），可以另写后续新闻。必须强调的是，事实和材料必须真实，最好是撰写者自己的所见所闻，不能道听途说、捕风捉影，更不能虚构、捏造新闻。对于得之于第二手的材料，一定要注意核实。

3. 出版简讯例文

下面列出的是围绕新出图书撰写的出版简讯，其他出版物的出版简讯的撰写与之大致相似，只不过对表现形式、载体等的介绍应该符合相应出版物的特点。

例文：高占祥新作《人生宝鉴》座谈会召开

××××年×月×日，×××出版社召开了高占祥新作《人生宝鉴》出版座谈会。

与会的学者、评论家、新闻界人士认为此书是一部开启人生智慧、弘扬民族美德的佳作。与会者指出，中华民族传统美德是一个伟大的宝库，在新的时代条件下，继承和发扬民族传统美德亦是社会生活正常运转的必要保证。高占祥的新作，通过120篇文章，深入浅出、生动具体地回答了这方面的问题，对匡正时弊，做好跨世纪人才的培养工作，具有认识价值和启示意义。

［转引自辽宁教育出版社出版的《编辑应用写作》］

二、出版物广告文字

出版单位为了扩大出版物发行量，除了自己传播出版物消息外，也常常通过各种媒体发布广告。

出版物广告，是出版单位为了推销自己的出版物而采用的一种大众宣传形式。它的目的是调动一切可以调动的手段，让尽可能广泛的读者了解出版物的内容、特色、优势和价值所在，激发他们的购买欲望，达到扩大发行量的效果。在现代社会，广告的媒体形式迅速发展，但无论什么样的出版物广告，文字总是最基本的。撰写广告文字是编辑进行出版物宣传的重要任务之一。

（一）出版物广告文字的类型

出版物广告文字的类型很多，较常用的有以下几种。

1. 出版物外包装宣传语

图书的封面、腰封，期刊的封面，音像制品、电子出版物的封套，都可以兼作出版物宣传语的载体。这类宣传语的内容主要是对本出版物的评价、推荐和赞美；也可摘引该出版物中的精彩内容、要目、对话、数据等，使消费者一见就能激起阅读和购买的冲动。在制作时，可以有意识地将需要突出的文字放大或以明显不同的字体表示，争取最佳视觉效果。但是，这主要适用于腰封上的宣传语。置于出版物面封的文字，不但数量不能过多，也不能过分突出，以免冲淡了出版物名、作者名和出版单位名等面封的要素文字；置于底封的宣传语，文字可以相对多一些。

2. 单页广告文字

单页广告多是为一两种或少量同类出版物作的重点宣传。供张贴用的单页广告幅面较大，开张一般应不小于 4 开。这种广告通常是让受众在一定距离内或在移动状态下观看的，所以常以图为主，文字很少，所以要“立片言以居要”，精练、生动、吸引人，并能与图互补，相得益彰。供散发用的单页广告则幅面不宜太大，开张一般为 32 开或 16 开。这种广告能够让受众在比较稳定的状态下近距离观看，文字数量不妨多些。所以撰写时要作立体的、多元的构思，围绕要宣传的出版物，多角度、全方位地进行宣传，也可摘录出版物中的精彩内容或读者对相关出版物的评价作补充。供报纸、期刊等媒体登载的出版物广告，在内容设计上与供散发的单页广告相似。

3. 广告小册子文字

有些重点书刊内容繁复，为了深入全面地进行宣传，有必要用小册子的形式发布广告。此类广告文字，除了内容介绍、主编的前言、出版者的说明等之外，往往还可加上全部目录、重要的序言、凡例、文章的摘要、名人的评介，等等。有的还可以透露丛书或成套书的编写计划内幕，介绍主要主持人的身份、成就、社会地位并附上工作照片等。

（二）撰写出版物广告文字应注意的问题

撰写出版物广告文字时应该注意以下问题。

1. 要实事求是

出版物广告文字，不能任意夸张，不能讲大话、空话，一定要实事求是，力避为追求市场效益而误导读者。不要对作品滥用“唯一的”“填补空白之作”“一流之作”“伟大的”“著名的”“不朽的”“经典”之类评价。

2. 要突出重点

一种出版物值得宣传的“点”可能有很多，但广告文字不可能面面俱到，因此要靠突出其某一方面的特点和长处来吸引读者。

3. 要有针对性

每种出版物总有其特定的受众对象，广告文字要针对这些特定对象的年龄、职业、生理、心理、文化程度、兴趣爱好等方面的不同特点而采用不同的写法。如针对老年人与针对低幼儿童的出版物广告，文字就应该有很明显的区别。

4. 要精练易记

出版物广告文字必须精练，通俗易记，富有创造性。广告文字要讲究语句的锤炼，使之显得干净利落。最有效的广告都是一语中的。

5. 要选好体裁

出版物广告文字应该选择合适的艺术形式，可以使用各种短小的文学体裁，如诗词歌赋、对联、散文，等等。

（三）出版物广告文字例文

例文一：《冰心著作集》广告语

作者以诗人的眼光观看一切，又用诗的技巧驱遣文字。她的作品，无论诗、小说，还是散文，广义地说都是诗。二十多年以来，她一直拥有众多的读者。文评家论述我国现代文学，谁也得对她特别注意，作着详尽的叙说，这原是她应得的荣誉。现在她把历年的作品整理一过，定个总名叫做《冰心著作集》，交由本店分册发行。

［原文作者　叶圣陶］

这篇例文突出了冰心作品的特点——“无论诗、小说，还是散文，广义地说都是诗”，同时告诉读者，是冰心自己“把历年的作品整理一过，定个总名叫做《冰心著作集》”，这就很容易引起读者的兴趣，很好地起到了广告的作用。

例文二：鲁迅《苦闷的象征》自拟广告语

这其实是一部文艺论，共分四章。现经我以照例的拙涩的文章译出，并无删节，也不至于有误译的地方。印成一本，插图五幅，实价五角，在初出版两星期中，特价三角五分。但在此期内，暂不批发。北大新潮社代售。

［原文作者　鲁迅］

例文三：《西谛书话》广告语

辑自遗著，凡二八零篇，近四十万言。内容广泛，涉及唐代至清代文学艺术古籍：珍本、刻本和抄本，包括小说话本、杂剧、诗词、杂记、版画。附有书影多幅。（排印中）

［原文作者　范用］

例文二、例文三都很简短，很实在，没有夸张，也没有空话。前者强调“并无删节，也不至于有误译的地方”“插图五幅”；后者点明“附有书影多幅”，这些内容，都是点明书的特点，最能吸引读者。

例文四：《余光中集》广告语

一曲乡愁　脍炙人口
九卷诗文　美不胜收

这篇例文用了简短韵语的方式，上口易记。“一曲乡愁，脍炙人口”是符合事实的，很确切；“九卷诗文，美不胜收”中的“美不胜收”四字则有些空泛。

必须注意的是，出版物广告文字的评价语应当言而有物，而不能过于空泛，如“本书见解精辟深刻，笔锋犀利传神，风格独特，既渊博厚重，又很有文学欣赏价值”“本书材料详实，分析透辟，论证严密，结论稳妥，具有较高的学术价值”一类的评价文字，相比之下就显得空洞无物，没有给读者有用的信息，用在任何一本同类书上都可以。这是写广告语时最容易出现的问题。究其原因，是对所涉及的图书没有深刻的理解。写作出版物广告时，一定要以此为鉴。

三、出版物评论

出版物评论，是指针对各类出版物所写的评论文章。这种评论文章可以包括对出版物所载作品的评论，但更多的是把出版物作为一个整体，从编辑出版的角度进行评论。也就是说，不仅评论所承载的内容，也评论载体本身。

（一）出版物评论的种类

出版物评论有宏观性的，即针对某类出版物或出版物中某些倾向性问题的分析和评论；也有微观的，即对某种具体的图书或期刊、音像制品等的评介。

图书评论简称“书评”。书评是在阅读、研究已出版的图书之后所写的评论文章，对图书的内容和形式进行评论，推荐好书，批评不好的书，揭露坏书，帮助读者鉴别图书，提高读者的鉴别能力和欣赏能力，对于大众阅读有着指导作用。书评中对作品的评论，对作者也有激励作用或警示作用，有利于提高作品质量，推动学术和艺术的交流，促进科学文化事业的发展和出版业的繁荣。

报刊评论不是指报刊上所发表的新闻评论和其他评论，而是指以报刊为对象的评论文章。换言之，报刊评论就是对报刊所作的分析评论，如评论报刊的内容和编排，评论报刊的倾向和质量，评论报刊的特色和个性。可以评论某一期或某一时期的综合表现，也可就报刊的某一局部（专版、专页、专栏）进行专门评论。

（二）撰写出版物评论应注意的问题

撰写出版物评论，要在深入细致地阅读和研究出版物全面情况的基础上，结合相关的文化背景，与同类出版物进行比较，然后作出审慎的评价。

出版物评论的撰写要客观公正，实事求是；是推荐还是否定，要有明确的观点；是赞成还是反对，应有鲜明的倾向。单纯复述出版物内容的文字，述而不作，不能算出版物评论。对一种出版物的评论可能不只一种声音，有人说好，也要允许有人说差，不同的意见可以展开论争。

书评可以写成论文，也可以写成散文或随笔。书评有千字文，也有长篇大论，甚至有专著。

报刊评论应是在连续、系统阅读报刊的基础上，进行深入研究而写出的。仅仅浏览一番，随便看看，就轻率为之，是不负责任的态度。

（三）出版物评论例文

例文一：对《摄影大师——500 经典巨作》的评论

时装模特特利萨·方萨格里夫单脚站在艾菲尔铁塔顶的钢梁上，正在展示一件由吕西安·来龙设计的连衣裙。她的动作相当优美，近似一个芭蕾舞的动作，但也相当危险，令人心惊胆战。高空的风吹展开的裙裾下面是显得很小的城市和河流。据介绍，这张照片首次刊登在 1939 年 5 月号的法国《时尚》杂志上。这期杂志为纪念艾菲尔铁塔建成 50 周年而刊出了一组艺术照片。如今这幅照片被收入我眼前的这本《摄影大师——500 经典巨作》中。

在没有发明电影、电视的年代里，照片的重要性是不言而喻的。我们今天能够确切不疑地知道和了解 100 多年前的人的模样、衣着、环境的状况和事件的现场，主要靠的是照片。照片的真实性，还不仅在于客观的影像，还在于通过影像传达出的情感。即如上面所说的照片，既表现了法国人心目中艾菲尔铁塔的重量，又展现了巴黎人对时装的偏好。时装加艾菲尔铁塔，可以说是法国的缩影。

另一幅摄于1912年的《传奇镇肖像》更能说明这一点。照片拍的是一位裸体妓女的背影，她正在墙上画一只白蝴蝶。在西方古典神话里，蝴蝶代表灵魂，而这个灵魂曾经被裹缚在蛹壳里。可见拍摄者对这位年轻的妓女充满了同情。这张照片距今已有近百年，看上去仍旧动人心弦。

本书收入的最早的照片是1838年拍摄的《寺院街》。它也是世界上最早的照片。那时寺院街还是巴黎下等人生活的中心地段，街两旁有许多剧院，经常上演恐怖剧……

从记录和文献的角度看，这500幅照片中包括了著名事件和人物、景物风光、历史性的瞬间，还有体育运动、野生动物等。如二次大战、第一颗原子弹爆炸场景；梦露、左拉、罗丹的肖像；更多的是日常生活的镜头，还有不少灾难的写照。时间跨度足有150多年。书中每幅照片配有一篇短小的评述文章。在短短的篇幅里，既谈作品的背景、创作过程，又论及其艺术特点和蕴含的深意，还介绍作者生平。这些凝固的画面，一经点评，便成了活的历史，其内在奥妙和巨大价值更凸显在读者眼前。这些短文写法多变，挥洒自如，内容因所谈对象而涉及历史、政治、民俗、建筑、科技、地理、艺术等各个方面。

正如《艾菲尔铁塔上的时装模特》一样，本书可以说既站得高，又追求美，其严格独到的选择标准、周到细致的编辑风格、原版照片的质量、纸张和印刷的考究，都值得称道。

［原文作者　刘亦田］

这是一篇散文化的书评。文章从一幅奇特的照片谈起，随之谈到照片的历史作用和地位，再转而谈本书的选择标准和编排方式，由局部到整体，由具体到抽象，由浅入深，表述轻松有趣，容易理解。用这样的写法评论艺术著作比较恰当。

例文二：对期刊《读书文摘》的评论

我对《读书文摘》的挚爱是清醒的、理智的，其理由有以下五条。

其一，它是读书人的刊物……《读书文摘》就是为满足读书人的需要而办的。古今中外的书太多太多，一个人读一辈子，就是读十辈子、百辈子，也难读其万一。《读书文摘》充当一个向导，引导着读书人的读书……

其一，它是过来人的刊物。所谓过来人，是多少有些经历的人，有些阅历的人，有点年纪的人……《读书文摘》满足这些过来人的心理需要……《读书文摘》选摘了不少这样的参照文本，从戊戌变法到辛亥革命，从旧中国到新中国，从计划经济到市场经济，从国内到海外，特别对其中的转折处、关键处、隐秘处，对重点、难点、疑点，选取了过来人感兴趣而又难以搜索到的好文章，以供展读，以解悬疑……

其一，它是素心人的刊物……素心人坚守住自己的人格，摒弃那些无当的欲望和非分之想，他们念念不忘的只是心中的那点学问，那份执著的追求……素心人勇敢地，义无反顾地，对奢侈或者虚荣，也只说两个字：不要。素心人除去火气和浮躁，坐下来读书，一册《读书文摘》也就够消停一个月了，玩味一个月了，安生一个月了。

其一，它是负责任的刊物……《读书文摘》面对如此惨烈的竞争态势，守住自己的职责，选择最好的最精美的文章，奉献给读者。在有限的版面内，精益求精。负责任的编辑，决不会把不可信的有毒副作用的东西塞给读者。

其一，它是讲认真的刊物。“世界上怕就怕‘认真’二字”，欲成大器者必讲认真。只有负责任才讲认真，也只有讲认真才算负责任……它在不断改进，从选择文稿，到栏目设置，到编排装帧，都在认真加以改进。《读书文摘》不赶时髦，不装新潮，不故作高深，也不故弄玄虚，没有哗众取宠之心，总有实事求是之意……

愿《读书文摘》与读书人、过来人、素心人相依为命、相扶而行。

［原文作者　扬励］

这篇例文先提出一个个观点，再逐一阐述、说明，属于论文范畴。但作者提的问题和阐述都有感情色彩，而且注重文字修饰，所以有一定文学性，比一般的论文更可读。

思考与练习

1．什么是编辑应用文？编辑应用文主要包括哪几种类型？

2．编辑应用文有哪些特点？编辑应用文撰写有哪些基本要求？

3．选题报告一般包括哪些内容？

4．编辑计划通常包括哪些内容？

5．初审的审稿意见一般包括哪些内容？

6．撰写调研报告要注意哪些问题？

7．约稿信主要包括哪些内容？

8．退修信一般包括哪些内容？撰写退修信应注意哪些问题？

9．撰写退稿信应注意哪些问题？

10．撰写日常联系信应注意哪些问题？

11．答读者信一般有哪几种写法？

12．内容提要大致可以分为哪几种类型？撰写内容提要应注意哪些问题？

13．出版前言一般包括哪些内容？撰写出版前言应注意哪些问题？

14．编者按大致可以分为哪几种类型？撰写编者按应注意哪些问题？

15．凡例一般用于哪些图书？凡例有哪些特点？

16．作者简介一般包括哪些内容？撰写作者简介应注意哪些问题？

17．出版后记主要包括哪些内容？

18．撰写出版物预告应注意哪些问题？

19．出版物简介有哪些特点？

20．撰写出版简讯应注意哪些问题？

21．撰写出版物广告文字应注意哪些问题？

22．撰写出版物评论应注意哪些问题？

参考文献

1．边春光．编辑实用百科全书．北京：中国书籍出版社，1994.

2．蔡学俭．离不开这片热土．武汉：湖北教育出版社，1999.

3．车茂丰主编．现代实用印刷技术．上海：上海科学普及出版社，2001.

4．陈仁风．现代杂志编辑学．北京：中国人民大学出版社，1995.

5．陈垣．校勘学释例．北京：中华书局，1959.

6．《出版词典》（修订本）编委会编．出版词典（修订本）.北京：中国书籍出版社，2014.

7．邓普君主编．现代印刷技术概论．苏州：苏州大学出版社，2003.

8．邓亚桥．当代信息检索．长春：吉林人民出版社，2001.

9．方卿，姚永春．图书营销学．太原：山西经济出版社，1998.

10．冯瑞乾．印刷概论．北京：石油工业出版社，1998.

11．符绍宏等．互联网信息资源检索与利用（第3版）．北京：清华大学出版社，2012.

12．高继民等．信息化建设大家谈．科技与出版，2006（4）.

13．格罗斯．编辑人的世界．齐若兰，译．北京：中国工人出版社，2000.

14．郭有声．科技编辑工作随笔．北京：冶金工业出版社，1998.

15．和正荣等．信息检索与利用．重庆：重庆大学出版社，2000.

16．胡典世，练小川．图书营销学．武汉：武汉大学出版社，1990.

17．黄丽霞，周丽霞，赵丽梅主编．信息检索教程．北京：知识产权出版社，2014.

18．姜效先．信息检索教程．北京：中国物资出版社，1999.

19．金泽龙主编．信息检索实用教程．北京：中国轻工业出版社，2018.

20．雷群明．编辑应用写作．沈阳：辽海出版社，2003.

21．李海崑，刘光裕．现代编辑学．济南：山东教育出版社，1996.

22．李普涛，扬东升．音像编辑的理论与实践．河南：河南大学出版社，1997.

23．林穗芳．中外编辑出版研究．武汉：华中师范大学出版社，1998.

24．刘成勇，钱飒飒，周棻．科技出版社信息化建设发展状况调查报告．科技与出版，2006（4）.

25．刘光裕，王华良．编辑学理论研究．济南：山东教育出版社，1995.

26．刘婧主编．网络信息资源检索与利用．北京：电子工业出版社，2018.

27．刘仁庆．印刷、包装用纸手册．北京：化学工业出版社，2003.

28．刘仁庆．纸张小百科．北京：化学工业出版社，2005.

29．罗维扬．编辑大手笔．武汉：崇文书局，2005.

30．罗紫初．图书发行教程．修订版．沈阳：辽海出版社，2001.

31．马春晖主编．信息资源检索与利用实用教程．北京：国家图书馆出版社，2016.

32．孟凡舟．图书营销学．太原：书海出版社，1991.

33．欧阳广主编．图书校对学．南宁：广西人民出版社，2001.

34．庞家驹主编．科技书籍编辑学教程．沈阳：辽宁教育出版社，1996.

35．平西金．书刊印刷工价如何计算．出版经济，2001（5）.

36．邱陵．书籍装帧艺术史．重庆：重庆出版社，1990.

37．阙道隆．编辑学理论纲要（上、下）．出版科学，2001（3，4）.

38．阙道隆，徐柏容，林穗芳．书籍编辑学概论．沈阳：辽宁教育出版社，1997.

39．任胜国等．文献信息检索教程．北京：北京图书馆出版社，1999.

40．邵益文．20世纪的中国编辑学研究．石家庄：河北教育出版社，2000.

41．沈朝固等．信息检索（多媒体）教程（第3版）．北京：高等教育出版社，2015.

42．谈维主编．校对业务教程．沈阳：辽海出版社，2000.

43．万晓霞，邹毓俊．印刷概论．北京：化学工业出版社，2001.

44．汪轶千．中国图书发行的昨天与今天．北京：中国大百科全书出版社，1994.

45．王淮珠．精、平装工艺及材料．北京：印刷工业出版社，2000.

46．王明根，吴浩坤，柏明．文史工具书的源流和使用．上海：上海人民出版社，1981.

47．魏瑞玲，杨维刚．印刷原理与工艺．北京：印刷工业出版社，1998.

48．吴添汉．编辑应用写作．沈阳：辽宁教育出版社，1995.

49．武汉大学图书馆系．中文工具书使用法．北京：商务印书馆，1983.

50．向新阳．编辑学概论．武汉：武汉大学出版社，1995.

51．新闻出版总署科技发展司，新闻出版总署图书出版管理司，中国标准出版社．作者编辑常用标准及规范．第 4 版．北京：中国标准出版社，2019.

52．徐柏容．编辑创意论．天津：天津古籍出版社，1999.

53．徐柏容．期刊编辑学概论．沈阳：辽宁教育出版社，1999.

54．徐令德，张云峰．排版基础知识．北京：印刷工业出版社，2008.

55．姚杰，黄建琼，陈章斌主编．文献检索实用教程．北京：清华大学出版社，2017.

56．游滨．高等教育出版社信息化成功的关键因素．科技与出版，2006（4）.

57．詹德优．中文工具书使用法（增订本）．北京：商务印书馆，2015.

58．张进贤．书籍装帧设计教程．沈阳：辽宁教育出版社，1997.

59．章桂征主编．中国当代装帧艺术论集．长春：吉林美术出版社，1998.

60．赵从旭．图书著译与编辑．北京：中国建材工业出版社，1993.

61．郑章飞．现代信息检索．武汉：华中理工大学出版社，1999.

62．中国编辑学会，湖北省编辑学会．图书编辑工作基本规程．见：中国编辑研究（1998）．北京：人民教育出版社，1999.

63．中国出版工作者协会校对研究委员会．校对的学问：全国校对论文选集．北京：金盾出版社，1998.

64．中国出版工作者协会校对研究委员会．校对的学问：全国校对论文选集（三编）．成都：四川人民出版社，2002.

65．中国出版工作者协会校对研究委员会．校对的学问：全国校对论文选集（续编）．昆明：云南教育出版社，1998.

66．周连芳．印刷基础及管理．沈阳：辽宁教育出版社，1997.

67．周奇．掌握出版物文字出错规律．出版科学，2003（1）.